中華民國在大陸的真相

1937-1949（下冊）

劉曉寧 編著

Tales of The Republic of China

總統府

出版緣起

中華民國史是近代史上最精彩的一頁。一般讀者對中華民國創建的艱辛過程多半僅有模糊的記憶、概括的印象，所得所知多由國、高中歷史課本、國家出版歷史讀冊而來。對於「孫中山革命十一次成功」創立中華民國之事蹟，就是冠上「偉大」兩字，卻不曾深層去探究、感同身受的體會這段亂世中，究竟發生了什麼樣感人的故事、隱藏了甚麼樣動人的細節。大旗出版為了讓讀者對這段往事有不同的省思，並提供歷史閱讀新面向，於是自對岸引進此鉅冊，讓讀者可以從不同的角度，重新翻讀探索中華民國當年在大陸這片土地上所經歷的種種事件，例如法條的制定、推行的運動、發動的戰爭、政權的更迭等，幫助讀者對中華民國在中國大陸期間的過往有更進一步的了解。

1949 年之前的「中國」，指的其實就是「中華民國」，然而因為國共內戰、時代變遷與國際現實的關係，現在的「中國」已成為「中華人民共和國」的代名詞。由於對岸不斷施予外交壓力，「中華民國」這個國家名稱，在國際場合並不被普遍承認，同時邦交國也僅有二十幾個小國。雖然我們自認是經濟、科技的大國，但就政治現實面來說，其實我們只是一個夾處在眾多強國間的一顆棋子，「中華民國」在國際地位上的低落激勵了我們引進出版此書的決心，我們希望可以讓更多讀者重新認識「中華民國」的過去、認同「中華民國」的現況，在與對岸維持和平共處之際，不忘身處台灣的我們仍是成立超過百年的「中華民國」子民。

《中華民國在大陸的真相》此書原編著者為對岸筆者，由於兩岸分治超過一甲子，且政治立場與民族情感的關係，因此立場可能與我們有些許差異，例如：編者筆下的「起義」，但從台灣讀者的角度來看或許應為「叛變」更為適合，還有許多在我們的歷史課本上從未碰觸過的一些人物與事件的禁忌話題，但為尊重原著的創作精神及為求本書語氣及文意之一致性，我們在內容面上沒有做違反原意的調整，對此類用字遣詞也未予以修改。我們期望從不同角度解讀歷史，可以產生不同的火花，也期望讀者透過本書，能對中華民國在大陸的故事有不同的體悟與視野。

大旗出版 大都會文化 編輯部 敬啟

目錄

鐵蹄驚醒千年石獅

宛平縣長王冷齋

29 軍軍部命令前線官兵：「盧溝橋即爾等之墳墓，應與橋共存亡，不得後退。」

1937年7月7日，日軍在宛平城郊的盧溝橋挑起事端，中國軍隊奮起抵抗。震驚中外的七七事變（又稱盧溝橋事變）爆發。由此，中國人民開始了長達八年的全面抗戰。

「七七」之夜

1937 年 7 月 7 日下午，北平郊區突降大雨。日本華北駐屯軍第 1 聯隊第 3 大隊第 8 中隊由大隊長清水節郎率領，荷槍實彈地開往盧溝橋中國守軍駐地回龍廟到大瓦窯之間的地區。晚 7 時 30 分，日軍開始演習。夜 10 時 40 分左右，日軍演習地忽然響起一陣槍聲，劃破了宛平縣城寂靜的夜空。接著，一小隊日軍跑到宛平城牆下，喊叫說走失了一名士兵，要求進城搜尋。時任宛平縣長的王冷齋立即回答：日軍在演習場地丟失士兵與我們無關，不能打開城門。

29 軍軍長宋哲元

日軍以此為藉口，立即包圍了宛平縣城，並開槍示威。夜 12 時，日本駐北平特務機關長松井久太郎大佐向中國冀察政務委員會外交委員會提出交涉，反誣中方在宛平城開槍十數發，擾亂了日軍演習，致使一名日兵失蹤。面對日方的挑釁，中國第 29 軍副軍長兼北平市長秦德純命令部隊立即進入戰備狀態，又指示王冷齋，要「查明放槍及日軍失蹤士兵」的原因。

29 軍副軍長兼北平市長秦德純

29 軍官兵誓死保衛北平

接到命令，王冷齋不敢怠慢，立即打電話通知城內駐軍查詢、搜尋。守軍營長金振中親自組織人員調查，結果根本沒有駐軍開槍情事。挨家挨戶搜尋，也沒發現日兵的影子。王冷齋接報後，已心中有數，斷定日軍定有其他企圖。遂通知駐軍對城池嚴加防範，準備應戰。

隨即，王冷齋奉命以首席代表的身分，趕赴北平城內的東交民巷日本駐北平特務機關部，向機關長松井久太郎交涉。

日方代表是:特務機關長松井久太郎、輔佐官寺平忠輔、通譯官(秘書)齋藤栗屋以及冀察政務委員會軍事顧問櫻井德太郎少佐。此時，已是 8 日凌晨 2 時許。

櫻井則詭稱:城外搜尋不到失蹤士兵，必須進城搜索，方可知道究竟。

王冷齋毫不退讓，直逼櫻井說道：此言差矣！自我在宛平主政，就已下令夜間關閉城門，日兵在城外演習，如何能在城內失蹤呢？

由於王冷齋據理力爭，態度強硬，日方只好表示，由中日雙方各派代表同往宛平城一併調查，待查明情況後再商談處理辦法。

日軍背約戰事擴大

7 月 8 日晨 5 時左右，日軍突然發動炮擊，隨即大舉進攻。第 29 軍軍部立即命令前線官兵，要「確保盧溝橋和宛平城」，「盧溝橋即爾等之墳墓，應與橋共存亡，不得後退。」守衛盧溝橋和宛平城的第 219 團第 3 營在團長吉星文和營長金振中的指揮下，奮起抵抗。

7 月 9 日晨 4 時許，王冷齋接到由豐台轉來的北平市長秦德純的電話，稱冀察當局已與日方達成三點協定：一、雙方立即停戰；二、雙方各回原防，日軍撤退豐台，我軍撤向盧溝橋以西地帶；三、宛平城防務除留保安隊外，由冀北保安隊派

交涉停戰的中日代表(左起：櫻井、寺平、王冷齋)

二三百人協防，於早9時接防，中日雙方派員監督撤兵。秦德純在電話中，特別要求王冷齋和吉星文團長做好交接的準備。

然而，清晨6時，即中日雙方達成協議的2小時後，日軍突然向宛平城內開炮，一個多小時內落彈百餘發。王冷齋緊急向北平當局報告日方背約之事，請馬上向日方交涉。

7月10日上午，雙方在北平秦德純官邸召開聯席會議。中方代表有秦德純、馮治安、何基澧、王冷齋等人，日方代表是櫻井、中島、笠井、齋藤。日本駐北平陸軍武官今井武夫、特務機關長松井久太郎等均未出席。四個代表中竟無一人能代表日本軍部。會上，日方仍對中方的質問再三迴避。

談判為日軍贏得了增兵華北的時間。到7月25日，陸續集結平津的日軍已達6萬人以上。日本華北駐屯軍的作戰部署基本完成之後，為進一步發動侵華戰爭尋找新的藉口，又在7月25日、26日蓄意製造了廊坊事件和廣安門事件。

26日下午，日本華北駐屯軍向中國第29軍發出最後通牒，要求守軍於28日前全部撤出平津地區，否則將採取軍事行動。第29軍軍長宋哲元嚴辭拒絕，並於27日向全國發表守土抗戰宣言。同日，日軍參謀部經天皇批准，命令日本華北駐屯軍向第29軍發動攻擊，增調國

在南苑之戰中陣亡的132師師長趙登禹

守衛在盧溝橋的中國士兵

日軍向北平發起進攻

日軍進入北平

毛澤東在延安發表抗戰講話

內5個師約20萬人到中國，並向華北駐屯軍司令官香月清司下達正式作戰任務：「負責討伐平津地區的中國軍隊。」中國軍隊隨之奮起抵抗。

7月28日上午，日軍向北平發動總攻。當時，香月清司指揮已集結在北平周圍的朝鮮軍第20師團，關東軍獨立混成第1、第11旅團，中國駐屯軍步兵旅團約1萬人，在100餘門大炮和裝甲車配合、數十架飛機掩護下，向駐守在北平近郊南苑、北苑、西苑的中國第29軍第132、37、38師發起全面進攻。第29軍將士在各自駐地奮起抵抗。南苑是29軍軍部的駐地，也是日軍攻擊的重點。第29軍駐南苑部隊8000餘人（其中包括在南苑受訓的軍事訓練團學生1500餘人）浴血奮戰，第29軍副軍長佟麟閣、第132師師長趙登禹壯烈殉國，不少軍訓團的學生也在戰場上獻出了年輕的生命。

28日夜，宋哲元撤離北平，29日，北平淪陷。

7月29日，29軍第38師在副師長李文田的率領下，發起天津保衛戰。第38師向天津火車站、海光寺等處日軍發起攻擊，獲重大戰果，但遭日機的猛烈轟炸，傷亡慘重。30日，天津失守。

國共發表聲明

七七事變的爆發，在全國引起了強烈反響。7月8日，中共中央通電全國，呼籲「全中國的同胞們，平津危急！華北危急！中華民族危急！只有全民族實行抗戰，才是我們的出路！」並且提出了「不讓日本帝國主義占領中國寸土！」「為保衛國土流盡最後一滴血！」的響亮口號。

國民政府軍事委員會委員長蔣介石則提出了「不屈服，不擴大」和「不求戰，必抗戰」的方針。蔣介石曾致電宋哲元、秦德純，要求「宛平城應固守勿退」，「盧溝橋、長辛店萬不可失守」。7月17日，蔣介石在廬山發表談話，指出「盧溝橋事變已到了退讓的最後關頭」，「再沒有妥協的機會，如果放棄尺寸土地與主權，便是中華民族的千古罪人。」

守衛盧溝橋的219團團長吉星文

共赴國難

蔣介石在廬山發表抗戰演說

蔣介石在廬山慷慨陳詞：如果放棄尺寸土地與主權，便是中華民族的千古罪人。

各界名流雲集廬山

1937 年 5 月下旬，南京的暑期將至。每逢夏天，國民黨軍政要員都有上廬山避暑度假的習慣。國民黨中常會決定，這年夏季，以中政會主席汪精衛和國民政府行政院院長蔣介石的名義，邀請各黨派、團體、各界人士來廬山召開「談話會」，討論抗日事宜。6 月 23 日，張群又以中政會秘書長名義，向各界名流正式發出請柬。被邀者有 200 餘人。

就在會議召開前，盧溝橋事變爆發。全國上下要求政府立即全面對日作戰的呼聲日益高漲。7 月 8 日，毛澤東、朱德、周恩來等 9 人聯名致電蔣介石，表示紅軍將士願在蔣委員長領導之下為國家效命，與敵周旋，以達保地衛國之目的。各黨各派也紛紛致電國民政府，要求立即對日作戰。與此同時，參加「廬山談話會」第一期的代表們克服困難，從全國各地趕赴廬山。

1937 年 7 月 16 日，「廬山談話會」在傳習學舍樓舉行。會議廳裡懸掛著兩幅巨大的豎聯：「養天地正氣」、「法古今完人。」

出席談話會的共 158 人，其中有，浙江大學校長竺可楨、南開大學校長張伯苓、北京大學校長蔣夢麟、北京大學文學院院長胡適、清華大學校長梅貽琦、廣西大學校

1935 年，蔣介石「就預先想定以四川作為國民政府的基礎」，他在 1935 年春夏視察了西南，計畫在國防較為安全的內地建立新的工業基地，以作為支援戰時經濟的戰略後方。李宗仁則在 1936 年提出了「焦土抗戰」思想，主張「發動整個民族解放戰爭，本寧願全國化為焦土，亦不屈服之決心，用大刀闊斧來答覆侵略者」。並在七七事變前對抗日軍事戰略提出構想：「中日戰爭一經爆發，日本利在速戰，而中國則以持久戰困之；日本利於主力戰，而中國則以游擊戰擾之；日本利在攻占沿海重要都市，而我則利用內陸及堅壁清野之方法以苦之。」這些意見為盧溝橋事變後國民政府決定全面抗戰、並對日採取持久消耗戰略奠定了基礎。

廬山圖書館及傳習學舍

1937 年廬山全景

長馬君武、金陵女子大學校長吳貽芳、中央財經委員會委員長馬寅初、中央研究院總幹事傅斯年、商務印書館經理王雲五、律師張志讓、著名學者梁實秋等。中共代表周恩來、秦邦憲、林伯渠等也來到廬山參加會議。

與會的還有國民黨軍政要人于右任、馮玉祥、李烈鈞、戴季陶等，以及青年黨代表左舜生、曾琦，國社黨代表張君勱等等。

9時許，張群宣布「談話會」正式開始。汪精衛代表國民政府致詞說：「……自『九一八』以來，精誠團結、共赴國難，成為全國一致的口號。最近又突發盧溝橋事件，危機情形更加嚴重。根本方法，乃是精誠團結，將全國人力物力，融成一片，方可以抵抗強敵。對於怎樣解除困難，復興民族，參加談話會的代表，定有許多高見，還望暢所欲言……」

接著，軍事委員會副委員長馮玉祥站起來慷慨陳詞：「日寇倡狂，中國危在旦夕。身為軍人，唯有以死相拚，戰死疆場，死得其所！現在還有人在說些什麼『和必亂，戰必敗，敗而言和，和而後安』。和了幾年，安在何處？還有人把希望寄予美國、英國的出面干涉和援助，中國人民的事情為什麼不能由中國人民自己做主？以全國之人力物力，難道還怕小小的日本嗎？當今之時，唯有速速抗戰，寧使人地皆成灰燼，決不任敵寇從容踐踏而過！」

代表們發言踴躍，完全擁護精誠團結、一致抗日的方針。整個會場充溢著熱烈而悲壯的氣氛。

蔣介石發表抗戰宣言

1937 年 7 月 17 日，是一個永載史冊的日子。一身戎裝、胸前掛滿勳章的蔣介石，精神飽滿地發表著名的《抗戰宣言》：「各位先生、女士們，中國正在外求和平、內求統一的時候，突然發生了盧溝橋事變……人為刀俎，我為魚肉，我們已快要面臨一個悲慘之境地，稍有人格的民族，都是無法忍受的。我們不能不應戰。至於戰爭既開之後，則因為我們是弱國，再沒有妥協的機會，如果放棄尺寸土地與主權，便是中華民族的千古罪人！」

代表們都靜靜地傾聽著。蔣介石越講聲調越高，他猛地舉起右手，厲聲說道：「我們知道全國應戰以後之局勢，就只有犧牲到底，無絲毫僥倖求免之理。戰端一開，地無分南北、年無分老幼，無論何人，接有守土抗戰之責任，皆應抱定犧牲一切之決心。」說著，蔣介石將手臂猛地往下一劈。會場上響起熱烈的掌聲。

蔣介石的講話在全國引起強烈反響。毛澤東在延安指出：蔣介石 7 月 17 日在廬山發表的《抗戰宣言》，「確定了準備抗戰的方針，為國民黨多年以來在對外問題上的第一次正確的宣言」。

蔣介石在廬山

蔣介石與周恩來談判合作事宜

1937 年 6 月 12 日，周恩來初上廬山，就國共兩黨所轄的軍隊合作抗日問題，與何應欽、顧祝同交換了意見。7 月 17 日下午，周恩來再上廬山後，與秦邦憲、林伯渠等人來到「美廬」別墅，與蔣介石、邵力子、張沖進行正式談判。剛剛發表了《抗戰宣言》的蔣介石心情十分愉快，他握著周恩來的手笑著說：「恩來先生，我們在黃埔、在北伐時期都有過很好的合作，只要貴黨有誠意，我們以後還會很好合作的。」周恩來爽朗地說：「抗日救國是我黨一貫的主張，也是全國人民的強烈要求。我們贊同蔣委員長在《抗戰宣言》中所表明的態度。只要各黨各派都能以民族利益為重，服從人民的要求，中國的事情是能夠辦得好的。」

隨後，周恩來將《中共中央為公布國共合作宣言》交給蔣介石，並就其中關於取消蘇維埃政府、改編紅軍為國民革命軍等重大問題，作了說明。

蔣介石連連點頭說：「很好！很好！貴黨願將紅軍改編為國民革命軍，政府可以頒布 3 個師的番號，12 個團的編制，總人數為 45000 人。師、團設政訓處，直接指揮軍隊，政訓處主任由我黨委派李秉中、丁惟汾等人擔任。我們還準備任命 3 個師的參謀長，具體負責軍事行動。你們看這樣可好？」

周恩來與秦邦憲、林伯渠交換了一下眼色後說：「委

1935 年 1 月 26 日，蔣介石在南京召開全國軍事整理會議，布置整軍工作。以法肯豪森為首的德國軍事顧問團在中國整軍備戰中發揮了重要作用，他們對中國軍隊採用德式訓練方法，裝備德式武器。德國顧問佛采爾將蔣介石嫡系部隊第 88 師訓練成教導師，德國顧問又陸續將中央軍第 87 師、第 36 師、第 5 軍及桂永清的教導總隊訓練成新式勁旅。全面抗戰爆發前，全國接受德國顧問訓練並配以德式裝備的部隊共有 19 個陸軍師，大約 30 萬人。

員長，我黨願在軍事上接受國民政府的統一指揮，但要保證改編後的紅軍有獨立指揮權。如貴黨要取消我黨對軍隊的獨立指揮權，我黨是不能接受的。」

蔣介石接著說：「具體問題可以商量嘛。舉國抗戰是一件大事，光有熱情和願望是不夠的，必須統一指揮，嚴肅紀律。貴黨的劉伯承、林彪、左權、陳賡都是難得的將才，指揮軍隊當然沒有問題。」

經過幾輪磋商，國共合作抗日之事，終於在廬山談話會期間取得一致意見，國民黨承認中共的合法地位，同意中共擁有對改編後的紅軍的獨立指揮權，並向中共獨立指揮的軍隊提供武器給養，停止內戰，一致抗日。

國防會議召開

廬山談話會結束後，8 月上旬，國民政府軍事委員會決定在南京舉行國防會議。周恩來、朱德、葉劍英等中共人士應邀從陝西前往南京參加會議。

在會議上，中共就全國抗戰的戰略方針和作戰原則提出：全國抗戰在戰略上要實行持久防禦，在戰術上應採取攻勢；一線臨戰戰區適時由陣地戰轉為運動戰，同時在日軍之側翼的後方組織民眾開展游擊戰，破壞敵人的交通運輸，牽制和消滅敵人。中共的上述方針、原則及其戰法，對國民政府軍事委員會制定全國抗戰方略產生了積極影響。

1937 年 8 月 18 日，蔣介石正式宣布持久抗戰的作戰原則。他說：「倭寇要求速戰速決，我們就要持久戰消耗戰。」8 月 20 日，國民政府軍事委員會頒布《戰爭指導方案》，正式確定「以持久戰為基本主旨，以空間換時間，逐次消耗敵人，以轉變形勢，爭取勝利」的戰略方針。在國共兩黨取得共識的基礎上，中國抗日戰爭實行持久作戰的戰略總方針正式形成。

在戰略部署上，會議議定以一部兵力於華北各要點重疊配備，多線設防，逐次抵抗；集中兵力於華東，力保淞滬要地，掩護南京；另以少量兵力扼守華南各主要港口。

在會議期間，周恩來、朱德、葉劍英等中共領導人與雲南省主席龍雲進行了商談和溝通，龍雲受到很大鼓舞，他當即決定派滇軍 20 萬人出征，開赴抗日前線。與此同時，龍雲還與八路軍總司令朱德交換了密電碼，與延安建立了聯絡通道。

1937 年 8 月 12 日，國民黨中常會決定，撤銷國防會議及國防委員會，成立國防最高會議。

蔣介石與馮玉祥在廬山

尋求外援

抗戰爆發前，財政部長孔祥熙（前中）、海軍部長陳紹寬（右三）訪德尋求援助

抗戰爆發後，國民政府一面抵抗，一面全方位地尋求友好國家的援助。

爭取「國聯」及友邦的支持

1937 年 6 月，國民政府曾派出行政院副院長孔祥熙及海軍部長陳紹寬等要員，赴德國洽談軍火援助及聘請德國軍事技術人員來華事宜。經雙方協商，德方同意供給中國的軍火均由中國以農、礦產品抵償，並同意將軍事技術人員隨時調來中國服務。但此一協議執行時間不長，到 1938 年 5 月德意日結盟後，德國就嚴禁所有軍火運往中國，6 月，德國軍事顧問法肯豪森等人全部返國。

全面抗戰爆發後，國民政府頻頻約見各國駐華使節，請他們轉告所在國政府主持正義。又先後派出了胡適、蔣百里等人赴德意等國，陳述日軍侵華暴行。英美等國對日軍侵華暴行均予以了譴責，美國總統羅斯福於 1937 年 10 月 5 日發表了《防疫隔離政策》的演說，猛烈抨擊了侵略國家，呼籲各國保衛和平。美國國務院亦發表宣言，斥責日本的侵略行為。

楊傑

戰爭爆發之初，法國並不肯援助中國。到了 1938 年 3 月，德軍占領奧地利，歐洲戰局起了變化。此時，國民政府命令駐法大使顧維鈞向法國政府提出合作之事。同時，中國第四戰區副司令長官余漢謀，也奉命與法國駐越南人員商討合作事宜，以防日軍侵占海南島。6 月，顧維鈞就法國派遣顧問來華之事與法國政府進行談判。但法國

孫科（左）、王寵惠（左二）等在赴國外的輪船上

政府仍然舉棋不定。國民政府又派立法院長孫科赴法；8 月，再派駐蘇大使楊傑赴法。法國政府終於同意援華，用軍火換取中國的原料，並同意中國用現金支付；同意派軍事顧問白爾瑞來華。

1937 年 7 月，中美政府簽訂了《白銀黃金互換協定》，以幫助國民政府穩定法幣和外匯。

1937 年 8 月 30 日和 9 月 12 日，國民政府向「國聯」兩次提出聲明書，陳述日軍侵略的經過，要求採取必要措施，對日本實行制裁。但此時「國聯」已經缺乏主持公理的決心和能力，只是給予中國以象徵意義的精神支持而已，充其量只是鼓勵各會員國自行採取制裁日本和援助中國的辦法。

《中蘇互不侵犯條約》的簽訂

早在九一八事變後，中國就向蘇聯提出了簽訂「互不侵犯條約」的建議。蘇聯從自身利益考慮，雖然中蘇已經復交，但雙方始終沒有簽約。到 1936 年，情況才起了變化。11 月 25 日，德日兩個法西斯國家，在柏林簽訂了「反共產國際協定」，

1937 年，中國出席第 18 屆國聯大會，尋求支持，前排右五為顧維鈞

矛頭直指蘇聯。蘇聯感到東西方法西斯的威脅已是迫在眉睫，同時又擔心中國向日本妥協，自己更加孤立，遂開始積極主動調整中蘇關係，向中國提供軍援，以借助中國的力量在東方將日本拖住。

1937 年 3 月，蘇聯人民外交委員李維諾夫向中國駐蘇大使蔣廷黻提出簽訂「太平洋地區公約」的建議，並立即開始就簽訂「中蘇互不侵犯條約」進行談判。但國民政府對此建議一直猶豫不決，只想簽訂「中蘇互助條約」。

七七事變後，蘇聯雖然譴責了日本，主張援助中國，但由於美英等國採取了不干涉政策，蘇聯對簽訂「中蘇互助條約」的態度起了明顯變化。蘇聯大使鮑格莫洛夫接到李維諾夫的電報指示，認為，如簽訂「中蘇互助條約」，雙方有一方受到侵略，另一方就有義務出兵，而當時，中國已受到日本入侵，簽訂條約就是蘇聯向日本宣戰。所以蘇聯只同意中蘇簽訂「互不侵犯條約」。無奈之下，蔣介石只得同意先就「互不侵犯條約」進行談判。雙方的談判代表是蘇聯大使鮑格莫洛夫、中國外交部長王寵惠及陳立夫。雙方互換了各自的協定文本。

1937 年 8 月 21 日，國民政府代表王寵惠、蘇聯政府代表鮑格莫洛夫在南京正式簽訂了《中蘇互不侵犯條約》。

條約簽訂後，蘇聯開始在軍火物資、飛機以及軍事技術人員等方面，大量援助國民政府，並與中國簽訂了信用貸款等協

德國大使陶德曼（左二）與中國前駐義大利全權大使劉文島（左一）在漢口

定。與西方大國對侵略持縱容的態度相比，蘇聯的援助，有力地支持了中國的抗日戰爭。在抗戰的前 4 年，中國得到的援助主要來自蘇聯，以軍火為例：蘇聯共援助中國飛機 1563 架，坦克 164 輛，各種火炮 1850 門，各種炮彈 280 億發，各式機槍 20320 挺，機槍彈 2662 億發，步槍 10 萬支，子彈 2748 億發，各種車輛 1337 輛，飛機炸彈 43451 顆又 1.5 萬噸，以及其他戰爭物資。

陶德曼調停失敗

1937 年 7 月下旬，蔣介石在會見德國大使陶德曼時，即希望德國出面調停中日爭端。日軍在上海遭到中國軍隊的頑強抵抗後，「速戰速決」的企圖落空，遂改變策略，採取軍事進攻和政治施壓並重的方針。10 月 21 日，日本外相廣田弘毅向德國駐日本大使迪克遜表示，日本準備與中國直接談判，並要求德國勸說國民政府接受日本的議和條件。

11 月 5 日，陶德曼向蔣介石轉達了日方的「條件」，其內容十分苛刻。蔣介石表示可以接受某些條件。南京淪陷後，日本氣焰更加囂張，又提出了更加苛刻的條件，其中包括國民政府放棄親共、反日、反滿政策，聯合日滿共同反共；中國償付日本要求的賠款等等，逼蔣就範。蔣介石沒有輕易答應，只是通過陶德曼向日本方面表示：「不能作決定，也不能表示意見。」

1938 年 1 月 15 日，行政院長孔祥熙代表蔣介石約見陶德曼，表示「這個問題對於國家和國際都有重大關係，我們希望尋覓一條可能的和平的途徑……」採取了拖延的辦法。

日本政府對此極為不滿。1938 年 1 月 16 日，日本近衛內閣宣布中止與國民政府的談判，並聲明：「帝國今後不以國民政府為對手。」而準備另外扶植偽政權來「調整邦交正常化」。至此，國民政府與日本的議和宣告中斷。

抗戰爆發後，國民政府邊抵抗邊交涉。圖為駐日大使許世英（左）與日本駐華大使川樾在南京

請授命爲抗日前鋒

朱德

紅軍又回歸了國民革命軍的行列，走上抗日戰場。

紅軍主力改編

1937 年 7 月 7 日，盧溝橋事變爆發。7 月 8 日，毛澤東、朱德等中共領袖致電蔣介石，要求「實行全國總動員，保衛平津，保衛華北，收復失地」，並表示「紅軍將士，咸願在委員長領導下，為國效命，與敵周旋，以達保土衛國之目的」。7 月 9 日，彭德懷、賀龍、劉伯承、林彪、徐向前、葉劍英、蕭克、左權、徐海東等紅軍將領率全體指戰員致電國民政府主席林森，表示「以抗日救國為職志，枕戈待旦，請纓殺敵」，「願即改名為國民革命軍，並請授命為抗日前鋒，與日寇決一死戰」。

7月14 日，中共中央革命軍事委員會命令紅軍以軍為單位改組為國民革命軍編制，限「十天準備完畢，待命抗日」。令紅軍將領到陝西省涇陽縣雲陽鎮集中，研究討論紅軍改編問題，並對紅軍參戰、部隊編制等重大問題作了嚴密細緻的部署。

8 月 13 日，日軍大舉進犯上海。15 日，國民政府發表《自衛抗戰聲明書》，表示了「中國決不放棄領土之任何部分」的決心。並下達總動員令，調集精銳部隊投入上海戰場。由於形勢劇變，國共兩黨很快就紅軍改編問題達成了協定。

8 月 22 日，國民政府軍事委員會正式宣布紅軍主力改編為國民革命軍第八路軍，下轄 3 個師，每師轄兩個旅，每旅轄兩個團。每師定員為 1.5 萬人。8 月 25 日，在中共洛川會議上，以中革軍委名義發布紅軍改編為國民革命軍第八路軍的命令，將紅軍前敵總指揮部改為八路軍總指揮部，任命朱德為總指揮、彭德懷為副總指揮、葉劍英為參謀長、左權為副參謀長。

陝北紅軍舉行改編抗日誓師大會

改編後的八路軍騎兵部隊

毛澤東

彭德懷

葉劍英

鄧小平

中革軍委總政治部改為八路軍政治部，任弼時為主任、鄧小平為副主任。同時任命了各師的軍官。當日，朱德、彭德懷等高級將領發表通電，並宣告部隊已整編完畢，即將東進殺敵。

八路軍所屬 3 個師的編制和主要領導幹部配備如下：

第 115 師：由紅一方面軍第 1 軍團、第 15 軍團和陝南紅軍第 74 師編成。師長林彪，副師長聶榮臻。編制 1.55 萬人。

第 120 師：由紅二方面軍第 2 軍團、第 6 軍團、第 32 軍和西北紅軍第 27 軍、第 28 軍，獨立第 1 師、第 2 師，赤水警衛營及紅軍總部直屬隊一部編成。師長賀龍，副師長蕭克。編制 1.4 萬人。

第 129 師：由紅四方面軍第 4 軍、第 31 軍和西北紅軍第 29 軍、第 30 軍，獨立第 1、2、3、4 團及第 15 軍團騎兵團編成。師長劉伯承，副師長徐向前。編制 1.3 萬人。

八路軍總指揮部及直屬部隊 3000 餘人。全軍約 4.6 萬人。

9 月 11 日，國民政府軍事委員會按全國陸海空軍戰鬥序列，將八路軍改稱第 18 集團軍，八路軍總部改稱第 18 集團軍總司令部。朱德任總司令，彭德懷任副總司令。9 月 14 日，朱德、彭德懷發布八路軍改為第 18 集團軍的通令。但此後仍沿用八路軍的番號。

國共合作後，兩黨在南嶽舉行軍事訓練班合影，前左四為葉劍英

紅軍改編後，115 師、120 師、129 師分別在涇陽縣雲陽鎮、富平縣莊里鎮、涇陽縣石橋鎮舉行抗日誓師大會，隨即開赴山西抗日前線。

紅軍游擊隊改編

1934 年 10 月紅軍主力長征後，留下部分紅軍和游擊隊在贛、湘、閩、粵、浙、鄂、豫、皖八省十幾個地區建立了游擊區。

1937 年 9 月下旬，中共中央和八路軍駐南京的代表博古、葉劍英等人，與國民黨代表何應欽、張沖等人談判，商定將南方八省的紅軍游擊隊改編為一個新的軍。

10 月 12 日，國民黨江西省主席熊式輝轉發了蔣介石 10 月 6 日電令：贛、粵、皖、浙、閩等地的紅軍游擊隊，統交國民革命軍新編第 4 軍（簡稱新四軍）軍長葉挺編遣調用。10 月 30 日，中共中央作出決定，將南方各省紅軍游擊隊集中五分之三改編為一個軍，以葉挺為軍長，項英為副軍長，陳毅或劉英為參謀長，反對國民黨安插任何人。

11 月 3 日，葉挺應邀到達延安，受到中共領導人的熱情歡迎。毛澤東緊緊握住葉挺的手說：「歡迎你，希夷將軍！我們雖未見過面，可你的大名卻如雷貫耳！」並關切地詢問道：「你是否願意恢復黨籍？」葉挺回答說：「從心裡講，我離黨十年，就像離群孤雁，極度苦悶，我做夢都想投入黨的懷抱。但此時，以我這種身分，暫不宜恢復黨籍，我作為無黨派

賀龍

劉伯承

關向應

葉挺

人士，可以自由地與國民黨官員交往，調解國共兩黨矛盾，為新四軍向老蔣要軍費。」

12 月 23 日，項英抵達漢口。經過國共雙方的反復協商，最後，中共方面在部隊編制、薪餉等問題上作出了一些讓步，同意新四軍不隸屬八路軍，由所在戰區直轄，軍以下不設師、旅、縱隊，直轄四個支隊，部隊全部開往抗日前線。國民黨也作出了讓步，如不安插人員，保持共產黨的獨立領導權和敵後游擊戰爭等。

1938 年 1 月 6 日，新四軍軍部從漢口移抵南昌市三眼井高升巷原張勳公館內掛牌辦公。新四軍軍分會，於 1938 年 1 月 6 日在南昌正式成立，軍部亦移駐南昌。到 1938 年 3 月，高度分散，交通、通信聯絡非常困難的南方八省的紅軍游擊隊，終於下山集中，正式改編為新四軍。新四軍成立之初，編為四個支隊，全軍 1 萬餘人。

從 1938 年 2 月至 4 月，新四軍第 1、第 2、第 3 支隊先後開赴皖南抗日前線。第 4 支隊到皖西集中後，開赴皖中抗日前線。4 月 4 日，新四軍軍部告別南昌進駐皖南岩寺。

八路軍第 115 師在平型關戰役後，由副師長聶榮臻率領3000人，以五台為中心創建抗日根據地。11月7日，成立晉察冀軍區，下轄 4 個軍分區，4 個軍分區共有 4 個支隊，每個支隊 3 個大隊（相當於團）。1938 年 1 月，以山西五台為中心的晉察冀邊區抗日根據地形成，這是華北第一個敵後游擊根據地。

新四軍臂章

八路軍臂章

1937 年年底，是中國抗日戰爭史上最危險也是最關鍵的時刻。在華北與華東兩個方向，中國軍隊以血肉之軀，苦苦支撐了 5 個多月的全面抗戰，打破了日本侵略軍妄圖 3 個月內滅亡中國的企圖。同時，付出了極其沉重的代價，中國北起內蒙的包頭，包括太原、北平、天津、濟南、青島，南到上海、南京、杭州等重鎮，悉被日軍占領。中國政府主要的工業基地與對外經貿的口岸，都被日軍攻占，中國主要的財政收入關稅與鹽稅，失去了主要的來源。在軍事方面，大部分擁有較為現代化裝備的中央軍以及地方精銳部隊，也都受到嚴重的損耗，需要進行整補。八路軍與新四軍在抗日戰場上發揮出越來越重要的作用。

初戰告捷

八路軍在平型關作戰

平型關會戰，八路軍首次大顯神威。

平型關，位於山西省靈丘縣西南與繁峙縣東北交界處，距靈丘縣城 35 公里。東連紫荊，西望雁門，是晉東北內長城之險關。歷來就是軍事交通要隘，兵家必爭之地。日軍欲統治華北，必先圖晉綏；欲圖晉綏，必先爭太原；欲爭太原，必先奪取大同或平型關。

閻錫山、周恩來會商作戰計畫

1937 年 8 月 28 日，第二戰區司令長官閻錫山把行營（前線總指揮部）設於雁門關下的嶺口村，並同行營人員及八路軍總政委周恩來會商作戰計畫。

1937 年 9 月 11 日，日軍進犯廣靈。第二戰區孫楚第 33 軍 73 師被迫退至平型關南翼，閻錫山急調孟憲吉旅搶守平型關。孟旅於 19 日趕至平型關，與進攻之日軍激戰兩晝夜，日軍攻勢受挫，遂轉攻團城口。八路軍 115 師於 9 月 20 日迅速越過五臺山向靈丘急進，22 日從平型關南翼潛出，隱伏於靈丘以南的太白山區，24 日在平型關以東 20 里的公路兩側地區部署對敵後進行襲擊。

平型關大捷

9 月 14 日，八路軍 115 師先頭部隊進抵大營，派出偵察部隊偵察平型關地區地形地貌和日軍兵力部署，為平型關殲敵作準備。23 日，林彪、聶榮臻在上寨召開幹部會議，作出初步作戰計畫。24 日，閻錫山擬派所部 71 師附新編第 2 師及獨立 8 旅一部，配合 115 師向平型關以東的日軍出擊。

24 日晚，林彪命 115 師 25 日零時出發，戰士們在拂曉前到達了指定地區。全師主力布置在平型關到東河南鎮 10 餘里長的公路南側山地，343 旅之 686 團位於白崖台附近，左側是 685 團，右側是 687 團，口袋底是閻錫山的第 33 軍之獨立 8 旅，115 師第 344 旅 687 團斷敵退路並打援敵，688 團作為預備隊。這一部署使得進攻平型關的日軍完全處於我軍包圍圈伏擊之中。

9 月 25 日晨 5 時半左右，日軍第一輛汽車進入伏擊圈。聶榮臻下令：沉住氣，沒有命令不許開火。不一會兒工夫，日軍板垣師團第21旅團千餘人及汽車、大車300餘輛進入了伏擊圈。115師某團5連連長曾賢生率全連首先衝向敵陣，用手榴彈炸毀最後一輛汽車，截斷了日軍退路。之後又反復爭奪公路兩側制高點——老爺廟，並牢牢控制住。日軍企圖衝破獨8旅陣地逃命。獨8旅把一線配備改為縱深配備，進行了極為頑強的抵抗。

激烈的戰鬥持續到27日白天，日軍始終未能衝破包圍。板垣師團第21旅遭殲滅性打擊。因為敵人死不繳械，千餘日軍全部被擊斃。八路軍傷亡也很重，團營幹部5人負傷，以下近千人傷亡。第5連百名壯士，戰鬥結束時只剩30多人，連長曾賢生犧牲。

平型關大捷獲重大戰果。除全殲日軍1000多人外，還擊毀敵汽車100餘輛、馬車200餘輛、繳獲輕重機槍20多挺、戰馬53匹及一大批武器彈藥等軍用物資。同時，115師獨立團在靈丘縣東驛馬嶺擊潰日軍西援平型關之敵，殲敵300餘人。

平型關大捷，八路軍115師投入4個團的兵力，共1.2萬多人，占中國投入平型關會戰總兵力的八分之一。這是八路軍出師抗日的第一仗，也是中國軍隊自抗日戰爭全面爆發以來的第一個大勝利。9月26日、28日，蔣介石連續致電朱德、彭德懷，表彰八路軍「一戰殲寇如麻，足征官兵用命，指揮得宜」。

忻口會戰國共再次合作

由於日軍突破了中國軍隊的內長城防線，閻錫山決定在忻口布置兵力，組織一次以保衛太原為目的的會戰。第二戰區指揮部集中了6個集團軍，共31個師、13個旅，共28萬多人，由第二戰區副司令長官衛立煌任前敵總指揮。參戰的第18集團軍由總司令朱德指揮。日軍參加忻口會戰的兵力共約3個師團，7萬餘人，並配有350多門大炮，150多輛戰車和300架飛機。10月2日，崞縣

1937年10月5日起，進攻山西崞縣的日本關東軍混成第2旅團以占絕對優勢的飛機、大炮和坦克掩護其步兵對中國守軍發起攻擊。中國守軍頑強抵抗，陣地被毀殆盡。7日，日軍突入北城，東西城牆的中國守軍奮勇衝擊，與日軍巷戰肉搏。入夜，中國守軍各高級軍官率所部親自參加堵擊，日軍仍有增無減。8日凌晨，王靖國所部與日軍血戰七晝夜後突圍，崞縣陷落。原平鎮連日遭日軍猛攻，守軍在196旅姜玉貞旅長的指揮下，與敵奮勇廝殺。6日，日軍以飛機、坦克掩護數倍於我之步兵猛撲，中國軍隊拼死抵抗，屢挫日軍鋒芒。血戰至11日下午，第196旅僅剩官兵數百人，仍然據守原平城東北角，與敵肉搏巷戰，姜玉貞親自督陣，壯烈犧牲，196旅幾乎傷亡殆盡。原平失守。

周恩來

聶榮臻

林彪

和原平保衛戰拉開了忻口會戰的序幕。中國第 34 軍 196 旅與兵力和裝備占絕對優勢的日本關東軍混成第 15 旅團展開激戰。10 天後，已殲敵 1000 餘人。旅長姜玉貞及 4000 多官兵陣亡。該戰鬥延緩了日軍進軍速度，為中國軍隊集結部隊於忻口，贏得了寶貴的時間。在以後一個多月的戰鬥中，晉綏軍第 19 軍、33 軍、35 軍、62 軍等部，陸續投入戰場，戰鬥場面極為慘烈。中國守軍在南懷化高地每天損失一個團，在傷亡 1 萬多人的情形下，保住了陣地。中央兵團兵團長郝夢齡、54 師師長劉家騏、獨 5 旅旅長鄭廷珍，在戰鬥中陣亡。

與此同時，在平型關奏凱的八路軍主力，則廣泛地開展游擊作戰，有力地配合了忻口正面戰場的作戰。115 師在晉西北破壞日軍交通線，收復了廣陵、靈丘、平型關等地。120 師在同蒲路以西襲擊日軍，攻克甯武縣城，並在雁門關設伏，擊毀日軍汽車 400 輛，使日軍的補給線遭到沉重打擊。陳錫聯第 769 團夜襲陽明堡機場，燒毀日本飛機 24 架，對忻口我正面守軍支援極大。

傅作義守太原

忻口會戰延續到 10 月下旬，歷時 23 天，日軍遭受重創。11 月 2 日，閻錫山召集高級將領軍事會議，提出保衛太原，依城野戰的計畫。第 7 集團軍總司令傅作義毅然請命。周恩來作為 18 集團軍代表參加了這次會議，對傅作義這種知難而進的精神深表敬佩。當時，傅部主力不過兩個旅，雖訓練有素，有一定的實戰經驗，但幾個月來的南北轉戰，傷亡過半。6 日，日軍第 5 師團開始進攻太原城郊，駐防城外的軍隊紛紛潰退，依城野戰計畫完全落空，傅部陷於獨守孤城之境。7 日，晉北和晉東的日軍會合，在數十架飛機和數百門大炮及坦克掩護下，連續攻城。傅作義下定捨身報國的決心，激勵部下英勇殺敵。並給老家親人寫信，表示「只要一息尚存，誓與日寇血戰到底，為國捐軀，義無反顧」。

在傅作義誓死如歸的精神鼓舞下，全軍將士咸報決心，奮勇抗敵。8 日敵突入城內，展開激烈巷戰。黃昏後，接蔣介石撤退電令，傅作義率部突圍，撤至石樓一帶。太原守城之戰，掩護了衛立煌、孫連仲、王靖國、陳長捷等部安全轉移。日軍雖侵占了太原，但也死傷慘重，無力繼續南犯。忻口及太原會戰，國民黨軍與八路軍密切配合，協同作戰，以傷亡 10 萬餘人的代價，殲滅日軍 2 萬餘人，創華北戰場殲敵之最新紀錄，也打亂了日本侵略者妄圖速戰速決迅速滅亡中國的陰謀，支援了平漢路中國守軍的作戰，為平漢路中國守軍集結、南撤贏得了時間。

國寶大遷徙

故宮博物院

故宮博物院的珍寶踏上了遙遙南遷之路。

1931 年九一八事件爆發後，平津受到威脅。1933 年 1 月日軍進占山海關，熱河和長城各口告急。故宮博物院理事會正式決定，從 1 月 31 日起，立即將文物分批運往上海。

同時，國民政府行政院長宋子文在南京召開臨時中政會議，決定將文物、圖書運往上海，文獻檔案存放在南京國民政府行政院（國民政府東院）大禮堂。3 月中旬，裝載第一批南遷文物的列車抵達上海，存入了法租界天主堂街仁濟醫院舊址五樓的倉庫裡。之後，文物分五批運到，總計 13427 箱零 64 包。5 月 15 日，最後一批文物啟運，共計 6066 箱，存放在英租界四川路廣州路口業廣公司二樓倉庫裡。

1934 年 12 月，常務理事會根據王世傑提議，經國民政府行政院批准，在南京朝天宮興建故宮博物院南京分院。分院於 1936 年 3 月開始動工，8 月竣工。12 月 8 日文物由上海開始啟運，17 日全部轉運南京存放。1937 年 1 月 1 日，故宮博物院南京分院正式成立。

南路：南京—巴縣

七七事變爆發後，南京形勢危急，故宮博物院南京分院奉行政院令，又將文物遷往大後方。遷移工作分南路、中路、北路先後進行。

李濟曾是哈佛大學第一位來自中國的哲學博士。學成歸國後，主持了仰韶文化遺址考察，使現代科學考古進入中國。七七事變後，在南京的中央研究院歷史語言研究所和正在規劃中的中央博物院向西南遷移。這一艱鉅的任務，由李濟負責。1132 箱文物文獻，在他的「押運」下，先到長沙，再由長沙轉到昆明，最後遷到四川南溪的李莊。一路顛簸，受盡磨難。途中，兩個隨他一起遷移的女兒，患病得不到及時治療，先後去世。

工作人員在整理古籍

故宮博物院院長易培基與張學良（右）

1937 年 8 月 14 日，即淞滬戰爭爆發後的第二天，首批文物啟運。這批文物是從曾經送到英國參展的文物中挑選出來的，共 80 箱，其中有吳道子的《鍾馗打鬼圖》、張擇端的《清明上河圖》、李唐的《萬壑松風圖》、米芾的書法真跡等，彌足珍貴。

先由南京水路運至漢口，再用火車運到長沙，存放在湖南大學圖書館。因日軍對湖北、湖南空襲，12 月，文物轉移到貴陽。

1938 年 1 月，文物經廣西桂林、柳州轉運到貴陽，又於 11 月轉移到安順華岩洞儲存，並成立故宮博物院駐安順辦事處。1944 年 12 月 5 日開始運至巴縣飛仙岩。路上歷經艱辛，數次遇險。

中路：南京—樂山

這一路文物共 9331 箱，由上海裝船運到漢口，不久南京淪陷，漢口也隨時有被轟炸的危險。12 月，又裝船轉運到宜昌，然後用小船轉運到重慶。由於文物數量太大，直到 1938 年 5 月才全部運抵重慶。之後，故宮博物院院長馬衡及辦事人員先後到達，成立了故宮博物院重慶辦事處。後又因安全原因，將文物轉移至樂山。1939 年 9 月以後成立了故宮博物院樂山辦事處。

北路：南京—峨嵋

這一路運送文物 7287 箱。1937 年 11 月從南京裝火車起運，經徐州、鄭州至寶雞，因潼關形勢突然緊張，不久又轉移到漢中。此時已沒有火車可以通行，幸有西安行營協助，才得以穿越秦嶺。1938 年 4 月，這一路文物全部運抵漢中。不久日機轟炸漢中機場，文物被迫離開。文物剛離開漢中，漢中遭敵機轟炸，原儲存文物的庫房，中彈炸毀，行政院又命令故宮文物轉運成都。漢中到成都 1100 餘里，全靠汽車運輸。由於公路路基不好，途中過河沒有橋樑，須用木船載運汽車過河，時有敵機空襲，在困難重重的情況下，於 1939 年 2 月才搶運完畢。這時行政院又下令轉移至峨眉，並成立故宮博物院峨眉辦事處。

抗戰結束後，文物陸續運回南京。南京淪陷後未能運出的 2954 箱文物，也被

憩廬——又稱「黃埔路總統官邸」。建於 1929 年。就在國防部大院內。為蔣介石起居、辦公的地方，是真正的權力中心。1931 年，蔣介石曾在此以宴請為名，扣押了立法院長胡漢民。

高背靠椅——只有在總統府等最上層的機關才能看得到，也只有幾個人能夠享用。物換星移，如今老闆桌、老闆椅，好像用者不在少數，已不是什麼稀有之物了。許多物品，就是時代發展的標誌，昨日它還是權力和身分的象徵，今日就還原了它的本質，沒有值得炫耀之處。在物質發達的今天，實用第一，在其之外的價值則是第二。

美齡宮——又稱「小紅山官邸」或「基督凱歌堂」。1934 年落成。外形是典型的中國傳統式樣，但內部設施卻是現代化的。整幢建築掩映在莽莽林海之中。這是蔣介石和宋美齡的別墅，也是蔣宋做禮拜的地方。堪稱是南京東郊最美的別墅建築。

車標——它是汽車的標誌，亦是身分的標誌。有時，人靠物質來體現自己的身分與富有，從別人羨慕的眼神中，得到一種滿足。每種車都有一個標誌，有的是圖案，有的是文字，還有的是模型，體現出廠家的設計思想。20世紀40年代蔣介石的座車勞斯萊斯的車標，就像是離弦之箭，飛速向前。

原中央銀行大樓——雄踞長江南岸的中央銀行，是國民政府的國家銀行，位居「中」、「中」、「交」、「農」四行之首，一直掌握著中國財政金融的命脈。

江蘇郵政管理局穹隆頂——典型的西式建築屋頂。西方建築擅長用石料，現在看來確有獨到之處，比之中式的木質構建，實在是經久耐用許多。穹隆頂儼然像一座堅實的城堡，矗立在藍天下；又好似一個巨大的石雕，層層疊疊，在陽光中分外壯觀。大理石材質雖然灰暗，但造型優美而物象厚重。

中央飯店——西式建築。建於 1929 年。國民政府遷址辦公後，中央飯店也隨之落成。昔日冠蓋雲集，高朋滿座，在南京極負盛名。張學良、閻錫山來南京，均下榻於此。汪精衛也曾在這裡險遭刺殺。

中央飯店陽臺雕飾——小小陽臺只起到裝飾作用，連接它的，只有窗戶沒有門，想看外面，還只能眺望，真是「名不副實」。白色的陽臺，鑿以紋飾，十幾個大鈕，像是鉚釘，有了它，陽臺頓感穩如泰山。旋轉的曲線，不知想表達什麼，卻充滿靈動。

原國民黨中央黨史編纂委員會會址——建於1936年。中國傳統宮殿式建築，設計精妙，造型大方，又稱「西宮」。該會藏有大量國民黨黨史資料，並負責編纂印製。「西宮」與東邊的國民黨中央監察委員會（稱「東宮」）出自同一圖紙，只是外形稍大。

原國民黨中央黨史編纂委員會大門裝飾──「一無所有」，門柱就顯得過於單調，加上一點修飾就截然不同。中間部分的圓點，像是省略號，想法、看法，乃至寓意，全憑自己去想、去猜。上下部分的蓮花紋圖飾，讓人想起了宋代周敦頤《愛蓮說》中對花中君子的讚美：「出淤泥而不染，濯清漣而不妖，中通外直，不蔓不枝，香遠益清。」

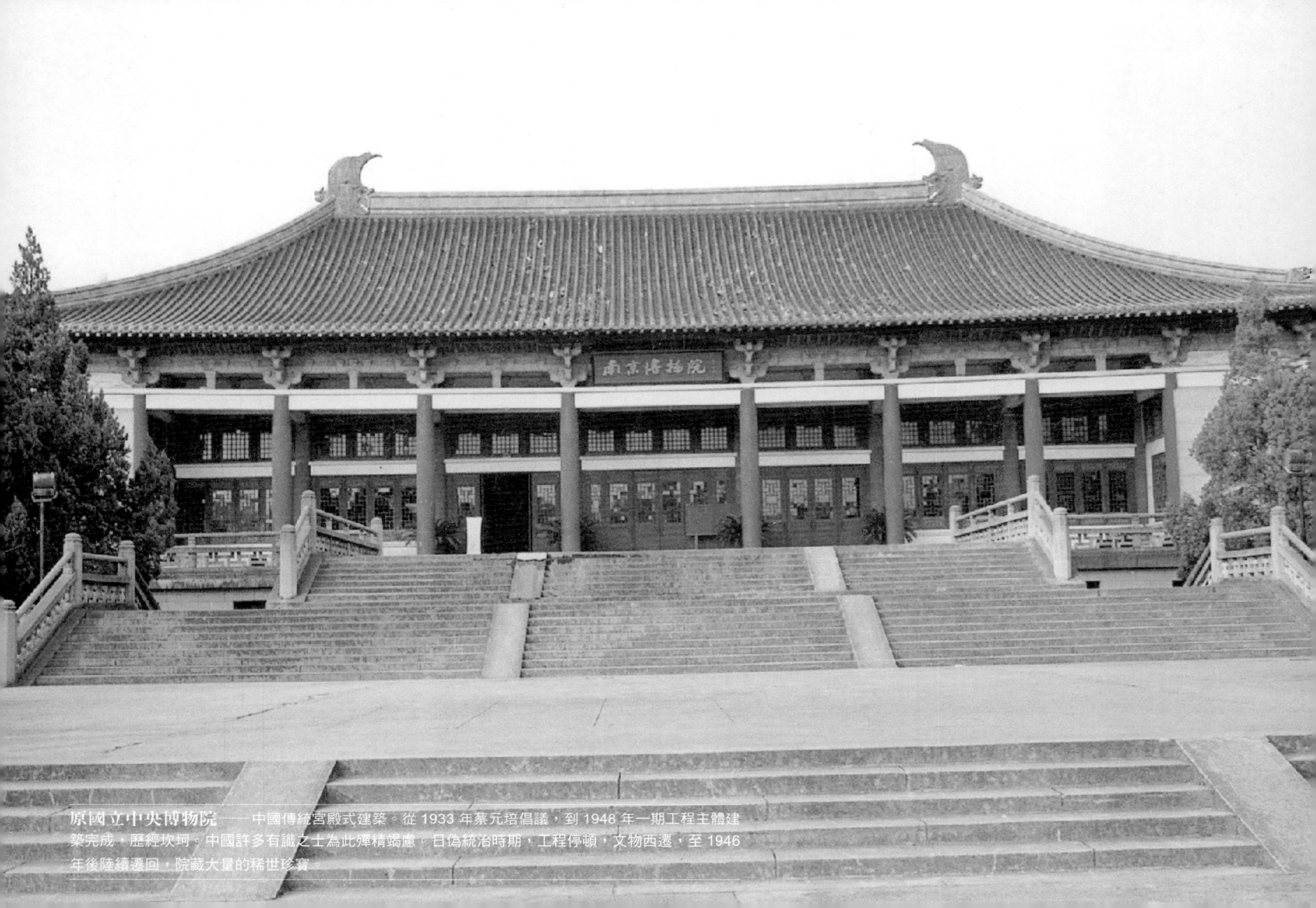

原國立中央博物院——中國傳統宮殿式建築。從 1933 年蔡元培倡議，到 1948 年一期工程主體建築完成，歷經坎坷。中國許多有識之士為此殫精竭慮。日偽統治時期，工程停頓，文物西遷，至 1946 年後陸續遷回，院藏大量的稀世珍寶。

佚名小築——歷史，已將他湮沒，設計者是誰，我們已不得而知，但其留下的建築作品，卻堪稱經典和完美。多折屋頂設一排老虎窗，閣樓設一陽臺，其造型，怎麼看都別有一番風味和情趣，個性十足。俗話說，看民國看南京，名副其實，這種特別的建築樣式還很多，各具特色，各顯風采。

原最高法院——整個建築設計，可謂匠心獨具，主樓呈「山」字型，寓意「執法如山」；樓內有一藻井，屋頂為玻璃天窗，有「明鏡高懸」之意；樓前一「碗狀」噴泉，以示「一碗水端平」。

掛牆電話——清末民初使用較多，以後逐步被淘汰，今日卻被當作寶貝收藏。也許是為了不占空間，或者沒有擺放之處，於是人們想到將它置於牆壁之上。只是如此接起電話來，需一直站在那裡，挺不自在的，所以，這樣的電話多半是由那些職務較低的職員使用。不像電話座機，通話時人的身子可以陷在沙發或靠背椅中，十足的官長味。

原國民政府參謀本部大樓——曾是國民政府最高軍事機關，實際受軍事委員會領導。抗戰勝利後改組為軍令部，其職能不變。1946 年以後，這幢樓成為總統府的圖書館，藏有全套總統府（國民政府）公報和蔣介石的手令。

磁石電話機——隨身攜帶，用於作戰最為適合，但在機關大院中卻不管用。雖然只是在兩個距離很近的房間之間通話，但電話這一發明，卻足以讓人興奮不已。如今千里之外，距離不再是問題，從有線，再到無線，讓人驚歎這神奇。

原首都衛戍總司令部——新民族建築。一直是重要的軍政機關，先為國民政府主計處，後又成為參謀本部、軍令部。1948 年在此設立了該司令部，總負南京城防之責。由於與總統府只一牆之隔，故責任更顯重大。

吊燈——奇特的造型，昏暗的燈光，伴隨著總統府度過了多少個不眠之夜。它默默地奉獻著自己的光輝，不知疲倦地工作，用自己發出的亮光，照亮別人。這裡發生的一切，包括關乎存亡生死的最高機密，它都是親歷者，只是它無言，或守口如瓶。不過，看到它，就能想起許多歷史往事，人去也，燈依舊。

原國防部大禮堂——建於 1929 年。受法國文藝復興的影響，為西式古典宮殿建築式樣。曾作為中央軍校大禮堂。1946 年 6 月軍政部等機構改組成立國防部，即作為機關大禮堂。蔣介石多次在這裡召開重要的軍事會議。1945 年 9 月 9 日 9 時，全世界矚目的日本投降儀式就在這裡舉行。

臺式電話——連接上下級、各院部會署之間的、不可缺少的通訊工具，但須有一個總機轉接。今日社會，電話已相當普及，可在當時，絕對是身分的標誌。叮鈴鈴的聲響，可能是上級指令，可能是下級請示；會讓你忐忑不安，亦可能欣喜若狂。

原國民大會堂——建於 1935 年。新民族建築的代表作。專門為召開國民大會所建。1946 年的「制憲」國大和 1948 年的「行憲」國大，都是在這裡舉行的。現為人民大會堂。

地窗——西式建築上的地窗。有些建築過道，因為有牆遮擋，感覺較暗，走路時不太方便。加上了地窗，將自然光線引入，於是就變得明亮許多，走起路來也就不用那麼小心翼翼了。一個小小的創意和細節，就給生活帶來便利。亮了，可以讓它變得暗些；暗了，又可以通過某種方式改變它。

總統府大門——這座總統府的標誌性建築，已經有了 80 年的歷史。它見證了太多的風風雨雨，從北洋軍閥到國民政府，從兩次「遷都」到日偽的張狂，從「還都」後短暫的狂歡，到人民的勝利……這一座巴洛克門廊建築，給人們留下了數不清的記憶。

升旗台——日日夜夜，風風雨雨，旗幡在這裡升起降下，變幻莫測，惟有旗桿和平臺依舊。1949年4月23日，人民解放軍占領總統府，幾十名戰士登上門樓，青天白日旗降落，取而代之的是一面徐徐升起的紅旗。那激動人心的場景，已深深地印刻在國人的心中。不過，那一張感人的照片，是後來補拍的。

總統府大門愛奧尼亞柱——八根古希臘的愛奧尼亞巨柱，典型的西式建築風格；而大門的許多不起眼的地方，卻包含了許許多多的中國元素，如外圓內方的門，頂部的女牆等等，都是設計師的傑作。

巴洛克紋飾——類似的圖案，在西方建築中比比皆是，充滿了地中海的氣息。它飄洋過海，來到了這東方古國紮根。中國傳統建築的威嚴，加上西方建築的浪漫，成就了新民族主義建築樣式。我們曾經閉關自守，尤其在思想上擱起了一道圍牆，但中國的建築師們卻開啟了一扇門，讓我們看到了外部的另一種精彩。

總統府大堂——總統府的主體建築。是清朝兩江總督曾國藩剿滅太平天國後重建的。清代的議事，孫中山就任臨時大總統的就職典禮，都在大堂舉行。民國時期，已失去了原有功能，只是作為一個禮儀場所。

噴泉——與總統府辦公樓同時修建，二者渾然一體。和諧是美，點綴有道。任何一個建築，都不是單一的，孤立的，在考慮到它實用性的同時，美觀與整體的效果，也一併納入其中。加上一個簡單的噴泉，時而水花噴射四濺，無形中就凸現了主體建築的韻味。

總統府禮堂——民國歷史上經過三次重大的改建，亦中亦西，中西合璧。總理紀念周，新年團拜會，重要的活動和會議，多在此舉行。

華生電扇——全銅質地，民族品牌。在沒有空調的年代，民國機關中也不多見。盛夏時節，即便是坐在辦公室內，也難擋熱浪的侵襲。能用上電扇，是一件相當愜意的事。當時，家用電器絕對是奢侈品，一般人只能搖上一把芭蕉扇驅熱，或在室外納涼，享受自然風。

總統府國務會議廳——一張國父照片，兩面旗子，一塊漢白玉匾，就構成一個國家舉行最高級會議場所的背景。每月或每週，院、部、會署的主官必然到場，決定近期大事。匾中的文字「忠孝仁愛信義和平」是 1936 年 9 月林森為祝賀國民議會廳啟用專門題寫的。

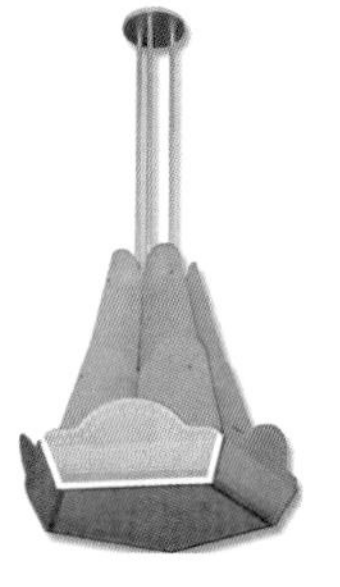

吊燈——西式的外形，配上中式的回紋，又一個中西合璧。中西裝飾，在不同的文化背景下，各顯魅力。

19世紀末、20世紀初，西風東漸，是全盤西化，還是堅持傳統？中國新一代建築師沒有囫圇吞棗，還是理智的面對，民族元素加上外來風格，大到一幢建築，小到一個裝飾，走出一條屬於自己的道路。

故宮南遷書畫在上海晾曬

裝載故宮文物的汽車正在長江輪渡上

現藏於臺北故宮博物院的重釉三彩駱駝

藏於臺北故宮博物院的周代銅鼎

藏於臺北故宮博物院的清乾隆粉彩雲蝠紋鏤空轉心瓶

藏於臺北故宮博物院的元代青花三顧茅廬罐

故宮博物院南京分院找回。在清點時，發現箱數與運到四川時的數目相符。

由於歷史的原因，南遷文物沒能全部返回故宮，其中2973箱在新中國建立前夕被運往臺灣。現存臺北故宮博物院的部分精品都是南遷文物中的精華，由於當時轉運匆忙，致使一些前後連貫或成雙成套的文物現在隔海相望。

整個故宮文物南遷是在炮火硝煙中進行的，歷時14年，行程數萬公里而文物無一件損壞、丟失，堪為世界文物保護史上的奇蹟。

鄭振鐸搶救國寶

「八一三」淞滬戰爭爆發後，鄭振鐸看到在日軍炮火之下，許多藏書家的藏書或毀於戰火，或因懼於日軍的文化專制政策而燒毀，更有大量善本被出賣給外國人，憂心如焚。當學者名流紛紛西遷之時，鄭振鐸留在上海孤島，挑起搶救民族文獻的重擔。1940年1月，以鄭振鐸為首的「文獻保存同志會」成立了，他們以光華大學、涵芬樓的名義購書，一舉收購了江南藏書中數量大、質量精的玉海堂藏書、蘇州鄧氏群碧樓藏書、鄧氏風雨樓、張氏適園、劉氏嘉業堂藏書。鄭振鐸被日本人列入黑名單，日本密探曾到各書店查訪他的行蹤，他時時刻刻都在敵人魔手的巨影裡活著。現在台灣的「中央圖書館」善本庫藏書，幾乎全是由他與「文獻保存同志會」的同仁們在抗日戰爭期間搶救下來的，也有相當一部分在大陸的圖書館。

行駛在長江上的「民生」輪

留得青山在

1937 年 8 月下旬起，以上海爲中心，掀起了規模空前的工廠內遷浪潮。

政府部署工業內遷

中國的工業，主要集中在沿海各地，如上海、青島、天津、杭州、南京等地。1937 年 7 月 22 日，國民政府軍委會秘密設立了「國家總動員設計委員會」，決定立即對糧食、資源、交通器材、醫藥、燃料等，實行統制。根據這項設計，資源委員會副主任錢昌照向蔣介石呈送了一個立即動員工業內遷的報告，要求政府資助上海民營工廠移至後方生產，以利抗戰；緊急撥款搶購積存於青島等沿海城市的戰略物資，如鋼材、水泥、木材等，以供戰爭防禦之需。蔣介石立即批准。

7 月 24 日，錢昌照及資源委員會奉命召集實業部、軍政部、財政部、經濟委員會、交通部、鐵道部的主官開會，決定儘快將部分工業遷移，並商定了遷移原則。第一步，先將機械、鋼鐵、煤氣、橡膠、製罐及民營化學工業的主要機器設備遷往內地。並請政府補助遷移費 56 萬元，建設用地 500 畝。因時間緊迫，行政院在 8 月 10 日召開第 324 次會議，通過首先將上海工廠內遷的計畫。

淞滬會戰爆發後，許多民族資本家出於愛國熱情，紛紛要求將自己的工廠內遷。這一來，內遷的工廠數量大大超過了政府原來定下的計畫數，遷移費用只是杯水車薪。9 月，上海戰事吃緊，行政院又舉行會議，將遷移工廠的數量大大增加，又增撥了經費和建廠用地。

錢昌照（左）視察工業企業

沿海工業大轉移

從 8 月下旬起，以工業重鎮上海為中心，北起青島、南至廣東、香港的廣大國土上，掀起了規模空前的工廠內遷浪潮。

1937 年 8 月至 1938 年初，是工廠內遷的第一個高潮。內遷的兵工廠有 15 家，如上海煉鋼廠（11 月遷武漢），金陵兵工廠、軍用光學器材廠（10 月遷重慶），濟南兵工廠（9 月遷西安），南京航空兵器技術研究處（11 月遷武漢），廣東第一兵工廠（12 月遷廣西融縣），中央修械所（12 月遷衡陽），廣東防毒面具廠（12 月遷廣西柳州），南京白水橋彈道研究所（12 月遷重慶）等等。

首批從上海遷出的民營工廠有 148 家，其中機器五金業 66 家，造船業 4 家，煉鋼業 1 家，電氣及無線電業 18 家，玻璃陶瓷業 25 家，化學工業 19 家，文化印刷業 14 家，紡織印染業 27 家，食品業 6 家等等。運達武漢的機器及材料達 1.46 萬噸，技術人員 2500 多人。

12 月南京淪陷後，國民政府又下令將遷到武漢的工廠，以及武漢原有的工廠，全部遷往大後方。

1938 年春至 1939 年冬，是工業內遷的第二個高潮。

長江上的內遷輪船　　工廠的工人也背起了縴繩

盧作孚

1937 年春，長江上游水位降到幾十年來從未有過的低點，中外輪船都被迫停航。時值四川建設方興未艾，中日戰爭一觸即發，四川作為戰略後方，長江斷航影響的不僅僅是民生公司的經濟利益。盧作孚親自組織人員反復勘測宜昌至重慶的長江水情，經反復實踐，川江歷史上第一次實現了枯水航行，這為以後宜昌大撤退及時實現提供了保障。

內遷工廠已在大後方投入生產

西遷後的民生機器廠鑄鐵廠

主要兵工企業有：第 50 工廠，即廣東第二兵工廠（1938 年 4 月遷重慶），第 3 工廠，即上海煉鋼廠（2 月遷重慶），第 22 工廠，即漢陽火藥廠（5 月遷辰溪），第 11 工廠，即鞏縣兵工廠（1938 年遷重慶），第 30 工廠，即濟南兵工廠（4 月遷重慶），中央修械所（1938 年冬遷貴陽）等等。

民營企業有 170 多家，沿江西全部遷往四川。武漢的民營工廠也有 158 家遷出，大部遷川，部分遷湘。

武漢撤退時，從上海、南京、蕪湖、九江及武漢溯江西上的機器物資等，達 120 萬噸以上，都在等待運輸。還有大量工程技術人員，也集中在宜昌候船西上。一時間，宜昌成了中國工業內遷的中轉總站，運輸空前緊張，時任國民政府軍事委員會第二部副部長兼運輸聯合辦事處主任、交通部次長的盧作孚，慨然將自己旗下民生公司的所有船隻投入了搶運。

1938 年 10 月，交通部航政局調集 1200 多條木船，與民生公司的 24 艘輪船一道，冒著日機的轟炸晝夜搶運，創造了宜昌撤退的奇蹟。史稱中國實業界的「敦克爾克大撤退」。

盧作孚回憶錄中說：「24 艘揚子江上游的中國輪船中，只有兩艘不是民生公司的，外國輪船亦有數艘，且只運商品，不運抗戰物資。中國輪船公司為了報效國家，兵工器材每噸只收運費 30—37 元，其他公物只收 40 元。民間器材只收 60—80 元。而外國公司每噸運費高達 300—400 元。可見民生公司犧牲之多，報效國家之大了。」

沿海沿江工業內遷後，分別在西南、西北建立了 6 個新工業區：重慶工業區，沱岷工業區，涪（陵）長（壽）萬（縣）工業區，昆明工業區，西安工業區，沅（陵）、辰（溪）工業區。

艱難的行程

「蜀道難，難於上青天」，眾多企業在西遷的過程中，的確感受到了李白這句

紡織廠已投入生產

詩的分量。

實業家胡厥文等人後來回憶道，木船沿江上行時，船多縴夫少，工人們就下船自己背起縴繩，江岸的石塊十分尖利，工人們一不小心，腳就被劃得鮮血淋漓。一隻船往往要一二百名工人拉縴，頂著寒風，赤著腳，時爬時走，順利時每小時能前進二三公里，更多時則寸步難行。入川的艱辛可見一斑。

一些民族資本家含辛茹苦幾十年經營的工廠，在西遷途中遭到了慘重的損失。如胡厥文的新民機器廠，內遷中觸礁遇風浪沉船、遭日機追襲轟炸，足足損失了 6 萬元。但胡厥文作為愛國實業家，雖然感到很痛心，但他覺得為了抗戰蒙受損失，應該感到自豪。

但並非所有工廠都是遷到大西南的。利用五金廠老闆沈鴻，經漢口《新華日報》介紹，與八路軍辦事處聯繫後，毅然將工廠的 10 部機器遷到了陝甘寧邊區。後來，這家工廠為邊區五金業的發展作出了巨大貢獻，為邊區政府製造了印刷、紙張、製藥、兵工、紡織業的大量設備。毛澤東、林伯渠稱讚沈鴻為「邊區工業之父」。

內遷工業企業，大部恢復了生產，對大後方經濟的發展，對支持抗戰，起了很大的作用，同時，也構成了重慶國民政府的經濟支柱。

民生公司以「服務社會、便利人群、開發產業、富強國家」為宗旨。在九一八事變兩周年紀念會上，公司員工宣誓：「日本奪我四省，殺戮我人民，屈辱我政府，破壞我統一，亡國滅種，大禍已臨，不謀自救，何以為人！」並立下四條公約：一、永遠不為日本人服務；二、不售予日人任何材料及食品；三、不購買日人貨品；四、不與親日華人為友。民生公司打破甲級船員只能由外國人擔任的慣例，實行甲級船員不任用外國人，全部由中國人擔任。經驗豐富的周海清成為長江上第一個中國籍船長。為在競爭中取勝，公司努力改進設施，改善服務。旅客多的時候，船員就讓出鋪位，自己睡甲板。許多乘客寧願多住幾天旅館，也要等民生的船。

西遷中的輪船

蔣介石在沙坪壩視察中央大學

文脈的延續

北大、清華、南開，一所所學校，踏上了漫漫遷移之路，歷盡千辛萬苦，始終弦歌不絕。

教育中心大轉移

盧溝橋事變後，國民政府教育部命令平津地區的北京大學、清華大學、南開大學南遷長沙。1937 年 8 月，北大、清華、南開在北大校長蔣夢麟和清華校長梅貽琦主持下，在南京成立了國立長沙臨時大學籌備處。9 月 2 日，教育部令沿海、沿江各省、市教育廳、局，對於設在各主要城市之公、私立學校，倘已受或易受日軍襲擊的，要儘量設法在比較安全的內地城鄉布置開課，並趕造防空避難設施，以期青年學業不致中輟。

1938年，國民政府成立了全國戰時教育協會，負責全國各地學校的遷建事宜，決定將一些重要的國立、省立高校和研究所遷往西南、西北各地，其中以重慶為重點。於是，以上海、北平為主體，以及廣州、南京、浙江、天津等地的國立、省立和私立學校開始了大遷移。由此出現了中國教育史上教育重心由東向西的大轉移。

至 1939 年，內遷並陸續復課的大學有 52 所，遷入上海租界及香港的 25 所，停辦 17 所。設在平津的學校，除北大、清華、南開 3 校遷往長沙成立西南聯合大學（1938 年 4 月遷昆明）外，其餘均遷往陝西、甘肅境內。設於蘇、浙、皖 3 省及上海、南京兩市的學校，分別遷至湖南、四川等地，其中遷入四川的最多，達 31 所。

頂天立地，空前絕後

1937 年 10 月中旬，中央大學的 1500 多名學生，1000 多名教職員工，連

內遷的女大學生

內遷前的復旦大學

內遷前的金陵女子大學

內遷前的清華大學

同家屬共4000多人，全部乘輪船西上重慶。經過40多天的緊張施工，中央大學在松林坡可供上千人教學、住宿的校舍終於突擊完工。就是這樣一排排低矮的教室和簡陋的宿舍，及時地接納了幾千名歷盡千辛萬苦的青年學子。11月1日，學校正式開學。學校流傳著這樣幾句話：「頂天立地」，「空前絕後」。「頂天」就是下雨沒傘，光著頭淋；「立地」，就是鞋襪濕透，赤腳著地。「空前絕後」，就是前膝或後臀都是通的。吃不飽，穿不暖，住的是黃泥糊的矮房，睡的是「統艙」（四五十人一間）。這就是大學生們生活的真實寫照。中央大學尚且如此，其他高校就可想而知了。

在日軍的炮火中，同濟大學從吳淞出發，先後輾轉金華、贛州、吉安、賀縣、南寧、昆明、龍川等地，共6次遷校，其艱辛難以想像。最終於1940年10月遷到了李莊。6次遷校中，最短的一處只待了8個月，而在李莊，一住就是5年。

小小的重慶李莊，一下雲集了無數中國的頂尖學者和大師，如梁思成、陶孟和、李濟、李方桂等等。李莊的學者、學子，最多時竟達到15000多人。

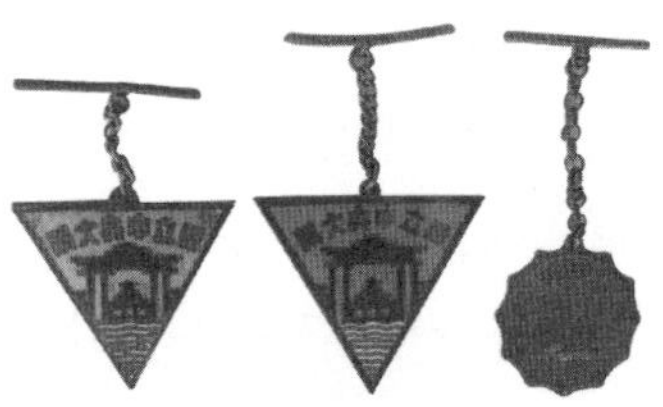

中央大學校章

中央大學校長羅家倫

高校大部遷往四川

1940年夏到1943年春，抗戰形勢劇變，原遷入上海租界、香港以及廣西的高校，又被迫再次遷移，其中

蔣介石、張伯苓視察內遷的南開中學

11 所遷四川。至 1944 年國民黨軍隊在豫湘桂潰敗後，一批遷至西南的高校又遷往四川。這樣，遷川的高校達到 48 所，其中重慶 31 所，成都 7 所，萬縣、樂山各 2 所，以及三台、金堂、瀘縣、南溪、江安等地都有遷川高校。

高校遷川後，在國民政府的救濟、安置和扶持下，陸續恢復開課。如中央大學遷至沙坪壩松林坡後，設立了文、理、法、農、醫、工、師範 7 個學院，是內遷學校學生最多、系科最為完備的大學。後因校舍緊張，又將新生院設到磁器口柏溪，醫學院、農學院則搬到了成都。中央政治學校遷至南溫泉，設立了政治、法律、外交、新聞、經濟、地政 6 大系科。上海復旦大學遷至重慶北碚，設立文、理、商、農 4 個學院。陸軍大學遷至重慶山洞。南京兵工學校遷至磁器口小楊公橋。社會教育學院遷至璧山。國立音樂學院遷青木關。江蘇醫學院遷北碚。國立藝術專科學校先遷青木關，後遷盤溪。上海醫學院、國立藥專，均遷歌樂山。朝陽學院遷興隆場。中央工業專科學校遷沙坪壩。武昌中華大學遷南岸。武昌文華圖書館專科學校先後遷曾家岩和江北相國寺。鄉村建設學院遷北碚歇馬場等等。

其他遷川的一些院校如女子師範學校，教育部特設的大學先修班，正則藝術專科學校，均設在江津。戲劇專科學校設在江安。中央研究院在南溪李莊落腳。上海法學院設萬縣。

私立的學校如金陵大學、東吳大學、金陵女子文理學院、齊魯大學、光華大學、朝陽學院、燕京大學，還有清華大學航空研究所，都設在了成都。

國立武漢大學、江蘇省立蠶桑專科學校等，遷往樂山。國立東北大學遷三台。

科研文化機構內遷

一些科研文化機關也先後內遷。如中央研究院總辦事處，先遷長沙，後遷重慶。其下屬的物理所、化學所、工程所、天文所、史語所、社會科學所，則遷至昆明。地質所遷桂林、心理所遷廣西三江，動植物所、氣象所遷北碚。

國立中央圖書館先後遷白沙，後遷重慶。中央電影製片廠、中國藝術劇社，從南京遷至重慶。中央通訊社、中央廣播電臺、國際廣播電臺、《中央日報》、《新華日報》、《國民公報》、《時事新報》等，以及商務印書館、中華書局、正中書社、生活書店等，則先後遷到重慶。

教育文化機構大內遷的同時，大西南重慶還雲集了大批文化界、藝術界的人士。重慶不僅成為戰時的政治中心，也成為戰時的文化中心。從內地遷往重慶的教育文化機關，構成了重慶國民政府戰時文化的主體。

永遠的精神家園

在內遷的科學文化機構中，最值得一書的是國立西南聯合大學。西南聯大校政實際由梅貽琦主持。這位提出了「大學者，非有大樓之謂也，有大師之謂也」辦學理念的教育家，執掌西南聯大時說：「吾從眾，無為而治。」

西南聯合大學的制度以學分制為主體，具體是「選修課」制和「共同必修課」制。「聯大」八年中，共開出了1600多門課，如涓涓細流，哺育了一代優秀青年。那時的學習條件和生活環境極艱苦，但物質條件的艱苦沒有侵蝕那一代知識份子的風骨。1941年，國民政府教育部要給兼任行政職務的教授補助一筆「特別辦公費」，但西南聯大的各學院院長、各部門負責人和各系主任一起宣布國難之時，對此補助不便享受，把送上門的錢拒了回去。

1938年12月，西南聯大做出了一個引起震盪的決定：聘請36歲的作家沈從文為教授，這種不拘一格激起一些教授的抵觸，態度最激烈的是有「國學大師」之譽的著名學者劉文典。劉公開質問：「他沈從文有什麼資格當教授？要講教授嘛，陳寅恪可以一塊錢，我劉文典一毛錢，沈從文那教授只能值一分錢。」一貫自稱「鄉下人」的沈從文心靈敏感，他一言不發，只是認真講授他的寫作課，培養出了被稱為「最後一個京派作家」的汪曾祺。錢鍾書任西南聯大外文系副教授時只有28歲，卻已名滿學界。他的老師吳宓說，在老一輩學者裡最強的是陳寅恪，年輕一輩裡的「人之龍」就是錢鍾書。聯大學生同樣「狂徒」多多。物理系學生裡有兩大才子：楊振寧和黃昆。兩人常常高談闊論，一次，黃昆問：「愛因斯坦最近又發表了一篇文章，你看了沒有？」楊振寧很不屑地說：「毫無創新，是老糊塗了吧。」一所大學，若沒有一批奇人、狂人、怪人，即使學風再嚴謹，資金再充裕，其魅力也要減色不少。

湖北各界慰勞第六戰區將士

統籌指揮
正面戰場作戰

國民政府軍事委員會先後設立了 14 個戰區，指揮軍隊與日軍展開了正面戰場的頑強作戰。

1937 年 7 月盧溝橋事變爆發後，至 1945 年日軍投降前夕，國民政府軍事委員會曾先後設立了 14 個戰區。戰區設司令長官 1 人，受軍事委員會委員長蔣介石直接指揮。以下再設副司令長官、參謀長若干人。戰區之下則設若干集團軍、軍、師等等。

第一戰區。1937 年 8 月 20 日成立。國民政府軍委會為指揮平漢、津浦兩路北段的對日作戰，劃冀魯兩省為第一戰區。由蔣介石兼任總司令。9 月中旬，軍委會將津浦路劃為第六戰區。由程潛接替蔣介石任司令長官。該戰區在 1937 年、1938 年進行了平漢路北段沿線作戰和黃河兩岸作戰，1939 年初，轄區為河南省和晉南中條山地區，衛立煌接任司令長官。這一年，戰區組織發動了冬季攻勢，進行了中條山會戰。1941 年 6 月，戰區原轄豫東、豫南部分地區劃歸第五戰區。1942 年 1 月初，蔣鼎文接任司令長官。1944 年春，日軍發動「一號作戰」，戰區及所屬部隊一觸即潰，退至豫西山區。7 月，陳誠接任司令長官，1945 年，戰區轄區為豫北、豫西、陝南和隴東地區，胡宗南代理司令長官。抗戰勝利後，該戰區在鄭州接受日軍投降。

第二戰區。1937 年 8 月 20 日，劃晉察綏省為第二戰區，閻錫山任司令長官。中共紅軍改編的八路軍也編入該戰區序列。8 月，戰區進行了南口、張家口作戰。在八路軍配合下，進行了忻口、娘子關、平型關和太原保衛戰。1938 年 11 月，轄

抗戰期間，蔣介石視察各軍事基地

區調整為山西省和陝北地區。1939年3月，朱德任第二戰區副司令長官。抗戰勝利後，戰區在太原接受日軍投降。

第三戰區。1937年8月20日，劃蘇滬浙地區為第三戰區，以馮玉祥為司令長官，主要負責指揮淞滬會戰。後馮調任，蔣介石親任司令長官。12月，由顧祝同接任。新四軍改編組建後，編入該戰區指揮，主要在皖南一帶進行抗日作戰。1941年該戰區與九戰區共同進行了南昌會戰，1942年進行了浙贛會戰。抗戰勝利後，戰區在杭州接受了日軍投降。

第四戰區。1937年8月20日，劃閩粵兩省為第四戰區，何應欽兼任司令長官（但一直未成立長官部）。次年由蔣介石兼任。再由張發奎代理。曾進行了桂南會戰，在昆侖關予日軍重創，又參加了桂柳會戰。1945年改編為陸軍第二方面軍。

第五戰區。1937年8月20日，劃魯（黃河以南）蘇（長江以北）和皖東地區，為第五戰區。蔣介石自兼司令長官。後由李宗仁接任。1938年，戰區組織了徐州會戰，同年夏又進行了武漢會戰，後又進行了冬季攻勢、隨棗會戰、豫中會戰。李宗仁調任後，由劉峙接任司令長官。抗戰勝利後，戰區在許昌、漯河接受日軍投降。

第六戰區。1937年9月成立。所轄區域為冀省津浦路沿線和魯南地區。馮玉祥為司令長官。曾進行了滄州、德州作戰。這一年10月，該地區淪陷，戰區撤銷。以後，該戰區又數次成立、撤銷，所轄區域也有較大調整。陳誠、商震、孫連仲、孫蔚如先後出任司令長官。抗戰勝利後，戰區在武漢接受日軍投降。

第七戰區。1937年10月下旬，淞滬會戰中國軍隊失利。為保衛首都南京，軍委會將蘇南、浙北和皖南東部地區劃分為第七戰區。以劉湘為司令長官。該部在南京週邊進行了作戰。1938年初撤銷。

第八戰區。1937年11月，甘寧青和陝西西部地區

馮玉祥

何應欽

閻錫山

薛岳

傅作義

劉峙

胡宗南

余漢謀

孫連仲

商震

顧祝同

蔣鼎文

程潛

劃為第八戰區，司令長官由蔣介石兼任，後由朱紹良接任。1941 年 6 月，轄區擴大為甘寧青綏四省。1943 年盛世才歸屬國民黨，轄區又擴大到新疆全省。戰區進行了綏遠抗戰，但大部主力則用於圍困中共領導的陝甘寧邊區。後劃歸第十二戰區。1945 年撤銷。

第九戰區。1938 年，為進行武漢會戰，軍委會將湖北長江以南、江西鄱陽湖以西、湖南全省劃為第九戰區，另將武漢衛戍司令部擴編為長官部，陳誠任司令長官。後由薛岳代理。曾進行南昌和第一、二、三次長沙會戰。後轄區主要為江西省。抗戰勝利後，戰區在南昌、九江接受了日軍投降。

第十戰區。1939 年 1 月初，為圍困中共陝甘寧邊區，將陝南劃為第十戰區，蔣鼎文任司令長官。1944 年，將第一、第五戰區所轄地區並為第十戰區，範圍由鄭州沿平漢路至長江，再沿長江至寶山海口，北由鄭州東北沿黃河故道出海。李品仙為司令長官。抗戰勝利後，在徐州、蚌埠等地接受了日軍投降。

第十一戰區。1945 年 8 月，為接受日軍投降，將冀魯熱三省劃為該戰區。由孫連仲任司令長官。抗戰勝利後，在北平接受了日軍投降。

第十二戰區。1945 年 8 月，為接受日軍投降，將綏察兩省劃為該戰區，傅作義任司令長官。抗戰勝利後，在張家口接受了日軍投降。

魯蘇戰區。1937 年 1 月，為加強在敵後作戰，將魯（黃河以南）蘇（長江以北）劃為該戰區。雖為同一戰區，但兩省互不統屬。魯南在沂蒙山作戰，由總司令于學忠指揮。蘇北由副總司令韓德勤指揮，受第三戰區影響較大。由於身處敵後，受到日偽的聯合攻擊而無法立足，於 1943 年夏撤銷。

冀察戰區。1939 年 1 月，國民政府為進行敵後抗戰，將河北和察哈爾兩省劃入該戰區。以鹿鍾麟為總司令。鹿被撤職後，先後由衛立煌、蔣鼎文、陳誠、高樹勳主持。該戰區軍隊曾於 1940 年後大批投敵。1945 年該戰區併入第六戰區。

發號施令

蔣介石向前線將領下達作戰指令

在淞滬抗戰的三個月中，蔣介石常常撇開戰區指揮官而直接調兵遣將。

1937 年 8 月 9 日，日本駐上海海軍陸戰隊第 1 中隊長大山勇夫和一等兵齋藤乘軍車衝進上海虹橋機場，向中國軍隊進行挑釁，被我軍擊斃。日軍遂以此為藉口，於 8 月 13 日向上海發動進攻，淞滬抗戰爆發。

喪失戰機

8 月 13 日，中國軍隊正準備向日軍發起攻擊時，位於前線的第 9 集團軍總司令兼中央軍總司令張治中接到了發自南京最高統帥部蔣介石委員長的特急電報：「希等候命令，並須避免小部隊之衝突。」

張治中事後才知道，上海外交使團為了避免在上海開啟戰端，竭力建議國民政府將上海變為不設防的城市，也就是成為自由口岸。這一建議在中日兩軍已經劍拔弩張的情況下，於 11 日才發至南京外交部。蔣介石因此心存僥倖，不開戰端。

8 月 14 日，我軍開始發起攻擊。中國空軍亦開始對日軍陣地及停泊在黃浦江上的日海軍軍艦實施轟炸，炮兵也向敵陣地猛烈炮擊。在強大火力的支援下，步兵發起了總攻擊。黃昏時分，中國軍隊已取得了相當的戰果。當張治中正準備醞釀發起更加有力的攻勢時，突然又接到了統帥部蔣介石的急電：「今晚不可進攻。另候後命。」

蔣介石在淞滬前線

休戰間隙中的中國軍隊

於是，張治中被迫下令停止進攻。15日和16日兩天，中國軍隊只是在戰壕和掩體中作進攻準備，日軍則獲得了喘息的機會。

16日，中國陸軍第36師等主力部隊紛紛開抵上海。17日，張治中見戰場態勢對我軍十分有利，就準備下達再次進攻的命令。就在這個節骨眼上，通訊兵又送上了一份加急電報，又是四個字：停止進攻。這是淞滬開戰以來，最高統帥部及蔣介石下達的第三次停止進攻的命令了。

因白白喪失了三次取得戰鬥勝利的大好時機，態勢對中國已明顯不利。張治中在提起這三次戰機喪失時，連說實在可惜。

蔣介石申斥張治中

在淞滬會戰中，蔣介石經常撇開戰區指揮官而直接調兵遣將。

按照淞滬戰場的戰鬥序列，第9集團軍總司令有權指揮18軍、39軍及87師、88師、36師等部隊。8月23日，當淞滬戰役正在激烈進行之時，第9集團軍總司令張治中下令將炮兵第16團以及第67師移駐嘉定附近，加上第1師和第98師，一同劃歸第18軍軍長羅卓英指揮。這本是集團軍總司令職權範圍內正常的兵力調動。

深夜，張治中到39軍和18軍去視察防務，趕到太倉時已是凌晨時分。在與軍長劉和鼎研究了對付正面登陸日軍之後，又冒著敵機的轟炸驅車趕往嘉定前線。

張治中到達後，還沒下車，18軍軍長羅卓英就迎了上來，問張治中怎麼跑到18軍的防地來了？張治中想：我是集團軍總司令，18軍歸我指揮，我到我指揮的防地來視察。羅卓英答道，我的防地現在歸15集團軍陳誠總司令指揮了。原來，蔣介石已任命陳誠為第15集團軍總司令了。這麼大的事，張治中居然不知道。

張治中帶著一肚子悶氣回到了總司令部，又趕往蘇州前線視察。到了蘇州尚未喘息，就接到了蔣介石的電話。就聽見蔣介石怒氣沖沖地劈頭就問：「你現在在哪裡？在什麼位置？」張治中理所當然地答道：「委員長，我現在在蘇州啊。」蔣又問道：「你為什麼跑到蘇州去了？我到處找也找不到你人？」張治中壓住火氣回答：「剛才我到左翼去看了羅卓英的18軍陣地，研究一下防禦問題啊。回到總司令部後，聽說墨三（顧祝同字墨三）來了，我立即趕來同他研究問題啊。」這時，蔣介石的聲音更大了：「到人家18軍的陣地去幹什麼？」張治中也火了：「18軍歸我指揮，難道我不能去看看嗎？我到現在還沒有接到軍委會的調防命令。」

蔣介石是容不得別人申辯的，大約頓了幾秒鐘，蔣介石回過一點神來，嘴裡夾著寧波官話中罵人的腔調，有點語無倫次：「好，好，你究竟要怎樣，你還問我，問我要幹什麼……」說著，就把電話「啰嚓」給掛上了。

這邊，張治中滿腹委屈地坐到了椅子上，一句話也說不出來。

頻繁的電話電報手令

在淞滬戰爭打響以前，軍委會委員長侍從室就命令南京電信局在南京黃埔路官邸至電信局之間專門架設了一條長途電話線路，以溝通蔣介石與上海前線的聯繫。蔣介石

中國軍隊炮兵在淞滬前線

陳誠

張治中

朱紹良

張發奎

中國守軍在淞滬前線

中國軍隊防化兵在對空射擊

每天都要用這條長話線路與各位將領聯繫，向前線發號施令。

淞滬前線有四個總司令，分別是張治中、朱紹良、顧祝同、張發奎。

張治中是安徽合肥人，他的話，北方和南方人都還能聽得懂。因此，在與蔣介石通話時，蔣介石還算省勁。

顧祝同是江蘇漣水人，鄉音雖然重，但基本屬於北方語系，加上他說話慢條斯理，與蔣介石又交往多年，所以，蔣介石與之交談也還比較輕鬆。

最令蔣介石頭痛的，要數張發奎和朱紹良了。

張發奎是廣東始興人，操一口道地的粵語。張發奎有個毛病，就是容易走神，加上蔣介石的寧波話，他老是聽不懂，因此，蔣介石經常發火。

朱紹良問題就更大了。朱紹良是福建人，語言與蔣介石倒不難溝通，但要命的是耳朵不好，有重聽的毛病。遇上下達命令之類的事，朱非得找一位副官來聽才行，而蔣介石是不喜歡與副官說話的。一次，蔣介石接通朱紹良後，要他調 72 軍孫元良的一個師到王敬久部的側翼增援。朱只聽清了是要調 72 軍，但調到何處，卻沒聽清。這可怎麼辦呢？費了好多心思，才想出一個辦法。他忙讓副官打電話給蔣的一位侍從，找一個話頭要他向蔣介石請示。這才算是解了朱紹良的圍。自從這次以後，蔣介石就很少直接給朱紹良打電話了，一般的命令，都是先通知顧祝

日軍進入上海市區

同，再讓他轉達。這一來，顧祝同成了蔣介石和朱紹良之間的傳令兵了。

蔣介石用電話手令指揮戰事，下達命令，已是司空見慣的事，只要想起來，不管是在吃飯還是在睡覺，不論是白天還是晚上，馬上就是一道命令。而且，蔣介石下達命令後，往往軍令部門還不知道，然後，再由侍從室通知軍令部。蔣介石打電話指揮戰事，常常是詳細得不能再詳細了，其指揮的內容也是包羅萬象，在淞滬戰爭中，幾乎每個師都被蔣介石點過名，調動過。

淞滬會戰，終以中國軍隊苦戰三月兵敗，上海宣告淪陷。但淞滬會戰挫敗了日軍中央突破，速戰速勝的戰略意圖，迫使日軍在華北戰場上轉攻為守，打亂了日軍的全盤計畫，粉碎了日軍 3 個月滅亡中國的迷夢。它是中國局部抗戰轉向全面抗戰的歷史轉捩點。在國際反法西斯戰爭中占有極其重要的地位。此役日軍傷亡 6 萬多人，被擊毀飛機 200 多架，艦船 20 多艘。中國軍隊陣亡 10 萬多人。

1937 年 9 月 2 日，日軍第 11 師團天谷支隊，沿吳淞—月浦—羅店公路攻擊羅店方面中國軍隊側後。日軍以 30 餘輛戰車為前導，突破中國軍隊陣地。中國軍隊被迫撤守月浦東側陣地，致使守衛寶山城的第 98 師第 583 團第 3 營陷入重圍。日軍艦炮、飛機猛烈轟炸，並以戰車攻擊，守軍在營長姚子青率領下，沉著應戰。姚子青致電師部：「誓本與敵皆亡之旨，固守城垣，一息尚存，奮鬥到底。」全營士兵在日軍戰車四面衝擊、城內一片火海的情況下，堅守不退。日軍久攻不下，6 日，向城內發射大量硫磺彈，全城房屋盡被大火燒毀，姚營身處危城之中仍然盡力奮戰。敵用重炮轟毀城牆，姚子青營長帶領餘部與敵激烈巷戰，全營官兵全部壯烈犧牲。寶山全城毀於炮火，成為一片焦土。

日軍占領上海市政府　　日本陸海軍將領在淞滬前線

謝晉元團長

偉哉，八百壯士

謝晉元率八百孤軍抗擊日軍的事蹟，震撼了全國人心。《歌八百壯士》傳唱一時。

1937 年 8 月 13 日，淞滬會戰爆發。至 10 月底，日軍登陸杭州灣，增援兵力已達 30 萬，大上海全部陷於日軍的包圍之中。國民政府軍事委員會決定作戰略上之轉移，主力撤出淞滬戰場。為掩護主力撤退，蔣介石下令第 88 師留下 1 個團，死守閘北以牽制日軍。

謝晉元臨危受命 八百壯士奮勇抗擊

第 524 團中校團副謝晉元（團長已犧牲，謝代團長）奉命留下死守。524 團在此前已犧牲大半，所剩的部隊大部是一周前從湖北保安 5 團臨時抽調的新兵，計 1 個營的兵力。於是師部決定以該營為基幹，組成加強營，共轄有 3 個步兵連、1 個機槍連、1 個迫擊炮連，450 餘人，對外仍用第 524 團的番號，號稱 800 人，由謝晉元率領，固守四行倉庫。

四行倉庫是大陸、金城、鹽業、中南四家銀行的倉儲貨棧，位於蘇州河北岸西藏路附近，東面和南面（越過蘇州河）是公共租界，其他幾面均被日軍占領。因此，四行倉庫已成為一個「孤島」。

謝晉元率部進入四行倉庫後，迅速加強了防禦工事，並用麻包堵住了倉庫的大門，封閉了所有的窗戶，只留出了射擊孔。為了隱蔽部隊，還把大樓的電燈全部破壞，同時焚毀了倉庫周圍的房屋，以增加防禦縱深。

1937 年 10 月 27 日清晨，日軍在閘北正向前搜索之際，不料遭到來自四行倉庫屋頂機槍的掃射，日軍一時人仰馬翻，亂成一片。

不久，日軍糾集兵力再次撲向四行倉庫週邊陣地，週邊守軍在進行抵抗後，退入倉庫。日軍占領週邊陣地後，立即猛攻倉庫大門。日軍兵力幾倍於守軍，但八百

上海四行倉庫

堅守在閘北的中國軍隊

壯士沉著應戰，全樓火力一齊射擊。當日，日軍遺屍 80 餘具，四行倉庫絲毫無損。隨後兩天，日軍動用飛機、坦克，連續向四行倉庫發動猛烈進攻。八百壯士憑藉堅固工事，頑強抵抗。

突然，一股日軍沿蘇州河畔夾攻倉庫。這時，在六樓守望的一名戰士看見，立即全身縛滿手榴彈，從六樓平臺對準敵人躍下，隨著一聲轟然爆炸，日軍全部炸成泥灰肉醬。隔岸民眾看到這一幕，無不為中國勇士的壯舉而動容。

八百孤軍抗擊日軍的事蹟，震撼了全國人心。許多群眾在蘇州河南岸公共租界大樓上觀戰，每當壯士們擊斃一名日軍，大家就拍手稱快，並揮動著帽子、手巾向他們歡呼致意，有的群眾還把日軍集結地點、行動情況寫在黑板上報告給壯士們。

10 月 30 日，日軍再次大舉進攻，用小鋼炮及機關槍向四行倉庫密集射擊，並出動飛機數架在上空助戰。四行孤軍沉著應戰，逐一將敵人殲滅。上海公共租界英軍少將司令，因見我軍英勇作戰，深受感動，除了購贈糧食送給八百壯士充饑外，還親自進入四行倉庫拜會謝晉元，以租界安全為由，建議孤軍自租界撤出，英國駐上海領事願給予最大協助。國民政府軍委會考慮到 524 團預定的掩護任務已經完成，乃於 31 日命令孤軍撤退。

張治中（左一）、劉峙（右二）與冒險進入四行倉庫送國旗的女童子軍楊惠敏

《歌八百壯士》

桂濤聲詞 夏之秋曲

中國不會亡，中國不會亡，
你看那民族英雄謝團長；
中國不會亡，中國不會亡，
你看那八百壯士孤軍奮鬥守戰場。
四方都是炮火，四方都是豺狼。寧願死不退讓，寧願死不投降。我們的國旗在重圍中飄蕩，飄蕩。
八百壯士一條心，四方強敵不敢當。
我們的行動偉烈，我們的氣節豪壯。
同胞們起來，同胞們起來，快快上戰場，把八百壯士做榜樣。
中國不會亡，中國不會亡，
中國不會亡，中國不會亡，
不會亡，不會亡，不會亡。

31日，八百壯士在謝晉元率領下，且戰且走，英軍司令在蘇州河橋頭接應。安全抵達英租界的壯士有370多人。

從10月27日至10月31日，524團的八百壯士共堅守四行倉庫4晝夜，炸毀敵坦克2輛，重創1輛，斃敵200多人，傷敵不計其數。而524團僅10餘人犧牲，30餘人負傷，營長楊瑞符重傷身亡。

謝晉元壯烈殉國

謝晉元率八百壯士成功地撤出四行倉庫，退入了租界，準備從滬西方向歸隊。但租界當局懾於日軍壓力，不敢釋放孤軍歸隊，同時也拒絕了日方關於引渡孤軍的要求。這樣，八百壯士被羈留在膠州路孤軍營。這裡地面坑坑窪窪，垃圾滿地，住房十分簡陋，營地四周鐵絲網高架，由白俄士兵把守，形同一個俘虜營。

1938年8月，時值上海八一三抗戰周年紀念日，孤軍向租界當局提出要求在孤軍營內懸掛國旗，以示紀念。幾經交涉，租界當局被迫同意升旗，但要求將旗桿截短，與營內禮堂屋頂相齊，避免日軍看到。11日，孤軍舉行了莊嚴的升旗典禮，上海同胞無不激奮流淚。租界當局見狀，害怕得罪日本人，派萬國商團的白俄隊衝入孤軍營，欲強行摘下國旗。手無寸鐵的孤軍奮力抗爭，手拉手地築起人牆，圍在旗桿下。白俄士兵開槍射擊，孤軍為護旗當場犧牲4人，負傷11人。白俄軍隊還將謝晉元等部分軍官挾持到車上，拉至外灘囚禁起來。為此，孤軍全體官兵絕食抗議。上海同胞亦憤慨萬分，罷市3天，聲援孤軍，要求將謝晉元等送歸孤軍營。

8月13日，中國共產黨在漢口出版的《群眾》週刊上撰文，向羈留在滬堅持奮鬥的八百壯士致誠摯慰問之意。

17日，租界當局迫於各方壓力，同意謝晉元等人回到孤軍營。

隨著上海形勢的變化，日偽活動日趨猖獗。1941年4月24日清晨，謝晉元率部早操，在巡視伙房時突遭3名漢奸持刀刺殺，不幸殉難，年僅36歲。

重慶各界追悼謝晉元

追悼會現場

長江上的殊死一搏

「平海」艦左舷和中後部中彈，第 1 艦隊司令陳季良屹立在甲板上，繼續指揮各艦抗敵。

1937 年 8 月 13 日淞滬戰爭爆發後，中國海軍配合陸軍進行了頑強抵抗。

隨著上海戰事的失利，處於劣勢的中國海軍對日作戰的主要戰場已移到長江航道。首當其衝的就是江陰。

江陰布設阻塞線，襲擊日軍「出雲」號

江陰地處長江下游，江面最窄處只有 1000 多公尺，南岸山陵起伏，地勢險要，可全面控制長江江面，是長江和南京的門戶，並扼守蘇州、常熟、福山一線要衝，為歷代兵家必爭之地。

七七事變爆發後，國民政府就決定加強江陰要塞的防守，封鎖江陰航道，阻止日軍沿江西上，並防止日船東下逃跑。此後，中國海軍的第 1、第 2 艦隊陸續開入長江，分布在漢口、九江、湖口、南京下關的江面。8 月 11 日，蔣介石下令海軍部長陳紹寬實施封江。於是，中國海軍在江陰江面自沉了「通濟」、「大同」、「自強」、「武勝」等 6 艘艦艇和 2 艘魚雷艇。又徵調 20 多艘國營招商局商船下沉。接著，又將「公平」、「泳吉」等商輪沉入。另強行將一批日本商船沉入。9 月，海軍又奉命將海軍基地的幾艘老艦「海圻」、「海容」、「海籌」、「海琛」等海軍噸位最大的軍艦下沉。沉船總噸位達 63800 噸。另

陳紹寬

盧溝橋事變發生後，隱藏在國民政府行政院內的日本間諜黃濬等人，加緊了情報搜集工作。7 月 27 日，行政院舉行會議，決定對長江江陰航道進行沉船堵塞。參加這次決策會議的，只有蔣介石、汪精衛、陳紹寬等人，擔任會議記錄的，就是機要秘書黃濬。會議舉行的當夜，命令即以特級軍事機密下達有關部隊，要求立即執行。但在當晚，黃濬就將這中國當時最大的國防機密向日本駐南京使館作了報告。當中國方面正在部署軍事行動之時，次日上午，長江中上游的大批日本艦船、僑民，以最快的速度通過了江陰江面。中國海軍艦艇奉命趕到江陰江面攔截日本軍艦與商船時，大部分日本艦船已經提前通過，僅俘獲了「岳陽」號與「大貞」號兩艘日本商船。顯然，機密已經洩露。

在江陰被炸沉的中國海軍「平海」艦

江陰江面作戰的中國海軍官兵

用 185 艘民船，裝上 3000 多方石子，陸續沉下，以彌補空隙。整個阻塞工程，歷時 2 個月，儼然形成了一道嚴密的江底封鎖線。

也是在8月11日，中國海軍「甘露」、「青天」、「皦日」等艦，奉令破壞長江下游的航行標誌。14日，將海軍「普安」等艦隻，並徵調民船 10 多條，沉塞於黃浦江董家渡等航道；同時布放了一批水雷，以封鎖航道、港汊，阻止日軍溯江西上包抄我後路，使日軍速戰速決計畫落空。

8 月 14 日夜，江陰江防司令部出動「史可法 102」、「文天祥 171」號魚雷艇，從江陰出發，駛往上海黃浦江襲擊日海軍第 3 艦隊旗艦「出雲」號。途中「文天祥 171」號出故障，「史可法 102」號決定單艇出擊。在到達指定位置後，「史可法 102」號發出了兩枚魚雷，其中一枚擊中了「出雲」艦的尾部。

中國魚雷快艇出擊

11 月 3 日，又將日海軍第 11 艦隊旗艦「安宅」號擊傷。

血戰江陰

為加強江陰封鎖線，海軍部派第 1 艦隊司令陳季良率「平海」、「寧海」、「應瑞」、「逸仙」4 艘主力艦列陣江陰江面。另派第 2 艦隊司令曾以鼎率第 2 艦隊作為預備隊接應。

1937 年 9 月 22 日上午 9 時，日本空軍第 2 航空戰隊和第 2 聯合航空隊的首批戰鬥機和轟炸機 40 餘架攜帶重型炸彈向江陰襲來，中國海軍旗艦「平海」和它的姊妹艦「寧海」是日機的重點攻擊目標。霎時，彈如雨下，火光四起。「平海」艦三面受敵，左舷和中後部當即中彈，艦體遭到破壞。陳季良臨危不懼，屹立在甲板上，指揮各艦抗敵。全艦隊士氣高昂，沉著應戰。戰鬥異常慘烈。

經過 6 個小時的激戰，「平海」艦擊落擊傷日機 5 架。艦上官兵陣亡 11 人，負傷 23 人。「寧海」艦也受到嚴重損傷。

9月23日晨，敵機70餘架蔽空而來，

衝向中國艦隊。「平海」、「寧海」兩艦再次成為日軍瘋狂轟炸的目標。

在日機的瘋狂襲擊下，「寧海」艦沉沒，「平海」艦受重傷。日機又被擊落4架。陳季良毫不氣餒，率司令部移到「逸仙」艦指揮戰鬥。

9月25日上午，日機16架又向「逸仙」艦猛撲而來，「逸仙」艦彈藥消耗殆盡，反擊能力減弱，最後機艙的機柱被炸斷，舵艙進水，艦身向右傾斜，擱淺下沉。陳季良再率司令部人員遷駐「定安」號運輸艦上，繼續堅持戰鬥。至此，第1艦隊各主力艦均被擊沉。隨後，由曾以鼎擔任司令的第2艦隊「楚有」等艦接替防守，繼續抗敵，也被炸沉。其他軍艦「青天」、「湖鵬」、「湖鶚」、「江寧」、「綏寧」，以及主力鑑「應瑞」等艦，均被炸沉，官兵傷亡累累。

設防要塞馬當

1937年12月南京失陷後，中國海軍在位於長江通往江西、湖北的馬當要塞設置新防線，布水雷800餘枚，並投入40多艘艦艇參加武漢會戰，在鄱陽以東迎戰日軍，阻擊日軍溯江向九江集中，並在長江沿線各要點節節抵抗。海軍總司令陳紹寬先後以「咸寧」、「永綏」、「江犀」

海軍布雷隊

8月11日晚，海軍部長陳紹寬親自督率陳季良的第1艦隊駛赴江陰進行封江。第一批沉江的是「通濟」、「大同」、「自強」、「武勝」、「德勝」、「威勝」軍艦和「辰」、「宿」魚雷艇，以及向國營招商局、各輪船公司徵用的20艘商船。不久，又徵用「公平」、「萬宰」、「泳吉」3艘商船沉江，並將停泊在鎮江、蕪湖、九江、漢口、沙市的8艘日本躉船拖到江陰沉江。9月，海軍再次抽出「海圻」、「海容」、「海籌」、「海琛」4艘噸位最大的軍艦在江陰下沉。沉船總噸位達63800噸。此外，還從蘇浙皖鄂徵用石子3000立方公尺，裝入185艘民船陸續下沉。構成了嚴密的江底封鎖線。

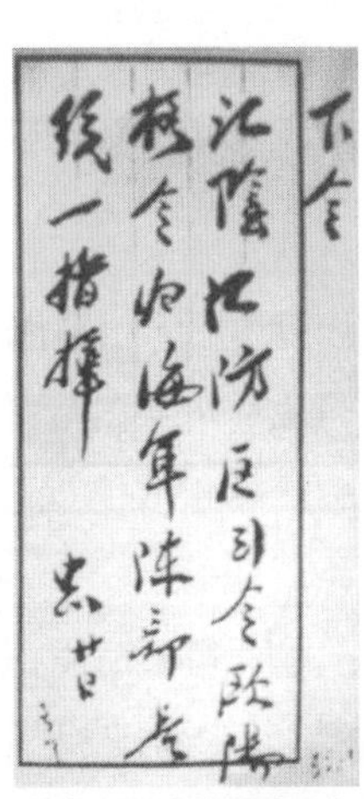

下令
江陰江防區司令歐陽
格，今由海軍陳部長
統一指揮
中正

蔣介石下達的作戰手令

海軍飄浮水雷

「平海」艦被炸沉後，「逸仙」艦成為中國海軍旗艦

等艦為旗艦，往來於馬當、岳陽、長沙等地指揮。1938 年 3 月 27 日起，日軍開始向馬當進攻。6 月 21 日，日軍艦艇 40 餘艘向馬當逼近，向中國守軍炮臺發起進攻。各炮臺官兵沉著迎戰，當敵迫近時，突發子母彈，擊沉日軍汽艇 3 艘。6 月 26 日，日軍海軍陸戰隊從香口登陸，迂迴進攻馬當要塞，對中國海軍炮臺實行陸海軍立體夾擊，形成包圍態勢。該日晨，中國海軍江防守備隊第 2 總隊與敵激戰，日軍傷亡 200 多人。日軍惱羞成怒，悍然對中國守軍施放毒氣。爭奪要塞的戰鬥十分激烈，南岸香山陣地先後 4 次失而復得。要塞海軍炮兵和護守的海軍陸戰隊同日軍浴血奮戰，大批官兵壯烈犧牲。26 日，日軍從陸上攻取馬當。

海軍布雷戰

進入 1938 年，中國海軍主要的作戰方式，除利用拆下的艦炮，在江岸搶建炮臺進行攻擊外，轉而進行布雷作戰。

由於水雷成本低，製造快，且易於布放，戰果顯著。

3 月下旬，海軍派出游擊隊在香口、羊山磯等水面施放定雷，很快就炸沉日艦 2 艘，沿江防務得到暫時緩解。

9 月，布雷作戰取得了重大戰果。為此，海軍總司令部組建了布雷別動隊，攜帶大量漂雷前往大通、貴池，專門對日運輸艦實施攻擊。11 月，在洞庭湖水域施放定雷 400 枚。第 2 艦隊司令曾以鼎親率布雷隊，在石首布雷 500 多枚。1940 年，海軍在宜昌、石首等地共布雷 2000 多枚。

在湘北會戰中，海軍配合陸軍的攻勢，在營田灘、沉沙港布雷 300 枚；在岳陽布放漂雷 40 枚；在鹿角上游加布 390 枚，在湘沅搶布 1000 枚，使日海軍不敢長驅直入，攻勢被迫收斂。

海軍部還組建了長江布雷總隊，下設 5 個布雷隊，由海軍將校任隊長。下轄 11 個分隊，每隊 300 多人，每分隊配 1 部電臺。將長江中游劃為監利—黃陵磯，鄂城—九江，湖口—江陰 3 個布雷游擊區。布雷作戰已成為打擊日軍的主要手段。1940 年 6 月，林祥光總隊率布雷隊炸沉日本「西美丸」號運輸艦等多艘日船，在湖口炸沉「鳳朝丸」號大型運輸艦，擊傷「吉陽丸」號運輸艦。1940 年一年，劉德浦總隊共炸沉日艦 46 艘。

抗戰期間，日本海軍總共被我海軍擊沉擊傷各類艦艇 321 艘，其中絕大多數是被水雷攻擊所致。

藍天上的鷹

在中日空軍力量對比懸殊的情況下，中國空軍將士勇猛頑強，毫不示弱。

1937年七七事變爆發前，中國空軍共有10個飛行大隊、6個獨立飛行中隊、轟炸機137架、驅逐機（即戰鬥機）121架、攻擊機20架、偵察機39架，加上運輸、教練等機型，共約600架。飛行人員約3000名。

日本陸軍航空兵作戰部隊有20個戰鬥機中隊、6個輕轟炸機中隊、8個重轟炸機中隊、15個偵察機中隊、3個轟偵混合中隊；海軍航空兵共有飛機811架。無論是裝備，還是飛行員素質都勝過中國空軍。在中日空軍力量對比懸殊的情況下，中國空軍將士勇猛頑強，毫不示弱。

高志航首戰告捷

8月13日，淞滬戰爭爆發。中國陸軍開始向上海方面大規模集結。8月14日，中國空軍第5大隊驅逐機17架分別從揚州機場起飛，沿長江向東搜索，於上午9時許在川沙及南通江面，將日海軍一艘驅逐艦炸傷。而另一大隊的5架偵察機則從筧橋機場起飛，赴上海偵察，並轟炸了公大紗廠的日軍倉庫。第2大隊21架轟炸機從安徽廣德起飛，轟炸了泊於吳淞口的日艦及匯山碼頭等日軍據點。

14日下午，第2、第5大隊和暫編35中隊，出動驅逐機9架、偵察機3架、「克塞」式轟炸機21架，共76架次，集中轟炸了上海日軍海軍陸戰隊司令部、彈藥庫、

高志航

劉粹剛

閻海文

樂以琴

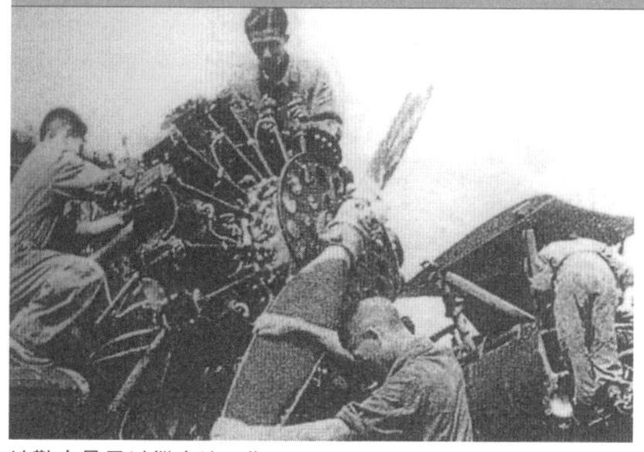
地勤人員日以繼夜地工作

登陸碼頭等目標，以及停泊在黃浦江上的日艦。於 8 月 7 日北上轉場至河南周家口機場的中國空軍高志航第 4 大隊，也在 14 日這天接到空軍前敵總指揮周至柔下達的兩道急令，立即飛返上海準備參戰。高志航大隊火速飛返杭州筧橋，尚未休整，緊急警報已經響起。在大雨滂沱中，大隊長高志航立即率機升空迎戰。這是中日空軍的第一次交鋒。

日本空軍的主戰機型是96式攻擊機，比中國霍克 3 驅逐機火力強，飛行員空戰經驗豐富。但中國霍克驅逐機比日機速度快，中國空軍飛行員飛行技術雖不及日軍，但抗日愛國士氣高昂。雙方接戰後，正在高空搜索的高志航，發現敵機正在杭州灣上空疏散隊形。高志航迅速鎖定了一架塗著太陽旗機徽的日軍轟炸機。日機一邊俯衝擺脫，一邊準備以機尾炮還擊。但高志航的機炮已吐出了火舌，日機右翼上的副油箱著彈，頓時火花四濺，立即像個滾動的火球，一頭栽在了錢塘江畔。這是 8 年抗戰中，中國空軍打下的第一架日本飛機。

隨後，中隊長李桂丹又擊落 1 架。緊接著，樂以琴、鄭可愚等也傳來捷報！空戰僅進行了 30 分鐘。日機除了 1 架逃跑外，其餘 3 架均被高志航大隊擊落，中國空軍無一損失。0 比 6，高志航大隊開創了中國空軍對日作戰的全勝記錄。

1940 年，國民政府將 8 月 14 日定為空軍節。

日軍再遭重創

日本海軍不甘心 8 月 14 日在杭州上空的慘敗。15 日上午 10 時，日軍駐臺北松山機場的王牌木更津航空隊對杭州筧橋機場實施報復。

這天的杭州空戰，日軍再次遭到沉重打擊。據中國方面的戰報記錄，共擊落日機 13 架，第 4 大隊分隊長樂以琴駕駛 2204 號戰機，先後擊落擊傷 4 架敵機，打得日軍飛行員心驚膽戰。樂以琴愈戰愈勇，被日本飛行員稱為「空中趙子龍」，他們只要遇到樂以琴駕駛的 2204 號戰機，就主動避戰，不敢與之單獨交鋒。日本方面承認，這次空戰損失轟炸機 2 架、攻擊機 8 架、飛行員 20 人。中國空軍竟將木更津、鹿屋兩個聞名於世的日軍主力航空隊及裝備最新的轟炸機消滅過半，在日本引起一片震驚。日本空軍聯隊長石井義剖腹自殺。

9 月 26 日，傷勢未癒的高志航，又在南京空戰中擊落號稱日本「四大天王」之一的山下七郎大尉，山下被中國軍民生

待命升空的中國空軍官兵

擒。高志航被譽為中國空軍的「軍神」，其率領的第 4 大隊更是屢次大敗日本木更津航空隊。

1937 年 10 月，經過兩個多月的激烈空戰，中國戰機已損失殆盡。中國空軍驅逐機司令兼第 4 大隊長高志航挑選 20 名優秀飛行員到蘭州接受蘇聯援助的飛機。日軍趁中國空軍主力不在，竟然出動 150 多架飛機輪番轟炸防守上海大場的中國軍隊，中國守軍損失慘重。高志航在蘭州聽到這一消息後，向蘇方代表提出，把一個月新機訓練時間縮短到 3 天。隨後幾天，高志航先後兩次頂風冒雪駕機獨闖六盤山，開闢了從蘭州直飛西安的航線。11 月 25 日，高志航率領的 14 架戰機因連日大雨陷在河南周家口機場動彈不得，又因漢奸的告密遭到日機偷襲，高志航在連續 3 次發動飛機未能成功的情況下，遭轟炸壯烈殉國。

在八年抗戰中，犧牲的中國空軍官兵有 6164 人，傷殘 7897 人，損失各種飛機 2468 架。筧橋航空學校也留下了這樣的口號：「我們的身體、飛機和炸彈，當與敵人兵艦陣地同歸於盡。」

中國空軍的「四大天王」

在抗戰中，中國空軍高志航、樂以琴、劉粹剛及梁天成，被譽為「四大天王」。

1937 年 12 月 3 日，南京危在旦夕。中國空軍已無力迎戰日軍，僅剩樂以琴、董明德二人起飛迎戰數十架日機。樂以琴駕駛戰機在日機群中左衝右突，施展出高超的飛行技術，致夾攻他的兩架日機互撞。但樂以琴的戰機被日機包圍後很快中彈，樂以琴在跳傘時為防止被日軍當靶子打，打開降落傘較遲，結果觸地壯烈殉國。

徐煥升勝利歸來

10月6日，日本海軍第2聯合航空隊，駕駛著新型「96」式艦載戰鬥機，在空襲南京得手後，竟然在南京上空作起了特技表演，以羞辱因實力受損未能升空迎戰的中國空軍。中國空軍第5大隊飛行員劉粹剛怒不可遏，立即單機（機號2401）起飛迎敵，迅速打下1架日機，其他日機當即抱頭鼠竄。當時，南京萬人空巷，市民們冒著危險為劉粹剛喝采。10月26日，山西淪陷在即，山西方面向國民政府請求空中支援。國民政府決定派王牌飛行員劉粹剛率3架戰機星夜馳援。由於天氣惡劣，其他兩機相繼掉隊或返航，劉粹剛仍然單機馳援山西，結果，在一團漆黑中撞到山西高平縣的魁星樓，不幸墜機犧牲。

1939年5月，日本空軍對重慶實行大轟炸。6月17日，中國空軍第4大隊23中隊分隊長梁天成，在空戰中飛機不幸中彈，墜毀於涪陵，壯烈殉國。

中國空軍的「四大天王」，犧牲時年齡分別是：高志航29歲，梁天成26歲，劉粹剛24歲，樂以琴22歲，樂以琴當初報考空軍時年齡不夠，遂冒其兄樂以琴之名才考取了中央航校。人稱「江南大地之鋼盔」。

何應欽（右二）接見徐煥升等飛行員

在八年抗戰中，中國空軍共出擊3717次，偵察279次，攔截日機298次，制空掩護135次，合計出動21597架次，投彈715噸。擊落日機599架，擊傷110架，炸毀627架，炸傷120架，擊沉擊傷日艦船8013艘，炸毀炸傷日坦克和軍車8456輛。中國空軍陣亡6164人，傷殘7897人，損失各種飛機2468架。

人道遠征

1938年初，中國東部沿海的大片土地已經淪陷，中國軍隊損失也極為慘重。國內外輿論都認為中國的抗戰已無勝利的希望，甚至主張放棄抵抗，向日本投降。

鑒於這樣的形勢，為了打擊日本軍國主義的囂張氣焰，鼓舞中國軍民的抗戰鬥志，中國核心高層決定組織實施對日本本土的轟炸。當時的中國空軍，有9架美制馬丁轟炸機，是1936年國民政府以民眾募集的資金訂購的。中國空軍曾為馬丁機專門組建了直屬空司指揮的第30中隊，其飛行員均為中央航校前三期畢業生。由於在作戰中損失了4架，至1937年10月馬丁轟炸機只剩下5架，第30中隊遂被撤銷，剩下的馬丁機全部劃歸第14中隊。這個中隊由英、美、法等國的志願飛行員組成，由航空委員會秘書長宋美齡的美國顧問陳納德直接指揮。

在制定轟炸日本本土計畫時，徐煥升

上尉主動請纓。他是中央航校第一期畢業生，曾被選派到德國實習，並擔任過蔣介石的專機駕駛員，是中國空軍資深飛行員。

5 月初，執行轟炸使命的人員正式確定。長機徐煥升為正駕駛，蘇光華為副駕駛，劉榮光為領航員，吳積沖為通訊員，飛機編號 1403；僚機由第 19 中隊副中隊長佟彥博為正駕駛，蔣紹禹為副駕駛，雷天春為領航員，陳光斗為通訊員，飛機編號 1404。兩個機組飛往漢口王家墩機場待命。在待命期間，蔣介石和宋美齡親自接見了機組成員，以示鼓勵。

「紙彈」轟炸

5 月 19 日 15 時許，兩架馬丁轟炸機從漢口起飛，17 時降落於浙江衢州機場，加油並裝載傳單。23 時 30 分，飛機又從衢州起飛，升空至 3000 公尺高度後向東飛行，由於雲層很厚，無法看清地面，全靠寧波地面電臺導航。遠離大陸後，就只能憑藉儀錶進行盲目飛行。由於進行過兩個多月的艱苦訓練，3 個多小時的編隊夜航非常順利。

5 月 20 日凌晨 2 時 40 分，機組發現了海岸線，經與航行圖對照，確定為日本九州，隨即開始進行投放傳單的準備，然後從熊本向北，沿途經久留米、佐賀、長崎、福岡等城市，將所攜帶的數百萬張傳單全部投放完。在日本本土的飛行途中，中國空軍的兩架馬丁轟炸機均未遭到地面高射炮和飛機的攔截，只在飛臨福岡上空時，全城一片漆黑，顯然日軍已經發現有飛機突入其領空，實行了燈火管制。

4 時 30 分，兩機掉頭沿原路返航。途中兩機失散，僚機於 8 時 48 分在江西玉山著陸，長機於 9 時 24 分在南昌著陸。隨後兩機在武漢上空會合，然後安全降落在漢口王家墩機場。這就是史稱「紙彈」轟炸日本的經過。

1938 年春，日機不斷空襲武漢，有人主張中國空軍轟炸日本本土，以此作為對日機在中國狂轟濫炸的報復。這些意見都集中到了侍從室一處。當時侍從室一處主任為錢大鈞。侍一處討論時，提出我國空軍的這次遠征，主要是在日本本土散發傳單和小冊子，以喚起日本民眾反戰的覺悟。錢大鈞口頭報告了蔣介石。蔣表示同意。於是，中國空軍在抗戰期間的一次跨海東征就在侍從室內極其機密地籌畫中進行。飛機所攜帶的宣傳檔是中央宣傳部副部長方治及其日裔夫人和軍委會政治部第三廳廳長郭沫若及日本反戰作家鹿地亙撰寫和翻譯的。

海軍卸下艦炮在岸上向日軍炮擊

怒吼的江陰要塞

江陰要塞的先進大炮，盡顯中國炮兵新銳的威力。

要塞配備了德國先進火炮

早在抗戰全面爆發之前，國民政府軍政部就已在江陰要塞作了一些戰略上的準備。因江陰一向以長江的門戶而著稱，江面僅寬1000多公尺，是長江下游最狹窄的一段，又稱為長江的瓶頸，戰略地位十分重要。所以，蔣介石指令軍政部兵工署，專門購置了一大批德國先進的火炮。

在八一三淞滬戰爭之前，德造火炮已經運抵中國。這一批火炮是8.8釐米的高平兩用半自動火炮，共20門，彈藥和觀測、通訊器材齊備。因炮價昂貴，中國的軍費有限，所以購買這20門火炮已經勉為其難。對長江的防務來說，只能是杯水車薪。故軍政部只能力求使這20門火炮發揮最大作用，將8門設置在江陰要塞，8門設置在南京江寧要塞，另4門配置在武漢週邊的白滸山。軍政部將這種火炮定名為「甲炮」，又分別確定了各炮排列的番號。江寧要塞為甲1台、甲2台，江陰要塞為甲3台、甲4台，武漢白滸山為甲5台。

高平兩用半自動火炮為當時世界上最先進的火炮，甲炮最高射程為6000公尺，平射最遠可達1.5萬公尺。此外，江陰要塞還特為配置了4門一組的德造15釐米加農炮，定名為丙炮，安放在江陰的西山，番號為丙1台。該炮炮彈彈型呈尖型，有穿甲和爆破兩種，每顆重達50公斤，射程最遠可達2.2萬公尺，在同類型的火炮中也算是最先進的。為了能更好地操縱火炮，江陰要塞的全體官兵，都接受了德國軍事教官的軍事訓練，因此，軍事素質較好，戰鬥力也比較強。加上全國同仇敵愾的抗戰形勢，官兵們的士氣十分高漲。

中國炮兵初試鋒芒

不多久，中國炮兵就初試牛刀，旗開得勝。

9月下旬，日本空軍戰鬥機每天上午開始進入江陰空域，先是盤旋偵察，不多久，重型轟炸機群就接踵而至。每批三五架至七八架不等。飛機一到，即開始狂轟濫炸，第一批飛機把炸彈投完，第二批飛機又到。就這樣，日軍轟炸機每日輪番轟炸至天黑，不讓中國軍隊有一點喘息的機會。因中國軍隊的大炮射程有限，所以日本飛機肆無忌憚地俯衝、投彈、掃射、轟炸，如入無人之境。幾天下來，停泊在江陰江面的中國海軍「寧海」、「平海」、「應瑞」等4艘軍艦，均被日機炸毀。部分江岸陣地也被摧毀。正當日本飛機活動猖獗時，中國炮兵新銳出場了。

10月的一天下午4時許，太陽仍高高地懸在空中，西方的天際浮動著幾片薄薄的雲彩。一個日本空軍小機群又從上海方向貼著江面竄至江陰上空。一架日本最新式的零式戰鬥轟炸機首先呼嘯著向甲3台附近的一個高炮陣地俯衝而來，這時，一直引而未發的甲3台、甲4台兩門高射、平射兩用火炮一起向這架零式飛機猛烈開火。兩支炮管同時吐出了紅紅的火舌，「咚咚咚」一連串的炮彈炸響聲之後，空中出現了十幾朵白色的炮彈煙花。忽然，一架飛機在空中猛烈地顫抖了一下。很快，飛機的肚子下面就冒出了一股黑煙。飛機掙扎了幾下，就拖著長長的煙尾巴，栽入了長江，一股水柱沖天而起。隨著另幾聲炮彈的轟響，又一架日機的翅膀下冒出了黑煙。只見它掙扎了一會兒，像是醉漢似的搖搖晃晃向上海方向遁去。江陰炮臺的陣地上立刻爆發出一片歡呼聲。

第一次試炮，新安裝的甲炮就在我軍炮手的操縱下，顯示出強大的威力，取得了意想不到的戰果。

11月上旬的一天，已接近中午時分，日本海軍的5艘軍艦借助太陽強光的掩護，駛到江陰江面航道的中央，立即掉轉艦身拋錨，將炮口對準江陰南岸的我軍炮兵陣地準備射擊。其實，在日艦剛剛進入江陰水域時，就被我炮臺的觀測哨發覺，待日艦剛剛停下，測距兵就已測出精確的距離，還未等日艦準備完畢，甲3台兩門火炮的4發炮彈就竄出了炮膛。只聽見「轟隆隆」幾聲巨響，江面上立時騰起了幾個沖天的水柱。忽然，日艦艦橋前方的甲板上不偏不倚落下了一發炮彈，一聲劇烈的爆炸聲

中日海軍軍力對比
（1937年）

中國方面

第1艦隊12艘艦艇
第2艦隊19艘艦艇
第3艦隊14艘艦艇
練習艦隊2艘
海軍總部直轄及巡防艦、測量艦及20多艘
江陰電雷學校、閩粵沿海、長江內河艦艇120艘
總噸位68895噸

日本方面

艦艇總數308艘
戰列艦9艘
練習戰列艦1艘
航空母艦6艘
一等巡洋艦12艘
二等巡洋艦25艘
水上飛機母艦5艘
潛水母艦7艘
敷設艦6艘
海防艦7艘
炮艦10艘
一等驅逐艦85艘
二等驅逐艦29艘
一等潛水艦37艘
二等潛水艦25艘
水雷艇12艘
掃雷艇12艘
特務艇20艘
總排水量1204132噸
（另海軍航空隊飛機1220架）

江陰炮臺的中國大炮

抗戰初期，中國海軍損失慘重

後，軍艦騰起了濃煙，日軍士兵一片鬼哭狼嚎。另一艘日艦也被擊中左舷。甲4台仍不依不饒，又連續發出多枚炮彈。在炮臺大炮的一頓猛轟之下，日艦不僅沒有占到一點便宜，卻幾乎喪失了戰鬥力。遂掉轉艦身，向上海方向逃竄。

三次手令

兩輪炮戰下來，炮臺官兵們的士氣空前高漲。正當他們準備迎接新的戰鬥之際，要塞司令部突然接到南京軍政部發來的急電：「暫守江陰候令撤退。中正。」軍官們看到蔣介石的手令，很是不解。就在大家議論紛紛時，軍政部的電報又到。電文是：「將新炮準備拆到後方安裝，鐵駁一到即行起運。應欽。」這是軍政部長何應欽的指令，與蔣介石的手令電報要求是一致的。

要塞司令部感到很為難，經反復研究，最後決定，暫時將這兩道命令封鎖，不向士兵傳達，以免影響士氣。同時，派人將火炮螺絲悄悄的鬆動，一但新命令到達時，撤退起來不致過於倉促。即便如此，士兵們還視察覺出來，馬上質問長官為何要鬆動火炮螺絲。要塞司令部反覆做工作，才把軍心重新穩定下來。

可是一連等了幾天，軍政部的鐵駁船仍然不見蹤影。就在要塞官兵焦急等待時，軍政部的第三道電令到達，只有六個字：「固守江陰。中正。」

要塞司令部的指揮官與參謀們馬上著手研究「固守」兩個字的含義，是繼續備戰還是解除警報呢？這時，京滬衛戍司令部的一份代電到了。內容是這樣的：由於蘇美英法等國對中國抵抗日本的侵略都表示同情，決定支援中國軍隊的抗戰。我軍已在平漢線收復保定，目前態勢很好，正在向北挺進。津浦線我軍也已收復滄州。估計華中日軍不敢貿然深入中國腹地進軍首都南京。

根據蔣介石的「固守」手令和代電，要塞司令部分析，上海戰事即使結束，日軍暫時還不會向首都南京發起進攻。於是重又下令將火炮螺絲上緊。既不作撤也不作戰的準備。但這一來，備戰情緒立即明顯地鬆弛下來。要塞的緊張氣氛為之一變。

就在這時，軍政部的一封加急電報又到，仍是六個字：「死守江陰。中正。」

短短一個星期，蔣介石的三道手令雖然每次只有一字之差，但效果卻截然不同。要塞官兵們的情緒和士氣也是大起大落，由高到低，又由低到高，經歷了幾次反復。

忍痛毀炮 撤離江陰

果然，幾天之後，日艦不斷從上海方面西上，日機則更加頻繁地飛至江陰上空轟炸。戰至11月下旬，上海前線整日退下來成千上萬的潰兵，有的從江陰過江，有的由江陰轉往南京。

江陰要塞司令部這下又犯難了。局面已是十分危急，是固守還是棄守，已經沒有一兵一卒的增援，裝備早已拼得差不多了，並且已不會再有補充。與陣地共存亡，只能是無謂的犧牲；棄守，又沒有上峰的命令，放棄陣地的罪責難逃。就在大家爭論不休時，江陰江防軍總司令劉興接到了南京統帥部來的電話命令，劉即刻向官兵們傳達：「大家都不要再爭了，委員長已同意撤離。現上級來了命令，今晚8時開始撤退。但有一個前提，就是要掩護陸軍先行撤走後才能撤離，如果誰先走一步，立即軍法從事。撤退之前，炮臺全部摧毀，不能留下一槍一彈。」

天色將晚時，陸軍已基本撤退完畢，要塞司令部這才下令作撤退的準備。第一步，就是毀炮，不能把一個炮栓留給日本人。面對一門門心愛的火炮，誰忍心親手炸毀？但也別無良策，只有橫下一條心。幾十名炮兵先把兩架德造6公尺基線的實體視測遠機和兩架直徑2000毫米的軍用探照燈從山頂推下去。之後就是破壞火炮。甲炮和丙炮都十分堅固，士兵們用沙土填實炮筒發射試圖炸毀炮筒，仍無法徹底毀壞。最後只好將硫酸倒入炮膛進行腐蝕，這才使其成為廢炮。

全部裝備摧毀以後，已是凌晨時分。這時，江陰已見敵蹤，江陰黃山炮臺山下的公路已有日軍的坦克在行駛。要塞官兵們含著眼淚，一步一回頭地離開了心愛的火炮陣地。

1938年10月24日，日機在武漢金口至城陵磯江面對「中山」、「楚謙」等艦進行了猛烈的轟炸。下午3時，6架日機成一字形向「中山」艦進行輪番俯衝。「中山」艦全艦則集中火力對空射擊。「中山」艦艦尾和左舷首先中彈，舵機轉動不靈，鍋爐房爆炸，軍艦開始進水。接著，軍艦又連續中彈，前艙冒火，水龍設備被毀，舵機失靈，已不能行駛。艦長薩師俊腳被炸斷，全身多處負傷，仍堅持在指揮台進行指揮。幾名官兵強行將薩師俊抬上一條舢板撤離，一架日機飛來，用機槍瘋狂掃射，薩再次中彈，舢板沉沒。此時，「中山」艦已傾斜40度，突然又昂起艦首，隨即沉沒。此役，43歲的艦長薩師俊，以及航海員魏行健、輪機軍士長黃孝春等軍官以及士兵23人陣亡。

江陰江面上的日軍海軍編隊

國府西遷時的主席林森

無奈的遷都

國民政府遷都重慶的決定做出之時，蔣介石也宣布「倭寇要求速戰速決，我們就要持久戰消耗戰」。

1937年8月13日，淞滬戰爭再起。8月15日，首都南京首次遭到日機的轟炸，全城一片混亂。接著，日機又接二連三地轟炸南京，首都的戰爭氣氛日漸濃厚。

其實，國民政府對於南京在對外戰爭中的安全問題，一直就有所考慮，對非常時期的「遷都」之舉，也有所籌畫。1936年，國民政府曾有過非常時期將政府遷往湖南株洲的方案。七七事變後，行政院長蔣介石曾親自下達手令，要求南京國民政府「各院部實施動員演習及準備遷址辦公」。行政院根據蔣介石的建議，又有過將首都移駐衡陽的考慮。隨著平津的失陷，「遷都」之事更為緊迫。

隨著戰事的不斷擴大，遷址辦公之事越來越緊迫。8月4日，軍委會舉行關於盧溝橋事件的第25次會議，行政院政務處長何廉向蔣介石提出：政府遷都何處？蔣介石不置可否。軍政部長何應欽則提出：「是否以遷往武漢為宜？」這只是一個試探性的提問。蔣介石仍未作正面回答。

直到上海八一三抗戰爆發時，「遷都」之事只是議論議論而已，並沒有付諸實施。這時蔣介石的確有點著急了。

就在這時，四川省主席劉湘通過宋子文向國民政府主席林森和行政院長蔣介石

西遷前的國民政府大門

重慶國民政府大門

國民政府高級軍政官員在重慶

呈遞了「建議中央遷川，以做長期抗戰的準備」的建議書。其實，蔣介石早就打好了遷川的腹稿，見了這份建議書，立即「深表嘉許」。幾日後，蔣介石迅速命令何廉做遷都重慶的準備。

11 月 16 日晚，南京下關碼頭，海軍的幾艘軍艦早已一字排開。時任國民政府主席的林森登上「永綏」號炮艦，其他隨行人員則乘「龍興」號輪船。艦船離開碼頭時，已是 11 月 17 日的凌晨。

就在 11 月 17 日，四川省主席劉湘發給林森一電：

國民政府主席林森鈞鑒：

傾讀我政府宣言，知為適應戰況，統籌全域，長期抗戰起見，移駐重慶。有此堅決之表示，益昭抗敵之精神，復興既是根據，勝算終自我操。不特可待國際之同情，抑且愈勵川民之忠愛，欣湧之餘，僅率 7000 萬人，翹首歡

國民政府訓令

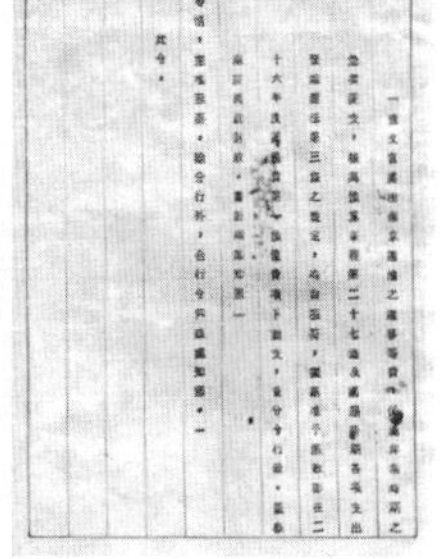

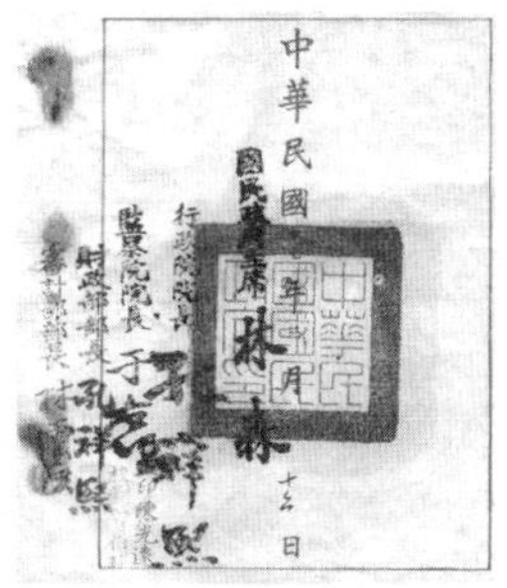

國民政府「遷都」令

1937 年 8 月 18 日，蔣介石正式宣布持久抗戰的作戰原則。他說：「倭寇要求速戰速決，我們就要持久戰消耗戰。」8 月 20 日，國民政府軍事委員會頒布《戰爭指導方案》，正式確定「以持久戰為基本主旨，以空間換時間，逐次消耗敵人，以轉變形勢，爭取勝利」的戰略方針。在國共兩黨取得共識的基礎上，中國抗日戰爭實行持久作戰的戰略總方針正式形成。在戰略部署上，會議議定以一部兵力於華北各要點重疊配備，多線設防，逐次抵抗；集中兵力於華東，力保淞滬要地，掩護南京；另以少量兵力扼守華南各主要港口。

重慶國民政府大樓

重慶蔣介石黃山官邸

迎，伏乞睿鑒。職劉湘叩。

林森出發的當天，國民政府向全國發表宣言，正式宣布國民政府「移駐」重慶。蔣介石也為「遷都」之事通電全國，稱「國民政府移駐重慶，我前方軍事不但決無牽動，必更堅決奮鬥；就整個抗戰大計言，實為進一步展開戰略之起點」。

11月20日，林森一行抵達漢口，並以國民政府主席的名義發表了《國民政府移駐重慶宣言》。宣言譴責、抨擊了日本帝國主義對中國「無止境之侵略」和威逼中國首都的陰謀，讚揚了前方將士「忠勇奮發」、「壯烈犧牲」的精神，明確揭示了國民政府遷都重慶的動機和目的——「適應戰況，統籌全域，長期抗戰……此後將以最廣大之規模，從事更持久之戰鬥。」26日，林森等抵達重慶。30日，國民黨中央執行委員會秘書長葉楚傖、中央監察委員會秘書長王子莊及中央委員吳稚暉、丁惟汾、鈕永健等率中央黨部職員40餘人抵達重慶。12月1日，國民政府也宣布在重慶高級工業學校新址正式辦公；12月7日，國民黨中央黨部也正式在范莊辦公。雖然此時國民政府已正式宣告遷都重慶並開始在重慶辦公，但這時遷到重慶的只是國民政府、國民黨中央的少數部門，多數部門，特別是那些主要職能部門，諸如軍政、外交、經濟、財政、內政、交通等部暫時遷到了武漢或長沙等地，政府的主要負責人蔣介石、汪精衛、孔祥熙、何應欽、張群、白崇禧、徐永昌、陳誠等均齊集武漢。1938年夏，隨著日軍侵略的加緊，華中重鎮武漢岌岌可危。國民政府軍事委員會於7月17日緊急命令國民政府及國民黨中央駐武漢各機關，限5天內全部移駐重慶。奉此，先前遷到武漢的各黨政首腦機關開始了又一次大規模的西遷：7月18日起，中央各部門紛紛遷往重慶，11月中旬，軍事委員會又決定駐南嶽各軍事機關全部遷往重慶。12月8日，中國國民黨總裁、國民政府軍事委員會委員長、國防最高會議主席、海陸空軍總司令蔣介石也率軍事大本營由桂林飛抵重慶。

首都淪陷

南京衛戍司令長官唐生智

在南京保衛戰中，許許多多的中國官兵，爲了保衛首都，流盡了最後一滴血。

是守？是棄？

1937年八一三淞滬抗戰打響後，南京很快進入了戰爭狀態。11月後，隨著上海戰事的變化，首都南京也逐漸吃緊。很快，國民政府苦心經營多年的吳福線和錫澄線國防工事，在日軍的打擊下不堪一擊。於是，南京是戰是棄，自然就提上了最高統帥部的議事日程。

一天，蔣介石在黃埔路官邸召開了一次秘密軍事會議。在南京的高級將領悉數參加。蔣介石開門見山地說：「諸位，你們看看南京守不守？」停了一會兒，又說：「南京是一定要守的，南京是我們的首都，為國際觀瞻所繫，

中國軍隊高級將領在南京郊區部署作戰

南京保衛戰，中國軍隊15萬疲憊之師在三面被圍、背水一戰的不利情況下，英勇抗擊了日軍機械化部隊5個半師團10餘萬人的優勢兵力，以傷亡萬餘人的代價殲敵逾萬人，犧牲精神，值得稱頌。

一名中國軍人在掩體前

中國軍隊的炮兵

又是先總理的陵墓所在，如果放棄南京，我們何以對總理的在天之靈。因此，南京是非守不可。」到會的將領們個個低著頭不說話。蔣介石大喝一聲：「在座的都是黨國的精英，拿著國家的薪俸，為什麼都不說話。今天，到會的每一個人都要發表意見，不說就不散會。」說著，不時地向唐生智看幾眼。

蔣介石要守南京，而且只屬意一個人，他就是唐生智。唐生智是湘軍宿將，早年反對過蔣介石，還與蔣介石打過仗，後被蔣介石收編，但只謀了個中央訓練總監的閒職。這次蔣介石要唐出馬，有幾層意思。一是看重唐的聲望，用他守南京，

中國軍隊在南京外圍據守

對嫡系和雜牌都可以說得過去，同時，對雜牌也便於指揮。二是上海主要是嫡系打的，雖戰敗，但對國人和世人總算有個交代了。這次讓唐生智的雜牌來守一下，至少可以說明我蔣某人有肚量，這麼重要的任務都交給了湘軍將領。即使敗了，首都丟了，也是雜牌打的。

這時，唐生智終於開了口，全場的目光一下子都被唐生智所吸引。「我看，守還要守的，關鍵是怎麼個守法。」蔣介石一聽唐生智說話了，馬上就說：「孟瀟兄，你說下去，由誰來守？」這時，唐生智又把頭埋了下去，不再說了。蔣介石只好說：「你們都不願守，那麼，就由我來守吧。過幾天，大家全部離開南京。」唐生智又開口了：「委員長親自守，這怎麼行，我看，派個軍長或一個總司令，率幾個軍守一下就行了，南京警備司令谷正倫將軍就行。」蔣介石立刻說：「那不行，谷正倫的資歷太淺了，一點沒有號召力，他怎麼能守南京呢？」接著，會場又處於沉寂狀態。蔣介石看看會議也開不下去了，只好宣布散會。

蔣介石「逼」出個司令長官

第二天，蔣介石親自找到唐生智，用直截了當但又非常親切的語調說：「孟瀟兄，關於守南京的事嘛，我看，不是我留下，就是你留下。」唐生智看看實在推不掉了，只好說：「你是國家的統帥，怎麼能留下呢。與其是你留下，還不如我留下。我與南京共存亡就是了。」

其時，唐生智正患重病，但在蔣介石的一再催逼下，也不得不答應下來。

第三天，蔣介石又找到唐生智，很是誠懇地說：「孟瀟兄，你的身體病成這樣，還勞你守南京，我的心裡真是很難過。但這也是沒有辦法的事啊，相信你能以國家社稷為重。」唐生智強打起精神，還是那句話：「軍人以服從命令為天職。沒有你的命令，我決不撤出南京。」

就在這一天，蔣介石火速下達了一道命令：「任命唐生智為南京衛戍司令長官部司令長官。」

11 月 20 日，唐生智正式到職任事。

這一次，敵我雙方力量對比是懸殊的，由於國民政府最高軍事當局在是死守還是棄守上久而不決，優柔寡斷，終於導致了日軍對中國首都南京的包圍圈一天天再

保衛南京的炮兵陣地

中國守軍在進行對空觀察

蔣介石是中國軍隊對日作戰的最高指揮者，他對自己的軍事指揮藝術很自負，他在指揮中國軍隊正面作戰時，過多地採取正規戰、消耗戰戰術。淞滬戰役，蔣介石以 70 個精銳師正面抵擋日軍，最後仍告潰敗，足證中日兩國軍力懸殊，中國軍隊難以正規戰對抗。到了南京保衛戰時，蔣介石並為吸取教訓，仍堅持與日軍正面對抗，固守城垣。到了武漢會戰時，蔣才吸取了教訓，在打擊日軍主力之後，命令部隊撤退，以確保戰鬥力。1941 年的長沙大捷，蔣介石自認為是抗戰以來最真實的勝利。之前除了台兒莊戰役以外，中國軍隊幾乎每戰必敗。長沙大捷後，西方世界對中國軍隊大加推崇，蔣介石也更得到美國總統羅斯福的認可。

縮小。南京保衛戰從 12 月初開始，中國軍隊以血肉之軀在苦戰著、支撐著，他們的目的，就是不讓自己的首都遭到鐵蹄的蹂躪。

戰至 12 月 12 日，中國守軍終於支撐不住了。凌晨 2 時許，南京衛戍長官部下達了緊急命令，所有南京守城將領火速到鐵道部唐公館開會。

唐生智宣讀了蔣介石的電報手令:「如情勢不能久守時，可相機撤退，以圖後策。蔣中正。」唐生智剛把蔣介石的電報手令念完，眾將領都陷入了不可名狀的悲痛之中，有的將領已經在抽泣了。

唐生智強打精神安慰大家說：「戰爭不是在今天結束，而是在明日繼續。請大家記住今天的恥辱……」

南京保衛戰失敗了，但在保衛戰中，許許多多的中國官兵，為了保衛首都、捍衛民族的尊嚴流盡了最後一滴血。壯烈殉國的中國軍隊高級軍官有：謝承瑞、蕭山令、張誼、姚中英、饒國華、朱赤、朱玫嵩、易安華、程智、司徒非、李少霞、羅策群、韓憲元、李傑、華品章等。

日軍在國民政府前炫耀武力　日軍在國民政府門樓上升起太陽旗　1937 年 12 月 13 日，日軍進入南京城

日軍華中方面軍司令官松井石根率軍進入南京　日軍占領南京市政府　日軍占領南京中華西門

南京獸行

日軍在中山陵園內搜索掃蕩

持續6個星期的大屠殺，史無前例，慘絕人寰，永遠鐫刻在中國人民的記憶中。

一部正在開動的野獸機器

1937年12月13日，南京淪陷。之後，便是一場慘絕人寰的大屠殺。

14日，日軍山田支隊占領了南京守軍的最後一個據點——幕府山。日軍其他部隊則相繼切斷了南京守軍的全部退路。大量放下武器的中國軍人雲集在燕子磯、下關沿江一帶，成為日軍的俘虜。日軍「上海派遣軍」司令官朝香宮鳩彥曾簽署了一道「閱後即毀」的機密命令，要求所屬部隊「殺掉全部俘虜」。日軍第16師團（師團長中島今朝吾）、第6師團（師團長谷壽夫）忠實地執行了這一命令。谷壽夫甚至宣布「解除軍紀三天」。

日軍進入南京後，首先以集體屠殺的方式殺害中國軍隊官兵。13日，第6師團槍殺了從水西門至下關俘虜的放下武器的軍人1500多人。第114師團刺殺了雨花臺俘虜的軍人1354人。第16師團在中華門外槍殺俘虜1500多人。國琦支隊在浦口和江心洲槍殺俘虜3000多人。17日，山田支隊在上元門北岸，將在幕府山、八卦洲一帶俘虜的近15000名俘虜，分兩個地方一併槍殺。由於這種集體屠殺行動是由日軍松井石根授意的、上海派遣軍第10軍司令官下令執行的，所以占領南京的各部隊都犯有類似罪行。

中山陵銅鼎凹坑，是侵華日軍炮轟所致

對於手無寸鐵的平民，日軍也毫無人性地進行了集體屠殺。12 月 14 日，在中山碼頭槍殺平民及軍警 7000 人。16 日，又在這裡槍殺難民 5000 多人。松井石根舉行占領南京入城式是 17 日，就在 18 日深夜，日軍在草鞋峽一次槍殺婦女老幼平民及部分戰俘 57000 多人。日軍任意地零星槍殺、強姦、搶劫中國人更是比比皆是。

一名日本隨軍記者在其寫的「見聞錄」中，曾詳細記錄了南京大屠殺的採訪見聞，其中有他與日本《讀賣新聞》駐上海分社聯絡員武田和畦的一段對話：

俘虜有 10 萬之多，剛進城的部隊問軍司令部這些俘虜怎麼辦？回答是「適當處分」。這個命令是事實，山田旅團長（即在上元門屠殺萬餘名俘虜的支隊長山田）……12 月 15 日，就處理俘虜一事，派本間少尉去師團部，得到「收拾掉」的命令。所謂「適當處分」，就是如無法處理就予以處決。這是軍隊裡一開始就確定了的方針。不僅殘殺俘虜，還殺害無數平民百姓。聯絡員看見路上躺滿了百姓的屍體。問究竟殺了多少人？回答是「這個數字既未發表，也無法統計」。總之，是滿目屍體。留在市內沒有住進難民營的百姓，都被一掃而光。

當時在南京的外國記者都目睹和報導了日軍的暴行。美國《紐約時報》駐南京特派記者杜廷在報導中說：「日軍占領南京三天內……大規模地搶劫、姦淫婦女，屠殺普通居民，將居民從家中驅出，成批地處決俘虜，抓走成年男子，使南京成為一座恐怖的城市。」

就連傾向於日本的德國駐華武官在給德國政府的報告中也認為，「犯罪的不是這個日本人和那個日本人，而是整個日本皇軍……它是一部正在開動的野獸機器。」

日軍少尉野田毅與向井敏明，在占領南京後竟然展開了一場殺人比賽，看誰先殺到 100 人。其行為令人髮指。這一事件，日本報紙均有報導。

日軍在占領南京後的 6 個星期內，野

日軍在南京大肆劫掠

日軍橫行在南京中華門街頭

蠻屠殺了放下武器的中國俘虜近10萬人，平民20多萬人，總數在30萬人以上。

在日軍占領南京前夕，許多人離開了南京，當時南京人口還有60萬。日軍大屠殺後，人口驟減至17萬，南京成了一座萬戶蕭疏的「死城」。

文化掠奪

日軍在進行瘋狂屠殺的同時，對中國首都南京也進行了瘋狂的文化掠奪。

據史料記載，日軍占領南京後，上海派遣軍動用了367名士兵，330名特務，830名苦力，對南京的圖書文獻進行掠奪。遭劫掠的單位有，國民政府、外交部、中央研究院、國立圖書館。據不完全統計，被劫圖書文獻達88萬冊（卷），其中有政府各種公報的原稿，中國經濟、礦產調查資料等等，十分珍貴。當時，日軍動用軍用卡車300多輛才運完，先放在南京地質調查所，後全部運往日本。

南京中央圖書館館藏的15萬冊圖書，除少量隨國民政府西遷時運往重慶外，其餘全被日軍劫走。南京民間收

民船在長江中打撈屍體

南京大屠殺中，中國人的屍體堆積在秦淮河邊

日軍占領了國立美術館

日軍侵入國民黨中央監察委員會大樓

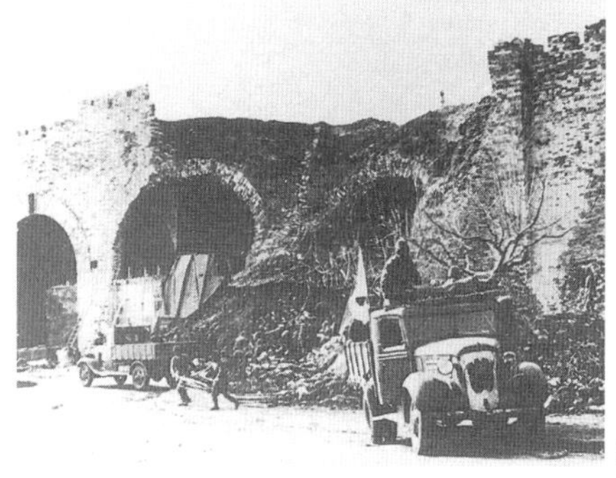

日軍通過中山門攻入城內

全國經濟委員會衛生實驗處圖書室被炸毀

藏的名貴圖書，或被劫，或被焚毀。

文物的損失也是驚人的。僅以南京的國民政府機關為例，日軍占領南京後，日軍第 16 師團將其占作司令部。該師團長中島今朝吾中將在他的「陣中日記」中承認，對國民政府的搶劫是可怕的。從國民政府主席房間開始，凡是看上眼的東西，不管是陳列的古董，還是別的什麼東西，全部拿走。他自己帶回日本的東西就有 30 多件，其中就有國寶級的文物。由於東西太多，由陸軍省檢查時打開，一看全是古董和工藝品。師團長如此，其他人就可想而知了。

1945 年抗戰勝利後，南京臨時參議會公布的數字是，被日軍搶劫、焚毀的圖書，僅南京地區就達 1851 箱，2859 套，148619 冊。古文物字畫 28482 件，古玩 7321 件。這只是當時公布的官方單位被劫的數位，還有大量民間的，暫時無法統計的。

對建築的破壞

對帶不走的古建築，日軍則加以大肆破壞。如重建於同治八年的夫子廟大成殿及奇芳閣、六朝居、得月樓等古建築，均被焚毀。從夫子廟，到龍門街、瞻園路，以至石壩街，則化為一片焦土。

南京的街道和建築，有 1/3 化為了灰燼。尤其是城南地區，從中華門到新街口，再到鼓樓，沿馬路和主幹道兩側，所有的大街小巷，都受到不同程度的破壞。中華門內的繁華商業街道，70% 被燒毀。從內橋到三山街，再到中華門，每隔幾家就有一片瓦礫場。破壞最為嚴重的，是太平路到夫子廟這條南京著名的商業街，90% 被毀。

白下路商業街，被毀10餘處，長樂路，從中華門到武定橋一段全毀。大行宮到新街口，部分被毀，倖存的全被日軍占用。

南京大屠殺元兇之一，日軍秩父宮殿下（右）在雨花臺前線

抗戰的佳音

蔣介石、李宗仁、白崇禧在台兒莊

台兒莊，從名不見經傳到名揚天下，皆源於那場令國人揚眉吐氣的大捷。

臨沂保衛戰

1937 年 12 月，中國首都南京失守後，日軍氣焰更為囂張，企圖一舉擊潰中國軍隊主力。中國第五戰區在司令長官李宗仁的指揮下，與日軍展開了一場大規模的主力決戰——徐州會戰，而在會戰前期的台兒莊之戰中，中國軍隊取得了正面戰場的又一次勝利。

徐州位於黃河與淮河之間，山巒重疊，河川縱橫，居蘇魯豫皖四省要衝，為津浦、隴海兩鐵路之樞紐。日軍戰略意圖是：以濟南、南京為基地，從南北兩端沿津浦鐵路夾擊，最後會師徐州，打通津浦路。為此，日軍先後集中 24 萬精銳部隊，於 1938 年 1 月下旬開始南北進擊，合攻徐州。

1938 年 1 月下旬，北上日軍遭到中國軍隊的猛烈阻擊。2 月 9 日，日軍曾一度越過淮河北岸，但不久即被中國軍隊擊退敗回淮河南岸，形成兩軍隔河對峙的局面。

在北線，1938 年 3 月初，日軍分兩路進犯台兒莊。台兒莊位於津浦路台（兒莊）棗（莊）支線及台濰公路交叉點，扼運河咽喉，是徐州的門戶。3 月 5 日，板垣征四郎率第 5 師團 2 萬餘人由青島沿膠濟路西進，經濰縣抵達臨沂以北湯頭鎮，進攻臨沂。14 日，中國守軍龐炳勳第 3 軍團和前來馳援的張自忠第 59 軍與日軍激戰 5 天，

1938 年 3 月 14 日起，日軍瀨谷旅團出動步、騎兵萬餘人，向台兒莊以北的滕縣中國守軍陣地瘋狂進攻。駐防滕縣的是王銘章師，日軍多次企圖從炸開的城牆缺口處衝進城內，我軍戰士用成束的手榴彈投向敵群，迫使敵群後退。從 17 日黎明開始，日軍集中 50 多門山炮、野炮猛轟，20 多架飛機低空掃射投彈。城內火光沖天，成為一片焦土。日軍以坦克為掩護，從轟塌的城牆缺口衝入城內，我軍戰士在近距離內與日軍肉博，直至 18 日中午，全部戰死。300 多名傷兵寧死不做俘虜，用手榴彈引爆自盡。滕縣守城戰，王銘章師 2000 多名守城官兵全部為國捐軀。日軍則傷亡達 4000 多人。

徐州會戰中的中國軍隊

全殲敵3個聯隊，擊斃其第11聯隊長野裕一郎大佐、弁田中佐和1名大隊長，取得臨沂保衛戰的勝利。日軍第5、第10師團會師台兒莊、合攻徐州的企圖徹底落空。

血戰台兒莊

3月20日，日軍攻占棗莊、嶧縣，沿台棗支線向台兒莊突進。

第5戰區司令長官李宗仁急命孫連仲第2集團軍沿運河設防；令湯恩伯第20軍團讓開津浦鐵路正面誘敵深入，等到日軍主力部隊到達台兒莊後，就從左翼迂迴殺出，配合孫連仲部將日軍圍殲；令孫震第22集團軍固守河防。

3月23日，中國第2集團軍第31師在泥溝車站與日軍發生遭遇戰。台兒莊戰役正式打響。日軍追擊中國軍隊第11師185團到南洛，被伏兵所阻。24日，敵軍進至劉家湖後，突擊台兒莊城東北，被守軍186團全殲200餘人。25日，日軍進攻南洛。185團主動出擊，三營營長高鴻立率全營士兵與敵拚殺。日軍1000餘人在20餘輛坦克掩護下向高營猛撲。團長王郁彬率1、2兩營趕來增援，血戰兩晝夜，王郁彬、高鴻立負傷。27日，日軍攻破台兒莊北門。中國守軍第31師與日軍在莊內展開拉鋸戰，雙方傷亡慘重。日軍不斷增加兵力，又從嶧縣調來4000餘人。

28日，日軍攻入台兒莊西北角，切斷中國第31師師部與莊內的聯繫。該師師長池峰城指揮所部以強大炮火壓制敵人，並組織數十名敢死隊員，用大刀拚殺、肉搏。湯恩伯軍團關麟征第52軍和王仲廉第85軍在外線向棗莊、嶧縣日軍側背攻擊。29日，日軍瀨谷支隊再以兵力支援，並占領了台兒莊東半部。31日，中國守軍完成了對進入台兒莊地區的瀨谷支隊的包圍。是日，阪本旅團又從臨沂轉向台兒莊馳援。中國軍隊第52軍和剛趕到的第75軍合力圍攻阪本支隊。激戰數日，予日軍以重創，使其救援瀨谷支隊的計畫落空。

4月3日，李宗仁下達總攻擊令。第52軍、85軍、75軍在台兒莊附近向敵發起猛烈攻勢。日軍拚命反抗，與中國軍隊展開街壘戰。最後，中國軍隊奪回被日軍占領的市街。6日，第30師收復南洛，斷敵後路，27師向台兒莊以東出擊。日軍倉皇向西北退卻。第31師則向莊內日軍反擊，瀨谷支隊不支，向嶧縣潰逃。4月7日，阪本支隊仍在莊內頑抗，在孫連仲、湯恩伯兩部夾擊下，當晚向北潰敗。

台兒莊戰役，包括週邊阻擊戰在內，

激戰之後的台兒莊車站

李宗仁在台兒莊車站

參加徐州會戰的中國飛行員

前後進行了一個多月，中國投入兵力 20 多個師計 12 萬人；日軍投入兩個師團約 7 萬人。中國軍隊擊敗日軍第 5、第 10 兩個精銳師團，以損失 20000 多人的代價，取得斃敵 7000 人、傷敵 1.3 萬人、俘 700 人的戰果，並繳獲了大量武器及其他軍用物資。此役是抗戰初期繼平型關大捷後中國軍隊取得的又一次重大勝利，也是抗戰以來中國正面戰場取得的重大勝利。

台兒莊大捷後，日軍制定了《徐州地區作戰指導要領》，重新部署共計 6 個師團的兵力再次南北推進，包圍中國軍隊。中國軍隊經過多次激烈的抵抗後，未能阻止日軍攻勢，至5 月 15 日，日軍完成對徐州地區的包圍。中國方面決定放棄徐州，21日，徐州地區中國守軍主動撤離。

日軍攻陷徐州

參加徐州會戰的中國軍隊

日軍畑俊六大將、寺內壽一大將在徐州機場

誅殺韓復榘

韓復榘

韓復榘回了8個字給李宗仁：「南京已失，何況泰安？」

數次得罪蔣介石

韓復榘，先後任第三方面軍總指揮、山東省政府主席、國民政府委員，陸軍二級上將。抗戰爆發後，擔任第3集團軍總司令、第五戰區副司令長官。韓部屬雜牌軍，向中央催要軍餉，軍政部總是拖著不給。韓復榘回老家後，立即給南京中央政府來了一個下馬威。他下令將南京中央政府派在山東全省的稅收機關和鹽務機關統統接管，將全部稅收劃歸省政府，不上交中央一分錢，搞起了獨立王國。這令蔣介石極為惱火。

蔣介石派財政部長孔祥熙前往山東調解，向韓復榘作了讓步，結果兩人商定，山東的軍費，在上交國庫的稅金中扣除。這才化解了一場危機。

西安事變爆發後，主戰、主和兩派一時相持不下。韓復榘身為原西北軍將領，不主張用兵。於是韓復榘以山東省主席的名義發表了一個電通（又稱「馬電」），對張揚的行動大加讚揚。韓復榘還專門派參議劉熙眾去西安面見張學良，傳達韓復榘召開「國是會議」的意見。但劉希眾人還未到西安，張學良已陪蔣介石回到了南京。

對韓復榘的這些舉動，蔣介石當然都一一記在心裡。

韓復榘抗命

淞滬戰役結束後不久，南京、浦口失陷。第五戰區司令長官李宗仁退守徐州一線。韓復榘時任山東省主席，擁兵幾十萬據守山東。李宗仁奉蔣介石之命，來到濟南要求韓在山東與日本人進行長期的遊擊作戰。韓復榘當然不肯，把李宗仁頂了回去：「山東有什麼好打的，日本人馬上就要打到蚌埠，我們還能退到哪裡去？再退下去，我們還不都成了包子餡、盤中餐了。」把李宗仁搞得十分難堪。

李宗仁回到徐州後，擬向國內的各部隊徵調大批輕重武器裝備。韓復榘曾以在黃河一線阻擊日軍為名，向中央「借調」了兩個卜福斯山炮營。當李宗仁向韓復榘索要這兩營山炮時，韓復榘死活不肯還。

1937年12月，日軍北犯山東周村以北黃河渡口。之後，又向膠濟鐵路進犯。

濟南亦受到日軍威脅。韓復榘頓感緊張，於是向李宗仁要求調於學忠部前往濟南增援。李宗仁不但加以拒絕，還命令韓必須節節抵抗，最後撤守兗州。韓復榘在接到李宗仁的電令後，僅命 1 個師在濟寧布防，其他人馬則全線撤退，泰安等多座城池失守，並造成津浦線徐州北段大塊區域的空虛，徐州立即告急。蔣介石得知後異常震怒，聲稱要嚴懲韓復榘。

蔣介石（左）與韓復榘

李宗仁去電報責問韓復榘：「為什麼要放棄泰安城？難道不怕軍法從事嗎？」

韓復榘回了 8 個字的電文給李：「南京已失，何況泰安？」

何成濬

濟南吃緊後，韓復榘立即將第 3 集團軍的彈藥、給養等物資，擅自用火車運往河南以西地區。火車到達徐州時，被第五戰區的人扣住，問為什麼將前線的物資運往後方，懷疑韓有臨陣逃跑之嫌。請示李宗仁後，李馬上來電責問：「河南非第 3 集團軍後方，為何要將物資運去？前線缺少給養如何作戰？」沒想到，韓復榘回電說：「開封、鄭州亦不是五戰區的後方，為何有彈藥存在此處？」李宗仁氣得沒法子，只好致電蔣介石，聲稱無法指揮韓復榘。雖然韓復榘一再接到第五戰區李宗仁的軍令，甚至軍委會蔣介石的急電，要求韓務必在津浦路沿線的戰略要地，進行防禦作戰，絕對不可不戰而退。但是韓復榘竟然完全置之不理，一路的不戰而退，讓日軍喜出望外的一路追趕。

鹿鍾麟

蔣介石深知韓復榘的這種作法，會造成整個中國軍隊的抗日意志瓦解，於是在 1938 年 1 月 11 日，蔣介石

韓復榘（前右二）與何應欽（前右）

在開封召開第一、五兩戰區高級軍官會議，作了《抗戰檢討與必勝要決》的講話。在總結「挫敗原因」時，指出政府軍隊的12個缺點，其中著重批評了高級將領，認為「軍紀蕩然為第一大罪惡」，說有些高級將領缺乏犧牲精神，「缺乏敵愾心」，「缺乏堅決自信」以及「命令不能貫徹」等，於當日將韓復榘「免職查辦」，送到武漢，以違抗命令、擅自撤退罪，依法處以死刑，1月24日執行。蔣介石這個果決的行動，重振了低迷的軍心與士氣。對於督促政府軍隊官兵作戰及提高軍隊的抗戰士氣起到一定的作用。白崇禧曾說：「韓既正法，綱紀樹立，各戰區官兵為之振奮，全國輿論一致支持，韓之原部第3集團軍在孫桐萱指揮下亦奮勇與敵作戰。在此之前，黃河以北作戰部隊輕於進退，軍委會之命令，各部隊陽奉陰違，經此整肅，無不遵行。」

誘殺韓復榘

高級軍官會議在開封城南關的袁家花園小禮堂舉行，由蔣介石親自主持。蔣臉色鐵青，目光咄咄逼人，劈頭便說：「我們抗日是全國一致的，這個重大的責任應該說是我們每一個將領義不容辭的責任。可是，竟有一個高級將領放棄山東黃河天險的陣地，違抗命令，連續失陷數座大城市，使日寇順利地進入山東，影響巨大。今天我問韓主席：你不發一槍，從山東黃河北岸，一再向後撤退，繼而放棄濟南、泰安，使後方動搖，這個責任應當是由誰負擔？」韓復榘頂撞道：「山東丟失是我應負的責任，南京丟失該誰負責任呢？」蔣介石打斷他：「現在我問的是山東，不是問的南京！南京丟失，自有人負責！」第一戰區副司令長官劉峙假裝打圓場，把韓拉到院子裡，那裡早預備了一輛小汽車，劉峙說：「韓主席，上車吧，這是我的車子，你先去休息休息。」車裡早有兩個人等著，一邊一個把韓夾在中間。其中的一人掏出一張逮捕令，出示給韓看，韓這才恍然大悟。汽車開到開封火車站，韓被推上火車直達漢口車站。1月12日夜晚，韓復榘被交給設在武昌的「軍法執行總監部」，軟禁在一座二層樓上。到這時韓才清楚，兩個押送他的人正是特務頭子戴笠和龔仙舫。韓復榘被軟禁了7天，1月19日蔣介石組織軍法會審。何應欽為審判長，鹿鍾麟、何成濬為審判官。21日上午，正式對韓復榘進行審訊。幾個陪審的法官一再追問，韓一言不發，審判毫無結果。24日晚上7時左右，有一個特務到樓上來，對韓復榘說：「何審判長請你去談話。」韓復榘從二樓下到一半時，看見院子裡布滿了全副武裝的哨兵。他知道，這一次是死到臨頭了。他剛想往回躲，站在樓梯邊的特務就向他頭部開了一槍。最後韓復榘頭部中2彈，身上中5彈，仰面向天，眼睛還睜著。這年，韓復榘正好48歲。

保衛大武漢

在武漢外圍布防的中國軍隊

保衛大武漢的4個多月，前方、後方的中國軍民，上演了一曲曲同仇敵愾、衆志成城的正氣歌。

中國集結百萬大軍

全面抗戰開始後，由廣州輸入、經粵漢鐵路北運的各種重要戰略物資經武漢中轉集散，分頭接濟各戰區。南京失陷後，國民政府宣告遷都重慶。但優越的地理、交通條件和工商業基礎使武漢成了戰時中國事實上的軍事、政治、文化中心。國民政府在南京失守後立即籌畫以保衛武漢為中心的軍事計畫。

1937年12月13日，軍事委員會軍令部在武昌擬定了《軍事委員會第三期作戰計畫》，決定：「國軍以確保武漢核心、持久抗戰、爭取最後勝利為目的，應以各戰區為外廓，發動廣大游擊戰，同時新構築強韌陣地於湘東、鄂西、皖西、豫西各山地，配置新銳兵力，待敵深入，在新陣地與之決戰。」1938年1月11日，陳誠受任為武漢衛戍司令，負責籌畫武漢防禦。從淞滬會戰至南京失守，華東戰場上的中國軍隊主力損耗嚴重，編制混亂，戰鬥力大減。鑒於南京保衛戰的教訓，軍事委員會認為武漢三鎮從地形上並不易守，因而「欲確保武漢而始終保持武漢為我政治經濟資源之中樞，則應戰於武漢之遠方，守武漢而不戰於武漢是上策」。武漢衛戍司令部趁徐州會戰緊張進行之機，在武漢週邊構築防禦工事，整理補充軍隊，加緊備戰。1938年6月14日，以陳誠為司令長官的第九戰區

武漢市民在看中日空戰

蔣介石、宋美齡在武漢接見蘇聯顧問和蘇聯飛行員

武漢會戰中被擊落的日機殘骸

成立。在武漢週邊，第五戰區負責守禦長江以北，第九戰區守禦長江以南。軍事委員會意識到武漢保衛戰作戰的主要意圖是盡可能消耗日軍力量，以利長期抗戰。

1938 年 5 月，日軍攻陷徐州後，以一部兵力攻占安慶，作為進攻武漢的前進基地，然後以主力沿淮河進攻大別山以北地區，準備由武勝關攻取武漢；另一部沿長江西進，攻取武漢。後因國民政府下令炸開花園口黃河大堤，日軍遂改變沿淮河主攻武漢的計畫，沿長江兩岸和大別山北麓西進，合圍武漢。

為了保衛武漢，國民政府軍委會擬定了保衛武漢的作戰計畫。以李宗仁第五戰區和新組建的第九戰區陳誠所轄的 4 個兵團，總兵力 130 個師 110 萬人參戰。海軍參戰的有「中山」號、「永綏」號等炮艦和「文天祥」、「史可法」、「岳飛」號快艇，以及布雷艇、運輸船 40 餘艘。空軍有中國飛機 130 多架（其中轟炸機 36 架、驅逐機 65 架、偵察機 27 架），蘇聯空軍航空志願隊飛機 90 多架，兩者相加超過 220 架。

日軍先後投入作戰的兵力共 9 個師團、1 個旅團、2 個支隊和 2 個野戰重炮旅、2 個戰車團，航空兵 3 個飛行團各型飛機 300 餘架，海軍第 3 艦隊各型艦艇 120 餘艘，約 35 萬人。

7 月初，日軍在江北占領太湖、望江以東，在江南占領江西湖口以東的長江沿岸地區，形成在長江兩岸夾擊武漢之勢。

武漢失守

武漢會戰開始後，第五戰區第 3 兵團以第 51 軍和第 19 軍團第 77 軍在安徽六安、霍山地區，第 71 軍在富金山、固始（屬河南）地區，第 2 集團軍在河南商城、湖北麻城地區，第 27 軍團第 59 軍在河南潢川地區，第 17 軍團在信陽地區組織防禦。

8 月下旬，日軍第 2 集團軍從合肥分南北兩路進攻。南路第 13 師團於 29 日突破第 77 軍防線攻占霍山，向葉家集方向進犯。第 71 軍和第 2 集團軍在葉家集附近的富金山至商城一帶依託既設陣地頑強抵抗。日軍第 13 師團受挫，得第 16 師團增援，9 月 16 日攻占商城。守軍退守商城以南打船店、沙窩地區，憑藉大別山各要隘，頑強抵抗，10 月 24 日，日軍逼近麻城。

北路日軍第 10 師團攻占六安後，強渡淠河和史河，9 月 6 日進占固始，繼續西進。我軍第 27 軍團第 59 軍在春河集(屬固始)、潢川一帶組織抗擊，鏖戰 10 餘天，19 日潢川失守。21 日，日軍第 10 師團突破第 17 軍團第 45 軍陣地，攻占羅山，繼續西進，在信陽以東地區遭第 17 軍團反擊，被迫撤回羅山。

日軍第 2 集團軍以第 3 師團增援，協同第 10 師團向信陽進攻。10 月 6 日，一部迂迴信陽以南，攻占平漢鐵路上的柳林站。12 日，日軍第 2 集團軍攻占信陽，然後沿平漢鐵路南下，協同第 11 集團軍進攻武漢。

由於中國軍隊處處設防，分兵把守，且未準備強有力的預備隊，沒有充分發動民眾破壞日軍交通線，因此，未能阻止日軍的進攻。武漢會戰開始後，由於兩廣地區部隊大量北調，造成廣州地區防務空虛。10 月 21 日，日軍乘虛攻占廣州。鑒於此，蔣介石於 10 月 24 日下令中國軍隊撤離武漢。10 月 25 日，中國軍隊棄守武漢。日軍 26 日占領武昌、漢口，27 日占領漢陽。

武漢會戰，是抗日戰爭中規模最大的一次戰役，歷時 4 個多月，大小戰鬥數萬次，日軍傷亡 20 萬，中方傷亡 40 萬。中國軍隊英勇抗擊，消耗了日軍有生力量（日軍承認死亡 3 萬餘人），遲滯了日軍行動。中國空軍出動 10 多次，晝夜轟炸日軍艦艇，炸沉 2 艘、炸傷 29 艘。海軍擊沉擊傷日艦 50 多艘、擊落日機 10 餘架。中國海軍著名的「中山」艦、「江貞」艦等被炸沉。蘇聯援華志願隊航空大隊也參加了戰鬥，表現了高度的國際主義精神。武漢雖然失守，但日軍的戰略進攻至此已達到頂點。此後，中國抗日戰爭進入了艱苦的戰略相持階段。

1938 年 7 月 7 日，紀念「七七」周年獻金活動在武漢舉行。漢口江漢關獻金台的捐獻活動，由第五戰區司令長官李宗仁的夫人郭德潔主持。上下輪渡的人群，自動地集中到獻金台前。中華海員工會送來了 300 元，江漢關職員共湊集 1542 元。漢口世界戲院獻金台，被圍得水泄不通。年老的市民，帶來了銀鏈、銀鐲、銀戒指和銀幣，虔誠地來捐獻，還擔心主持人不肯接收，懇求著說：「先生，我沒有更值錢的東西了，就是這些銀器，給你們獻了變錢，造槍炮去打鬼子，也算盡了我一份心吧！」漢口孫中山銅像前獻金台，《大公報》社的曹谷冰第一個走上台，投入千元一張的支票。

漢口被日軍占領

汪偽政府粉墨登場

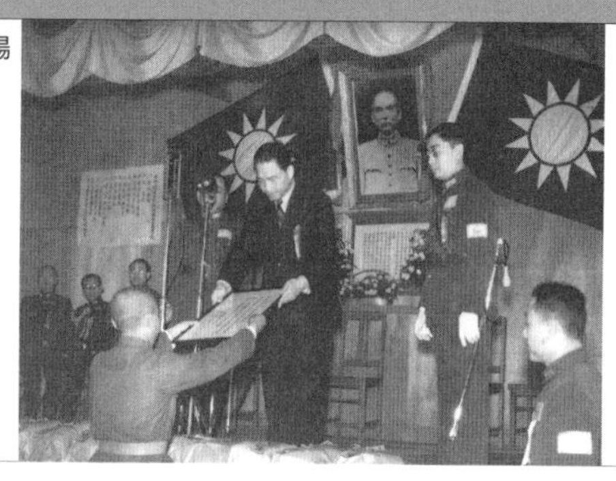

文丑武魅

「正邪自古同冰炭，毀譽於今判偽真」。這是西子湖畔岳飛墳前的一副對子，是愛國還是賣國，自有後人評說。

汪精衛降日

日本政府為了實現滅亡中國的目的，對國民政府實行了軍事進攻和政治誘降的兩手策略。在占領地區，則網羅民族敗類及殘渣餘孽，成立漢奸傀儡政權，作為統治中國的代理人。1937 年 12 月及 1938 年 3 月，日本在淪陷區北平和南京兩地，分別扶植了偽中華民國臨時政府和偽中華民國維新政府，其頭目分別是王克敏與梁鴻志等人。但這些老牌親日分子在政治上沒什麼影響。於是，日本政府開始醞釀「起用中國一流人物」，以取代蔣介石，這個人就是汪精衛。汪時任國民黨副總裁、中政會主席、國民參政會議長，地位僅次於蔣介石。

1938 年 11 月 20 日，汪精衛的代表高宗武、梅思平與日本代表影佐禎昭、今井武夫在上海舉行秘密談判，簽訂了《日華協定記錄》（即《上海協議》），接受了日本滅亡中國的全部條件。日本則支持汪精衛成立「新中央政府」。12 月 18 日，汪精衛偕同陳璧君、陳春圃、曾仲鳴、周佛海等人，潛赴河內，隨即發表了降敵的「豔電」，公開宣布賣國降日。

1940 年 3 月 30 日，偽中華民國國民政府在南京成立。仍設立五院及軍事委員會。汪精衛任代主席（仍以重慶國府主席林森為主席）兼行政院長、中央政治委員會委員長、軍事委員會委員長、海軍部長，立法院長陳公博，司法院長溫宗堯，監察院長梁鴻志，考試院長王揖唐，華北政務委員會委員長王克敏，蘇浙皖三省「綏靖」軍總司令任援道，華北「綏靖」軍總司令齊燮元。周佛海任財政部長兼警政部長，褚民誼任外交部長，林柏生任宣傳部長，梅思平任工商部長等等。

汪偽國民政府的「國旗」，仍沿用青天白日滿地紅的旗幟，另加三角黃布條，上書「和平反共建國」字樣。其行政區域，除華北政務委員會外，名義上包括上海、南京、江蘇、浙江、安徽、湖北、廣東，後來還有江西、淮海等日軍占領地區。但除了蘇浙皖三省及上海、南京外，湖北、廣東、江西等地均由各地日軍司令部操縱。所謂淮海省，是日軍將以徐州為中心的江蘇北部22縣劃為一個特殊區域，既不屬於偽華北政務委員會，也不屬於南京偽政府。同時，偽政府的一切人事任命、政令頒布、措施實施、組織機構的設置和撤銷，無一例外都得遵照日軍的指示行事。汪精衛曾向日方提出，將日軍派遣軍司令部遷往他處，日軍將京滬鐵路、南京城門守備權交給偽軍警，日軍在南京捕人要有偽軍警參與等，都被日方斷然拒絕。

罪惡活動

汪偽政府收編了大量國民黨降日部隊，並收買流氓地痞建立「和平建國軍」和特務組織。至1945年春，偽政府統轄的總兵力達40萬以上。偽政府在其轄區內實行法西斯統治，捕殺抗日愛國人士。配合日本對重慶國民政府進行誘降，妄圖瓦解抗日陣線。1941年3月，成立「清鄉」委員會，糾集大批偽軍夥同日軍實行反共「清鄉」，妄圖消滅堅持敵後抗戰的新四軍和游擊隊。

在經濟上，汪偽政府濫發紙幣，圈占土地，「委託經營」某些工礦企業，強徵糧棉，實行物資統制，並收取名目繁多的苛捐雜稅，還公然開徵鴉片捐。成立「中央儲備分行」，發行「中儲券」，幫助日軍瘋狂掠奪淪陷區經濟資源，為

汪精衛與偽軍陸海軍首腦

偽滿洲國：
1932年3月成立。
偽冀東防共自治政府：
1935年12月25日成立。
偽蒙古軍政府：
1936年5月成立。
偽中華民國臨時政府：
1938年2月成立。
偽中華民國維新政府：
1938年3月28日成立。
偽蒙古聯合自治政府：
1939年9月1日成立。

日軍支付巨額軍費。

在文化教育上，推行「新國民運動」，將其賣國主張強行向青少年灌輸，進行奴化教育，使他們成為賣國的工具；同時配合「清鄉」，實行思想上的「清鄉」和「新政」。

在外交上，1940 年 11 月 30 日，汪精衛與日方簽訂《日本與中國間關於基本關係的條約》，汪、日、滿互相承認。1941 年上半年，德國要求日本在太平洋發動對英美作戰，作為交換，日本則要求德國及其盟國承認汪偽政府。於是，德、意及僕從國羅馬尼亞、斯洛伐克、克羅地亞、西班牙、匈牙利、保加利亞相繼承認汪偽政府。1941 年 11 月，汪偽政府追隨日本參加《國際防共協定》。1943 年 1 月對英、美宣戰，號召效忠日本盟邦。同年 11 月，又夥同偽滿洲國和泰國、緬甸、菲律賓、印度等國的偽政府簽訂《大東亞共同宣言》，為日本建立「大東亞共榮」搖旗吶喊。

1944 年 11 月 10 日，汪精衛在日本病死，年 62 歲。11 月 12 日，汪屍由日本運回南京，於 21 日葬於南京梅花山。11 月 12 日，偽中央政治委員會召開會議，決定由陳公博任行政院長，並代理偽國民政府主席，兼任軍事委員會委員長。周佛海接任上海市長等等。偽政府在瀕臨滅亡之際，還出動大批軍隊配合日軍，對新四軍茅山根據地進行了大規模的「圍剿」。

1945 年 8 月 15 日，日本宣布無條件投降，16 日下午 4 時，陳公博、周佛海在南京召開偽中央政治會議臨時會議，宣布取消偽國民政府及所有機構，成立所謂「臨時政務委員會」和「治安委員會」。漢奸們樹倒猢猻散。

偽政權三巨頭（左起）：王克敏、汪精衛、梁鴻志

周佛海

陳公博

偽維新政府頭目合影

1942 年 5 月，汪精衛等訪問偽滿洲國

1941 年 3 月，汪精衛與日本中國派遣軍總司令畑俊六（右二）在南京

褚民誼（前右二）、林柏生（前右三）與偽軍將領

七刺汪精衛

下水當漢奸後的汪精衛

他曾以刺殺清攝政王載灃而名聞天下。當他成為 20 世紀中國最大的漢奸後，自己也被刺殺多次。

麵包投毒

1938 年 12 月 20 日，作為國民黨副總裁的汪精衛，逃離了重慶，在河內發表了賣國投敵的「豔電」，充當了中國頭號漢奸。軍統行動組根據蔣介石的指令，決定派遣人員對汪精衛實施「制裁」。

汪精衛住在河內哥倫比亞路高郎街 27 號，這是一幢三層高級公寓。軍統行動組買通了公寓內一名越南服務小姐，摸清了汪精衛的起居生活規律。汪精衛每天早餐用的是新鮮麵包，均由河內一家麵包房送來。行動組就在送麵包人前往公寓的必經之路上，連人帶麵包截下，注入了半個 CC 的毒劑，然後再讓人送去。但卻因此耽擱了十幾分鐘。等麵包送到時，汪精衛已吃過了早餐。

浴室放毒氣

汪精衛訪問日本

幾天後，服務員的情報又到。原來，汪精衛住的公寓雖然很高級，但浴室卻是天天漏水。河內天氣熱，汪精衛每天有洗澡的習慣。行動組將前往公寓的水管工人綁架，再喬裝成工人，以修水管為名進入了公寓的浴室。在修理水管時，將一罐打開蓋的毒氣，悄悄地放在浴盆底下。

誰知汪精衛進浴室前，一名侍衛先進來放水，馬上聞到一股刺鼻的味道，於是就開窗透氣。接著，在浴盆下發現了毒氣罐。刺汪行動又一次失敗。

跟蹤狙擊

1939年3月20日，汪精衛一家及隨員分乘兩輛汽車，前往距河內40多公里的三島風景區遊覽。行動組則出動了4輛汽車，2輛守候在汪精衛前往三島的必經之路上，2輛跟在汪精衛車隊後面，準備實施前後夾擊。

當車牌是39號的汪精衛座車到達預定設伏地點時，行動組準備夾擊。但車後一輛安南武裝警備車緊跟在後，行動組被迫停止行動，但迫於上司命令，又不敢放棄行動，就跟蹤而去，尋機下手。

行駛了一段路後，安南警備車並沒有注意到後面的車，但汪精衛卻發覺情況不對，當汽車駛到一個路口時，汪精衛突然命令不去三島，汽車掉頭回去。行動組仍不死心，繼續跟去。這一來，安南警備車發現了後面的車，遂立即拉響了警笛。行動組依仗人多車多，準備孤注一擲，實施狙擊。當駛到了紅河大橋口時，紅燈亮了，汪的座車和警備車一衝而過，行動組的車卻被紅燈擋住，眼睜睜地看著汪精衛跑得無影無蹤。

深夜搗汪巢

幾次行動失利後，軍統決定立即採取斷然行動，直搗汪公館。

通過內線情報，得知汪精衛的臥室是公寓的204房。1939年3月下旬的一天凌晨，軍統特務唐英傑、王魯翹等7名先遣隊員全副武裝，每人配1支連發手槍，2把匕首，1把利斧，1把剪刀，1根皮帶，從汪精衛公館院牆翻越而入，先繳了警衛的槍，王魯翹等人直衝二樓204房間，劈開房門後，立即衝入房間，用電筒一照，床上沒人，再一照，只見一人正在爬窗戶，馬上甩手一梭子，將此人從窗戶上打了下來。再借著電筒餘光，發現床下有一

汪精衛（右）與褚民誼

汪精衛與東條英機

汪精衛與板垣征四郎

人在瑟瑟發抖。行動人員認為必是汪妻陳璧君無疑，馬上又是 3 槍，將此人擊斃。

軍統行動組以為汪精衛及老婆已被擊斃，任務圓滿完成，遂衝出門上了一輛車疾馳而去。等安南員警趕來時，早已不見了刺客的人影。行動人員當天就向重慶發報請功。

沒想到，第二天拿到早報一看，原來打死的並不是汪精衛，而是汪的秘書曾仲鳴與妻子方君璧。原來，曾仲鳴來河內與汪密謀，談到深夜，汪讓出自己的 204 房間給曾住，自己住到了隔壁的 205 房間，聽見斧聲和槍響後，汪精衛嚇得藏到沙發下，才算保住一命。

二黃潛南京

1940 年 3 月 30 日，汪偽國民政府在南京粉墨登場。汪精衛一上臺，就對國民黨特務進行了大規模的清剿，逮捕軍統中統骨幹 400 多人，破獲電臺 40 多部。大批國民黨特務下水投偽。

軍統決定派遣幹員黃逸光、黃征夫二人，到南京執行暗殺汪精衛行動。黃逸光曾當過汪的警衛，與汪合過影，不會弄錯人。再以特務幹將黃征夫為其助手，戴笠對此次行動很有把握。

二黃從重慶出發，幾天後到達南京。沒想到的是，偽特務多是原軍統中統下水的，二黃一出發，偽特務部門就偵知了他們的計畫。汪精衛指示不要打草驚蛇，向偽特務南京區長馬嘯天下達了指令。二黃一到南京，住進了中央飯店。黃逸光出去找熟人聯繫，只黃征夫一人在店中，結果，被偽特務逮捕。在衣櫃中搜獲穿甲手槍及達姆彈多發，以及照相機、微型電臺、密碼本等。之後，就在飯店作了周密布置，專等黃逸光回來。黃昏時分，黃逸光剛跨進飯店，偽特務一擁而上，將其擒獲。汪親自下令將黃逸光處死。黃征夫被周佛海說情保出。

當年，隆裕太后曾送給汪精衛一件宮中珍寶、明代畫家唐寅的名畫《金山勝跡圖》，酷愛古玩的陳璧君將其秘密存放於河北薊縣獨樂寺愚山和尚的秘室裡。日本文化特務山本四太郎偵知後伺機劫掠。陳璧君聞訊，秘密將名畫藏於周佛海家一間有鋼骨鐵門結構的密室中。1941 年 1 月 11 日夜，山本四太郎趁汪精衛、周佛海會見日本官員之機，潛入周宅，用切割機打開密室鐵門，盜走《金山勝跡圖》。名畫被運到日本後，卻被鑒定為贗品。有人推測，運到日本的《金山勝跡圖》的確是真的，這是狡猾的日本人故意使的障眼法。但不管怎樣，國寶《金山勝跡圖》在日本人手裡下落不明了。

曾仲鳴（左二）與汪精衛等人合影

施展離間計

戴笠再次制定了計畫。此次行動，是先刺殺南京特務頭目馬嘯天，然後嫁禍於與馬平起平座的蘇成德、萬里浪、唐惠民等特務實力人物，使偽特務系統內部自相殘殺，使汪精衛的保衛系統陷於癱瘓。這樣，刺殺汪精衛就易如反掌了。

軍統幹將強一虎奉命隻身潛入南京，買通了南京特務區警衛大隊分隊長劉良，交給劉一包劇毒氰化鉀，要他放到馬嘯天家廚房的味精瓶中。劉良買通了馬家的廚子，成功的將毒藥放了進去。但馬嘯天已得知了劉良的行動，沒有吱聲，只是在暗中觀察。

正在此時，南京夫子廟新亞舞廳發生了一起爆炸案，馬嘯天在現場起獲2枚炸彈和一張紙條，上有一個地址。然後按址索驥，在一家旅館意外地將強一虎捕獲，並查獲與夫子廟爆炸案相同的炸彈以及氰化鉀。這才將劉良抓獲。結果，劉良供出全部真相。

汪精衛得知後，對馬嘯天大加讚賞，並親自下令將強一虎處死，劉良判無期徒刑。

陳三才謀事

汪精衛當漢奸後，天怨人怒。

愛國實業家陳三才激於愛國義憤，毅然決然地決定為民鋤奸。他不吝錢財，不惜重金物色了一名在汪偽特務中做事的白俄人員，要他利用工作之便將汪精衛刺殺。但此人拿了錢之後，竟昧著良心向偽「76號」特務總部告了密，出賣了陳三才。1940年7月，陳三才被偽特務總部逮捕，隨之解往南京。

汪精衛連續數次遭暗殺未遂，對謀刺之人恨之如骨，必欲除之而後快。但當他得知此次謀刺之人竟是一名實業人士時，便決定收買陳三才。汪精衛不僅親自提審，而且允諾，只要他寫出一紙悔過書便可放過他。但陳三才寧死不屈，視死如歸，大呼「國賊人人得而誅之」。汪精衛惱羞成怒，下令將其槍決。

1940年10月2日，陳三才在南京雨花臺被偽特務槍殺，時年38歲。遺體由其胞姐移葬上海靜安公墓。蔣介石為他題贈了挽聯「烈並常山」，以示褒揚。

大漢奸汪精衛雖然一次次僥倖躲過了暗殺，但卻終究未能逃脫其可恥的下場。1944年11月10日，汪精衛因1935年被刺時的槍傷復發，客死在日本東京。他被永遠釘在了歷史的恥辱柱上。

日本總領事館毒酒案

1939 年的日本大使館

1939 年 6 月 10 日晚，日本駐南京總領事館正在舉行盛大宴會時，發生了一起毒酒案。

突發中毒事件

1939 年 6 月 10 日晚 7 時許，位於南京鼓樓的原日本駐華大使館內，日本駐南京總領事堀公一在官邸舉行盛大宴會，招待赴南京的日外務省次官清水、隨員三重以及侵華日軍華中派遣軍司令部長官鈴木、澤田、田中等。另外，偽府行政院長梁鴻志、偽司法院長溫宗堯、偽南京市長高冠吾等也應邀參加。

宴會剛剛開始，忽聽有人大叫：「不好，酒裡有毒！」頓時一片驚呼。堀公一即命取酒倒入杯中觀察；同時，命令書記官船山、員警署署長內藤對宴會用的老陳酒進行檢驗。一會，金城、慈惠等幾家醫院的醫務人員趕到，準備搶救。15 分鐘後，有人開始感覺身體不適，口齒不清，步履蹣跚。接著有人栽倒，赴宴的人幾乎都嘔吐不止。內藤入席晚，飲酒偏少，別人東倒西歪時他還清醒，遂下令警署人員封鎖官邸，全力警戒並組織搶救。但不久他也倒地。最後，兩個貪杯的書記官船山和宮下中毒死亡。其餘的人僥倖逃過一劫。

偽行政院長梁鴻志（左）與王克敏

接受任務

出事後，日方立即將目標鎖定在日本駐南京總領事館

刺刀下的南京老百姓

兩個僕役詹氏兄弟的身上。

詹長麟早年從軍，1934 年，父親的朋友王先生將詹長麟介紹去日本領事館當僕役。日本總領事對詹長麟親自面試後，讓他當了僕從，負責打掃房間，端茶送水。詹長麟做事勤快機靈，肯吃苦，很快便取得日本人的信任。

詹長麟進入總領館工作後不久，首都員警廳外事組組長就向他下達了刺探日本人情報的任務。詹長麟知道，刺探日本人的情報固然危險，但出於愛國，遂立即表示，願意為抗日出力。從此詹長麟就成了在日本總領事館「臥底」的特情人員，代號 65，化名「袁露」，每月可領得 10 元薪金。

在日本總領事身邊當差，詹長麟有機會接觸到日本方面的一些來往信件和絕密文件。每天從總領館回到家後，詹長麟用明礬水在白紙上記下當日獲取的情報。詹家附近的一座關帝廟成為傳遞情報的秘密聯絡點，詹長麟每天把寫好的情報插到關公像後面的一個小洞裡，再從關公像後面取出指令。

1936 年 2 月起，詹長麟的哥哥詹長炳也進了日本總領事館當僕役，兩人一同從事抗日活動。

行動

1939 年，日本外務省次長清水及隨員要在 6 月 9 日到南京領事館視察，6 月 10 日晚，日本公使兼總領事堀公一將在領事館舉行一場大型酒會，歡迎清水次長及隨員。日本領事館已發出不少請柬，出席者幾乎包括駐南京的日本「華中派遣軍」的首腦以及偽「維新政府」的頭目。詹長麟立即上報，並接受了投毒任務。

1939 年 6 月 8 日，日本總領事館各色人等開始為這次盛大宴會忙碌起來，詹長麟被派去中華路三山街 119 號的老萬全酒家，買回 4 壇紹興老酒。

同時，詹長炳帶來了一個手指粗的藥瓶，上面有 USA 字樣，裡面裝著白色粉末。詹長炳告訴弟弟：「這是美國貨，劇毒，沾上就不能生還。」

10日晚6時左右，宴會將要開始。詹長麟在開宴前幾分鐘，才將藥粉悄悄取出，全部倒入酒罈，他使勁搖動酒罈，將粉末均勻溶解在酒裡。

看到酒桌上的酒杯都已經擺好，詹長麟捧著酒罈，走到桌邊，把毒酒一一倒入酒杯。直到看見毒酒已被日偽人士喝下，才藉口肚子疼來到更衣室，脫掉領事館的工作服，推著腳踏車不慌不忙地出了領事館的門。出門後，又飛一般地向傅厚崗趕去，與哥哥詹長炳會合後，騎車出了玄武門，直奔燕子磯芭斗山江邊渡江北上。

當晚，日本憲兵隊與偽警察局關閉了南京所有城門，封鎖了各交通要道，然後在全城大肆搜捕。最後，他們將注意力集中到了不見蹤影的詹長炳、詹長麟兄弟身上。日偽當局在南京的大街小巷與各報刊上遍貼和刊登告示，畫影圖形，對詹氏兄弟及其全家通緝抓捕。

從6月10日到7月10日這1個月的時間內，日偽當局出動憲兵、員警、特務達1000多人次。日方還派便衣特務到上海租界跟蹤追捕。

6月25日，一封以詹氏兄弟名義寫的信從上海英、法租界郵寄到南京日本總領事館公使兼總領事崛公一手裡，說明投毒案的真相，表示對此事負責，並表明他們這次採取投毒行動並非出於私怨，而是出於對日本侵華暴行的國仇家恨。還說他們即將從上海前往香港。

堀公一看了信暴跳如雷，立即在上海和香港搜捕詹氏兄弟，但一無所獲。

偽司法院長溫宗堯

汪偽南京特別市市長周學昌

下水當漢奸的汪偽軍官

汪偽南京市政府秘書長陸善熾

刀劈大漢奸

傅筱庵

傅筱庵認賊作父當漢奸，等待他的會是什麼結果？

除奸團二度失手

1937 年 11 月上海淪陷後，日軍在上海扶植了一個偽政權「大道市政府」。該政府設在浦東，管轄範圍只限於浦東地區。市長叫蘇錫文，其工作就是網羅一批人，為日本人送往迎來。

不多久，日本人發現這個政府實在無用，於是就想物色一個既有政治背景和資歷，又有工商勢力為後盾的人出山，重新組織一個政權。於是，傅筱庵就成為日本人青睞的對象。

當傅筱庵聽說日本人要請他出山時，向日本人提出了一個要求：將大道市政府，改為上海市政府。日本人滿口答應。其管轄範圍，也從過去的浦東，擴大到市區的南市和閘北一帶，政府的辦公處也遷到了原上海市政府。

傅筱庵當上市長後，每天從虹口的公館乘汽車，在四輛汽車的護衛下到偽府上班，甚是威風。中午，則到九江路東鄉飯店用餐。傅一進門，飯店門口就布下武裝崗哨。晚上，傅筱庵則常去「六三亭」藝妓館向日本主子大獻殷勤。日本軍政界要人每請必到，此時，傅不僅為日本人「治理上海」出謀劃策，還取得了日本人的同意，在滬西一帶大開菸館、賭場、妓院，為日本占領當局賺取高額利潤。故傅當政後，深得日本人的器重。

傅筱庵一上任，立即就成了國民黨特務系統「除奸團」的暗殺物件。一天，傅筱庵上班時下了汽車，走向偽府大樓。突然，大樓拐角處衝出一名刺客，抬手對傅筱庵「呼呼」就是兩槍，子彈從傅的耳邊「嗖嗖」擦過。傅嚇得連忙趴在地上不敢動彈。聽見槍響的警衛衝過來，立即將這名刺客擊斃。刺客臨死前還高呼「打倒大漢奸傅筱庵」。

一個華燈初上的夜晚，國際飯店燈紅酒綠，來賓們紛紛落座。這時，傅筱庵出場了。只見他手執酒杯，高呼「為天皇陛下健康乾杯，為大東亞聖戰的勝利乾杯」。這時，一支烏黑的槍管從廁所門的一側伸了出來。就在刺客扣動扳機的一剎那，一個記者的鎂光燈亮了，子彈偏離了目標，從傅筱庵的頭頂上飛過。會場一片混亂，刺客則趁亂逃脫。傅筱庵再次躲過一劫。

位於上海外灘的汪偽中央儲備銀行。1941 年 1 月 6 日在上海成立，發行中央儲備銀行貨幣，簡稱「中儲券」

小和尚捨命一搏

1939 年 12 月，傅筱庵的老婆病死。傅筱庵去一家寺院燒香還願，還請了和尚做水陸道場，超度亡魂。寺院裡香煙繚繞，鐘鈸齊鳴。傅筱庵伏在蒲草墊上，雙手合十，口中念念有詞。正在這時，一個小和尚手持殺豬刀，猛然撲向傅筱庵，眼看刀鋒就要刺到傅的心臟，一名保鏢衝過來，一腳將小和尚手中的殺豬刀踢飛。小和尚被綁後，傅立即在佛堂上嚴刑逼供。傅筱庵氣急敗壞地說：「我與禿驢素無怨仇，為何要下此狠手置我於死地」。小和尚則破口大罵道：「你是中國人，卻為東洋鬼子效力，我與你不共戴天。誰不想食你肉，啖你血？我為國除奸，死後定能早成正果。」傅筱庵聽後，氣急敗壞地下令，將小和尚在

日軍橫行上海街頭

汪偽上海市社會局局長淩憲文

汪偽滬西區特警署署長潘達

佛堂當場打死。

此後，傅筱庵才知道，要殺死他的，不僅僅是一個除奸團，中國廣大的民眾都與他不共戴天。

廚師刀劈大漢奸

幾次行動均未得手，蔣介石極為不滿，幾次下令軍統限期將此賊除去，否則拿戴笠問罪。戴笠不敢怠慢，立即將任務交給了上海軍統站，要求無論採取何種手段，務必提傅的人頭來見。通過幾次行動，軍統也知道單憑派殺手出馬，成功率太低，須另闢途徑。

經過一段時間的縝密偵察，軍統得知傅筱庵的廚師朱升源，燒得一手好菜，深得傅的信任。但他是光棍一人。軍統決定從這裡下手，派出了一名女特務，與朱升源建立了聯繫。

通過交往，二人的感情迅速升溫。女特務對朱說，如果你是真心喜歡我，就與我做夫妻，但有一個條件，就是要殺了傅筱庵這個大漢奸。這樣，你就成了英雄，我們還可以領取幾萬元獎金，遠走高飛，避走他鄉，過上好日子。朱升源經過再三考慮，下定決心幹。

一天晚上，傅筱庵與幾個狐朋狗友聽完了堂會，喝完了酒，心滿意足地回到公館，其時已是凌晨4時許。這時，朱升源躲在暗處，目睹傅筱庵上樓，僕人扶他上床，直至鼾聲如雷。朱升源認為下手的時機已到。

約5時光景，朱升源將早已配好的一把傅筱庵臥室的鑰匙取出，又到廚房操起一把早已磨得鋒利無比的廚刀，還將一把剔骨尖刀插入襪筒，再披上一塊大麻布。一切就緒，朱升源躡手躡腳地摸上了樓，先用鑰匙輕輕打開了房門，嗖地閃身而進。借著室外的餘光，只見傅筱庵四仰八叉地橫躺在一張大床上，一動不動，睡得正香。朱升源舉起廚刀，對著傅筱庵的腦袋重重地劈了下去，頓時，鮮血和腦漿四濺，傅筱庵哼都沒有哼出聲，就一命嗚呼了。

上海淪陷

戰略相持

南昌會戰失利了。我軍武器裝備不占優勢，戰術指揮確實也需要檢討。

南昌失陷

武漢會戰後，日軍於 1939 年 2 月占領海南島，3 月初，又集中 4 個師團兵力，由第 11 軍司令官岡村寧次指揮，向南昌發起進攻。

1939 年 2 月，國民政府軍事委員會三次指令第九戰區向日軍另一線南潯方向發動進攻以轉移敵人的進攻方向，破壞日軍的進攻部署。但是第九戰區一直以準備不周為由拖延進攻。3 月 17 日，日軍搶先發起進攻。中國軍隊與日軍在南昌地區展開了激戰。然而，從3月17日到 27 日，中國守軍 10 日內便丟失了南昌，並受到重創。這既是因為日本占有武器裝備的優勢，更是因為我方的一系列指揮失誤。此後，日軍向西追擊，於4月2日陷重鎮高安。中國軍隊再次退守。以後，日軍由於兵力不足，停止追擊，並從南昌地區撤走部分兵力，戰場相對穩定下來。

反攻南昌失利

中國方面不甘心丟失南昌重鎮。4 月 21 日，第三、第九戰區發起春季反擊戰，首先向南昌發動奇襲，一時打亂了日軍陣腳，連克南昌週邊陣地，直逼南昌城下。日本空軍則出動大批飛機，對南昌週邊陣地進行猛烈轟炸，並

隨棗會戰中的張自忠

1939 年 3 月 17 日至 3 月 27 日，日軍僅用了 10 天時間就占領了南昌，切斷了浙贛鐵路，使得第三戰區與大後方的聯絡陷於困境。4 月上旬，軍事委員會命令第三、第九戰區協力反攻南昌，蔣介石特地命令各集團軍總司令必須親赴前線督戰。5 月 1 日，蔣介石傳令攻城部隊須於 5 日前攻占南昌。中國攻城部隊合力圍攻高壘深池的南昌，但在日軍步炮空聯合反攻下不斷受挫。7 日下午，第 29 軍軍長陳寶安在前線督戰時中彈殉國，第 26 師師長劉雨卿也身負重傷，中國軍隊的軍心有所動搖，蔣介石只得於 5 月 9 日下達了停止進攻的命令。

南昌會戰中日軍使用「紅毒劑」化學武器　淪陷後的南昌城一片火海　日軍行進在南昌街頭

大量施放了毒氣，發射毒氣彈達3000發。

5月1日，蔣介石下令必須於5月5日攻占南昌。5月2日，中國軍隊奉命發起第二輪猛烈的攻勢，進一步向南昌逼近。由於另一支中國軍隊未能完成切斷日軍增援的任務，日軍海軍陸戰隊趕赴南昌增援。中日兩軍展開了將近一周的激烈攻守戰。5月5日，中國軍隊攻占南昌火車站、機場，並突破至城防工事附近，直至展開了白刃戰。但日軍的增援部隊源源不斷地到達，進行了瘋狂地反撲。此時已失去奇襲效果，只能進行攻堅戰。在日軍的拚命抵抗下，中國軍隊傷亡慘重，攻勢一再受挫，漸漸不支。

眼看收復南昌無望，蔣介石於5月9日下達停止進攻南昌的命令，而日軍也因傷亡慘重而無力進行反攻。南昌會戰結束。

南昌會戰是正面戰場進入相持階段後中日軍隊的首次大戰，也是武漢會戰的自然延伸和接下來一系列會戰的前奏。南昌的失陷，使得第三戰區與大後方的聯絡陷於困境，軍事補給只能依賴浙贛兩省的公路線，從此東南各省未淪陷地區的處境更加困難。

隨棗會戰

日軍攻占南昌後，由岡村寧次率4個師團的10多萬兵力，向湖北北部的隨縣、棗陽地區發起進攻，以解除中國軍隊對平漢線和武漢的威脅。守衛隨棗一線的是中國第五戰區部隊。日軍利用襄陽—花園公路沿線的廣袤平原，充分使用機械化部隊作戰。中國軍隊則據壕死守，激戰多日，大小戰鬥達數10次。隨縣首先失陷。在棗陽，中日兩軍從1939年5月1日激戰至5月7日，中國守軍終於堅持不住，棗陽最後也告失守。

國民政府軍委會下令第五戰區及第一戰區會同作戰收復隨棗地區。15日，中國軍隊發起總攻，激戰至19日，日軍退卻，中國軍隊收復棗陽，後又收復隨縣。雙方恢復原先態勢。

南昌陷落後，日軍組織的遊行活動

心理防線不垮

宋氏三姐妹在防空洞前，從右至左：宋慶齡、宋美齡、宋藹齡

日本空軍對戰時首都重慶的轟炸，目的很明顯：摧垮中國軍民的抗日鬥志。但中國軍民的心理防線是摧不垮的。

五月大轟炸

國民政府遷都重慶後，日本空軍對重慶進行了長達5年零6個月的野蠻轟炸，其中以1939年5月3日、4日的轟炸最為慘烈，號稱「五月攻勢」。

1939年5月3日下午1時，日軍45架轟炸機連續對重慶人口密集、商業繁榮的市中區輪番轟炸，投下各種炸彈，包括高爆炸彈、燃燒彈、破甲彈等300多顆。兩江會合處的朝天門到中央公園兩側約2公里市區最繁華的街道，成了一片火海，市中心區27條主要街道有19條成為廢墟。5月4日下午6時，日機27架再次襲來，投擲爆炸彈78枚、燃燒彈48枚，全市10餘處起火，大火延燒2天，都郵街等10餘條中心街市被燒毀。國泰電影院被炸，當場炸死觀眾200餘名；全市37家銀行有14家被毀；古老的羅漢寺、長安寺也被大火吞噬；同時被炸的還有外國教會及英國、法國等駐華使館，連掛有納粹黨旗的德國大使館也未能倖免。

據不完全統計，在「五三」、「五四」大轟炸中，日機共炸死中國平民3991人、傷2323人、摧毀建築物4889幢，20萬人無家可歸。5月12日和25日，日軍又出動飛機66架，投彈200多顆。重慶許多居民區被炸成一片廢墟，全城處在一片悲戚之中。

1940年，林語堂一家在日機狂轟濫炸的高潮中來到重慶。回國的次日，他去面見了蔣介石夫婦。在北碚飽嘗了空襲、跑警報、躲防空洞的滋味。1943年秋，林語堂隨訪美歸國的宋子文再次回到重慶，旋即奔走於前線和後方，還在中央大學發表演說，宣傳心理建設的重要性，幫助國人樹立民族自信心。

林語堂在抗戰期間完成了三部著作：《京華煙雲》、《風聲鶴唳》、《啼笑皆非》，皆閃爍著抗日愛國的烈焰，旨在向外國讀者宣傳中國人民在抗日戰爭時期的新風貌，深沉的民族感情湧動在字裡行間。他在海外努力地「為國家做宣傳」。

遭日軍轟炸後的重慶朝天門

重慶各界慰問轟炸中傷殘的軍人

被日軍飛機炸毀的校舍

1940 年 5 月，日軍為了打通通往重慶的陸上通道，開始實施「101」號空中作戰計畫。至 9 月底，日軍共出動飛機 2664 架次，投彈 10024 顆，摧毀房屋 6000 多幢，平民死傷達 4000 多人。

1941 年6月，日軍對重慶又進行了第三次戰略轟炸。這一次，日本空軍採取的是「疲勞轟炸」戰術，一批飛機炸完剛剛飛走，一批飛機又到。使重慶市民長期處在警報的威脅之下。這次轟炸，不僅對重慶市民在物質上造成了巨大損失，更嚴重的，是在精神上、心理上造成的巨大傷害。

據不完全統計，日機空襲重慶共達 218 次，出動飛機 9513 架次，投彈 21593 枚，炸死市民 11889 人、炸傷 14100 人，30 所大中學校被炸毀。

大隧道慘案

1941 年 6 月 5 日，日機對重慶實施空襲時，釀成了震驚中外的「重慶大隧道慘案」。

抗戰期間，重慶人口猛增，而防空洞卻很有限。重慶防空司令部會同重慶市政府在人煙密集的市中心區，修建了一條長約兩公里、離地面約 10 公尺深的大隧道，可容納萬餘人，是重慶最大的防空洞。但防空洞工程比較粗糙，設備也極簡陋，通風條件很不好。

6 月 5 日晚 9 點鐘左右，大批日機飛臨重慶上空。人們紛紛湧入防空洞。在洞中可以聽見隆隆的飛機聲，同時也聽得見炸彈的爆炸聲。由於得不到外面的準確情報，只能憑感覺進行判斷。日機不斷地飛來又飛走，總有那麼幾架在空中騷擾。到解除警報時，空襲時間竟長達 10 小時以上。

當時，大隧道內擠滿了人，空氣不暢，潮濕氣悶，有人憋得不行，顧不得挨炸，拚命往洞外擠，希望走出去透透氣。可是，洞口的木柵門上了鎖，外面有人把守，誰也不准出去。而日機始終在天上盤旋，警報不能解除。結果不少人昏了過去，有的人還拚命往外擠。這樣，通道口

蔣介石與宋美齡在防空洞前

被堵塞，隧道內的空氣更加渾濁，更多的人昏倒，大批人因缺氧窒息而死。

警報解除後，開始清理現場，由洞口往外搬運屍體，直到第二天上午 8 點多 3 個洞口仍在往外搬死屍。有的衣服撕得粉碎，有的滿臉泥濘已看不清面目，有的皮膚變成了藍黑色……真是慘不忍睹。

同仇敵愾

重慶防空司令賀國光

對於日軍的野蠻暴行，重慶軍民進行了頑強的抵抗。重慶早在 1937 年 9 月 1 日就成立了防空指揮部，但沒有起到什麼作用，5 月大轟炸還是使重慶遭到了嚴重損失。之後，蔣介石遂將防空指揮部擴大為防空司令部，軍政部直接調來 3 個團歸該司令部指揮，費用專項撥付，人員一律專職，任命賀國光為防空司令。各區配備防空大隊、消防大隊、救護大隊、工務大隊、防護大隊等等。此外，還修建了大批防空洞。國民政府除組織有關部門修建大隧道、防空洞外，還鼓勵民間修築洞壕。許多工廠企業都搬進了防空洞繼續生產。

為了彌補大轟炸造成的損失，國民政府和四川省政府採取了一系列措施，如增加糧食生產，兵役在大轟炸後緩徵 2 個月，全市市民吃糙米、雜糧，每日吃兩餐，省下糧食支援前線。中國空軍出版社提出倡議，用義賣捐款所得購買飛機，命名為「義賣號」，以此發動全國廣泛的獻機運動。重慶市還成立了「獻機委員會」。重慶市兒童籌集捐款獻機，命名為「中國兒童號」，戲劇界籌款獻機命名為「劇人號」，新聞界籌款獻機命名為「記者號」，傷兵獻機命名為「榮譽號」，新軍人獻機則命名為「新軍人號」。到 1941 年 10 月，重慶各界共募得現金 150 萬元，全部用於獻機運動。

日軍轟炸機投下的航空炸彈

中國戰區統帥蔣介石

位列四強

反法西斯的26國，在華盛頓簽署了《聯合國家共同宣言》，中國與美、英、蘇並列四大國之列。

中國對德意日宣戰

1941年12月8日凌晨1時（中國時間），日本海軍山本五十六大將指揮日軍聯合艦隊，襲擊了美國在太平洋上最大的海軍基地珍珠港，炸沉（傷）美國軍艦40多艘，飛機300多架，斃傷美軍3500多人。美國太平洋艦隊幾乎全軍覆沒。12月8日，美、英對日本宣戰。

12月9日下午7時，中國外交部長郭泰祺特別約見中外記者，以「極其嚴肅的態度」，宣布了由國民政府主席林森簽署、五院院長副署的對日宣戰書和對德意宣戰文。同日，林森還簽署了《國民政府向德意宣告立於戰爭地位文》。

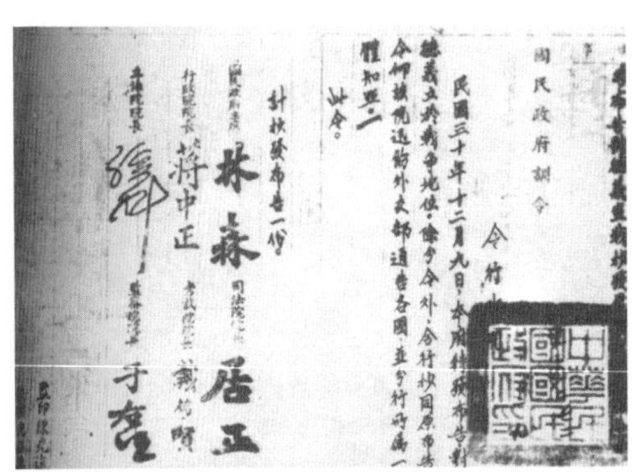

國民政府向德意宣戰文告

中國戰區成立

中國對德意日宣戰後，中國的抗戰就納入了第二次世界大戰的範疇。

中國宣戰後，蔣介石在重慶南岸的黃山官邸，邀請蘇聯大使潘又新、美國大使高斯、英國大使卡爾談話，建議中、美、英、蘇、澳、荷、加、紐國（紐西蘭）訂立《不單獨媾和條約》，以美國為領導，成立軍事同盟，進行全面的軍事合作。大使們對此極表贊同。

12月23日下午4時，中、英、美、澳等國聯合軍事會議在重慶召開。同時，英美兩國也在華盛頓舉行了最高級會議，決定採取「先歐後亞」的戰略。為了把中國的戰爭努力與盟國的軍事行動結合起來，美國陸軍參謀長馬歇爾起草了一個備忘錄，建議在中國成立一個盟國作戰司令部，將亞洲太平洋戰場劃為4個戰區，即

蘇聯外長莫洛托夫

1944 年 10 月，東南亞戰區統帥蒙巴頓（中）訪問重慶，右為何應欽，左為程潛

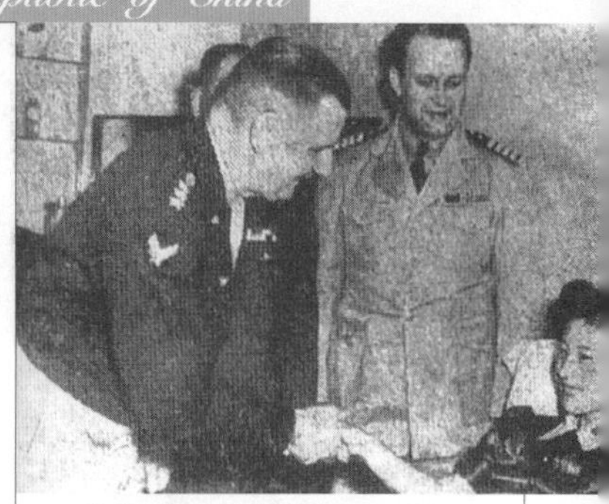

魏德邁看望營救美國飛行員的中國傷員

中國戰區、東南亞戰區（英軍上將魏菲爾指揮）、太平洋戰區（美國上將尼米茲指揮）和西南太平洋戰區（美國上將麥克亞瑟指揮）。4 個戰區中，其戰略地位當數中國最為重要。為此，1941 年 12 月 31 日，羅斯福正式致電蔣介石，建議由蔣組織成立中國戰區。1942 年 1 月 1 日，在華盛頓舉行的 26 國聯合宣言簽字儀式上，羅斯福正式公開了成立中國戰區的決定。1 月 2 日，蔣介石電覆羅斯福表示「自當義不容辭」，出任中國戰區最高統帥。蔣介石並要求羅斯福總統委派一名熟知中國情況的將領來華擔任中國戰區統帥部參謀長。羅斯福、馬歇爾經過慎重考

蔣介石接受美國總統羅斯福授予的「最高統帥勳章」

1932 年 6 月，郭泰祺開始了駐英大使的生涯。在 1937 年以後的中日戰爭歲月裡，他充分利用與英國公眾和傳媒見面的機會，發表各種講演，宣傳中國的建設成就和抗戰精神。他對英國政府部門及新聞界講得最多的一句話就是:「我抗戰必獲最後勝利！」在英國為中國人民樹立了頑強抗戰的形象。在郭泰祺的不懈努力下，英國政府在太平洋戰爭前共計給中國政府的實質性援助達 1800 萬英鎊，合計約 7200 萬美元，為中國在艱苦的條件下抵抗日本做出了貢獻。1938 年 8 月 22 日，英國牛津大學授予郭泰祺民法學博士學位，郭泰祺是第一位以大使身分獲得此殊榮的華人。由於郭泰祺在英國的出色表現，1941 年 4 月 2 日，國民黨五屆八中全會通過決議，任命郭泰祺為外交部長。

蔣介石、宋美齡與盟軍將領合影，右一為史迪威

蔣介石給中國戰區參謀長魏德邁授勳

慮，決定派曾在中國天津駐軍和美國大使館任職多年的史迪威來華擔任該職。3 月 6 日，史迪威飛抵重慶正式就職。

中國戰區包括了中國大陸、法屬印度支那、泰國、緬甸，以及印度的一部分。統率除中國軍隊外，還有這一地區的英美軍隊。

中國戰區牽制了日軍的絕大多數兵力（1941 年底，日本總兵力為 240 多萬，其中 130 萬被拖在了中國，占日本整個對外用兵的 65%，相當日軍南進兵力的 3 倍）。同時，完全打破了日軍北進蘇聯的戰略企圖，確保了蘇聯在歐洲對德作戰的勝利。

名列「四強」

太平洋戰爭的爆發和德意日軍事協定的簽訂，使越來越多的國家受到了法西斯的侵略，他們紛紛要求參加國際反法西斯的聯盟。

1942 年 1 月 1 日，反法西斯的 26 國，在美國首都華盛頓簽署了《聯合國家共同宣言》（亦稱《二十六國公約》）。在商討排名時，美國總統羅斯福堅持中國必須與美、英、蘇並列四大國行列，而且排在美國之後列第二位。英國起初連將中國列為「四強」都不同意。在美國的堅持下，中國排在美、英、蘇之後，列第 4 位。後

香港淪陷

日軍偷襲珍珠港，太平洋戰爭爆發

蔣介石接見蒙巴頓

面則是其餘的22國，按英文字母順序排列。在簽字儀式上，中國代表、外交部長宋子文在《宣言》上簽了字。

《宣言》的主要內容為：簽字國保證使用其全部軍事和經濟資源，共同對抗德意日法西斯侵略；各國保證與本宣言簽字國政府合作，不與敵人締結單獨停戰協定或和約。

1942年10月30日，中國駐蘇大使傅秉常、蘇聯外長莫洛托夫、美國國務卿赫爾、英國外長艾登，分別代表本國政府在《四強宣言》上簽字。11月1日，《宣言》正式發表。根據《宣言》的條款，中國政府有權利和責任參與各大國為結束戰爭的協調行動，籌畫組建戰後聯合國機構。這也為日後中國參與創建聯合國並取得安理會常任理事國席位，奠定了基礎。

蔣介石、宋美齡出席蘇聯大使館國慶招待會

在南京失陷後的3個月裡，蔣介石政府表明了長期抗戰的決心，堅決反對日本提出的任何「和平」倡議。中國民眾，特別是敵人後方的民眾，開始積極參加抗戰。游擊隊的活動日益擴大，對軍事行動的進程產生著越來越大的影響。經過半年的抗戰，國民政府最高軍事當局已認識到國際干涉及和平談判短期內均不可能實現，中日戰爭已形成持久之勢，又接受了華北、淞滬、南京作戰的教訓，開始轉變戰略指導，由單純固守陣地、據點進行死拚的戰役，改為不強調「一城一地之能否據守」、而以空間換取時間的持久消耗戰略。南京失守後，國民政府真正開始實施持久消耗戰略。

中國軍隊在長沙會戰中

長沙巋然不動

1946年10月10日，美國駐華大使司徒雷登將一枚美國自由勳章授予薛岳。

第一次長沙會戰 痛擊岡村寧次

1939年9月中旬，日軍發動了意在打擊中國第九戰區軍隊主力並促進汪偽政權出臺的對長沙的第一次大規模進攻。開始，蔣介石擬「不守」長沙，他一夜之間連打9次電話，命令第九戰區司令長官薛岳退出長沙。薛岳反問：「長沙不守，軍人之職何在？」白崇禧以「長期抗戰，須保存實力」相勸，薛岳說：「湘省所處地位繫國家民族危難甚巨，吾人應發抒良心血性，與湘省共存亡。」

第一次長沙會戰，日軍共投入兵力18萬人，由第11軍司令官岡村寧次指揮，在飛機、艦艇支援下，從贛北、鄂南、湘北三個方面向長沙發動進攻。第九戰區參戰兵力則有52個師。早在9月上旬，薛岳即命令部隊在各地修築、加固工事。為了削弱日軍機動性強的優勢，參戰部隊對交通線做了大規模破壞，挖斷公路、拆毀鐵路，稻田全部灌滿水，並堅壁清野，使日軍無法得到補給。薛岳採取的這些措施發揮了很大作用，日軍的行動受到阻滯，重炮、坦克無法運動。

從9月14日日軍發動進攻到26日，薛岳指揮所部官兵，「利用湘北有利地形及既設之數線陣地，逐次消耗敵人」。日軍雖然憑藉優良的武器裝備，突破薛岳部防線，占領了一些城鎮，但付出了沉重的代價，兵員、物資消耗過大，不得不停止進攻。26日，薛岳制定了《在長沙以北地區誘敵殲滅之指導方案》。27日，薛岳在株洲設立指揮部同日軍決戰。到10月5日，日軍不支，岡村寧次下令全線撤退。薛岳指揮部隊追殲。15日，會戰結束。

第一次長沙會戰，第九戰區部隊在薛

日機轟炸長沙，長沙成為一片火海

岳指揮下，採取了靈活戰術，不固守城池，而是後退，跳出日軍的包圍圈，作外線攻擊，取得第一次長沙會戰的勝利。日軍損失慘重，共傷亡 4 萬餘人，其中包括少佐以上軍官 40 多人。會戰勝利，蔣介石十分高興，他在嘉勉電中說：「此次湘北戰役，殲敵過半……舉國振奮，足見指揮有方，將士用命，無任嘉慰。」

薛岳

第三次長沙會戰，英美報紙紛紛報導

太平洋戰爭爆發後，日軍為了牽制中國軍隊主力，策應廣九路香港方面的作戰，打通粵漢線，在第 11 軍司令官阿南惟畿指揮下，發動了對長沙的第三次攻勢，投入兵力約 15 萬人，企圖於 1942 年元旦占領長沙。薛岳根據前兩次長沙會戰的經驗，採取「後退決戰」、「爭取外翼」的作戰方針。為激勵將士們英勇殺敵，薛岳在給參戰部隊師以上指揮官的電文中強調：「第三次長沙會戰，關係國家存亡，務須英勇殺敵。」並表示「本會戰，岳有必死決心，必勝信念」，「岳如戰死，即以羅副長官（羅卓英）代行職務，按照計畫，圍殲敵人」。1 月 4 日，薛岳指揮各部完成了對日軍的包圍，隨即將敵擊潰。日軍狼狽北竄，潰不成軍。此次會戰，殲敵 56900 人，俘敵炮兵大尉松野榮吉以下 390 人、軍馬 780 匹及大量輜重物資。

第三次長沙會戰以中國軍隊的最後勝利而告終，是中國正面戰場也是亞太地區盟軍方面取得的一次重大勝利。為表彰薛岳的功績，國民政府特頒給他一枚青天白日勳章。英美輿論對此大加宣傳。1942 年 1 月 11 日的《泰晤士報》稱：「這是12月7日（指日本偷襲珍珠港）以來，同盟軍唯一決定性之勝利。」《倫敦每日電訊報》社評也說：「際此遠東陰霧密布中，唯長沙上空的雲彩，確見光彩奪目。」

準備奔赴抗日戰場的中國軍隊

常德會戰中的中國軍隊

虎賁萬歲

以寫愛情小說見長的作家張恨水，卻有一部以抗戰中眞人眞事爲題材的戰爭小說《虎賁萬歲》。

鄂西會戰

1943年3月，日本大本營召集了中國派遣軍、關東軍及南方各軍總參謀長會議，進行新的戰略部署。中國派遣軍的任務是，以第11軍、13軍為主力，分別發動鄂西及常德會戰，消滅中國軍隊主力，打通浙贛線，策應滇緬及東南亞戰場作戰。

1943年5月，日軍第11軍司令官橫山勇指揮第13、40、58師團，在洞庭湖北首先展開攻擊。中國方面則以第六戰區司令長官陳誠統轄的第10軍、26軍、29軍，馮治安的第33集團軍，吳奇偉的長江上游江防軍進行阻擊。

中國軍隊採取了交通阻塞戰，仍然不與日軍正面決戰。日軍的機械化部隊、炮兵及騎兵無法施展。因此，中國軍隊取得了重大戰果。此役日軍傷亡4000多人。戰後，雙方各回原防區。

常德會戰

1944年的一天，兩名軍人來到張恨水家中，說他們是常德會戰的倖存者，師長余程萬派他們來，請張恨水把常德會戰寫成小說，記錄下犧牲者的壯烈事蹟。張恨水為常德會戰中中國守軍的英雄氣節所打動，這才寫下了他唯一一部記錄真人真事的戰爭小說《虎賁萬歲》。

打動作家的，是堅守常德的8000名中國軍人的碧血丹心。

1943年的9月28日，日本中國派遣軍開始實施常德會戰。參戰軍隊有第11軍和第13軍，以及空軍第44戰隊，飛機130架，共10萬多人。由第11軍司令官橫山勇指揮。

中國軍隊為第六戰區所屬第74軍、73軍等7個軍，以及第九戰區所屬第10軍、99軍共30多個師，總兵力達20多萬，飛機200架。

當時的常德守軍，是代號「虎賁」的74軍57師，師長余程萬。

11月18日，日軍第116師團與第68師團逼近常德，守軍在常德週邊塗家湖打響了保衛常德的第一炮。常德成為會戰主戰場肯定無疑。中國軍隊的戰略意圖便是如何讓日軍第 11 軍出擊的主力彙聚於常德城下。然後讓兩線兵團順利於常德鉗殺日軍。所以，常德保衛戰的成敗是整個會戰的關鍵。

日軍在橫山勇的親自督戰下瘋狂進攻，僅一晝夜就攻下了週邊的德山，切斷了守軍 57 師的後路，常德的形勢是那樣的險惡。57 師 8000 多人被 5 萬多日軍所包圍。

余程萬師長為確保常德城區，將主力全部用於固守城垣。決心死守，盡忠報國。

從 11 月 22 日接下來的兩周，是血與火交織的兩周。第一天，日軍第 109 聯隊長和其作戰參謀就被我守軍擊斃，日軍遭受重挫。橫山勇氣急敗壞，指揮 11 軍猛攻。但接下來的戰鬥依然讓日軍步履維艱。每一條巷子，每一座房子，中國軍人都寸步不讓。日軍剛剛在炮火和飛機掩護下取得一點進展，往往又被中國軍隊的反衝鋒奪回。30 日，日機轟炸第 57 師設在中央銀行的師部。日軍從東、北、西門分別向大小高山巷、局北街、中山南路、體育場推進。守軍官兵人自為戰，全部戰死在其散兵作戰位置上。12 月 1 日，日機繼續轟炸中央銀行師部，東、南、北門的陣地已全部失守，只剩下興街口經中山南路和大西門一隅城區。敵穿牆鑿壁，節節緊逼，師長余程萬及各級幕僚親任指揮，尺土之地，誓死必爭。就這樣一寸土地一寸血，日軍在付出慘重代價後，逐漸占領了常德的大部分地區，守軍 57 師 8000 多人，傷亡殆盡，全師戰至僅剩 300 餘人，步槍 40 餘支。余程萬師長向最高統帥部發出最後一電：「彈盡人亡，城已破，友軍觀望不前。刻大街小巷混戰成一團。職率副師長參謀長死守中央銀行，我軍高呼七十四軍萬歲，蔣委員長萬歲，中華民國萬歲。職余程萬謹叩。」

12 月 3 日凌晨 3 點，余程萬師長率百餘人突圍，留下 169 團團長柴意新等近百人堅守，與日軍作決死之戰，

常德會戰紀念坊

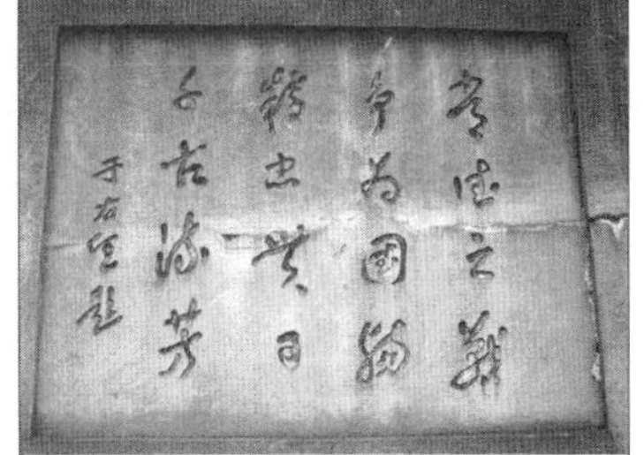

于右任為常德會戰陣亡將士題詞

長江上游江防司令吳奇偉

74 軍軍長王耀武在常德會戰中

柴意新率手下官兵與敵肉搏10餘次。清晨，柴團長和部下全體殉國，常德城宣告失守。

英靈永存

然而，正是57師將士的血戰，讓中國軍隊的二線兵團得以形成對囤積常德城下日軍4個師團的合擊之勢。日軍倉皇逃離常德，中國軍隊展開了反擊。

1943年12月中，一位第10軍的聯絡參謀因公路過戰後常德。這位參謀在路上看到這樣驚心動魄的場景，在德山到常德這段路上，橫七豎八躺滿了國軍與日軍陣亡官兵，他們都是在近距離的肉搏戰中喪命的。有些中國官兵在臨死之際，仍以最後力量，將刺刀捅入敵人的腹部，就這麼挨著死在一塊。這在戰場上是難得一見的景象。因為日軍一向特別重視遺體，為了宗教信仰，這些遺骨一定要搶回，妥為處理火化。而橫山勇撤軍時過於匆促，竟連這項最重要的工作都沒顧上。在常德丟下了大量日軍屍骸，足見日軍撤退時的極度慌張。

中國軍隊經過全面反攻，基本恢復了會戰前的態勢。常德會戰，共斃傷日軍2萬多人，包括日軍第13師團長赤鹿理，39師團長澄田。中國軍隊也有數萬官兵陣亡。

常德會戰中中國軍人慷慨赴難的英雄氣概和慘烈犧牲，深深打動了小說家張恨水。他不但花大量心血寫成《虎賁萬歲》，而且還改變了自己的寫作風格。用張恨水自己的話說：「我寫小說，向來暴露多於頌揚，這部書卻有個例外……這8000人實在已盡了他們可能的力量。一師人守城，戰死得只剩下83人，這是中日戰爭史上難找的一件事。我願意這書借著57師烈士的英靈，流傳下去……」

常德會戰，總計斃敵聯隊長中畑護一、布上照一、和爾基隆等，敵官兵傷亡約4萬餘人。中國軍隊亦陣亡第150師師長許國璋、暫編第5師師長彭士量、預備第10師師長孫明瑾，傷亡官兵約5萬餘人。在會戰中，中國軍隊除少數部隊外，均極為努力認真，勇往直前，即使迭經戰鬥，損失慘重者，亦能鬥志旺盛，反復進擊。尤其是第57師官兵，在敵飛機狂炸、火炮猛轟、毒氣彌布下，與敵血戰16晝夜，兵亡官繼，彈盡肉搏，寧可戰死，決不投降，表現了大無畏的愛國主義精神。

日軍渡過漢水進行鄂西作戰（左圖）

常德會戰中的日軍俘虜（右圖）

遠征印緬

中國遠征軍司令衛立煌（右）與史迪威在雲南保山

戴安瀾在給妻子的遺書中寫道：「現在孤軍奮鬥，決以全部犧牲，以報國家養育！爲國戰死，事極光榮。」

中國遠征軍入緬作戰

1941 年 12 月，中英兩國政府簽訂了《中英共同防禦滇緬路協定》。1942 年 3 月，英國政府根據此協定，請求中國政府派軍隊赴緬甸援助英軍。蔣介石遂調第 5 軍（軍長杜聿明）、第 6 軍（軍長甘麗初）、第 66 軍（軍長張軫）9 個師共 10 萬人，組成中國遠征軍第 1 路軍，裝備了當時中國最好的武器，於 3 月初由雲南開赴緬甸。

中國遠征軍入緬甸作戰，原來的任務是協同英軍保衛仰光，但由於英軍的潰敗和日軍的快速進攻，中國軍隊尚未到達，仰光已經失守。於是，中國軍隊即將目標轉向了

中國軍隊指揮官在山洞中研究作戰方案

挽戴安瀾將軍

毛澤東

外侮需人禦，將軍賦采薇。
師稱機械化，勇奪虎羆威。
浴血東瓜守，驅倭棠吉歸。
沙場竟殞命，壯志也無違。

1943 年 3 月

中國遠征軍與英軍並肩作戰

曼德勒。此時，蔣介石又派遠征軍總指揮史迪威趕赴緬甸指揮遠征軍作戰。

解救英軍

1942 年 3 月 8 日，日軍以 6 個師團的兵力，在 15 軍司令官飯田祥二郎率領下，分 3 路大舉進犯緬甸腹地。中國第 5 軍在同古、曼德勒正面狙擊日軍 55 師團；第 6 軍在毛奇、雷列姆一線抗擊日軍 56 師團、18 師團；66 軍在臘戍作機動配備。英軍第 1 軍團配合遠征軍在普羅美狙擊日軍 33 師團。

日軍出動 30 架飛機轟炸同古，再以戰車衝擊中國軍隊陣地，並大量施放毒氣。同古守軍是遠征軍戴安瀾的第 200 師。他們以集束手榴彈、汽油瓶等原始武器與日坦克展開搏鬥，雙方傷亡慘重。3 月 29 日，日軍在付出重大代價後，占領了同古。

中國軍隊在緬甸仁安羌解救了 7000 多名英軍

1942 年 3 月，在緬甸與日軍作戰的英軍步兵第 1 師和裝甲第 7 旅被日軍第 33 師團的兩個聯隊包圍在仁安羌地區。英軍向中國遠征軍緊急求援。其時，新 38 師師長孫立人部離仁安羌最近，孫隨即調派唯一的裝甲 113 團星夜馳往英軍被圍前線，孫立人親赴戰場指揮戰鬥。經過兩天激戰，中國軍隊攻克了仁安羌，殲滅日軍第 33 師團主力 1200 餘人，俘虜 500 多人，還救出了被圍困的英國英緬軍總司令亞歷山大上將及 7000 餘名英軍及被日軍俘虜的士兵、美國傳教士和新聞記者 500 多人。連同被日軍奪去的百餘輛輜重汽車、1000 多匹戰馬及一些武器都交還了英軍。這就是著名的仁安羌大捷，孫立人以不滿 1000 人的兵力擊退數倍於己的敵軍，救出近 10 倍於己的友軍。這也是中國軍隊首次在境外作戰取得的勝利。中國遠征軍在仁安羌的英勇戰績轟動英倫三島，揚威世界，受到中外人士的敬佩。後來英國政府頒給孫立人師長勳章 1 枚，美國政府頒給孫立人自由勳章 1 枚。

戴安瀾

黃埔之英 民族之魂

中國遠征軍出兵緬甸，歷經半年，戰功卓著。但中英美戰略目標不一，指揮混亂，相互牽制，以至幾次戰鬥均受挫失利，最終以失敗告終，部隊亦傷亡慘重。

新 38 師師長孫立人

以第 5 軍為例。在交通要道被日軍封鎖後，第 5 軍被迫穿越緬北叢林的野人山，這裡嚴重缺水，蟲豸蛇蠍橫行，瘴氣毒氣彌漫，許多士兵嘴上起泡，咽喉紅腫，全身皮膚潰爛，無醫藥救治而成批地死亡。軍長杜聿明途中患病，險些喪生。第 5 軍編制 42000 人，戰鬥中死亡 7300 人，撤退途中死傷竟達 14700 人。遠征軍全軍 10 萬精銳之師，撤返時僅剩 4 萬人。

宋希濂

1942 年 5 月 18 日，戴安瀾在率領第 200 師返回祖國途中，在接近臘戍西側細包至摩谷的公路時，突遭日軍伏擊，戴安瀾胸部腹部連中數彈。雖身負重傷，但仍堅持

遠征軍第 1 路司令長官羅卓英

遠征軍乘坐小艇

鄭洞國

中國遠征軍在緬北叢林中

指揮部隊突圍北撤。5月26日，200師官兵已行至緬甸北部的茅邦村，此地離國境不過三四十里地了。下午5時40分，戴安瀾因傷重殉國，年僅38歲。戴安瀾在給妻子的遺書中說：「現在孤軍奮鬥，決以全部犧牲，以報國家養育！為國戰死，事極光榮。」

國民政府為戴安瀾舉行了隆重的葬禮，10月16日追贈戴安瀾為陸軍中將。是年7月20日，美國總統授予戴安瀾軍團功勳章，以表彰他在緬甸戰役中的卓越戰績和為中國陸軍建樹的崇高聲譽。毛澤東、周恩來、朱德、彭德懷均自延安發來唁電，深表哀悼。周恩來稱他是「黃埔之英，民族之魂」。朱德、彭德懷的聯名挽詞是：「將略冠軍門，日寇幾回遭重創。英魂羈緬境，國人無處不哀思。」

昆侖關大捷

此前，戴安瀾在昆侖關戰役中，贏得了極高的聲譽。

昆侖關，位於廣西南寧東北50公里的昆侖山上，虎踞於曲折的柳州、賓陽至南寧的公路旁，居高臨下，地勢險要，無論往北往南，均為平坦地勢。東面2公里處有653高地，西面2公里處是445高地和441高地，真可謂一夫當關，萬夫莫開。

1939年12月7日，中國最高軍事當局決定反攻昆侖關、收復南寧。18日凌晨，中日兩軍之精銳在昆侖關遭遇。

防守昆侖關的是日軍第5師團主力第21旅團的松本總三郎大隊，以炮火和飛機對中國軍隊進行了猛烈的轟炸。第5軍的重炮兵團以及各師炮營則以炮火壓制，彈著點延伸後，戴安瀾指揮第200師與榮譽第1師開始攻堅，至夜晚，第1師攻占了昆侖關附近的幾個高地；第200師攻占了653、600兩個高地，並一舉攻占昆侖關主陣地。

19日中午，日軍飛機開始對昆侖關狂轟濫炸。日軍聯隊長三木吉之助大佐督飭21旅團21聯隊，奪回了昆侖關。

12月23日和24日，我軍第5軍正面進攻的兩個師，傷亡已達2000餘人，日軍傷亡也在千人以上。但日軍依仗昆侖關堅固的工事，構成交叉火力，中國軍隊一再受阻。戴安瀾親率2個團兵力，以大刀、鏟刀和血肉之軀，一路斬草開路，破除滿山遍野的鐵絲網，向昆侖關最後一道大門界首陣地發起猛攻。

12月31日，中國軍隊肅清了昆侖關殘敵。打掃戰場時，在21旅團長中村正雄身上搜出了一個日記本，中村正雄在戰死前寫道：「帝國皇軍第5師第21旅團之所以在日俄戰爭中有『鋼軍』稱號，那是因為我的頑強戰勝了俄國人的頑強。但是，在昆侖關我應該承認，我遇到了一隻比俄國軍隊更頑強的軍隊。」

日本戰後公布，在昆侖關戰役中，日軍第5師團第21旅團，包括中村正雄少將旅團長、第42聯隊長阪田原一大佐、第21聯隊長三木大佐以及第1、2、3大隊的長官，該旅團軍官死亡達85%，士兵死亡4000餘人。第21旅團已經名存實亡。日軍統帥部收到的報告中也稱：「在昆侖關地帶，中國軍隊比任何方面都空前英勇，值得我軍敬意。」戰後的日軍戰史也稱，昆侖關戰役，是中國事變以來，日本陸軍最為黯淡的記錄。中國軍隊攻勢規模很大，其戰鬥意志之旺盛，行動之積極頑強，在歷來的攻勢中少見。

中國軍隊傷亡14000餘人，但軍官基本健全。戴安瀾指揮的第200師因戰功卓著，全師受國民政府集體嘉

中國遠征軍在緬甸

昆侖關大捷是抗戰以來中國軍隊一場成功的正面攻堅戰，第5軍將士驍勇頑強，勇於犧牲。還有一點也很重要，第5軍在攻擊時，不僅人數占絕對優勢，而且獲得了戰車、炮兵、空軍的有力配合。在桂南戰場上，日軍除空軍稍占優勢外，在重炮、戰車等方面比起中國軍隊反遜一籌。不過，日軍訓練有素，官兵深受武士道精神薰陶，鬥志相當頑強。中國軍隊在昆侖關主攻方面屬於攻堅戰鬥，而日軍處處死守不退，中國軍隊每次進攻都得付出很大犧牲。當時的中國軍隊一般只有持續3-4天的攻擊能力，而第5軍已在昆侖關連續攻擊兩周時間，在反攻中有11000人負傷，5500人為國捐軀。

中國軍隊取得昆侖關大捷（左圖）

昆侖關要塞（右圖）

獎一次，參戰人員提薪餉兩級。師長戴安瀾因指揮有方，重傷不下火線，榮獲四級青天白日寶鼎勳章 1 枚。

中國駐印軍組成

1942 年 8 月，中國戰區最高統帥蔣介石決定成立中國駐印軍指揮部，以史迪威為總指揮，羅卓英副之。駐印軍是由退入印度的第 66 軍、第 5 軍以及新 22 師組建的，全軍在印度的蘭姆伽接受美式訓練，成為中國首屈一指的勁旅。1943 年春，中國駐印軍又改編為美式裝備的新 1 軍，以鄭洞國為軍長。1944 年，駐印軍又擴編為新 1 軍和新 6 軍。新 1 軍軍長孫立人，下轄新 38、新 30、50 師。新 6 軍軍長廖耀湘，下轄新 22 師、14 師。

與此同時，從緬甸撤回雲南的遠征軍經過修整補充後再次集結，以陳誠為司令長官（1943 年冬由衛立煌接任）。下轄宋希濂的第 11 集團軍、霍揆章的第 20 集團軍等部，共 6 個軍 17 個師 20 萬人。該軍又稱「滇西遠征軍」。

1943 年 10 月，駐印軍開始反攻。先頭部隊新 38 師經過激戰，擊潰日軍第 18 師團大部，擊斃 55 聯隊藤井小五郎大佐及以下 3200 多人。隨後，駐印軍又猛攻孟拱河谷，摧毀日軍縱深達 15 公里的陣地，並解救英軍第 3 師一部，打通了孟拱至密支那的鐵路。

1944 年，駐印軍又攻占八莫，擊斃日軍聯隊長原好三大佐及以下 2430 人。中國軍隊傷亡 1021 人。以後，又在南坎、新維、臘戍等地連連奏捷。

1944 年 5 月，為策應駐印軍的反攻，遠征軍強渡怒江，向據守在高黎貢山和騰沖地區的日軍大舉進攻，甚至與敵逐街逐巷進行爭奪肉搏，戰鬥十分慘烈。經過兩個多月激戰，終於攻占日軍總司令部，全殲日軍 148 聯隊，收復騰沖。10 月中旬又攻克松山，11 月初攻占龍陵，中旬克芒市。滇西戰役，共斃敵達 6000 餘人。保證了密支那至騰沖 227 公里的公路立即開工。駐印軍在龍陵、松山之戰中，以犧牲 18550 人的慘重代價，殲敵近萬人。

1945 年 1 月 27 日，中國遠征軍與駐印軍會師，凱旋歸國。

衡陽戰績永存

衡陽戰役忠烈祠

日軍做夢也沒想到，人口僅20餘萬的衡陽小城，竟使他們以數倍的兵力，耗去47天，喪師幾萬，才勉強攻占。

血戰衡陽

1944年6月18日，湖南省會長沙陷落，6月23日，日軍集結10多萬兵力，對衡陽守軍第10軍實施了左中右三路包抄。中路由湘潭經衡山，攻衡陽正面；右翼出湘鄉趨永豐，攻衡陽西南面；左翼由醴陵出攸縣、茶陵，南犯安仁等地，包抄衡陽東南面，企圖切斷第四戰區由韶關北援衡陽的通道。6月24日，日軍第68師團在東陽渡以西強渡湘江，從南面圍攻衡陽。26日拂曉，衡陽機場為日軍占領。28日，日軍完成了對衡陽的四面包圍，發起了第一次總攻擊。中國守軍憑藉堅固工事和優勢炮火，奮力還擊，斃敵68師團長久作間為人中將以下官兵2000餘人。

日軍首攻失利後，於7月11日晨發起第二次進攻。先向衡陽城垣傾瀉了大量的炸彈、燃燒彈和各種毒氣彈。守軍在民眾的積極配合下，奮起反擊。雙方在蓮湖台激烈拚殺一天，日軍黑徽聯隊死傷過半，始終無法接近守軍的核心陣地。

7月30日，日軍發動了第三次進攻。他們以飛機大炮向核心陣地和市區狂轟濫炸。4個半師團的日軍，從南北西三面猛攻核心陣地。8月7日，敵機和炮兵繼續對守軍核心陣地進行轟炸、掃射和施放毒氣，步兵則趁機

中國軍隊，每3人中只有一人背著步槍；中國軍隊主攻師只有2門大炮，200發炮彈；中國軍人試圖用步槍和刺刀奪取日軍陣地……，所有用血肉之軀能夠做到的事，中國士兵都在做……

——美國作家懷特

凌晨，中國軍隊以擲彈筒和手榴彈襲擊山頂……一名中國兵混到我兩名大隊長身旁，立足大尉發現後剛剛喊出「這是敵人」的剎那間，中國兵的手榴彈爆炸了，二大尉一死一傷。

——日本防衛廳防衛所戰史

《「24」高地的爭奪》

中國軍隊的炮兵

方先覺

突進。中國守軍只能靠空投接濟糧草和彈藥維持，炮兵已無炮彈發射，全部改成步兵。經過46個晝夜在盛夏酷暑中的激戰，食物斷絕，藥品奇缺，以致痢疾流行，大量非戰鬥減員，已沒有二線補充的兵力。

8月6日，一股日軍自城北撕開了城防的缺口，突向市中心，激烈的巷戰隨即開始。7日，日軍第11軍司令官橫山勇令所有的野戰重炮、加農炮、榴彈炮不惜消耗全部彈藥轟擊，空軍亦全力協助。衡陽城內掩體飛散，建築物全塌。守軍的文書、軍醫、看護，以及周圍的百姓，全部拿起了武器，與日軍展開了激烈的巷戰。第3師9團團長鞠震震壯烈殉國，岳屏山等守軍，亦血染陣前，情況萬分危急。第10軍軍長方先覺向重慶國民政府發出最後一份電報稱：「敵人今晨由北門突入以後，已展開巷戰，我官兵傷亡殆盡，再無兵可資堵擊。職等誓以一死報黨國，勉盡軍人天職……」

8月8日拂曉，古城衡陽幾乎成為一片廢墟。衡陽在外無援兵、內無糧彈的情況下，終於落入敵手。

「衡陽戰績永存」

衡陽保衛戰從1944年6月23日開始，到8月8日結束，歷時47天，共擊斃日軍2萬人，擊傷日軍6萬人，徹底打破了日本大本營計畫7天之內打通湘桂線直抵滇緬的作戰計畫。中方守軍犧牲1.6萬人，最後僅存1200餘人。衡陽人民為支援作戰，僅挖工事、運彈藥，就犧牲了3174人。

衡陽保衛戰，給予日軍以沉重打擊，日軍做夢也沒有想到，中國南方這麼一座人口僅20餘萬的小城，竟使他們以數倍的兵力，耗去47天，喪師幾萬，才勉強攻占。

衡陽保衛戰是中國抗戰史上一次極其重要、極其慘烈的戰役。毛澤東親自為延安《解放日報》起草了社論，高度評價「守衡陽的戰士們是英勇的」；《大公報》以《感謝衡陽守軍》、《衡陽戰績永存》為題連續發表社論，讚揚了衡陽保衛戰。國民政府授予古城衡陽「抗戰勝利紀念城」的稱號，並修建了一座紀念塔。

生命線

滇緬公路的咽喉——怒江鐵橋

滇緬公路被中外人士稱爲「炸不斷的公路」。

滇緬公路——中國抗戰唯一的國際通道

武漢、廣州失陷後，粵漢廣九鐵路被切斷，桂越、滇越鐵路成為中國主要的國際交通線。國民政府在加強滇越鐵路建設的同時，又撥款給雲南省政府趕修滇緬公路，由雲南昆明經楚雄、下關、芒市抵達中緬邊境的畹町，再通往緬甸的臘戍。該公路於 1939 年初修成通車，全長 959 公里，可以直通仰光。在滇越鐵路被日軍切斷後，滇緬公路成了中國抗戰唯一的國際運輸通道。

滇緬公路的全線通車，其中西段從開工到通車只用了 7 個月，共完成土方 1987 萬多立方公尺、石方 191 萬多立方公尺，石箱涵 1400 餘道、木便涵 300 餘道，大中型橋樑 7 座、小型橋樑 236 座。其中有著名的惠通橋（跨徑 84 公尺，載重 10 噸）、功果橋（跨徑 90 公尺，載重 7.5 噸），而昌淦橋（跨徑 130 公尺，載重 15 噸）是滇緬路上最大、工程最艱鉅的橋樑工程，也是中國工程技術人員最早設計的公路鋼索吊橋。

起初，在滇緬公路上運送物資的只有 300 輛汽車，以後增加到 800 輛，最多的時候，這條公路上每天有 2000—3000 輛車在跑，每 1 公里就有好幾輛車。1940 年 7 月，英國政府曾關閉滇緬路 3 個月，而 9 月日軍占領印度支那北部，滇越鐵路中斷，滇緬公路運量直線上

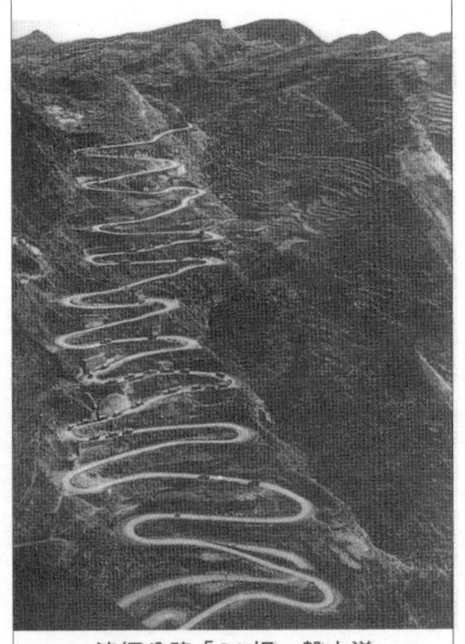
滇緬公路「21 拐」盤山道

「駝峰」航線經過喜馬拉雅山，與地面的公路運輸共同完成運輸任務

升。整個抗戰期間，經滇緬公路先後運入中國 44 萬餘噸戰略物資。

日軍為了切斷滇緬公路，出動了大批飛機，對公路的主要橋樑和交通樞紐進行轟炸。1940 年 10 月 18 日開始，日軍出動飛機 400 多架次，重點轟炸滇緬公路瀾滄江上的惠通橋。護橋職工們隨炸隨修，橋從未中斷過通行，不少職工也英勇獻身。滇緬公路被中外人士稱為「炸不斷的公路」。

20萬民衆築成中印公路

1942年日軍攻占緬甸，滇緬公路又被切斷，國民政府只能靠「駝峰」航線運輸物資。1943年，國民政府接受了史迪威的建議，與英美合作，利用租借法案援助的物資，修建中印公路。該公路從印度的雷多往南，穿越野人山區、胡康河谷到緬甸的密支那和八莫，再通到中國雲南的保山，與滇緬公路銜接，又稱「保密公路」。

沿滇緬公路附近百姓自動參加築路工作，支援前線

人員、物資沿著滇緬公路源源不斷運往中國

大批騾馬隊滿載軍事物資在雷多公路上前進

1940 年 6 月，日本向英國提出，要求停止滇緬公路運送武器彈藥及燃料、卡車及鐵路器材等物資。中國駐英大使郭泰祺亦多次造訪英國政要，重申滇緬公路運輸對中國抗戰和英國自身利益關係重大。7 月 18 日，英國政府接受其駐日大使在雨季關閉滇緬公路三個月的建議，簽訂《英日關於封閉滇緬公路的協定》。郭泰祺馬上以中國政府的名義向英國外長遞交了書面抗議。隨後的兩個多月，郭泰祺在英國首相、外長等人之間展開外交攻勢，為重開滇緬公路奔波。10 月 4 日，邱吉爾對郭泰祺承諾：10 月 8 日向國會宣布重開滇緬公路。

全長2300多公里，其中正線長1460公里。美英負責印度境內段，中國負責緬北和滇境段。以雷多向南修築的一段公路為例，駐印軍總指揮史迪威派出中國駐印軍工兵 2 個團，美軍工兵 2 個團，還有 2 個航空工兵營，3 個戰鬥工兵營，再加上英軍率領的印度、尼泊爾勞工，又徵調大批中國勞工計 7000 多人。工程由美國工程師皮可少將主持，美國工程兵還調來不少先進的築路設備支援築路。

整個工程歷時兩年，歷經千辛萬苦，付出了巨額資金。更令人感嘆的是，為了修建這條公路，前後動用近 20 萬民工和雇工，犧牲了 3 萬多人的生命。中印公路雷多至密支那422.6公里路段終於在1944年8月勝利通車。

1945 年 1 月 28 日，蔣介石為緩和與美國的關係，將這條公路命名為「史迪威公路」。1945 年 2 月至 8 月，共有 368 支車隊通過中印公路，向中國運送了 8 萬多噸物資和 1 萬多輛汽車，平均每天就有 153 輛滿載物資的卡車到達昆明。中印公路於 1945 年 1 月 17 日全線通車，繼而從八莫連接的滇緬公路即中印公路南線也宣告通車。而史迪威本人這時已被調回美國。

軍民修建中印公路

大後方的交通建設

重慶郵政業

戰時大後方的交通通訊建設，也是一場看不見硝煙的戰爭。

發展交通運輸

國民政府移駐重慶後，採取了一系列戰時緊急措施，組織軍民進行交通建設，使大後方的交通得到較大發展。

一、新建並改善了國際交通幹線

原有 4 條交通幹線，即粵漢—香港、湘桂—越南海防、滇越—越南海防、陝甘新—蘇聯。抗戰爆發後，武漢、廣州失陷，主要國際交通線粵港線被切斷，其他線路受到嚴重威脅。國民政府趕修了全長 959 公里的滇緬公路，成為中國唯一的國際交通線。

但滇緬公路隨之被日軍切斷，國民政府又全力開闢「駝峰」航線。接著，又撥出鉅款，在美英協助下，修建了全長 2300 公里的中印公路（又稱「史迪威公路」）。

此外，還搶修了滇緬和渝昆鐵路。

在西北，則打通天水—寶雞公路（總長154公里），其中隧道長22公里；同時，搶修了蘭州—新疆公路（其中蘭州至星星峽的 1179 公里為新修）。打通了連接蘇聯的西北國際通道。

二、修建並連接了西南、西北交通網

在西北，修建了雙石鋪—天水、漢中—白河、寧夏—歸綏、甘肅—成都、安康—敦煌、星星峽—哈密、西寧—玉樹、康定—歇武、敦煌—若羌的公路。鐵路則有咸陽—銅川線。在西南，修建（修復）了貴陽—衡陽、貴陽—常德—長沙、重慶—綦江—黔江—沅陵—長沙、重慶—成都、重慶—貴陽—昆明等公路，其中渝貴昆公路，接通了國際交通線，是中國最為

帆船、大車運輸

輪船運輸

航空運輸

繁忙的公路幹線。

三、開闢國內國際航線

1942年4月18日，中印航線（即「駝峰」航線）試航成功。由中美合作經營，美方為主。

1938年12月，中蘇航線開通。從重慶飛往莫斯科，4日可到達，每週一班。蘇德戰爭爆發後停航。

國內則維持並擴大了重慶、成都、昆明、貴陽、桂林、哈密、蘭州等城市的航線。又增闢了成都—雅安、重慶—樂山等航線。香港淪陷前，國內航線均通過香港中轉與歐美航線聯結。香港失陷後，改飛仰光；仰光失陷後，又開闢了中印空中走廊。

四、發展水運

國民政府移駐重慶後，對數十條河流水道，進行了較大規模的查勘、測量，計查勘里程13661公里，測量里程10387公里，施工里程2919公里。至1943年底，大西南地區共改善水上航線7741公里，新闢航線5227公里，累計達12968公里。1939年，民生公司在長江上試航，從合川向上延伸228公里到達南充，經廣元聯結了川陝公路，成為四川、陝西間的一條重要運輸線。另外，還實現了重慶—涪陵—龔灘—沅陵—常德之間近1000公里的通航聯運，成為陪都重慶聯繫各地的一條重要交通線。

此外，航運部門還在險灘激流處設立了絞灘站，對輪船實行絞拖。至1941年底，已設站56個，絞拖能力最大可達4000噸。

五、恢復驛運

1938年，行政院召開全國水陸交通會議，決定恢復人力獸力的運輸，同時，在各地成立馱運管理所，以及全國總管理處，負責大後方的馱運指導。繼1939年4月開闢川昆馱運路線後，又相繼開闢了川陝、川黔、甘新、新疆、陝甘、敘昆、黔桂、川鄂、川康等陸路線，以及川陝、川湘水陸聯運幹線，總長9000公里。其他的支線遍及川、

汽車運輸車隊

胡適在抗戰開始不久，也擔負起了開闢一條「交通線」的任務。1938年9月17日，國民政府任命胡適為駐美大使，這是蔣介石做出決定並親自出面敦請的，就是想利用胡適在美國的聲譽，打開與美國的關係。胡適於9月24日寫信給夫人說：「我二十一年做自由的人，不做政府的官，何等自由！但現在國家到這地步，調兵調到我，拉伕拉到我，我沒有法子逃。所以不能不去做一年半年的大使。我聲明做到戰事完結為止，戰事一了，我就回來仍舊教我的書。」國民政府特派金融專家陳光甫到美協助胡適辦理借款事宜。胡適在送給陳光甫的照片背面提了一首小詩：「偶有幾莖白髮，心情微近中年。做了過河卒子，只能拚命向前。」

協助開闢「駝峰」航線的陳納德（右）與蔣介石於 1942 年在重慶合影

中美無線電通信

滇、粵、桂、湘、贛、浙、閩、皖、豫、康、青 12 省，其中主線長 2.1 萬公里，輔線 1.3 萬公里。國際幹線則有：康藏印線、新疆葉城—印度列城線，長達 1.1 萬公里，新蘇線（星星峽—迪化—霍爾果斯），長 2000 公里。

加強郵電通訊

軍郵通訊方面。增加了軍事系統通訊兵團的有線、無線通訊設備，對郵電部門實行了軍管，在全國設立了 13 個軍郵總視察段，230 多個軍郵局，100 多個軍郵派出所，2000 多個軍郵普通郵所。全國劃分了西南、西北、東南三大郵政區，在平漢、津浦、晉察、蘇淞、陝甘、鄂豫皖邊區設立了郵政專員，專門負責所在區域的軍事通訊。

民郵通訊方面。交通部在游擊區設立了不固定郵局，在戰區設立了區段郵電所，方便官兵的通訊郵政，維持前後方的聯繫。在大後方區鄉開闢了新郵路，設立代辦所和信箱。

電信方面。以重慶為中心，形成聯繫西南、西北及各戰區、各盟邦主要城市的電信網。戰時新設電報線路 42136 公里，國統區共達 114499 公里；長途電話新設 37377 公里，國統區共達 69929 公里。

國民政府還在重慶、成都之間裝配了先進的載波電話機，並加設了多重電話線路。至 1942 年，完成載波線 18 條，1—4 路載波電話 50 部。在大後方還建立了大型無線電報話台 12 座，與原有的 248 處小型話台相通。重慶、成都、昆明等地，均可與香港、新加坡、加爾各答、孟買、莫斯科、倫敦、日內瓦、洛杉磯、三藩市等世界重要城市進行無線通話。接著，又開通了中英、中蘇，以及與南洋各國的無線電話。

1942 年 12 月 7 日，中美無線電傳真正式開通。這是當時世界上最先進的電訊傳輸線路。1943 年 3 月，中國與伊朗實行直接通報。從此，中國與中亞也聯繫起來。

同仇敵愾

美國華僑在華盛頓集會支援抗戰

僅僅在 1937 年至 1939 年 4 月，胡文虎就認購救國公債共計 300 萬元。

捐款、認購公債

七七事變爆發後，海外僑胞迅速成立了籌款組織，動員各界僑胞捐款捐物，支援祖國抗戰。

八年抗戰中，美國華僑購買「救國公債」、「月捐」（捐出月收入的 10%）和「航空救國捐」三項，就達 18 億元。

1937 年 7 月至 1941 年，馬來亞華僑捐款和認購公債近 2 億元。

非洲和美洲的華僑較少，但在 1937 年 7 月至 1938 年，捐款即達 3500 萬元；古巴華僑捐款 6880 萬元。

海外僑胞的捐款，成為抗戰中國民政府財政收入的重

越南華僑向武漢八路軍辦事處獻旗支援抗戰

泰國華僑捐贈的飛機「暹邏」號

香港九龍的司機向八路軍捐贈救護車和錦旗

要補充，也是國家外匯收入的最主要的來源。據軍政部統計的數字顯示，1939 年軍費支出為 18 億元，而這一年僑胞捐款和僑匯就達 11 億元。中國向外國購買武器和軍需物資，主要是用外匯。

物質支援

海外僑胞捐獻的物資，大多數是衣物、糧食、藥品、醫療器材，也有飛機、坦克、汽車等武器裝備。從 1937 年下半年起，這些物資通過各種管道源源不斷地運到國內。

1938 年冬，各地華僑發起了捐募寒衣運動，計捐贈寒衣 1000 多萬套、蚊帳 8 萬頂、軍毯 1 萬條。

1938 年初，為了救濟災民，泰國華僑發動捐米運動，一周捐出大米 10 萬包。

華僑捐贈的藥品，品種多，數量大。美國華僑捐贈的藥品，夠 50 萬傷兵一個月之用。雅加達華僑僅捐贈治療瘧疾的特效藥奎寧就有 1 億多粒。

難能可貴的是，海外華僑多次掀起捐款獻機的熱潮。1937 年至 1940 年底，美國華僑所捐之款可購飛機 63 架。1941 年，美國加州北部的 20 個華僑社團捐獻運輸機 8 架。至 1938 年底，菲律賓華僑就獻機 50 架。新加坡華僑集資購買滑翔機 100 架。印度華僑先後獻機 10 多架。華僑很少的斐濟群島，也獻機 4 架。據不完全統計，抗戰前 3 年，各地華僑社團和個人，就獻機 217 架，可以裝備 5 個空軍師。此外，華僑們還捐獻坦克 23 輛，卡車、救護車及各種汽車 1000 多輛，可裝備 5 個運輸師和 300 個中型救護隊；大米 10000 袋，藥品、服裝、膠鞋及其他用品計 3.5 億元。

踴躍回國參加抗戰

抗戰期間，回國參戰的廣東籍華僑就有 4 萬多人。他們中很多人都是抗戰急需的人才。美國華僑有 600 多人回國參戰，多數為航空技術人員。

新加坡決死隊 13 人回國參加了八一三淞滬戰役。

1938 年 10 月，武漢、廣州淪陷後，在南洋華僑總會的組織下，3000 多名南洋華僑汽車司機和汽車修理技工，回到了祖國，確保了大西南唯一的國際陸路通道——滇緬公路暢通。

法國華僑 7 人組織的「回國參戰服務團」，英國華僑 40 人組成「汽車工友回國服務團」，德國華僑機工 28 人，非洲鎼沙汽車工友回國服務團等，先後回到國內參加抗戰。

1937年11月，馬來亞華僑「檳城救傷隊」50名隊員，回國參戰僅數月，就犧牲過半。菲律賓「華僑戰地服務團」100 多人，1938 年 10 月參加惠州、廣州戰役，倖存者僅 2 人。緬甸華僑救護隊 80 多人，兩個月治療傷患和難民萬餘人。

華僑記者、文化工作者在戰地採訪新聞，他們與國內記者合拍了紀錄片《台兒莊戰役》、《平型關大捷》、《孫夫人》等。緬甸「華僑救國義勇軍」160 人，參加了淞滬抗戰和三次長沙會戰，大部為國捐軀。新加坡「華僑決死隊」16 名隊員，在淞滬會戰中僅 1 人倖存。

1937 年 8 月 14 日，日機轟炸南京、杭州。華僑飛行員陳瑞鋼將 1 架敵機擊落在太湖上空，中隊長、華僑飛行員黃泮揚連續作戰，擊落敵機 3 架。9 月 19 日，華僑

胡文虎（左二）回國勞軍

國民政府贈給胡文虎的匾額

胡文虎因發售「虎標良藥」致富，所以他興辦慈善事業，也以捐資於醫藥方面為最多。1931 年，由胡文虎獨自捐獻國幣 37.5 萬元創建了南京中央醫院（今南京軍區總醫院）。這是一幢宏偉的 4 層大樓，至今仍矗立於南京中山東路。1933 年至 1934 年，他又先後捐款 60 萬元興建了汕頭醫院、廈門中山醫院、福建省立醫院（三院各 20 萬元）。其他在國內外獨資或捐助的醫院、痲瘋病院、接生院（婦產醫院）、安老院（養老院）、孤兒院有 40 多所。此外，還捐款辦了收容流浪兒童的上海兒童教養所、廣州兒童新村等等。

陳嘉庚率團回國慰問抗戰將士

飛行隊長陳其光，在太原擊落不可一世的「驅逐之王」三輪寬。在1940年秋的運城空襲戰中，華僑飛行員滿載殺傷彈、燒夷彈，擊毀敵機35架。

華僑領袖的貢獻

陳嘉庚是著名的南洋華僑領袖。抗日戰爭爆發後，他每月捐獻2000元，還帶頭認購救國公債10萬元；並積極領導和推動南洋華僑的抗日救國運動，成績卓著，影響極大。

司徒美堂是美國著名華僑領袖。七七事變後，他發動成立了紐約華僑抗日救國籌餉總會，籌募1400萬美元。在他的推動下，華僑組織捐款5400多萬美元。司徒美堂並非殷商巨賈，但他卻是紐約地區捐款最多的17名華僑之一，他幾乎獻出了所有的財物，成為毀家紓難的帶頭人。

鄺炳舜，美國三藩市華僑商會主席、旅美華僑統一義捐救國總會主席。在他的組織下，各界僑胞按時足額交納義捐。1938年台兒莊戰役時，他捐了10萬美元。1941年，又捐出10萬法幣，贈送救護器材10部。

李清泉，菲律賓中華總商會會長、著名華僑領袖。在他的倡議下，1938年南洋華僑總會成立，陳嘉庚為會長，李任副會長，同時還任菲律賓華僑援助抗敵委員會主席。在募捐活動中，李抱病動員，購買公債40萬元。彌留之際，他遺囑將150萬元獻給祖國，作為培養難童之用。

胡文虎，是擁有200萬會員的華僑總會的主席，南洋華僑領袖。九一八事變後，他第一個捐款2.5萬元，支援東北抗日義勇軍。一・二八淞滬抗戰爆發，19路軍浴血奮戰。胡文虎聞訊，立即從銀行電匯國幣1萬元給中國紅十字會，作為前線救傷之用。2月下旬，又電匯1萬元直接給19路軍軍長蔡廷鍇，並捐贈大批「虎標良藥」和其他藥品。蔡廷鍇曾題詞曰：「本軍在滬抗戰，胡君援助最大，急難國仇，令人感奮。」

七七事變後，胡文虎除捐助大批藥品、物資外，又出錢組織華僑救護隊，直接回國參加搶救傷兵工作。1939年冬捐贈粵北前線將士萬金油和八卦丹各1萬包。

七七事變前幾個月，胡文虎撥款8000元，從英國購置大批紗布，存放於香港永安堂分行。八一三抗戰爆發後，即將這批紗布運滬，由宋慶齡轉交給何香凝所辦的抗日救護隊使用。同年9月，他再次從美國購買紗布數萬筒，藥棉7000餘磅，絨布8大捆，共計74件，運至香港，然後轉撥給江蘇、上海、北平、天津、福建、廣東等地救護團體使用。

抗戰中，胡文虎把大量虎標良藥捐贈給祖國的各個慈善機構和救護團體。1937年底胡文虎還捐獻新式六輪救護車兩輛，由中國紅十字會轉交給長沙救護部門。1938年春，又捐車兩輛給福州衛生處。同年5月廈門失陷後，福建缺糧嚴重，他立即組織在海外購米，將大米10萬餘包運往漳州、泉州平糶。

林森與僑界領袖胡文虎（左）

胡文虎是抗日戰爭中華僑捐款最多者之一，1937年至1939年4月，胡文虎認購救國公債前後三次共計300萬元。

胡文虎夫婦為抗戰捐出了鉅資

七七事變後不久，胡文虎先後兩次捐款救濟華北難民。中國婦女慰勞自衛抗戰將士總會在香港和上海各設分會，胡文虎擔任總會所屬戰時兒童保育會的名譽顧問。八一三戰事爆發後，他於11月捐款1萬元救濟上海難民。

1938年底，胡文虎任會長的華僑總會建立了救濟難民會，一個月就收到捐款1.3萬元，大米200包。1939年8月，星洲客屬總會10周年紀念時，舉行籌賑祖國難民遊藝大會，在胡文虎帶頭以10萬元購買1張名譽遊藝券的影響下，募集捐款30多萬元。1939年9月，他又將準備興辦小學的200萬元認購為公債；為在國內設立殘廢軍人療養院和陣亡將士遺孤教養院，他一次就捐獻200萬元。

「傷兵之友」運動開展後，胡文虎、胡文豹捐助國幣8000元。胡文虎除捐獻鉅款和認購巨額救國公債外，在「愛國觀念不甘後人」的思想支配下，還為救濟難民兒童做了許多事。

「皖南事變」中突圍的新四軍戰士

相煎何太急

1940 年 12 月的一天深夜，第 32 集團軍總司令上官雲相突然從皖南來到上饒第三戰區司令長官顧祝同家裡，兩人密議了一整夜。

蔣介石發出皓電

1940 年 10 月 19 日（皓日），蔣介石以參謀總長的名義，發電報給八路軍總司令朱德、副總司令彭德懷，新四軍軍長葉挺，稱八路軍新四軍破壞團結和抗戰，並強令長江以南的八路軍新四軍，一個月之內撤到黃河以北地區；同時，蔣介石又密令湯恩伯、李品仙、韓德勤等部 30 萬軍隊，加上第三戰區顧祝同部，準備在華中和華東地區向八路軍及新四軍發起進攻。

中共方面則於 11 月 9 日（佳日）覆了一電給何應欽和白崇禧，駁斥了國民黨的汙蔑，表示堅決拒絕將武裝力量撤出華中。為了顧全大局，中共方面作出了讓步，同意將皖南的新四軍全部北調。

1940 年 10 月，駐紮在皖南的新四軍萬餘人，除了在正面抗擊蕪湖、繁昌一帶的日軍外，其他的三面已被第三戰區 5 萬軍隊「嚴加防範」。其公開任務美其名曰，是「掩護新四軍北撤」，但同時卻在調兵遣將，將新四軍重重包圍。其 108 師、52 師、144 師、145 師，已到達指定位置，隨時準備執行阻擊新四軍所謂南竄的「三山計畫」。所謂「三山計畫」，就是國民黨到處散布的新四軍拒絕北撤，而要「竄入」黃山、天目山、四明山，以此作為根據地。

事變前反常的幾件事

與此同時，第三戰區司令長官顧祝同為執行上峰消滅新四軍的命令，採取了一系列的措施。

第三戰區長官部在上饒，距重慶較遠，通話要經過贛州、衡陽、桂林、貴陽等地，不僅聲音不清晰，而且容易洩密。長期以來，上饒與重慶的聯繫，是靠一條電話線和無線電進行聯絡的，從來沒有加以改進。但在 1940 年秋，突然有一批工程人員帶著一批當時最先進的通話設備進駐了上饒，為第三戰區與重慶之間架設了先進的載波電話。更令人費解的是，顧祝同曾多次親臨施工現場，督飭限期完工。

「皖南事變」前，項英（中）、陳毅（右）與張雲逸合影

載波電話工程在12月中旬完工，一直通到顧祝同的家中。後來，顧祝同多次在家中與蔣介石直接通話。

1940年12月的一天夜裡，第32集團軍總司令上官雲相突然從皖南秘密來到上饒第三戰區長官部，一反常態地悄悄住入了司令長官顧祝同的家中。二人整整密議了一個晚上，不許任何人進入。第二天清晨，上官雲相又悄悄地返回皖南。不多久，第三戰區就任命上官雲相全權指揮駐在皖南的軍隊，連軍階、資歷均高於上官雲相的第三戰區副司令長官唐式遵等高級軍官都不知道其中的內情。後來顧祝同在電話中對唐式遵說，這次就委屈一下唐副長官了。

上官雲相返回皖南後，立即在徽州秘密召開高級軍事會議。出席會議的有第23集團軍總司令唐式遵，50軍軍長范子英、25軍軍長張文清、52師師長劉秉哲、40師師長方日英、79師師長段霖茂、146師師長戴傳薪等。另有幾個師長在前線未能趕回。第三戰區司令長官部參謀長岳星明傳達了顧祝同的指示說，根據情報，新四軍「北撤」的可能性不大，肯定是「南竄」，南竄必須堵住。唐副長官負責正面，負擔已很重。總指揮權由上官總司令總負其責。如果新四軍不按路線在年底渡過長江，或仍是按

皖南的最高指揮官本來是唐式遵。但唐是川軍將領，他的部隊多次與新四軍配合作戰，平時還有人員往來。駐皖南的川軍第50軍軍長郭勳祺，因為與新四軍合作抗日態度比較積極，1939年冬被蔣介石撤了兵權。讓唐式遵去對付新四軍，蔣介石和顧祝同都不放心。上官雲相則不同，他曾參與過對中共中央蘇區的「圍剿」。由他充當圍殲新四軍的角色，比唐式遵合適。

周恩來（右三）與新四軍高級將領，右一葉挺，右五粟裕，右六陳毅

周恩來與新四軍官兵合影

兵不動，我們就用武力堅決將其消滅。

1940 年 12 月，新四軍曾多次派人到上饒司令長官部，要求儘快補充糧彈器材，以完成北上任務。戰區參謀處將報告呈送顧祝同後，顧對下屬說，糧食可以分批發放，器材也可酌情解決，彈藥則堅決不予補充，就對他們（新四軍）說，不發彈藥可以減輕北上負擔嘛。其意圖不言自明。上官雲相曾說，「糧秣可以按時發下，這樣可以麻痹他們。彈藥決不能給，否則不是讓他們用我們的子彈來打我們嗎？」

不光彩的「勝利」

徽州軍事會議後，上官雲相的部署已經完成。其作戰要旨是：

皖南雲嶺一帶有新四軍萬餘人，如果在年底前新四軍不渡江，就集中優勢兵力加以包圍和殲滅，迫使他們北開；如新四軍大部隊渡江，勢必被日軍襲擊消滅；

如新四軍按兵不動，則趁日軍每季度掃蕩一次的間歇時間，就地包圍消滅；

總共投入兵力為 7 個師又 1 個旅，計 52500 人。除留一小部分對日軍加以監視外，全部兵力都投入與新四軍的作戰；

全部行動要絕對保密，至最前沿的部隊全部著便衣，宜速戰速決，不然，輿論極為不利；

圍殲行動一結束，立即發布新聞，羅列新四軍違抗中央命令，襲擊國軍，破壞抗戰的罪名等等。

1941 年 1 月 12 日前後，皖南茂林一帶戰場上的槍炮聲已經沉寂下來。14 日，新四軍軍長葉挺及隨行人員在鹿角山西側被 52 師「俘獲」，接著被送往上饒第三戰區總部。至此，整個作戰結束。

此次，上官雲相向第三戰區彙報了戰果：

一、生俘新四軍軍長葉挺，擊斃副軍長項英及袁國平、周子昆等高級將領，新四軍官兵死傷 2000—3000 人，俘虜官兵 4000 餘人；

二、繳獲各種槍支 4000—5000 支，以及少量迫擊炮，沒有山炮等重武器；

「皖南事變」後，陳毅（前排中）與新四軍將領合影

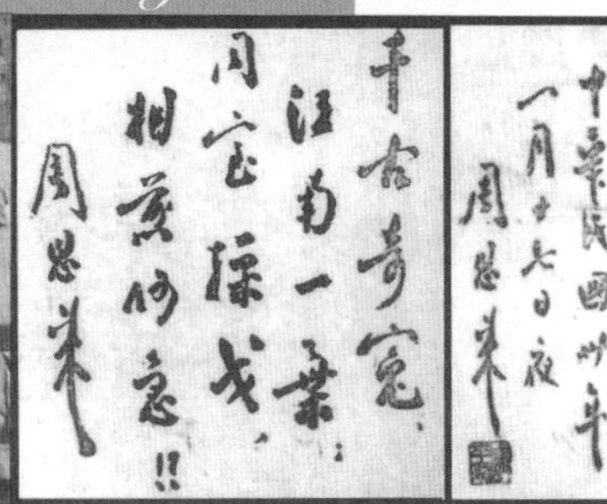

周恩來為「皖南事變」的題詞

三、繳獲「新編第四軍司令部關防」一顆（已截角），大小電臺 4 部等。

1941 年 1 月 17 日，國民政府軍事委員會宣布新四軍是「抗命叛變」，同時通電取消新四軍番號，軍長葉挺革職，交軍法審判等等。反共高潮，甚囂塵上。

戰後，顧祝同報請軍委會對上官雲相進行了特別嘉獎，獎賞 32 集團軍總部法幣 5 萬元（當時一個上校的月薪才 120 元），獎賞作戰特別有功的 52 師法幣 5 萬元。對於有功的主官幕僚及戰鬥人員均論功行賞，並請領了勳章獎章。

在第三戰區的慶功宴會上，上官雲相得意地說，這次作戰非常順利，似有天助。新四軍困在山谷，前有隘路，後是激流，進退不得。在日軍掃蕩間隙半個月不到的時間裡，就完成了一個會戰，可謂經典；而且部隊是拼湊的，如果是我的基本部隊，仗打得還要漂亮。

1942 年春，重慶舉行參謀長聯席會議。第三戰區總部準備在會上彙報皖南圍殲新四軍的作戰材料。上官雲相得知後趕緊制止說：「在會上一個字也不要說，會上有第 18 集團軍的參謀長參加，還有蘇聯顧問，這不是自找沒趣嗎？這是內戰，是自相殘殺，在整個抗戰大局中是理屈的，哪能擺上桌面呢？」

葉挺軍長於 1 月 14 日下山談判被扣，不久被押解到第 32 集團軍總部，上官雲相這時又以老同學的面目出現了（上官雲相與葉挺是保定軍官學校第 6 期同學）。他特地為葉挺設宴壓驚，把「皖南事變」的起因說成是新四軍「不服從軍令政令」，而且責任都在項英身上，勸說葉挺發表這樣的聲明。還以集團軍副總司令的官職相許。葉挺嚴詞拒絕，要求釋放新四軍被捕官兵。上官雲相無奈，只好將葉挺送到第三戰區顧祝同那裡。後來，他又與顧祝同一同勸降葉挺，並以第三戰區副司令長官相許，再次被葉挺拒絕。

來華助戰的美國飛行員

搏擊長空

陳納德與他組建的「飛虎隊」，在中國眞是家喻戶曉。

陳納德組建「飛虎隊」

「飛虎隊」，全稱為「中國空軍美國志願援華航空隊」，1941 年 7 月來中國參加抗日。「飛虎隊」創始人是美國飛行教官 K.L. 陳納德。

陳納德是美國空軍中一位熱衷於飛行事業並在空戰戰術上有所建樹的軍官，他年輕時擔任過戰鬥機的中隊長，從美國陸軍航空隊戰術學校畢業後，一直擔任飛行教官。他從實踐中摸索出一套驅逐機編隊配合作戰和驅逐機對轟炸機進行遠端護航的戰術原則，革新了第一次世界大戰以來空軍作戰的陳舊戰術。

1937 年 7 月初，陳納德來華考察中國空軍。幾天之後，中日戰爭全面爆發。面對強大的日本空軍，國民政府向國際社會發出呼籲，請求支援中國空軍。由於美日尚未公開宣戰，羅斯福總統不便以美國政府名義提供援助。於是，由中國航空委員會秘書長宋美齡出面，聘請剛剛退休的美國空軍中校陳納德來華負責中國空軍的作戰訓練和建設工作。

陳納德來到中國，在昆明市郊組建航校，以美軍標準訓練中國空軍。他還積極協助中國空軍對日作戰，並且親自駕機投入戰鬥。

1941 年，陳納德在羅斯福總統及美國政府的暗中支持下，成立了志願航空隊。這個航空隊對外以中國「中央飛機製造公司」的名義為掩護，重金招募了美軍飛行員和機械師，均以平民身分參加中國抗戰。蔣介石全權委派陳納德承辦此事，並任命他為航空志願隊隊長。同時，美國政府賣給了中國 100 架 P40 戰鬥機。

屢立戰功

1941 年 7 月和 10 月，美國飛行員 200多人分兩批來華。不久，他們就在一次空戰中大顯身手，給日本戰機予以重創。

1941 年 12 月，日本襲擊珍珠港後，在東南亞發動全面攻勢，「飛虎隊」便投入了保衛從仰光至昆明的滇緬戰略公路的戰鬥。12 月 20 日，日本轟炸機 10 架襲擊昆明。「飛虎隊」以 24 架 P40 戰鬥機迎擊，一舉擊落9架日機。此後，日本飛機再不敢飛臨昆明市的上空了。

仰光的空戰，「飛虎隊」打得更為出色。12月23日，日軍以20架戰鬥機掩護54架轟炸機，對仰光發動空襲。「飛虎隊」升空後一舉擊落6架敵機，自己損失2架。12月25日是耶誕節，日軍又出動60架轟炸機和30架戰鬥機的大機群來襲。「飛虎隊」起飛12架戰鬥機衝入敵機群，一連擊落敵方15架轟炸機和9架戰鬥機，自己損失僅2架。在為期兩個多月的仰光保衛戰中，「飛虎隊」共擊落日機217架，而己方僅損失14架。

1942年3月初，仰光陷落。日軍趁勢向緬北挺進，5月初攻入中國邊境，沿著怒江西岸向中國腹地襲來。雲南危急。5月，日軍的一支龐大的地面部隊在怒江以西30公里長的公路線上準備渡江，「飛虎隊」在中國空軍的配合下，對暴露在公路線上的日軍進行猛烈轟炸和俯衝掃射，炸毀浮橋和全部架橋設備，並沉重打擊了簇擁在公路上的坦克、摩托車隊、卡車和無處藏身的日軍步兵，迫使日軍不敢渡江，只得沿著滇緬公路向中國邊境撤退。

陳納德與美軍飛行員

美國航空志願隊配帶的標誌

「飛虎隊」隊徽

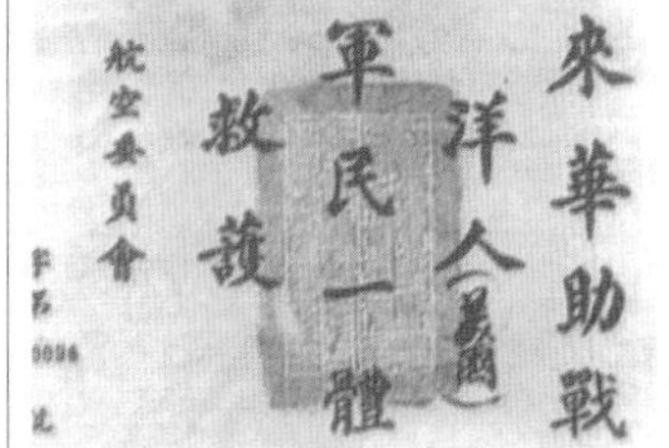

來華助戰
洋人(美國)
軍民一體救護
航空委員會

美軍攜帶的「救助證明」

陳納德與空軍總司令周至柔（左）

航空委員會秘書長宋美齡與陳納德

開闢「駝峰」航線

1942 年 5 月緬甸失陷後，美國在華空軍組織體制和面臨的作戰形勢發生了重大變化。為加強統一指揮，羅斯福總統決定將「飛虎隊」併入美國現役空軍。

此後的美駐華空軍部隊不僅包括了「飛虎隊」的大部分人馬，而且還增加了 1 個戰鬥中隊和 3 個轟炸機中隊。陳納德被召回現役，任命為準將司令。1943 年 3 月，這支空軍擴編為第 14 航空隊，負責在中國戰區作戰，陳納德晉升為少將司令。

第 14 航空隊除了協助組建中國空軍、對日作戰外，還協助開闢了一條從印度阿薩姆邦汀江，經緬甸到中國昆明、重慶的航線。運輸機在飛越青藏高原、雲貴高原的山峰時，達不到必需高度，只能在峽谷中穿行，飛行路線起伏，有如駝峰，所以人們稱這條航線叫「駝峰」航線。飛機在飛行途中，常遇強烈的氣流變化，遇到意外時，便難以找到可以迫降的平地。飛行員即使跳傘，也會落入荒無人煙的叢林中難以生還，日軍飛機的空中攔截也給航行形成巨大威脅。航空隊共損失 563 架飛機，投入人員 33477 人次，犧牲 1500 多人。但中美雙方 3 年來通過這條航線向中國戰場運送了 80 萬噸戰略物資。

美國飛行員登機準備升空

迪克西使團赴延安

毛澤東、朱德與美軍觀察組組長包瑞德

1944 年 7 月的驕陽下，一架美軍 C47 運輸機在延安機場降落。

迪克西使團組成

1944 年 1 月，兩名美國駐華大使館外交官，通過不同管道向美國國務院遞交了內容相似的正式報告，建議向延安派遣常駐軍事和外交人員。這兩名美國外交官叫謝偉思和大衛斯，都出生在中國四川，是美國傳教士的後代。他們不僅能說一口流利的中國話，而且對中國社會有較為深刻的瞭解。

謝偉思的報告被美國國務院批了「荒謬、可笑」退回。大衛斯的報告則被直接呈遞給羅斯福總統的顧問霍普金斯，霍普金斯知道美國政府已經準備同中國共產黨直接接觸，他立即將大衛斯的報告上交給羅斯福。此時的羅斯福剛剛在開羅與中、英兩國首腦進行了會晤，他立即批示馬歇爾處理這個問題，並告知蔣介石關於美國政府對這一提議的積極態度。中國戰區參謀長約瑟夫・史迪威，對派遣美軍延安觀察組的建議，給予了高度重視和支持。

1944 年 5 月，羅斯福接見了著名記者愛德格・斯諾，詳細詢問了中共抗日鬥爭的狀況和他們對美國的態度。斯諾說，共產黨軍民是全力抗日的，同時他們期待著與美國的合作。這次談話使羅斯福更加堅定了與中國共產黨接觸的決心。

6 月份，美國副總統華萊士訪華，他是美國建國以來

國民政府遷到武漢後，一批美國記者聚集武漢。《紐約時報》記者竇登採訪周恩來後說:「周恩來及其所率領的中共代表團的出現具有特別意義，他們都平易近人，周恩來常常舉辦外國記者新聞會議。」斯諾曾在戰火威脅下的武漢活動了 7 個星期，與周恩來、葉挺、郭沫若等進行交談，為《為亞洲而戰》一書搜集了大量素材。斯諾還寫了《在日軍後方的八路軍》等文章，介紹八路軍的英勇戰績。珍珠港事變後，美國總統羅斯福多次會見斯諾，聽取他對中國問題的意見。

朱德、陳毅與謝偉思合影

毛澤東、朱德在延安接見謝偉思（中）

訪問中國的最高在職官員。21 日，華萊士在重慶與蔣介石進行第一次正式會談，向延安派遣美國使團是會談的主要議題之一。華萊士提出這個使團要儘早成行。經過重慶、延安和美軍三方面協調，使團被正式定名為「美軍中緬印戰區駐延安觀察組」，簡稱「美軍延安觀察組」，代號「迪克西」。「迪克西」是美國內戰時期的戰爭地帶。美國人認為中共根據地有點像當年的「迪克西」。

史迪威提出，組長的人選必須是一個中共能夠接受的、能說流利中國話的美國軍官。52 歲的包瑞德上校成為最佳人選，並得到了最終批准。觀察組的另一個重要人物便是謝偉思了，他是美國駐華使館的二等秘書。

整個美軍觀察組由 18 人組成，他們來自美國外交系統和海陸空三軍，並代表了軍醫、情報等部門和許多技術兵種。延安在普通美國人眼中是神秘的，愛德格·斯諾等進步美國記者對毛澤東和中共的深度報導已經影響了許多美國人；而國民政府多年的宣傳使有些人誤以為中共領導的邊區在經濟和政治上都是非常落後的，他們把訪問延安看作是一次探險。

延安敞開了胸懷

1944 年 7 月 22 日，一架灰色的美軍 C47 運輸機，在兩架美國陸軍第 14 航空隊戰鬥機護航下，從重慶起飛，在延安機場降落。運輸機上的乘客是美軍延安觀察組的第一批 9 名成員。中共中央副主席周恩來和 18 集團軍總司令朱德在延安機場為美軍觀察組舉行了熱烈的歡迎儀式。延安軍民敲鑼打鼓，把美國客人們迎進了延安城。一周後觀察組第二批 9 名成員也到達了延安。

毛澤東特意在《解放日報》發表的社論「歡迎美國軍事觀察員」的標題中加上了「我們的朋友」一行字。

1944 年 8 月 23 日，毛澤東與謝偉思第一次正式談話。這一次談話長達 6 個小時，毛澤東對謝偉思詳細分析了中共對當前國內和世界形勢的看法。他說，中共希望知道，美國政府在戰後是願意支持一個獨裁的國民黨政府還是一個民主的聯合政府，但毫無疑問，一個民主與和平發展的中國才符合美國的利益。至於中共對美國的態度，他說美國是戰後最有能力參與中國經濟建設的國家，我們歡迎美國戰後到中國投資。毛澤東與謝偉思的多次談話內容，都由謝偉思寫成客觀的報告，經美國大使館發回華盛頓。延安對盟軍敞開胸懷、全面合作的態度令觀察組非常滿意。美軍觀察組到來後的兩個月中，18 集團軍總部就向他們提供了 120 多條關於日軍的重要情報，與此同時，美軍觀察組在延安還發現了一個直接獲取日軍情報的重要管道。中共 18 集團軍總部允許美軍觀察組的所有成員，隨時與「日本工農學校」的150名日本學員(都是日軍戰俘)自由接觸，以便瞭解美軍需要的、更深層次的日軍情報。

毛澤東送給謝偉思的簽名照片

剛到延安不久，美軍觀察組就建起了氣象觀測台，定時投放探空氣球，為來往延安的飛機提供氣象保證，並把資料發送到重慶駐華美軍總部。從此，駐華美軍有了更可靠的氣象情報。

觀察組另一項使命，就是協調八路軍、新四軍及其游擊隊營救在敵占區跳傘的美軍飛行員。抗戰期間，解放區軍民共營救了 120 多名美軍機組人員和其他軍事人員。

美軍觀察組在延安幾個月來卓有成效的工作，讓史迪威非常滿意。為表彰觀察組特別是包瑞德的成績，中緬印戰區總部決定授予他個人1枚榮譽軍團勳章，毛澤東、朱德、周恩來和延安各界代表參加了授勳儀式。

美軍觀察組經過對八路軍和陝北根據地半年多的考察，已毫不掩飾自己對解放區軍民的好感。經過幾個月的相處，觀察組已經與中國同事們結下了深厚的友誼。

毛澤東與謝偉思

聶榮臻與合眾社記者喬治

記者們在陝北拍攝的照片（左圖）

中外記者在延安拍攝的真實畫面（右圖）

正如包瑞德在回憶錄中說的那樣：許多美軍成員包括我本人，對延安共產黨政權基本上持讚賞態度的原因是，我們在那裡看到的一切都是絕大多數美國人願意贊同的。

赫爾利支持蔣介石

但自 1944 年 11 月 17 日赫爾利出任駐華大使以來，情況就起了變化。1945 年 1 月，赫爾利向美國駐華各機構宣布，美國在華政策是阻止國民政府的崩潰，未經他本人批准，任何人不能將對蔣介石不利的報導送往華盛頓。2 月 19 日，赫爾利離開重慶回國述職。這之前，美國外交官大衛斯已經被赫爾利調離中國。謝偉思也得到了赫爾利的警告：如果再發表同情中共的言論，將被調離。

1945 年 2 月下旬，一些美國外交官希望通過自己的呼籲阻止赫爾利和美國當局在錯誤的軌道上越滑越遠。他們認為，赫爾利拋棄中共而一味支持蔣介石的做法是不公正的，也有悖於美國的長遠利益。他們認為有責任向華盛頓說明真相。於是，由謝偉思執筆，撰寫了一封給美國國務院的正式報告。

4 月 4 日，謝偉思離開延安經重慶回國。當他回到華盛頓後，發現參與「報告」的所有外交官都被召回美國接受審查。這份報告並未引起美國政府太多的注意，但回國述職的赫爾利看到這份報告後，頓時惱羞成怒。6 月初，謝偉思在美國以洩露國家機密罪名被逮捕。

1944 年 7 月 22 日至 1946 年 4 月 11 日，「迪克西」使團的正式名稱是「美軍延安觀察組」。1947 年 3 月 11 日，美軍運輸機從延安撤走了留守的最後 3 名美軍聯絡員。這一階段稱為「美軍延安聯絡組」。至此，歷時 963 天的美軍赴延安的使命被畫上了句號。

中外記者團終於成行

1944 年 2 月，國民政府在重慶舉行的每週一次的新聞通報會上，正式否認了對中共解放區封鎖的存在。參加會議的外國記者立即寫信給蔣介石，要求到陝甘寧邊區訪問中共武裝八路軍及解放區。國民政府於 5 月 10 日同意組織中外記者赴延安和陝甘寧邊區參觀訪問。

中外記者西北參觀團由 21 人組成。外國記者 6 人是：愛潑斯坦 (美國《時代》雜誌、《紐約時報》、《同盟勞動新聞》)、福爾曼 (合眾社、英國《泰晤士報》)、斯坦因(美聯社、《曼徹斯特導報》、《基督教科學箴言報》)、武道(路透社、《多倫多明星週刊》、《巴爾的摩太陽報》)、普今科(塔斯社)、夏南汗神甫(美國《天主教信號雜誌》、《中國通訊》)。中國記者9人是:趙超構(上海《新民報》)、孔昭愷(《大公報》)、趙炳糧(《時事新報》)、金東平(《商務日報》)、周本淵(《國民公報》)、張文伯(《中央日報》)、謝爽秋(《掃蕩報》)、徐兆鏞、楊嘉秀(中央通訊社)。

6月9日,記者團到達延安。他們先後訪問了南泥灣,參觀了陝甘寧邊區的文化、衛生、教育、生產、行政、物價、貿易等設施,訪問了中共領導人,以及知名人士等等,特別到前線進行了戰地採訪。前後共43天。

中外記者除向本國的媒體發回大量新聞電訊稿外,還寫出了一批極有分量的文章,如實地反映了延安的真實情況及八路軍、新四軍的抗戰業績。世界亦為之震動。其中有:斯坦因的《紅色中國之挑戰》,《中國共產黨與解放區》、《8600萬人民隨著他的道路前進》等,引起了美國人民和政府對中國解放區的廣泛關注。武道寫的《我從陝北歸來》,趙超構的《延安一月》,孔昭愷的《西北紀行》等文章和書籍,客觀而真實,在大後方影響很大。愛潑斯坦給《紐約時報》、《時代》雜誌寫過大量文章,其中有這樣的句子:「我看到了一個未來的、嶄新的中國將要誕生了。」

《大公報》採訪人員

美聯社記者漢森、加拿大醫生布郎與白求恩(左)

赴陝甘寧採訪的愛潑斯坦

1938年,在日本飛機大規模空襲武漢的日子裡,悲觀論者認為落後的中國是敵不過日本的,抗戰必敗。美國著名記者兼作家根室,就此問題採訪了軍事委員會委員長蔣介石,蔣表示中國決不屈服。根室拍發了長達3000多字的電訊,向全世界傳播這一資訊。斯特朗在武漢時期,採訪過蔣介石、宋美齡夫婦,周恩來、鄧穎超夫婦,以及其他國共兩黨領導人,還致函美國總統羅斯福的夫人,強烈要求美國站在中國的一邊。她還到山西前線採訪過艱苦作戰的八路軍,在武漢積極發起募捐活動以支援八路軍。

歷史已有定論

蔣介石、宋美齡在開羅會議上與羅斯福（左二）、邱吉爾（左三）合影

1943 年 11 月 26 日，中、美、英三國正式簽署了《開羅宣言》。

1943 年 6 月，美國總統羅斯福發起召開四大國首腦會議。

10 月下旬至 11 月上旬，羅斯福三次致電蔣介石，邀請他參加美、英、蘇、中四國首腦會議，地點在埃及，時間大約在 11 月下旬。

11 月 18 日和 19 日，蔣介石與夫人宋美齡率領中國代表團一行 20 多人，分乘兩架飛機前往開羅。代表團成員包括：國防最高委員會秘書長王寵惠、軍委會辦公廳主任商震、侍從室第一處主任林蔚、航空委員會主任周至柔、宣傳部副部長董顯光、軍令部第二廳廳長楊宣城、外交部參事郭斌清、侍衛長俞濟時、駐美軍事代表團團長蔡文治、軍委會戰地服務團團長黃仁霖、侍從室組長陳希曾、侍從武官陳平階、侍從秘書俞國華、醫官左維明、宋美齡的英文秘書陳純廉等。

蔣介石、宋美齡在開羅清真寺上

11 月 21 日上午 7 時，蔣介石一行飛抵開羅培因機場。當天下午，邱吉爾抵達。22 日，羅斯福抵達。

11 月 23 日上午 11 時，美、英、中三國首腦會議正式開幕。在這次會議上，重慶國民政府提交了一系列有關政治、軍事等內容的提案、草案和文件，涉及戰後國際秩序、日本戰犯審理、歸還領土、經濟合作等方面。

經過幾天的會商，於 26 日下午通過了《中美英三國開羅宣言》。會後，羅斯福總統立即將宣言文本帶到德黑蘭徵求史達林的意見。12 月 1 日，《開羅宣言》正式對全世界公布。全文如下：

三國軍事方面人員，關於今後對日作

蔣介石、宋美齡在開羅參觀清真寺

蔣介石、宋美齡遊覽金字塔

戰計畫，已獲得一致意見，我三大盟國決心以不鬆弛之壓力，從海、陸、空諸方面加諸敵人，此項壓力已在增長之中。

我三大盟國此次進行戰爭之目的，在於制止及懲罰日本之侵略，三國決不為自身圖利，亦無拓展領土之意，三國之宗旨，在剝奪日本自1914年第一次世界大戰開始以後在太平洋所奪得或占領之一切島嶼，在使日本所竊取於中國之領土，例如滿洲、臺灣、澎湖列島等，歸還中國。日本亦將被逐出於其以武力或貪欲所攫取之所有土地，我三大盟國軫念朝鮮人民所受之奴隸待遇，決定在相當期間，使朝鮮自由獨立。

我三大盟國抱定上述之各項目標，並與其他對日作戰之聯合國家目標一致，將堅持進行為獲得日本無條件投降所必要之重大的長期作戰。

這次首腦會議，使中國的國際地位有了很大的提高。更重要的是，以這樣一個國際文件，寫明將臺灣、澎湖列島、滿洲歸還中國……確定了臺灣是中國領土的法律地位。

蔣介石、宋美齡訪問開羅返回時在印度視察軍隊

美國大使赫爾利向蔣介石呈遞國書

赫爾利調停國共之爭

在延安一孔窯洞門前的石板上，毛澤東和赫爾利先後在協議上簽字，並留出一塊空白，準備給蔣介石簽。

赫爾利與毛澤東簽字

1944 年下半年，由於國民政府在正面戰場的潰敗，中國的抗戰形勢一度出現了危機。此時，美國總統羅斯福派遣自己的特使、原陸軍部長赫爾利前往重慶，以促成國共兩黨的「政治合作」，進而實現「軍令」和「政令」的統一。

9 月 6 日，赫爾利抵達重慶，在瞭解了國共雙方的立場後，於 10 月 28 日提出了國共合作的「五點建議」。但蔣介石對赫爾利的建議極為不滿，下令王世傑和張治中進行修改，雖保留了原建議的框架，但內容已面目全非。其核心就是要中共交出軍隊，稱「中國只有一個中央政府和一個軍隊，中共軍隊經整編後，薪金和給養與政府軍同等對待」等等。

11 月 7 日，赫爾利抵達延安。赫爾利離開重慶飛赴延安前，才拿到這份修改後的協議。11 月 8 日、9 日，中共和美方代表在延安的窯洞裡舉行了正式會談。中共參加者為：毛澤東、周恩來、朱德。美方為：赫爾利、包瑞德。赫爾利聲明，此次赴延安，是受剛獲連任的羅斯福總統委託，幫助中國軍隊統一，與美軍合作，促進「民主程序」等等，當然也出示了蔣介石剛修改過的提案。

毛澤東則說，中國當務之急不是解決民主的問題，而是國共與其他政黨組織民主聯合政府；至於軍隊，改編的應是腐敗的、一打就散的軍隊，而不是中共軍隊。毛澤東還風趣地說，國民黨軍士兵的待遇，每月只夠支付一包美國雪茄菸，我們不會要求與「虛弱得走不動路」的軍隊同樣的待遇。

中共方面提出了對協議修改的五點建議，其主要精神是，國共兩黨地位平等，組織民主聯合政府和聯合軍事委員會。

赫爾利看後認為，建議完全合情合理，感到滿意和放心，並要盡一切力量使蔣介石接受。最後，赫爾利主張毛澤東立即赴重慶與蔣介石會見，以美國國格擔保毛澤東的安全。

10 日上午，在延安一孔窯洞門前的

石板上，毛澤東和赫爾利先後在協議上簽了字，並特意留出一塊空白，準備給蔣介石簽。中午，赫爾利與周恩來、包瑞德，同機離開延安飛往重慶。

11 月 10 日，毛澤東給羅斯福寫了一封信，表示這個協議的精神是中共和中國人民在抗日統一戰線中所爭取的，中共將接受此協定的全部條款，並努力使其付諸實施。

赫爾利背信棄義

赫爾利返回重慶後，把協議交給了蔣介石和宋子文。蔣介石閱後明確地告訴赫爾利，只要國民政府未被徹底擊敗，就決不會同意成立聯合政府。堅決不同意改組國民政府、成立民主聯合政府等內容。

在蔣介石的一再堅持下，赫爾利於 19 日和 21 日分別約見了蔣介石和國民黨代表，表示接受國民黨的建議，將成立「聯合政府」，改為「讓中共參加國民政府和軍委會」；同時，由美國指揮國共的軍隊。赫爾利公開背叛了他與毛澤東簽字的「五點協議」。

11 月 21 日，赫爾利約見了周恩來，向他公開了國民

美軍觀察組與中共晉察冀軍區將領

1944 年，在中國本土，由於日軍發動「一號作戰」，中國軍隊連失河南、湖北、湖南等省。美國要求蔣介石任命史迪威為中國軍隊總司令，指揮所有軍隊向日軍進攻。史迪威要求蔣介石調動部署在陝甘寧邊區的 20 個師到廣西前線對付日軍，並要求指揮共產黨的部隊對日作戰。這一切觸怒了蔣介石，他堅決要求美國政府撤換史迪威，即使中斷對華援助也在所不惜。1944 年 10 月 19 日，美國召回了史迪威。史迪威在回國前，專程去了保山和密支那前線，看望與他共同戰鬥的士兵們。10 月 27 日，史迪威登上回國的飛機，他在日記中寫道：「別了，中緬印戰區。」

赫爾利（中）與蔣介石、蔣緯國（右）

史迪威與赫爾利（左）

黨的三點反建議，其核心，就是拒絕中共建立聯合政府，中共交出軍隊進行整編，然後才能承認中共的合法地位，再由國民政府遴選中共高級軍官參加軍事委員會等等。

事情已經完全明朗。中共方面毅然決定立即中斷談判。

12 月 7 日，周恩來、董必武飛離重慶返回延安。

周恩來再赴重慶

1945 年 1 月 24 日，周恩來應赫爾利邀請再赴重慶，與國民黨、美國舉行三方會談。周恩來此次赴渝，帶來了一份《關於黨派會議的協議草案》，主張召開國民黨、中共、民盟三方參加的黨派會議，討論結束黨治、成立聯合政府，以及起草共同施政綱領等問題。

但蔣介石稱中共「破壞我國家法規與革命制度」，「要聯合政府就是要推翻政府，黨派會議就是分贓會議」等等。且提出由軍事委員會來指定國民黨、中共和美國組織三人混合委員會，負責對中共軍隊進行整編，由委員長指定 1 名美國軍官直接指揮中共軍隊等等。

周恩來當即嚴正拒絕了這一荒謬的主張。由於國民黨方面缺乏誠意，此行，中共代表團未能達到預期目的，民主聯合政府的設想又成泡影。2 月 16 日，周恩來返回了延安。

印緬戰場上的四星戰將

蔣介石與史迪威（右）

史迪威講話直率，經常與蔣介石當面爭論。蔣介石強烈要求羅斯福總統召回史迪威。

在中國的抗日戰場上

史迪威於 1904 年考入美國西點軍校，軍旅生涯長達 42 年，因戰功卓著而榮升美國陸軍四星上將。他軍事生涯最富有光彩的一段，是在中國抗日戰爭的戰場上。

1941 年 12 月，日本偷襲珍珠港後，占領新加坡、香港、緬甸等地，此後，中美英等國結成了同盟。美國陸軍部長史汀生提名並經羅斯福批准，史迪威擔任了中國戰區統帥部參謀長（蔣介石為戰區統帥），同時，還擔任中緬印戰區美軍司令官、東南亞戰區副總司令（總司令為英國海軍大將蒙巴頓）。

由於中國沿海城市均被日軍占領，中國唯一的國際通道是從仰光到昆明的滇緬公路。為了保衛這條生命線，1942 年，中國組織了 10 萬人的遠征軍入緬作戰。由於英方不配合，中國軍隊又是倉促應戰，遠征軍很快便潰敗而退。遠征軍一部分退入雲南，另一部分退入印度。隨軍入緬的史迪威亦退到了印度。在印緬邊界雷多，史迪威將各路退入印度的中國遠征軍集結起來，經與英國協商，在印度中部的蘭姆伽成立了中美訓練營地，加以訓練、整頓，並撤換了原遠征軍司令羅卓英，取消了遠征軍番號，設立了中國駐印軍，由史迪威任總指揮。

1943 年 11 月，中國駐印軍新 38 師及新 22 師終於

8 月的印度，驕陽似火。在蘭姆伽的訓練場上，史迪威在一排排臥倒的中國士兵旁邊來回走動，不時耐心地臥倒在某個士兵旁邊，或校正瞄準點，或講解三點成一線的原理。史迪威是士兵的教官和朋友，他嚴令禁止美國軍官體罰中國士兵。在他的訓練下，來自中國農村、從未見過槍炮的農民一個星期就能學會使用榴彈炮和馱載炮。經過 6 個星期的訓練，就能學會使用步槍、機槍、迫擊炮、火箭炮等各種武器，適應叢林作戰。

毛澤東、朱德在延安接見美國第 10 航空隊司令李梅（左二）

打出雷多谷地，進入胡康河谷。從 1944 年 1 月到 7 月，史迪威與部隊一起待在緬北的叢林中。白天，他在司令部裡向孫立人或廖耀湘講述戰術，然後步行幾小時，到達前沿指揮所，親自向部隊動員，和士兵同戰鬥，共同生活。他和士兵們一樣拿著缸子排隊打飯。有時住在帳篷中，有時在兩棵樹上拉起一個吊床睡覺。他在行軍途中，拿出自己的菸分給士兵們。他還要求將每一個負傷的士兵送到後方野戰醫院，甚至不惜動用飛機將重傷患送走。

史迪威指揮下的中國駐印軍，於 1943 年冬從印度雷多出發入緬北執行打通中印公路的任務。在原始森林和崇山峻嶺之中，中美兩國戰士並肩奮戰，史迪威更是身先士卒，經常在第一線鼓舞士氣和指揮戰鬥。中國駐印軍終於在 1944 年 8 月攻占了緬北日軍重兵防守的中心城市密支那，為打通中印公路奠定了基礎，也為美國向中國空運抗戰物資開闢了捷徑。

與蔣介石矛盾日深

史迪威是能征善戰的將軍，不是長於外交辭令的外交官。他講話直率，經常與蔣介石當面爭論，比如分配美國援華軍火、中國軍隊的指揮權、作戰意圖等。特別是在對中共的態度等問題上，兩人的矛盾越來越尖銳，以至不可調和。當然，蔣跟史迪威的矛盾，與美國逼迫蔣介石把軍隊指揮權交給史迪威有很大關係。蔣在日記中寫道：美國「必欲強派史迪威為中國戰區之統帥，以統制我國……」對此，蔣異常憤怒。最終，蔣介石強烈要求羅斯福總統召回史迪威。

史迪威非常崇敬孫夫人宋慶齡。當時她在重慶主持著一個國際性的民間組織「保衛中國同盟」，這個組織的任務就是

史迪威的繼任者魏德邁

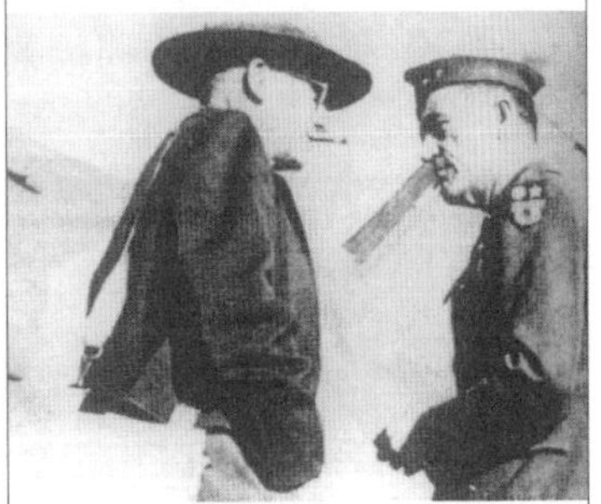
史迪威（左）與陳納德

史迪威赴醫院看望中國傷員

將國際友人資助陝北的物資和捐款設法轉送延安。一次，國外捐來一架大型 X 光機，可這架機器體積很大，進不了艙門。宋慶齡派人去找了史迪威的副官，他立即報告了史迪威。史迪威立即下令改造一架軍用飛機的艙門，把 X 光機裝進去運往延安。

史迪威對八路軍、新四軍進行的抗日鬥爭也深為敬佩，他讓從印度來的美國軍用飛機運送撥給解放區的救濟物資。1944 年以後，這些飛機飛往延安時，他曾從自己管理的軍用倉庫中撥出一些醫藥物資送去，並派出美國軍醫梅爾文・卡斯伯格隨機前往。

1944 年 10 月 19 日，史迪威被召回國，由魏德邁繼任中國戰區參謀長。臨行前，他親赴宋慶齡的寓所告別，並給朱德總司令寫了一封信：

親愛的朱德將軍：

由於我被解除在中國戰區的職務，我謹向您，共產黨武裝部隊首腦，為我們今後不能在對日作戰中同您合作深表遺憾。您在對我們共同敵人的作戰中發展了卓越的部隊，我曾期望與您聯合作戰，但現在此事已成泡影。

祝您戰鬥順利並取得勝利！

我謹向您致意！

真摯的 J.W. 史迪威

1944 年 10 月 20 日

美國將軍史迪威離開重慶前，退還了蔣介石頒發給他的青天白日勳章。

史迪威返美後仍任軍職，不到一年，日本投降。1945 年 9 月 3 日，在東京灣美國「密蘇里」號軍艦上，日本法西斯侵略者在投降書上簽字，史迪威作為美國代表團中的高級軍官參加了日本的投降儀式。

1946年10月12日，史迪威患肝癌逝世，享年63歲。

蔣介石、宋美齡參觀美國第 7 艦隊旗艦「艾斯特」號

中美、中英「合作所」

1941 年冬天，軍統局偵譯了日本準備空襲珍珠港的密電。

抗戰中，國民政府與美國和英國進行了一系列的合作。其下屬部門也與美英有關部門進行了相應的合作。中美、中英特種技術合作所，是由軍委會調查統計局（軍統）與美、英海軍情報機關協作的成果。其中以中美合作最為突出。

中美開始合作

早在 1940 年，軍統局長戴笠就要求軍統駐美國站長（公開身分是駐美國大使館武官助理）肖勃，與美方進行了聯絡。1941 年冬天，軍統局偵譯了日本準備空襲珍珠港的密電。蔣介石批示立即向美方通報。但美國國防部接報後，並未引起重視。事發後，美國太平洋艦隊傷亡慘重，這才對軍統另眼看待。美國政府因無法得到日方的情報，遂指示海軍部門轉向與中國軍統局合作。美方與軍統直接聯繫的，是駐中國大使館武官迪帕斯上校，以及曾任遠東艦隊艦長的梅樂斯中校。美國海軍並擬定了與中國軍統局合作專案的具體計畫。美國海軍部很快就予以批准。

1942 年 6 月，梅樂斯率領 10 多名電訊特務人員來到中國。這一年冬，雙方在重慶確定了中方向美國提供情報的具體內

美國海軍駐中國情報主管梅樂斯

蔣介石、戴笠與美軍海軍情報主管梅樂斯等人合影

軍統局長戴笠（中）與美國海軍情報官

容：即日軍在中國、太平洋沿岸及中國海岸活動，以及這些地區的天氣、水文、氣象等方面的情報。軍統同時向美方提出接濟電訊器材、武器裝備、交通工具等軍用物資的要求。

1943 年 4 月，美方與中國合作的草稿擬定，戴笠先後送宋子文和蔣介石過目，兩人均表示滿意。15 日，中美雙方在重慶磁器口繅絲廠楊家山軍統大禮堂舉行了簽字儀式。美方代表是海軍部長諾克斯以及羅斯福總統的私人代表魯斯、美軍海軍情報署的代表梅樂斯、中美合作所參謀長比樂理、秘書史密斯等。中方代表是外交部長宋子文（宋未到場，由外交部次長胡世澤全權代表）以及軍統局長戴笠、軍統「三巨頭」鄭介民、唐縱、毛人鳳，中美合作所的 8 個處長。

根據雙方的合同，中美合作所的任務是：擴大搜集與交換情報，分呈兩國最高統帥部參考；布置東南沿海情報網，準備策應美軍登陸；布置中國氣象網，制定氣象預報，提供美國海、空軍參考；偵譯日方電報，研究敵方動態；情報及時互換，爭取時效，制敵先機；開展心理作戰；加強秘密破壞，特別是軍事設施及物資等。

蔣介石視察中美訓練營的新式武器

蔣介石聽取中美訓練營美軍軍官彙報

1942 年 3 月 3 日下午，一架美國飛機在緬甸北部邊境臘戍機場降落，一位瘦而高的美國陸軍中將走下飛機，他就是美國派往中國戰區擔任蔣介石參謀長的史迪威。蔣介石夫婦、中國遠征軍第 1 路司令長官部副司令長官、第 5 軍軍長杜聿明、第 6 軍軍長甘麗初、參謀團長林蔚、總參謀部外事局局長商震等在臘戍的波特大酒店恭候。蔣介石面帶笑容地告訴史迪威：「我正在告訴他們入緬之作戰行動，並且告訴他們，在緬的遠征軍歸史迪威將軍指揮。」為了表示中美合作的這不平凡的一天，在波特酒店外，宋美齡左手挽著史迪威、右手挽著蔣介石，三人都面帶微笑，讓記者們攝影。

孔祥熙（右）與英國首相張伯倫。1937 年 5 月，孔祥熙抵達倫敦，希望聯絡英美支持中國，抵制日本侵略。但英國首相張伯倫執行「綏靖政策」。孔祥熙此行，沒有達到目的

蔣介石向廣西訓練營中國軍官訓話，旁為何應欽

大量培訓特務人員

自中美合作所成立，直到 1945 年冬結束，美方共開辦了各種各樣的特務訓練班 22 個，為軍統訓練了 10 多萬特務人員。以軍統特訓班為例，其中一期就培訓了 1200 人。除了在重慶辦班外，還在一些前線地區如安徽歙縣、臨澧，江西修水，湖南南嶽，福建漳州、建甌，浙江里安等地，辦了許多訓練班。

在浙江淳安，美方曾專門成立了中美爆破人員訓練班，在湖南東安辦了醫務人員訓練班。還在中國各地建立了 165 座氣象站、通訊電台。此外，美方還向軍統提供了近萬噸爆炸器材等物資。

1942 年 4 月，英國駐華大使卡爾與蔣介石商定，在重慶沙磁紅槽房，成立了以軍委會別動隊司令周偉龍與英國海軍情報署負責人為首的「中英特種技術合作所」，專門為中國訓練特務人員，進行情報交流。

中美、中英情報機關的合作，對於三方情報交換，訓練中國特務情報人員進行抗日作戰，起到了一定的作用。

「美援」到來

1938 年底，國民政府派遣在美國頗有些影響而沒有外交經驗的胡適為新任駐美大使。胡適等到任後，奔走於美國政府各要人之間，參加各類演講會，訴說美國對中國抗戰之重要。胡適的求援工作有了結果，1939 年 2 月，中美雙方簽訂了《桐油貸款協定》，美方給予中方 2500 萬美元的商業貸款。此為七七事變後美國給中國的第一次實際援助。1940 年 9 月德意日同盟成立後，美英等國對日本的態度趨向強硬。10 月 22 日，《中美鎢砂借款合同》簽字，美國借款 2500 萬美元給中國。11 月 30 日，美國宣布將繼續承認重慶國民政府，並予中國 1 億美元的貸款。從此，「美援」不斷到來，中美關係走上了密切合作之路。

國 葬

林森任國民政府主席時的標準像

林森的別克車重重地撞到了一棵樹上。

1943 年 10 月 10 日，蔣介石在重慶宣誓就任國民政府主席。這是他自 1931 年底「下野」後，第二次擔任該職。此前的主席一職，是林森擔任的。

蔣介石「下野」

1931 年 2 月，蔣介石與胡漢民之間發生了「立法之爭」，蔣竟下令軟禁立法院長胡漢民。5 月，廣東方面的反蔣勢力正式組成了國民黨中央執委、中央監察委非常會議，通過決議成立廣州國民政府，由汪精衛任主席。南京和廣州方面發生了嚴重的對立。迫於國內各種勢力的強大壓力，蔣介石於 1931 年 11 月 15 日再次宣布「下野」，辭去國民政府主席兼行政院院長職務。也就在同一天，國

林森就任國府主席時的合影

林森會見美國大使高思，前排右至左：國務委員王正廷、外交部長王寵惠、林森、高思

民黨中央批准蔣介石辭職，同時，推舉林森為國民政府代理主席，陳銘樞代理行政院長。

由於蔣介石下野，各派合作的障礙已不復存在。於是，1932 年 1 月 1 日，一個統一的國民政府在南京成立，林森在國民政府禮堂宣誓就任國民政府的第三任主席，孫科任行政院長，張繼、伍朝樞、戴季陶、于右任分任立法、司法、考試、監察院長。

國家元首的爭奪

林森為何能坐上國民政府主席的寶座？

林森，福建閩侯人，1905 年加入同盟會。曾任過南京臨時參議院議長。北京政府的參議院議長、福建省長、廣州非常國會議長、護法軍政府外交部長等職。還任過反共的西山會議派的「首領」。國民政府成立後，曾是國民政府的五常委之一。

而國民政府主席一職，國民黨早就已經議定，不負任何政治責任。梁寒操曾提出，國民政府主席人選，一定要是「年高德劭」者擔任。蔣介石最初屬意于右任，汪精衛則傾向於蔡元培，還有人認為孫科最合適。各人有各人的理由。

主張孫科的人認為，他是孫中山先生的兒子，繼承民國的大統順理成章。但此議一出，立即遭到胡漢民不客氣的譏諷，他說：「孫科是先總理的兒子，於是，也就有了革命的脾氣；而他又是在國外長大的，因此，又有了洋人的脾氣；還由於他是孫先生的獨生子，所以又有了大少爺的脾氣。這三個脾氣一發起來，你們誰吃得消。」胡漢民這一說，再沒有人提孫科了。而蔣介石最為器重的就是于右任了。于右任是主張寧漢合作最力之人。1928 年，在蔣介石的支持下，中央黨部由於右任當家。但胡漢民把持了黨部事務後，于右任馬上就坐了冷板凳。于右任一直對此滿腹牢騷。後來，于右任充當了蔣介石和汪精衛之間的實際調停人，蔣介石的許多資訊，就是通過於傳遞的。在蔣介石「下野」前，曾約于右任密談，並對他有過任國民政府主席的承諾。于右任甚至已經準備了就任主席的演說詞。

而汪精衛則力主由蔡元培出任主席一職。這是因為在 1929 年國民黨三全大會期間，胡漢民支持蔣介石，準備處分汪精衛等反蔣分子，並開除他們的黨籍，但黨內元老蔡元培不同意。因此，汪對蔡元培很有好感。當年蔣介石策動四元老張靜江、吳稚暉、李石曾、蔡元培將李濟深「請」至南京扣押，蔡元培曾起了一定的作用的。

于右任年輕時的照片

而國民黨內的大多數人都認為林森更符合「年高德劭」這四個字的標準。胡漢民在給汪精衛的一封信中說：「今天的國府主席，不負任何政治責任，誰都可以當。不過，還是慎重點好。以我的意思，以林森最合適。」國民黨的另一元老級人物陳銘樞也力主林森出任主席。蔣介石、汪精衛雖然各有所屬，但不能不尊重胡漢民等黨內眾多的意見。也正是因為主席不負任何政治責任，蔣介石也認為由林森出任主席，的確比于右任合適，一是符合「年高德劭」，二是國民黨內的各方都能接受林森，可以團結黨內大多數，進而實現黨內的大團結。最後，蔣介石終於決定將林森推上國民政府主席的寶座。

當蔣介石約于右任告知這件事時，這位老先生竟然流下了兩行老淚，哽咽著說：不幹就不幹吧，老同志要服從大局嘛。雖是不負實際責任，但這個主席，對於這些元老們來說，還是有很大吸引力的。

林森出任國民政府主席時，已 64 歲。

重慶遇車禍

一晃，林森已連任國民政府主席長達 10 多年時間。

1943 年 5 月 12 日上午，林森前往重慶國民政府出席加拿大新任駐華公使歐德倫遞交國書儀式。

當林森的汽車開到小龍坑的三叉路口準備轉彎時，一輛大卡車高速駛來，林森的別克車立即避讓，重重地

林森的手跡

撞到了一棵樹上，又彈了回來。林森坐在後排，從座位上震了下來。到達國民政府時，已是 9 時 45 分光景。此時，林森頭歪靠在了一邊，說話已含糊不清。醫生診斷是腦溢血。

8 月 1 日下午 7 時 4 分，林森在雙河橋官邸病逝，終年 76 歲。

林森逝世後，國民政府為林森舉行了極為隆重的喪禮。

國民政府通知五院及各部、各省市政府，並昭告國民周知；外交部將通知各國駐華使領館，並轉知駐在國政府，並昭告僑胞。8 月 1 日起，所有黨政軍機關停止娛樂活動 1 個月。全國各機關下半旗致哀 1 個月，民間下半旗 3 天。中央廣播電臺則反復播放林森在 1943 年元旦發表的堅持抗戰到底演說的廣播講話錄音。

大殮的靈堂設在雙河橋林園主席官邸。8 月 2 日為公祭日。黨政軍官員首先進行了公祭。重慶全市停止交通 3 分鐘，民眾肅立，鳴禮炮 101 響。

2 日下午 4 時半，國民黨總裁蔣介石親臨林園的靈堂祭奠。以後，各方人士紛紛來到這裡進行祭奠。

8 月 2 日，中共中央機關報《新華日報》，為林森的逝世專門發表了社論，題為《為元首逝世致哀》，對林森給予了高度評價。中共中央 8 月 4 日亦自延安電唁林森逝世。電文為：「國民政府林主席治喪委員會公鑒：國府主席林公，領導抗戰，功在國家，茲聞溘逝，痛悼同深！謹此致唁。中國共產黨中央委員會。」美國總統羅斯福、英王喬治六世、法國民族解放委員會戴高樂、蘇聯共產黨領導人史達林、土耳其總統、菲律賓總統、巴西總統、伊朗首相、埃及總理等政界要人，以及世界上的許多黨派團體，紛紛發來唁電，對林森的逝世表示了沉痛的悼念。

8 月 7 日上午，公祭林森的典禮分別在重慶的山洞雙河橋、市內的新運服務所以及夫子池忠義堂舉行。典禮開始後，每隔 30 秒，即鳴放禮炮一發，直至 101 響。官方及民間人士絡繹不絕地前往弔唁。同時，在重慶以及全國各地都設置靈堂進行弔唁活動。

8 月 15 日下午 2 時，延安各界數千人在邊區大禮堂舉行隆重的公祭國民政府主席林森大會。到會的有，陝甘寧邊區政府主席林伯渠，第三屆國民參政員吳玉章、高崗，晉西北行署主任續范亭，國民政府軍委會聯絡參謀徐佛觀、郭仲容，以及邊區各機關、學校、部隊、團體的代表。各位發言者都高度評價了林森主張團結抗戰到底的一貫精神。

國民政府追悼林森

弦歌不輟

西南聯大大門

「通才教學」思想，是西南聯大留給後人的一筆精神財富。

西南聯大是由北京大學、清華大學和南開大學聯合組成。三校始遷湖南，組成了長沙臨時大學，後又西遷昆明，改稱「西南聯大」。1938年5月4日開始上課，至1946年5月4日結束。西南聯大在雲南堅持辦學整整八年。

艱苦的辦學條件

聯大的辦學條件極為艱難，教室是土牆，屋頂僅蓋一層鐵皮；學生宿舍是土坯草屋，上下層雙人床，室內燈光暗淡。教授的生活也極為清苦，學生們甚至得不到起碼的溫飽。是什麼力量使聯大始終朝氣蓬勃，弦歌不輟，培養出如此眾多的國家棟樑、民族精英呢？根本一點，就是聯大發揚光大了「五四」和「一二九」運動民主和科學的愛國傳統，在山河破碎、國家遭難的緊要關頭，廣大師生有一種不甘淪亡的堅強信念，深信在抗戰勝利後，國家一定重建，必須有一大批人才。因而教師教書不忘國難，治學謹嚴，誨人不倦；學生讀書不忘救國，救國不忘讀書，大家都認識到自己肩負的重大歷史使命。

西南聯大常委會主席梅貽琦

聯大的校園，不論是樹下、牆角，隨處可見學生們孜孜以求，刻苦攻讀的身影。教授上課，教室內外都擠滿了人，好些人站著記筆記。圖書館藏書少，參考書不足，有些教授為了備好一堂課，往往四處尋覓有關書刊，常常深更半夜趕編講義，遇到停電，就點亮了蠟燭……

張伯苓

周培源（左一）、陳省身（左五）、陳岱孫（左三）等人在西南聯大合影

學術傳統

學術傳統的延續，首先要靠相對穩定的教授群體。西南聯大的教授群體，恰好是由上世紀 30 年代前完成中西教育的三代知識份子共同組成的。第一代是出生於 19 世紀末的那一批人，以陳寅恪、傅斯年、劉文典、聞一多、朱自清等人為代表；第二代是 20 世紀初出生的那一代人，以 1900 年前後出生的為代表，如王力、唐蘭、浦江清、錢端升、葉公超等；第三代則以錢鍾書、費孝通、吳晗等 1910 年前後出生的人為代表。

這三代學人的共同特點是在抗戰前基本上都完成了學者的準備階段，開始迎來自己學術上的收穫期。當錢鍾書剛剛學成歸來時，當時的文學院長馮友蘭和教授吳宓都力邀他回清華執教，陳寅恪也認為錢鍾書「人才難得」。前輩學人寬廣的學術胸懷，對後輩學人的成長極為有利。西南聯大時期，這種前輩學人對後輩學人的鼓勵和幫助，也構成西南聯大學術傳統的一部分。

西南聯大的學術傳統有豐富的內涵，從教授的自由流動到教授治校，從合理抗議政府到支持學生運動，從視學術自由為生命到為自由而關心政治，在當年的西南聯大都有實實在在的體現。儘管生活艱難，還有各種各樣的壓力，但在精神上，當時的大學教授是自由舒暢的。

西南聯大的實際負責人是梅貽琦，他視西南聯大的學術傳統為自己的生命，他曾說過：「對於校局則以為應追隨蔡孑民先生相容並包之態度，以恪盡學術自由之使命，學校應均予以自由探討之機會。」他的這種信念，使西南聯大的學術傳統保持了下來。

馮友蘭做了八年西南聯大的文學院院長，聯大的學術傳統正是靠他和他的同事們保持和延續的，抗戰八年，加上後來的五年時間，他始終堅守著西南聯大的學術傳統。他極力贊成學術獨立，他認為，對於大學，國家社會要持不干涉的態度，國家社會要予他們研究自由，並且要給予他

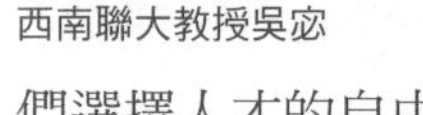
西南聯大教授吳宓

西南聯大教授朱自清

們選擇人才的自由。

西南聯大教授賀麟在 1941 年曾寫過一篇《學術與政治》的文章。他說：「學術在本質上必然是獨立自由的，不能獨立自由的學術，根本上不能算是學術。每一門學術都有每一門學術的負荷者或代表人物；保持學術的獨立自由和尊嚴，在必要時，犧牲性命亦在所不惜。」

西南聯大所實行的通才教育，「教授治校」，「學術民主」，及科研與教學並重和精簡管理機構等理念，特別是「通才教學」思想，是西南聯大留給後人的一筆精神財富。

精英輩出

著名愛國教育家張伯苓、蔣夢麟、梅貽琦為首組成的西南聯大常委，聚集了原三校著名教授和時代的精英。八年中，曾在聯大就讀的共 8000 多人，所屬附中也培養出一批傑出人才。聯大眾多的教師，幾乎每一位都有各自突出的長處，但有一個共同特點，這就是求知若渴，勤奮好學，畢生為追求真理而奮鬥。如朱自清、陳寅恪、聞一多、王力、張奚若、吳大猷、錢穆、陳省身、任之恭、曾昭掄、牛滿江、潘光旦、柳無忌、吳晗、華羅庚、鄭天挺、馮友蘭、吳宓、查良釗、周培源、費孝通、錢鍾書、戴汝為等。他們培養出蜚聲國內外的大批傑出的科學家、教育家、哲學家、史學家、文學家。西南聯大不僅為中國，也為世界的科學文化和人類進步，做出了重要貢獻，在我國教育史上留下了光輝一頁。

梅貽琦個人生活素來節儉清苦，在西南聯大，身為大學校長和國民黨的中央委員，他家卻經常吃的是白飯拌辣椒，沒有青菜，有時吃上一頓菠菜豆腐湯，全家就很滿意了。他同一般教授一樣，也住在租用的民房裡，階沿上擺幾把椅子就算是「客廳」。他兒子的眼鏡丟了也沒有錢再為他配一副新的。當時西南聯大教授們的月薪，在 1938 年和 1939 年僅能維持兩三個星期的生活，不足之處，只好由夫人們去想辦法。梅夫人只好做米糕賣了貼補家用。她與人合作，用七成大米、三成糯米，加上白糖混合，做成米粉碗糕，取名「定勝糕」，即抗戰一定勝利之意。梅夫人每天挎著籃子，步行 45 分鐘到昆明德勝橋「冠生園」寄賣。

1943 年 1 月 11 日，中美在華盛頓簽署《中美新約》，左為中國駐美國大使魏道明

太平之夢

1943 年，《中英新約》、《中美新約》等相繼簽署，中國廢除了一系列不平等條約。

「廢約」條件成熟

1941 年 4 月，中國外交部長郭泰祺，奉中國政府之命，向美國提出締結中美平等條約，廢除現行條約。經磋商，兩國於 5 月下旬先以換文的方式達成協議。美方承諾「在和平狀態恢復的時候，能和中國政府以有步驟談判和訂立協定的程度，迅速地做到取消一切有特殊性質的權利」。5 月 25 日，郭泰祺與美國國務卿赫爾在華盛頓非正式互換文件。英國也於 7 月與中國政府互換照會。英國次外相白特勒發表聲明，表示願與中國政府商討取消治外法權，交還租界，並根據平等互惠原則修改條約。英國駐華大使卡爾又致電中國外交部，表達了相同的意願。

太平洋戰爭爆發後，英、美在華特權已被日本奪取，為了對付共同的敵人，美、英在廢除對華不平等條約問題上也趨於積極。

「廢約」終於實現

1942 年 10 月 10 日，美、英兩國政府同時發表聲明，宣布將與中國政府談判，締結一項條約，放棄在華治外法權及解決有關問題。10 月下旬，中國政府接到美、英兩國的新約草案後，即開始與兩國談判。12 月 18 日，美國政府向中國提交照會，建議於 1943 年元旦在華盛頓正式簽署條約和換文，中國立即表示贊同。

1943年1月11日上午10時，《中美新約》在華盛頓簽字。下午 4 時，《中英新約》在重慶簽字。之後，中國外長宋子文照會英國駐華大全薛穆，聲明中國政府對新界租借地「保留日後提出討論之權」。

1943 年 5 月，宋美齡訪美時與羅斯福合影

兩個條約內容基本相同，其主要內容有：廢除英、美在華的領事裁判權，兩國人民在中國領土內，應依照國際公法和國際慣例，受中國政府管轄；廢除1901年簽訂的《辛丑和約》，交還北平使館區，撤銷在北寧路的駐兵權；交還天津、廣州的英租界和上海、廈門的公共租界；撤銷租界內的特別法庭；廢除英、美兩國在中國各口岸使用外籍水員的特權；英國放棄由英國人擔任中國海關總稅務司的特權；廢除英、美軍艦在中國水域內行駛的特權；廢除英、美兩國商船在中國沿海貿易和內河航行特權；中國與英、美兩國在戰爭結束後，至遲6個月內舉行談判，簽訂一項友好通商航海設領條約。5月20日，換文批准，條約正式生效。在中美、中英「新約」簽訂後，中國相繼與比利時、挪威、瑞典、荷蘭、法國、丹麥、葡萄牙、巴西、加拿大等國簽訂了相關條約。除香港、澳門尚未解決外，舊的不平等條約全部廢除。

重慶、延安的慶祝活動

1月12日，羅斯福、邱吉爾分別致電蔣介石，對簽

1943年1月11日，中英在重慶簽署《中英新約》，中為宋子文

1942年12月，在中國已與英美等國結盟共同反抗日德意法西斯、外交活動十分頻繁之際，吳國楨被任命為國民政府外交部政務次長，兼任蔣介石侍從室秘書。其時，外交部長宋子文常駐美國，吳國楨肩負輔佐宋子文掌理戰時外交的重任，曾一度對外暫代部務。其間，他參與主持了中美、中英新約簽署、籌組聯合國、爭取國際軍事政治援助等一系列重要的外交活動，參加了接待美國副總統華萊士訪問中國等重大外交接待任務。1945年8月，吳國楨奉命以國民政府外交部次長身分，與法國臨時政府駐華使館代辦戴立堂在重慶簽署《收回廣州灣法國租借地專約》，宣告了法國強租廣州灣歷史的終結。

《中英新約》簽字，左為外交部政務次長吳國楨

中英雙方簽字後合影，前排左至右：駐英大使顧維鈞、英國代表駐華大使薛穆、外交部長宋子文、英方代表黎吉生、外交部政務次長吳國禎

約表示熱烈祝賀。12 日，國民政府發表文告，宣稱新條約的簽訂，中國已獲得了完全獨立平等自由地位，與各國「並駕齊驅」了。1943 年 2 月 2 日，國民政府批准兩個《新約》。蔣介石於 2 月 4 日發表《告全國軍民書》。

國民政府宣布，2 月 5 日重慶全市懸旗 1 天，機關學校放假 3 天，工廠放假 1 天，民間張燈 6 夜。重慶舉行了一系列規模空前的慶祝「廢約」活動。

1943年1月25日，中共中央作出《關於中英中美間廢除不平等條約的決定》，肯定了新約簽訂的積極意義。延安《解放日報》還發表了《中國共產黨與廢除不平等條約》的社論。2月4日，延安各界舉行 2 萬多人參加的慶祝廢約大會，毛澤東、朱德出席。大會發出致全國通電。朱德發表講話指出，不平等條約的廢除，是國共合作的結果。

1941 年 10 月 28 日，中國外交部長郭泰祺（前右二）、國務委員王正廷（前右一）與澳大利亞大使艾格登爵士（前左二）等合影。

陳誠、何應欽角逐軍政部長

陳誠

何應欽

何應欽以「軍人坐轎指揮作戰，成何體統」爲由，撤了陳誠的 21 師師長職務。

何應欽主持軍政部 18 年

在國民黨的黨政軍機構中，軍政部長是一個極有權力的職位，尤其是在抗戰時期，軍政部掌握了全軍的人事編制、軍需糧秣分配等大權，從 1927 年到 1944 年，何應欽任軍政部長已整整 18 個年頭。

國民黨軍中的一些高級將領，尤其是黃埔系將領，要求改組軍政部的呼聲越來越強烈。理由是，軍政部不能順應抗戰的形勢，對軍需給養物資，仍是一味刁難，克扣；軍委會下轄 6 個直屬單位，分別為：軍政部、軍訓部、後方勤務部、銓敘廳、辦公廳，後來又增設了運輸統制局，而何應欽以軍政部長又兼任參謀總長，總長當然有權指揮各部廳局。後來，何應欽又擔任了運輸統制局長，權力的確是太大了，已形成了尾大不掉之勢。

到了 1944 年，軍內要求何應欽交權的呼聲越來越高，甚至出現了「軍政部長不更換，就不足以振奮軍心」的口號。蔣介石這才感到，是到了對何應欽下手的時候了。

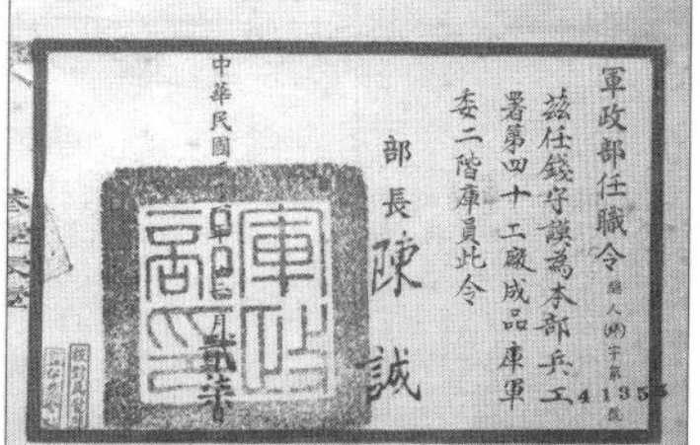
軍政部任職令
茲任錢守謙為本部兵工署第四十工廠成品庫軍委二階庫員此令
部長陳誠
中華民國

陳誠任部長時簽發的任職令

陳誠與何應欽結怨多年

這時，一個人站到了前臺，向何應欽發起了強有力的攻擊，他就是蔣介石的嫡系將領陳誠。

陳誠與何應欽一向不和。1927 年，北伐軍與北洋軍

軍政部任職令
茲任朱華為本部兵工署第二十五工廠會計處薪工計算課軍委三階司書此令
部長何應欽
中華民國三十三年十一月二十三日

何應欽任部長時簽發的任職令

陳誠接任軍政部長

閥在南京龍潭附近展開激戰。陳誠率北伐軍第 21 師奉命投入戰鬥。時值盛夏，陳誠胃病復發，疼痛難忍，只好坐在一頂轎子上指揮戰鬥。即使如此，也數次暈倒，從轎中跌出。戰後論功行賞，有人向何應欽告發說，陳誠坐轎子打仗。何應欽正愁找不到陳誠岔子，於是，不由分說，馬上就以「軍人坐轎指揮作戰，成何體統」為由，撤了陳誠的 21 師師長的職務。

國民政府成立後不久，何應欽聯合李宗仁、白崇禧等人，把蔣介石趕下了台。同時，也把陳誠的第 21 師師長職務免去。次年 3 月，蔣介石官復原職。蔣一上臺，立即任命陳誠為總司令部中將警衛司令，解除了何應欽的第 1 路軍總指揮職務。

抗戰中，第 54 軍軍長陳烈病死。陳誠即調自己的親信 18 軍軍長黃維繼任。不久，第 9 集團軍總司令關麟征到來，54 軍遂劃歸關指揮。關麟征原為陳的部下，後與陳誠不和，遂投到何應欽的門下。當他接手 54 軍後，就想秉承何應欽的旨意吞併這支部隊。於是，立即派出「欽差大臣」到 54 軍查帳。

沒想到，生性耿直的黃維給軍政部發了一封措辭強硬的電報，表示不滿。何應欽跑到蔣介石處狠狠告了黃維一狀，罪名是「破壞軍需獨立」，一定要蔣介石將黃維撤職才肯甘休。蔣介石看何應欽動了真格，只好遷就他，將黃維調任本部高參。

黃維被免職後，關麟征立即調親信張耀明接任 54 軍軍長。同時，又調自己的 52 軍 25 師師長到 54 軍 50 師任師長職。

時任中國遠征軍司令長官的陳誠此時來到了昆明。他豈能坐視自己的嫡系部隊被他人肢解。於是，急調子弟兵第 18 軍副軍長羅廣文任 54 軍軍長，與何應欽來個競賽，看誰能先取得蔣介石的同意。沒想到，何應欽在蔣介石面前一口咬定，羅廣文不是黃埔畢業生，不能當此重任。蔣介石就沒有批准羅廣文。陳誠急中生智，又向蔣介石推薦了方天。方天是黃埔二期畢業生，陸大十一期，正宗的「土木系」。何應欽這才無話可說。

不久，陳誠胃病復發，只得離開了這官場之爭，到重慶養病去了。陳誠剛走，何應欽就免去了陳誠的遠征軍司令長官的職務。

何應欽「另有任用」

陳誠病癒後，處處和何應欽唱起了對臺戲。陳誠對軍政部的貪汙腐敗極其不滿，曾在公開場合宣稱：「前方吃緊，後方盡吃；前方有啥吃啥，後方吃啥有啥。」並用兵役署長程澤潤不顧新兵死活，貪汙舞弊，結果被蔣介石下令槍斃等事實來攻擊何應欽。何應欽面對以陳誠為首的軍內高級將領們的攻擊，自然是無法招架，只能裝聾作啞，「以靜制動」。

蔣介石早就有意讓陳誠來當軍政部長。幾天後，何應欽雖然把辭呈遞了上來，但同時舉薦了三個人：第三戰區司令長官顧祝同，軍政部政務次長錢大鈞，中央陸軍軍官學校教育長陳繼承。三人都是上將軍銜。唯獨沒有陳誠。

蔣介石立即提筆在辭呈上寫了四個大字：「辭修何如？」辭修是陳誠的字。

轉眼到了 1944 年 11 月，何應欽仍然按兵不動。而陳誠早已在組織班底，準備走馬上任了。與此同時，蔣介石把兵役署撤銷，另設了兵役部，由薛篤弼任部長。至此，兵役行政完全脫離了軍政部。緊接著，又將軍政部的軍糧劃歸糧食部管轄，由部長徐堪直接抓。後方勤務部的車船運輸，也劃給了軍統局。這樣一來，軍政部已被蔣介石搞得支離破碎。最後，蔣介石任命何應欽為中國陸軍總司令。終於將何應欽拉下了軍政部長職位。

陳誠雖然躊躇滿志地準備到軍政部上任了，但何應欽也有他的如意算盤，他知道，軍政部現有兩個次長錢大鈞和曹浩森。錢是蔣的嫡系，北伐時地位比陳誠還高，現在又同是上將軍銜，他怎肯服陳誠。

於是，蔣介石來了一個大換位，調侍從室上將主任林蔚任軍政部政務次長，原次長錢大鈞調侍從室接林蔚職；軍政部原兵工署長俞大維任軍政部次長。

林蔚長期擔任蔣介石的幕僚，深知蔣介石對陳誠的倚重，加上林蔚是浙江黃岩人，陳誠是浙江青田人，二人是同鄉加同事，故配合起來是絕無問題。

而另一次長人選俞大維，蔣介石也是有他的考慮的。國民政府前主席譚延闓的長女是俞大維的夫人。次女譚祥由蔣、宋做媒嫁給了陳誠。這樣一來，陳誠與俞大維就成了連襟。於是，一個絕好的三人搭檔形成了。

錢大鈞

黃維

關麟征（中）

1945 年 6 月 27 日，宋子文（右二）、王世傑（右一）抵莫斯科機場，與蘇方進行談判

一個相對眞實的宋子文

長期封存於美國斯坦福大學胡佛研究所的「四大家族」秘密檔案首次向外界發布。

「宋子文檔案」解密

2008 年 3 月 28 日下午，離開故土 60 年後重返上海的宋子文長女宋瓊頤女士在復旦大學宣布，包括照片、電文、信函等一系列珍貴歷史資料在內的「宋子文檔案」解密，公之於眾。這是長期封存於美國斯坦福大學胡佛研究所的「四大家族」秘密檔案首次向外界發布。公布的「宋子文檔案」包括 3 本著作：《宋子文及他的時代》、《宋子文駐美時期電報選》、《宋子文與戰時中國》，從這些史料中，人們可以看到一個相對真實的宋子文。

幾次辭職，似乎都與財政有關

宋子文畢業於美國哈佛大學，「觀念開放，務實開明」，國民政府的整個財務系統是宋子文一手建立起來的，他還是中國中央銀行的創辦人，而國民黨內部很多官員對經濟運作非常陌生，矛盾衝突因此時有發生，為此宋曾多次與蔣介石鬧翻，而且他還是國民黨高層中極少數敢在蔣面前拍桌子的人。1928年到1933年，宋子文曾經先後四次辭職，幾乎都與財政有關。

蔣介石熱衷於「攘外必先安內」的政策。宋對此並不贊同，這也許是他在 1933 年選擇離開政治舞臺的原因之一。1931 年九一八事變後，宋子文就主張和美國聯絡，引進歐美的力量。宋子文的事業巔峰期是在 20 世紀三四十年代，特別是 1940 年代。1941 年底，太平洋戰爭爆發後，宋子文被任命為國民政府外交部長，在當時極其困難的情況下，他為中國爭取到大量寶貴的國際援助，直至 1945 年抗戰勝利前夕再次辭職。1944 年 12 月 18 日，宋子文成為美國《時代》週刊的封面人物。

抗戰勝利後，宋子文先後擔任國民政府行政院長、廣東省主席等職。1949 年 1 月，時任廣東省政府主席的宋子文向蔣介石遞交了辭呈，這是他在蔣政權中擔任的最後一個官方職務。國民黨退守臺灣後，閻錫山曾經以「行政院長」的名義給宋發去聘書，邀他籌募公債，但已經對國民黨政權不再抱有希望的宋子文始終未予回覆。

1949年4月下旬，人民解放軍攻占南京，停留在香港的宋子文於5月16日乘機飛赴法國，同年6月赴紐約定居。

回應英國首相：中國對西藏擁有主權

1943年5月，在美國首都華盛頓舉行過一次重要的國際會議——太平洋會議。出席者有中國、美國、英國、加拿大、澳大利亞的首腦人物。中方代表是時任中華民國外交部長的宋子文，英方代表是邱吉爾首相。

太平洋會議的主題是研究同盟國各成員國在對德、日法西斯交戰中的戰略使命。可是，會上出現了一個插曲——5月21日的會議上，邱吉爾突然對宋子文說：「聽說中國正在向西藏大舉增派部隊，準備進攻西藏，那個國家現在很恐慌。」宋子文當即回應：「西藏可不是什麼獨立的國家，中國和英國間所簽訂的全部條約中，都承認中國對西藏擁有主權。」當天，宋子文即將此事電告重慶的蔣介石，第二天，蔣介石回電明確答覆：邱吉爾的說法是對中國內政的干涉，必須堅決反對。

當時電文如下——宋子文21日電：「丘相謂，近聞中國有集中隊伍進攻西藏之說，致該獨立國家大為恐慌，希望中國政府保證不致有不幸事件發生……文答並未有此項消息，且西藏並非所謂獨立國家，中英間歷次所訂條約，皆承認西藏為中國主權所有。」

宋子文與其妻張樂怡在上海其父母墓前

在國民政府中，孔祥熙、宋子文都是理財幹將。孔被稱為「Yesman」（好的、遵命先生），宋也會說「Yes」，但他會搞清說「Yes」的原因，如蔣向財政部要錢，他要問一問做什麼用。有時不買帳，乾脆說「No」。而孔祥熙則絕不問長問短，要錢就給。因此，蔣、宋之間常有矛盾，宋子文曾發牢騷說：「做財政部長無異做蔣的狗。」而蔣、孔之間則比較和諧。宋子文自1928年起擔任財政部長，在以財力支持蔣介石和國民政府方面曾立下汗馬功勞。1932年4月，任行政院副院長兼財政部長，成為僅次於蔣介石、汪精衛的顯赫人物。但是，1933年10月，宋子文因不滿蔣介石的猛增軍費、濫發公債，和蔣介石發生衝突，辭去職務，蔣介石改以孔祥熙任行政院副院長兼財政部長。自此，孔日益得到蔣的信任，宋、孔之間的矛盾也日益滋生、展開。

蔣介石 22 日回電：「邱吉爾稱西藏為獨立國家，將我領土與主權，完全抹煞，侮辱實甚。西藏為中國領土，藏事為中國內政，今丘相如此出言，無異干涉中國內政。中國對此不能視為普通常事，必堅決反對。」

1943 年是反法西斯戰爭的關鍵一年，英國作為中國的盟國，為何突然干涉中國的西藏問題呢？這主要是因為中國政府一直沒有承認英國提出的所謂「麥克馬洪線」。當時，英國的殖民大國地位開始動搖，他們迫切要求加強對印度的控制，而中國在西藏與印度有很長的邊界線，英國希望增加在西藏的影響力，保證殖民地的安全。英國的這一做法，遭到中國政府堅決反對。

「宋子文檔案」中還有一個地方談及了「西藏問題」：在滇緬公路被日軍占領後，中國抗戰的運輸大動脈出現了問題，中方曾向同盟國提出要求，修建一條由四川經西藏，再由西藏到印度的公路，重建「生命線」，然而，一些國家出於自己利益的考慮，沒有採納中方的建議，因此，在相當長的時間內，中方的抗戰物資只能依賴「駝峰」航線空中運輸。

晚年的退隱生活

在美國作家斯特林・西格雷夫撰寫的《宋家王朝》一書中，稱宋家王朝「聚集了這個時代最大財富的一部分」。《不列顛百科全書》亦稱：「宋子文是地球上最富有的人」。然而，根據史料的記載，在宋子文所處的那個時代，不要說全球範圍，即便在中國，宋子文也談不上是最富有的人。

《中蘇同盟條約》簽字儀式。史達林（右四）、宋子文等出席，簽字者為蘇聯外長莫洛托夫

依照現在發布的「宋子文檔案」，再經有關史料核實，在 1940 年左右，宋子文的財產為 200 萬美元；至 1971 年宋子文去世時，加上房產變賣等，他的總資產達 800 萬美元。扣除 200 多萬美元稅款後，宋子文遺留給夫人張樂怡的遺產為 500 多萬美元。

晚年的宋子文對醫學津津樂道，而且是個股民，他非常關注股票和債券的價格，會仔細抄下股票行情，每逢紐約證交所有新公司上市，就頗為興奮。到目前為止，無論在中國第二歷史檔案館、中國臺灣地區的檔案機構以及胡佛研究所的「宋子文檔案」中，都還沒有發現大家所公認的足以證明宋子文「貪汙」的證據。

1971 年 4 月 25 日當地時間下午 7 時許，宋子文在美國三藩市鐘斯大街 1250 號公寓用晚餐時，因進食導致窒息，突然摔倒，未送到醫院搶救便已去世，享年 77 歲。

「聯大」會場

大國地位

中國的英文名「CHINA」排在各發起國之首，在《聯合國憲章》簽上第一個字、而且是漢字的是中國人。

中國參與發起

隨著第二次世界大戰歐亞戰事的推進，戰後的世界安排已被提上了盟國的議事日程。

早在 1943 年 10 月，美國、蘇聯、英國、中國四國在蘇聯首都莫斯科發表宣言，確定了戰後成立新的國際組織的原則。接著，在 1944 年春，四國又進行磋商，擬儘快成立一個國際組織並制定章程，並商定在美國首都華盛頓郊區的敦巴頓橡樹園舉行一次會議，商討具體事宜。

中國國民政府決定任命駐英國大使顧維鈞為首席代表，外交部次長胡世澤、中國駐美國大使魏道明、駐美國軍事代表團團長商震為代表，出席在華盛頓舉行的會議。1944 年 8 月 25 日，顧維鈞抵達美國。會議於 8 月 21 日至 9 月 28 日在敦巴頓橡樹園舉行，故此次會議又稱「敦

各國代表團

顧維鈞是一位職業外交家，他認為，辦理外交時，唯一應當考慮的是民族利益，而不是黨派和政治利益，更不能考慮個人政治上的得失。將民族利益和政治利益相區別、將外交與黨派相區別，以一種超黨派的中性立場為國家服務，成了顧維鈞的立身之道、立業之本。按照這樣一種政治理念，顧維鈞努力以超黨派的姿態，塑造自己的政治品格並付諸實踐，他是確如是言、亦如是行。

「聯大」會場

巴頓會議」。會議歷時一個多月。

緊接著，又舉行了中國、美國和英國代表參加的三方會議。經國民政府的授權，中國首席代表顧維鈞、代表魏道明等對前一次會議提出了自己的補充意見。但美英兩國對中國的建議不完全同意。中國代表為了世界反法西斯陣營的團結，在基本目的達到的情況下，作了一些妥協。第二次會議於 1944 年 10 月 7 日順利結束，發布了會議公報。

會議將要結束時，第二次世界大戰歐洲戰場的形勢已經明朗化。但中國戰場卻出現了不利的局面：中國軍隊在豫湘桂戰場大潰敗。中國代表在會上沒有了底氣，大國地位岌岌可危。局面對中國非常不利。但經過中國代表，尤其是首席代表顧維鈞的努力，採取了靈活的策略加以應對，中國總算保住了「四強」的大國地位。

四國商定，聯合國制憲大會將於 1945 年 4 月 25 日在美國三藩市舉行。是年 3 月，中國與美、英、蘇一道，以聯合國發起國的身分，向世界各有關國家提出了邀請。

國共「代表之爭」

中國代表團成員的組成問題，頗費了一番周折。中國共產黨早就向國民政府提出了聯合組團參加三藩市會議的建議，遭到蔣介石的拒絕。中國駐英大使顧維鈞為了扭轉世界上對中國「政治不統一」、社會「四分五裂」的看法，以一名職業外交家的身分向蔣介石提出了共同組團參加大會的建議。他面見蔣介石說，中國代表團應有廣泛的基礎，包含有不同政治主張的代表，以向世界昭示這是一個代表了全國性的代表團，並且要有一名婦女代表。但蔣介石仍然固執己見。顧維鈞又向外交部長宋子文和宣傳部長王世傑表達了相同的觀點，但同樣沒有得到回應。顧維鈞經過不懈的努力，終於未能改變蔣介石的看法。

顧維鈞簽字，後立者為董必武

吳貽芳簽字

1945 年 8 月 15 日，蔣介石在重慶簽署《聯合國憲章》

眼看會期一天天地臨近，事情卻突然有了轉機。

1945 年 3 月 22 日，在重慶的國民政府收到美國總統羅斯福致蔣介石的一封電報，稱：我願使閣下知悉，如閣下之代表團容納共產黨或其他政治結合或政黨在內，我預料不會有何不利情形……若能容納此類代表，在會議中必能產生良好印象。羅斯福特意強調，美國兩大政黨之代表，在參加聯大的美國政府代表團中均有其地位。羅斯福的口氣頗為婉轉，但似乎又不容商量。蔣介石終於改變了主張。3 月 26 日，蔣介石親自致電羅斯福，表示中國出席三藩市大會的 10 名代表，有包括共產黨和其他兩個反對黨的代表各 1 人。最後，中國國民政府決定了代表團的成員為：外交部長宋子文，駐英國大使顧維鈞，國防最高委員會秘書長王寵惠，駐美國大使魏道明，中國青年黨領袖李璜，中國民主社會黨領袖張君勱，中國共產黨人董必武，金陵女子大學校長吳貽芳，著名學者胡適，《大公報》總經理胡政之。顧維鈞在任駐法國大使期間與董必武有過一面之交，對他有一定的瞭解，所以他竭力向蔣介石推薦董必武任中共的代表人選，並最終得到蔣介石的首肯。

在憲章上第一個簽字的是中國人

由於各個成員的通力合作，在整個聯合國會議期間，中國代表團給外界的基本印象，是團結合作、舉國一致的。美國媒體對中國代表團的表現也給予了很高的評價。

《聯合國憲章》簽字儀式

美國代表簽字

宋子文（左）在「聯大」

中國代表團達到了在聯合國中確立「大國、強國」形象的目標。而實際主持代表團日常事務的顧維鈞，起到了極其重要的作用。

舉世矚目的聯合國大會，於 1945 年 4 月 25 日在美國三藩市開幕。當時的第二次世界大戰歐洲戰場，德意軍已經接近崩潰，亞洲戰場的日軍還在作困獸鬥，中國戰區的軍事作戰還很艱苦。所以中國代表團的策略，是全力支援美國的立場，並與蘇聯緊密合作，避免一切摩擦。

會議歷時整整兩個月。6 月 25 日，聯合國大會舉行全體會議，通過了《聯合國憲章》。26 日，大會舉行了極為隆重的簽字儀式。中國的英文名「CHINA」排在各發起國之首，因此，在《聯合國憲章》上簽上第一個字、而且是漢字的，是中國人。在簽字儀式的前一天，中國代表胡政之（即胡霖）提出，中國代表簽字能否用中國傳統的書寫工具毛筆。此一建議當即得到中國代表們的一致贊同。於是代表團立即派人到唐人街買了毛筆、硯臺和墨。結果，在與會國簽字時，唯有中國代表團「與眾不同」，用的是毛筆。

首先在聯合國憲章上簽字的，是代替外交部長宋子文出任中國首席代表的顧維鈞。宋子文因事先期回國，胡適因出席哈佛大學的講演會未參加大會。之後，王寵惠、魏道明、李璜、張君勱、董必武、吳貽芳、胡政之，依次在憲章上簽了字。

簽字結束後，顧維鈞致詞說：我們一生已兩次遭受世界上侵略勢力所造成的大流血和大破壞。此次戰爭，中國是第一個被侵略的國家。聯合國制定了奠定世界和平基礎之大憲章，實感無限愉快⋯⋯現歐洲勝利既已完成，對日本之最後勝利不久亦將取得，我深信並深切希望聯合國這一世界安全性群組織，本著各國始終不斷的合作精神，使我們的子孫們不致重遭戰爭的痛苦，而得以享受和平與幸福⋯⋯

由於中國是最早投入世界反法西斯戰爭的國家，並且在戰爭中做出了不可替代的巨大貢獻，所以，理所當然地成為了聯合國的創始會員國和安理會常任理事國。

1945 年 8 月 15 日上午 8 時，國民政府立法院第 282 次會議在重慶舉行。院長孫科、秘書長吳尚鷹及立法委員共 78 人出席。會前，孫科向大會宣布，日本政府已答覆四國政府，宣布無條件投降。接著，開始審查外交委員會報告以及《聯合國憲章》。外交委員會委員長即《聯合國憲章》中文文本起草人吳經熊，報告了審查經過及憲章特點。他說，此次三藩市會議五十國代表，為能以自我批評之精神融洽真誠商討，乃得完成《聯合國憲章》之擬訂。他並就聯合國安全理事會的否決權問題，托治制度等問題作了說明。最後，由大會秘書處宣讀了《聯合國憲章》的全文。到會委員全體起立，一致通過。同日，國民政府主席蔣介石亦在聯合國憲章上簽字。

花開花又落

中共參政員秦邦憲

中共參政員陳紹禹

1938 年 6 月 21 日，國民政府主席林森及五院院長向毛澤東等 7 位中共人士頒發了聘任狀，任命他們爲國民參政員。

1937 年 8 月，「國防最高會議參議會」成立，蔣介石聘請共產黨、青年黨、救國會和各界人士為參政員，這成為國民參政會成立的基礎。

1938 年 3 月 1 日，中共提出了「建立民意機關」的主張。鑒於軍事形勢的危急和外交上的孤立，國民黨決定接受中共的主張，結束國防參議會。隨後制定了《國民參政會組織條例》，遴選了第一屆國民參政員。1938 年 6 月 21 日，國民政府主席林森及五院院長向中共方面的毛澤東、陳紹禹、秦邦憲、林伯渠、吳玉章、董必武、鄧穎超等七人，頒發了聘任狀。1938 年 7 月，國民參政會在武漢成立。

第一屆國民參政會在漢口舉行

毛澤東經依法選定
為國民參政會參政
員此狀

林森
孔祥熙
居正
戴傳賢
于右任

中華民國　月　二十一日

國民政府任命毛澤東為國民參政員的聘任狀，上面有國民政府主席林森、行政院院長孔祥熙、立法院院長孫科、司法院院長居正、考試院院長戴傳賢、監察院院長于右任的親筆簽名

國民參政員王雲五（左一）出訪英國，前排中為邱吉爾、左二為顧維鈞，左四為王世傑

前期

1938 年 7 月 6 日，一屆一次國民參政會在武漢召開。中共參政員陳紹禹、秦邦憲、林伯渠、吳玉章、董必武、鄧穎超出席了會議。中共代表陳紹禹提出了《擁護國民政府實施抗戰建國綱領案》，號召全國軍民積極幫助政府，為全部實現《綱領》而努力奮鬥。

會議結束後，參政會遷往重慶。中共參政員陳紹禹、秦邦憲、林伯渠、吳玉章、董必武、鄧穎超遂趕往重慶出席了第二次會議，並在會上提出了《擁護蔣委員長和國民政府，加緊民族團結，堅持持久戰，爭取最後勝利案》。

在以後舉行的三、四、五次會議上，又分別通過了《擁護政府抗戰國策決議案》、《聲討汪逆兆銘電》、《聲討汪逆兆銘南京偽組織電》等提案，表示了參政會團結一致的嚴正立場。

中期

國民參政會的中期是 1941 年 3 月至 1944 年 9 月，即第二、三屆會議期間。

第一屆參政會後不久，國民黨就掀起了第二次反共高潮，發生了「皖南事變」。為了粉飾抗戰營壘內的裂痕，國民黨希望中共出席二屆一次國民參政會。中共提出了解決事變的具體辦法和「臨時辦法」，以此作為出席參政會的條件，但被國民黨方面拒絕。中共參政員決定不出席二屆一次會議。二屆一次參政會結束後，「中國民主政團同盟」即宣告成立。這預示著抗日民族統一戰線內部的政治力量進一步朝著有利於進步勢力的方向轉化。

1944 年 9 月 5 日，三屆三次國民參政會在重慶召開。中共在會上提出了「關於成立聯合政府」的主張。對此，國民黨表示了消極的態度，而中間黨派和無黨派知名人士則一致擁護。

後期

國民參政會的後期，是 1945 年 7 月至 1948 年 3 月，即第四屆會議的舉行和結束。

抗戰勝利後，國民黨繼續推行「一黨專政」，抵制成立聯合政府，在國民參政會內部進一步排擠進步人士。其做法是修改參政會《組織條例》，使國民參政會幾乎為國民黨一黨獨占。與此同時，蔣介石不顧民意，宣布 1945 年 11 月 12 日召開「制憲」國民大會，並決定提交第四屆國民參政會審議通過。

為表示抗議，中共決定不參加1945年7月召開的此次會議，而通過會外活動揭

蔣介石出席國民參政會　　在重慶的國民參政會

青年黨領導人左舜生，抗戰期間任國民參政會參議員，並曾擔任國民參政會主席團主席

露國民黨的政策。救國會等中間黨派和國民黨內的愛國人士也反對國民黨的舉動，迫使參政會沒有就國大召開的日期、代表、職權等問題作出決定。

1946 年 1 月政治協商會議的成功舉行，是中共和民主黨派的一個重大勝利，同時，也是對國民黨一黨專政的否定。不久，政協決議就被國民黨推翻。在四屆二次參政會上，國民黨參政員攻擊「政協不合法」，要「立即撤銷政協會議」。國民參政會作為國民黨獨占的御用工具，徹底失去了它在抗戰時期的光彩。1948 年 3 月 28 日，「行憲」國大召開前夕，國民參政會終於退出了歷史舞臺。

第三屆國民參政會會場

自 1933 年 10 月，孔祥熙接替宋子文任行政院副院長兼財政部長後，一直官運亨通。但是孔祥熙政聲不佳，國民黨中也有人希望宋子文重新上臺。1944 年初，時任重慶大學商學院院長的馬寅初發表文章，指斥孔祥熙大發國難財，CC 系、政學系（前者為陳果夫、陳立夫兄弟的勢力，後者為國民黨元老組成的派系）等繼起，一時反孔之聲甚高。12 月，蔣介石起用宋子文為代行政院長。1945 年 5 月，行政院改組，宋子文正式任行政院長。7 月，孔祥熙退出政界。

一座豐碑

宋慶齡協助向解放區輸送藥品

1940 年 4 月 18 日，宋慶齡向美國民衆發表了抗戰講話。

不遺餘力宣傳抗戰

上海淪陷前，宋慶齡轉移到了香港。臨行前，她發表了致國際人士的聲明，控訴了日軍侵華和屠殺中國人民的罪行，呼籲世界各國「積極擁護中國的抗日鬥爭」。

1938 年 7 月 5 日，正值日軍由長江南北進攻武漢之際，宋慶齡發表了《抗戰的一周年》一文。在文中她「首先向陣亡諸將士及死難同胞致以哀悼的敬禮」，指出：「偉大的一年來的奮鬥與犧牲，不過是爭取我中華民族解放、獨立的開始，最後勝利的獲取，還需要同志們踏著先烈的血跡繼續前進！」對當時的一些失敗言論，她說：「明知今日全國將士，全國同胞，個個抱有寧為玉碎，毋為瓦全之抗戰決心，此項陰謀妥協之幻想，無從實現，而有斯人斯事者，實因我抗戰的政治動員，不能與抗戰軍事並駕齊驅。」日軍進攻武漢的同時，又抽調一部分兵力進攻廣州，以便切斷中國的海上對外聯繫。宋慶齡積極在廣州的外國僑民中活動，爭取他們對保衛廣州、武漢和中國抗戰的援助。當時英國新聞界多次發表宋慶齡致英國政府和團體的函電，在英國民眾中引起巨大的反響。宋慶齡還致電美國總工會，呼籲美國工人抵制把軍火運往日本。1937 年 10 月 20 日，她在上海美商廣播電臺，向美國人民發表了著名的英文演講《中國走向民主的途中》，指出，日本對中國的侵略，「也包含著對於美國本身的威脅」，疾呼：「趁殘酷的火焰未燃燒到全世界之前，將它撲滅。」

1938 年 6 月，正當武漢保衛戰進行之際，宋慶齡在香港發起組織了「保衛中國同盟」（簡稱「保盟」），親自擔任主

「保衛中國同盟」協助延安成立了「洛杉磯托兒所」

席，委員有廖承志、克拉克、法朗士、鄧文釗、愛潑斯坦等。宋慶齡領導「保盟」大力開展宣傳工作，向全世界宣傳抗日，介紹共產黨領導下的八路軍、新四軍英勇抗戰的事蹟；堅持不懈地支持中共領導的抗日鬥爭；向同情中國抗日戰爭的外國人士和海外僑胞進行募捐，當時，捐款的人們都希望在捐款的收條上得到她的親筆簽名，宋慶齡曾為此磨破了手指；她又想盡辦法衝破日軍的層層封鎖，把募集來的大量款項、藥品、醫療器械、通訊設備、罐頭食品等物資，源源不斷地送到抗日根據地。著名的白求恩、柯棣華等外國大夫所組織的醫療隊，都是通過宋慶齡的介紹到武漢與八路軍辦事處聯繫，在周恩來等的直接關心下最後送往抗日根據地工作的。

二赴重慶

抗戰期間，宋慶齡先後兩次到重慶。第一次是 1940 年 3 月 31 日，宋慶齡和宋靄齡、宋美齡一道，從香港飛抵重慶。這也是三姐妹多年來的第一次聚首。

4月3日，宋慶齡來到新生活運動婦女指導委員會視察。下午，三姐妹又赴歌樂山戰時兒童第一保育會，帶去了給 500 多名難童的禮物。宋慶齡看著這些健康活潑的難

戰時，宋氏三姐妹看望難童

隨著日軍步步入侵，湧入大後方的難民與日俱增。宋慶齡決定以「保衛中國同盟」的名義，在香港發起「一碗飯運動」，救濟難民傷兵。1941 年 8 月 1 日，「一碗飯運動」正式舉行。車站、碼頭、機場、娛樂場所，乃至汽車、電車上，到處可見宣傳畫，到處可見標語口號，上面寫道：「為祖國無家可歸的難民請命」，「多買一碗飯，多救一個難民。」麗山餐室業主溫梓明第一個認捐了 500 碗，樂仙、英京兩餐室均認捐了 3000 碗。8 月 2 日，恰逢星期六，香港市民把參加「一碗飯運動」作為週末最光榮而又留永恆紀念的娛樂。9 月 1 日，「一碗飯運動」告一段落，在英京酒家舉行了結束典禮，宋慶齡到會主持。會上公布了「一碗飯運動」收入：扣除各項開支，純收入港幣 2.5 萬元，國幣 6150 元。

「保衛中國同盟」在香港成立

宋慶齡與「保衛中國同盟」成員們合影

童，高興地說：「這些失去父母的苦孩子，變成了幸福的兒童，真是令人高興啊。」

宋慶齡在重慶期間，出席了各種集會、歡迎會、茶會，不顧疲勞地到處奔波視察，日程排得滿滿的。如：前往傷兵之友社總醫院──第五陸軍醫院慰問傷兵；出席國民政府招待蘇聯大使潘又新的晚宴；視察郊外的中正學校及遺族學校；乘汽車赴成都，沿途到永川、榮昌、隆昌、內江等地視察。

4 月 18 日上午 7 時，宋慶齡向美國民眾發表抗戰講話，鄭重宣告中國「抱定了繼續抗戰的決心，自信必能獲得最後勝利」。5 月 9 日，宋慶齡與宋美齡同機返回香港。這一次，宋慶齡在重慶總共停留了 40 天。

宋慶齡第二次赴重慶，是在太平洋戰爭爆發後的 1941 年 12 月 9 日。在日軍占領啟德機場前的幾個小時，宋慶齡乘坐最後一架飛機離開香港。

1942 年 8 月中旬，宋慶齡在重慶重新組織「保衛中國同盟」中央委員會，並繼續擔任「保盟」主席。「保盟」總部辦公室設在兩路口新村 3 號宋慶齡寓所底樓會客室。周恩來特意將廖夢醒從澳門調到重慶，協助宋慶齡工作。

宋慶齡領導的「保盟」，組織募捐，賑濟災民、傷兵和難童。對捐贈來的大量款物，除捐贈者指定用途的按捐贈者願望分配外，對延安醫科大學、白求恩醫學院、抗日軍政大學、魯迅藝術學院、延安技術學校等單位，提供了長期的援助。宋慶齡還積極介紹和輸送外國醫生到抗日根據地工作。

賑濟災民義賣義演

1943 年 4 月，河南發生特大水災，百姓流離失所，哀鴻遍野。當局不僅置若罔聞，而且還封鎖消息。宋慶齡十分關注此事，在重慶發起賑災國際足球義賽。5 月 15 日，足球義賽在重慶川東師範學校舉行，她親自主持開幕式並開球。此次義賽為期兩天，共籌集法幣 12.5 萬元，全部捐給了河南災民，並由「工合」用以工

宋慶齡在足球義賽前募捐

抗戰中的宋慶齡

代賑辦法救濟災民。

7 月初，為募款賑濟廣東災民，宋慶齡又在道門口銀行界同人進修社組織舉辦國際音樂會賑災義演，共募款 19 萬餘元。

1944 年 4 月，為救濟湖南災民，宋慶齡舉辦了書畫義賣和歌舞義演。這是宋慶齡在重慶舉辦的規模最大的一次賑災義賣活動。

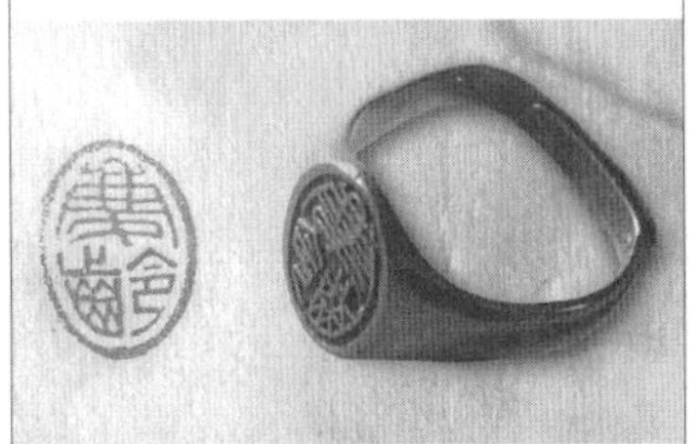
宋慶齡為捐款蓋章的戒指

為了加強抗戰宣傳，宋慶齡還多次為《新華日報》題詞。其中有：「發揚抗戰國策，爭取最後勝利」，「平等自由，聲氣相通，精誠奮鬥，共建大同。」並先後發表《中國婦女爭取自由的鬥爭——給中國在海外朋友的公開信》、《致美國工人》等具有深遠影響的文章。1944 年 3 月 12 日，宋慶齡在中央（國際）廣播電臺發表題為《孫中山與中國民主》的對美廣播演說。

1944 年 9 月 18 日，由宋慶齡、孔祥熙、宋藹齡、李德全等人發起組織的兒童福利工作人員會議，在兩路口中央圖書館正式舉行，會議著重討論戰後兒童福利設施計畫。後又募款 80 萬元援助貧病作家。

12 月 12 日，宋慶齡在重慶發表《保衛中國同盟聲明》，指出：保衛中國同盟的作用是雙重的。她同時強調「中國所遭受的創傷，需要很多時間才能治癒」。並從當日起將「保衛中國同盟」更名為中國福利基金會。年底，宋慶齡離開重慶回到上海。

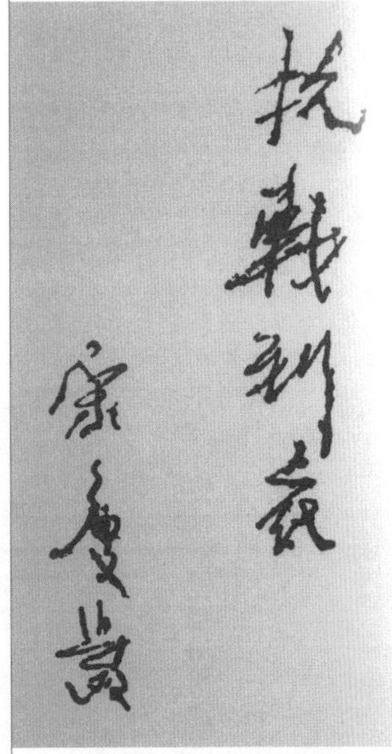
宋慶齡為《新華日報》的題詞

宋氏三姐妹與蔣介石在戰時首都重慶

勇敢的女性

保育院、傷兵醫院、前線陣地、美國國會，到處都有她的身影。宋美齡的堅定果敢，影響著周圍的每一個人。

戰時兒童保育會

抗戰初期，因日軍的野蠻燒殺搶掠，南京、上海等許多淪陷地區無數無家可歸的兒童成了孤兒，他們到處流浪，其景慘不忍睹。為了救助這些兒童，宋美齡與中共人士鄧穎超，以及李德全、郭沫若、沈鈞儒、蔡元培等人一起，發起組織了戰時兒童保育會。於 1938 年 3 月 10 日在武漢成立，宋美齡為理事長，李德全為副理事長。

八年抗戰中，戰時兒童保育會先後在全國各地成立了 20 多個分會、53 所戰時兒童保育院，收容、保育了 3 萬多名難童。宋美齡還曾在重慶辦了一所學校，自任校長，專門接收孤兒。保育會還在漢口設立了武漢第一臨時兒童保育院。1938 年 10 月 26 日武漢淪陷以前，戰時兒童保育會共搶救運送 28 批、1.5 萬餘名兒童到四川。宋美齡還經常帶著糖果、餅乾到保育院，關心孩子們的吃、穿、住。

據 1938 年 3 月 10 日至 4 月 12 日期間的保育會捐款名單顯示，宋美齡同時負擔著 2459 名難童的生活費。一次日機轟炸重慶，有 6000 多名兒童急需轉移疏散。宋美齡騰出自己的汽車，並親自站在路當

宋美齡與婦女界人士

宋美齡與重慶婦女界人士合影

宋美齡看望兒童

中，要求路過車輛停下轉移兒童。

宋美齡還主持成立了「中國婦女慰勞自衛抗戰將士總會」，自任總會長，不斷奔赴戰火紛飛的前線陣地，鼓舞士氣，帶去前方最急需的武器彈藥和補給。她經常出現在後方醫院的傷兵病房，在每一位傷兵的床頭放上一塊毛巾、一聽罐頭、一包糖，並不時詢問傷兵的傷情，甚至親自替傷兵包紮，叮囑醫院要改進醫療狀況。在漢口，她還親自為抗日將士縫製軍衣。

1943 年 2 月，宋美齡訪問加拿大

1942 年 11 月 18 日，宋美齡出訪美國。此行的目的，是宣傳中國抗戰、爭取美援和推進親美關係。1943 年 2 月 18 日，身著黑色金絲絨旗袍，胸前佩帶鑲有寶石的中國空軍徽章大扣花的宋美齡在美國國會發表演講。她首先面對舉足輕重的參眾兩院議員們說：「余非演說家，然而並不是毫無勇氣，」「因為我幼年時曾來美國，認識貴國的人民並與之相處，度過了我身心長育的時期。現在來到這兒，就如見到家人的感覺。」議員們報以熱烈的掌聲。接著她指出：「中美之間有 160 年的傳統友誼，現在又為同一目的而戰。」「我們不但應有理想，而且應以實際行動實現此種理想！」她的這番話贏得了全體議員起立鼓掌。

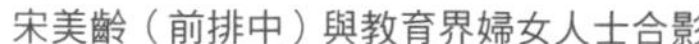
宋美齡（前排中）與教育界婦女人士合影

宋美齡訪問美國時，在國會演講

國際播音員

國民政府遷都前，宋美齡在南京中央電臺以「總播音員」的身分，向全世界揭露日軍在中國的暴行，批評西方國家對日本的縱容政策，並表明中國將士的抗戰決心。國民政府遷到重慶後，宋美齡下車伊始，就應重慶婦女聯合會之請，發表了抗戰救國動員演說。在這次講演中，她以悲愴的語調，控訴了日軍在淞滬地區、尤其是在南京的暴行，她說道：那裡的天空，充溢著惡魔般的暴怒，地面上噴射著火焰，飛濺著人類的鮮血。千百萬婦女兒童在受苦受難，在無情的戰火中死裡逃生，遭屠殺和凌辱...宋美齡的演講未完，台下就響起了一陣陣熱烈的掌聲。

宋美齡的演講，極富鼓動性，外國記者們紛紛將麥克風放在她的身邊。而她直接向全世界聽眾「直播」，開了中國廣播的先河。她的廣播，蜚聲海內外，受到外國記者的交口稱讚，稱她是「國際播音員」。

幾次遇險

1937 年淞滬抗戰爆發後，宋美齡與蔣介石一直住在南京黃埔路官邸憩廬，這裡一直是日機轟炸的重要目標。一次日機轟炸南京，炸彈就落在距憩廬僅 10 多公尺的地方，一座平房即刻被炸平。其姐宋藹齡得知後，要她搬到自己家中去住，被宋美齡拒絕。

10 月中旬的一天，宋美齡與私人顧問端納一行乘車再次赴上海前線，汽車在泥濘的道路上行駛著，忽然防空警報響起，司機加快速度想儘快駛離，卻將汽車開進了一個彈坑，車上的人全部被甩了出去，宋美齡頓時昏迷不醒。經搶救蘇醒後，宋美齡又帶傷繼續趕往前線向官兵發表講話。此次車禍，宋美齡肋骨骨折，顱骨腦震盪，筋骨嚴重扭傷。

後來，宋美齡數次在前線遇險。1938 年 6 月，日軍進攻河南蘭封縣。宋美齡頭戴鋼盔，出現在 71 軍陣地慰問官兵，結

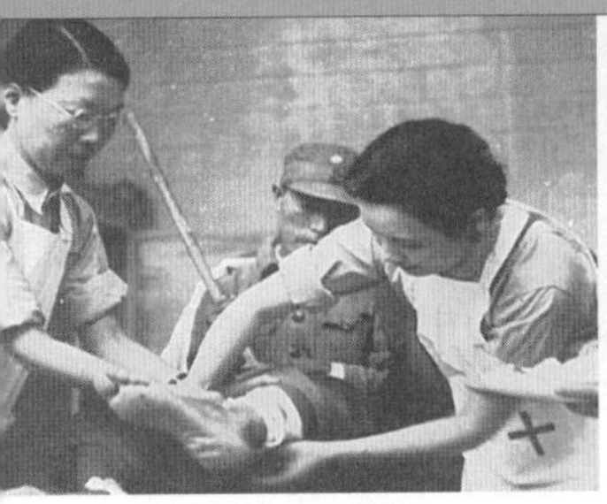
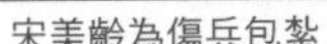
宋美齡為傷兵包紮

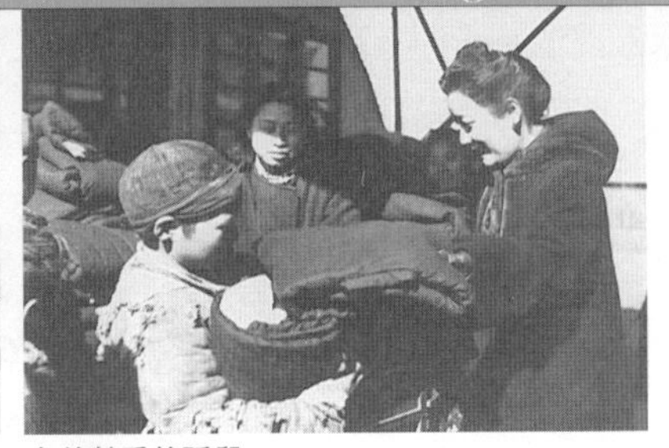
宋美齡看望孤兒

南京淪陷前，蔣介石、宋美齡的住所黃埔路官邸憩廬成了日機轟炸的重要目標

果突遭日軍火炮襲擊，險些受傷。

在武昌，日軍得到關於蔣介石和宋美齡二人行蹤的情報，突然出動機群空襲武昌。日機對著「軍委會」大樓大量投彈、掃射，蔣介石夫婦在幾個衛士掩護下進入樓下的防空壕。一枚重磅炸彈落在防空壕附近。宋美齡被震昏過去，幾分鐘後才醒過來。而掩護他們的3名衛士全部犧牲。

1938年7月初，宋美齡在湖北黃梅前線勞軍後返回，途中被日軍偵察機發現，遭到襲擊，汽車被毀，本人受傷。

最危險的一次是在1938年9月下旬至10月初的武漢會戰後期，在九江以南的萬家嶺吳奇偉的第4軍陣地前沿，宋美齡與軍長夫人前來勞軍，日軍炸彈落點僅距宋美齡藏身的防彈洞幾公尺遠。

《時代》週刊的封面人物

1942年11月18日，宋美齡出訪美國，她先後在美國國會、紐約市政廳、紐約麥迪森廣場、威斯里安大學、芝加哥運動場、三藩市市政廳、好萊塢等處正式發表7次演講。宋美齡兼具中國古典氣質和西方優雅風度，又帶有犀利、精明的作風。1943年2月18日，她用一口美國南方口音的英語在美國國會發表演說，贏得全體議員的起立鼓掌。當年3月1日出版的《時代》週刊幾乎成了宋美齡的專號，她是封面人物，身著中式服裝，露出來的領口鑲嵌著白色花邊，背景則是中國花鳥圖。盛裝的她擁有同樣美妙的智慧和勇氣。

宋美齡為孤兒縫衣

張善子的抗戰畫作《怒吼吧中國》

萬里長城永不倒

一天，賀綠汀看見一位八路軍小戰士在擊打著軍鼓，激起了他的創作欲望，不久，《游擊隊之歌》誕生了。

「抗劇隊」與《放下你的鞭子》

1937 年八一三淞滬抗戰後，中國劇作家協會和上海戲劇聯誼社發起組織了上海戲劇界救亡協會，同時成立了「救亡演劇隊」。電影和戲劇工作者紛紛參與，共成立了13個演劇隊，把戲劇送到前線、鄉村和機關工廠。一批著名的文化人士、演員如宋之的、洪深、金山、應雲衛、鄭君里、瞿白音、李實、左明等人，都活躍在演出第一線。

演劇隊兵分十三路，從上海出發，到華南、西北、中原、西南等地，進行了頻繁的演出。演出的劇碼有《放下你的鞭子》、《三江好》、《最後一計》、《八百壯士》等，當劇碼伴隨著《義勇軍進行曲》、《大刀進行曲》等激昂的樂曲響起時，演出就進入了高潮，臺上臺下熱血沸騰，情緒激昂，經常會發出一片「誓死不當亡國奴」的怒吼。

隨著戰事的發展，京滬告急。此時的武漢，已成為全國政治、軍事、文化的中心。上海救亡演劇隊和東北、華北等地的救亡文藝團體齊聚武漢。1937 年底，全國戲劇界抗敵協會在武漢成立。

1938年4月，國民政府軍事委員會政治部（陳誠、周恩來任正、副部長）第三廳在武漢成立。該廳負責宣傳工作，廳長是郭沫若，陽翰笙擔任主任秘書。下設 3 個處，第六處主管文藝宣傳，處長是田漢。全廳共 300 多人，其中有洪深、徐悲鴻、冼星海等國內一流的藝術家。

三廳將聚集在武漢的文藝團體「收編」後，組建了 10 個抗敵演劇隊（簡稱「抗劇隊」），4 個抗敵宣傳隊，4 個電影放映隊，1 個孩子劇團。1938 年 10 月武漢淪陷後，三廳轉移到重慶。各文藝團體也陸續會聚到重慶，重慶遂成為全國抗敵文藝宣傳新的中心。

這一時期各劇團上演的劇碼很多，除了《放下你的鞭子》、《三江好》等一批老的劇碼外，又湧現了《東北一角》、《最後一顆手榴彈》、《壯丁》、《屈原》、《大地回春》、《風雪夜歸人》、

《北京人》、《結婚進行曲》等等。重慶時期，規模最大、影響最深遠的，當屬「霧季公演」，即利用每年 10 月至次年 5 月的大霧天、日機轟炸的間隙進行演出。這些劇碼，都是霧季公演中演出較多的。

在大量的劇碼中，最受歡迎的，就是《放下你的鞭子》。「抗劇隊」經常馬不停蹄，一日三場，風雨無阻地演出該劇碼。它的劇情是：因東北淪陷，父女倆流落到關內，靠賣藝為生。女兒在演出時，不慎失手，老漢舉起鞭子要抽她。這時，一個年輕人衝上去，大聲喝道：放下你的鞭子。不料女兒卻為老者求情：他是我爸爸，他也沒辦法，我們要吃飯啊。接著，女兒就聲聲控訴起日軍的暴行，唱起了「九一八小調」：「高粱葉子青又青，九月十八來了鬼子兵；先占火車站，又占北大營，殺人放火真是凶，中國軍隊幾十萬，恭恭敬敬讓出瀋陽城……」

每當演到此時，臺上臺下都激起了強烈的共鳴，人們忘記了這是在演出，憤然喊出了「打倒日本帝國主義」、「打回老家去」等口號。有的人則將錢幣扔向檯子，場面十分感人。

《放下你的鞭子》的演出，盛況空前，轟動了後方

郭沫若

冼星海

《松花江上》作者張寒暉

軍委會政治部副部長周恩來（前左三）以及郭沫若（前左四）與文化人士在武漢

話劇《放下你的鞭子》在重慶街頭演出

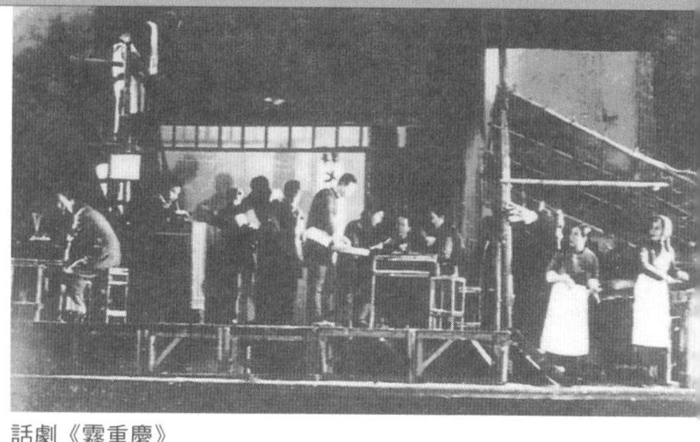
話劇《霧重慶》

諸多城鄉。武漢淪陷前，全國各演劇隊在黃鶴樓還舉行了一次《放下你的鞭子》的演出大賽，演員們紛紛上陣，淩子風、黎莉莉的表演情感真摯，獲得了「武鞭子」的殊榮。此次演出引起了極大的轟動，成為中國劇壇一大盛事。

而有「文鞭子」之稱的金山，率領劇團在南洋演出《放下你的鞭子》也獲得了極大的成功。受劇情的感染，著名畫家司徒喬專門請了金山和王瑩做模特兒，以此題材創作了一幅油畫。1942 年，金山和王瑩應美國總統羅斯福之邀，在白宮演出了該劇，使美國觀眾也深受感動。羅斯福總統夫人親上舞臺表示祝賀。

不朽的旋律

在東北淪陷及艱苦的抗戰歲月中，救亡歌曲不斷湧現，「有人煙處，就有抗戰歌曲」。其中著名的有，1933 年以後聶耳等青年音樂家創作的《義勇軍進行曲》、《漁光曲》、《畢業歌》等。一二九運動後，又出現了一批救亡歌曲，如《五月的鮮花》、《救亡進行曲》、《打回老家去》、《松花江上》等等，並很快傳遍了全國。

抗戰爆發後，音樂家賀綠汀加入了救亡演劇隊。面對祖國大好河山的淪喪，他感時傷事，憂國憂民，常用音樂來宣洩心中的悲憤之情。就是在這一時期，賀綠汀創作了一批感染力極強，且膾炙人口、耳熟能詳的抗戰曲目，最具代表性的，就是著名的《游擊隊之歌》。

1937 年底，賀綠汀隨同救亡演劇隊前往山西臨汾的八路軍總部。一天，他在城郊看見一位八路軍小戰士在擊打著小軍鼓，激起了他的創作欲望。正在此

冼星海在指揮《黃河大合唱》

《良友》畫報　《戰事畫刊》畫報　《戰時畫報》

周恩來與郭沫若（中）、陽翰笙合影

時，空襲警報響起，賀綠汀跑進了防空洞，在洞中創作了歌曲的雛形。後來賀綠汀聽取了八路軍官兵們的意見，又修改了幾次，一首游擊健兒神出鬼沒打鬼子的歌曲終於誕生了。1938 年春，救亡演劇隊在山西洪洞縣八路軍的一次高級幹部會議上，合唱了這首歌，受到極其熱烈的歡迎。從此以後，《游擊隊之歌》在華北敵後根據地迅速流傳，直至傳遍了全中國。

1937 年「八一三」後的第 5 天，青年音樂家冼星海就加入了救亡演劇二隊，專門負責音樂創作和演出。1938 年 10 月，冼星海在武漢八路軍辦事處幫助下，冒著敵機的轟炸，到達了延安。在延安期間，他與塞克合作創作了《生產大合唱》。在延安濃烈的抗戰氛圍中，他受到了極大的感染和震動，激起了強烈的創作欲望。他與詩人光未然合作譜寫了著名的《黃河大合唱》。這首載入史冊的作品，表現了中華民族的民族精神，也成為中國近代音樂史上的一座里程碑。

張寒暉繼創作了催人淚下、震撼人心的《松花江上》的曲子後，又於 1942 年在延安創作了《軍民大生產》。抗戰前後，還湧現出一批著名的曲目，如張曙創作的《洪波曲》，麥新的《大刀進行曲》，劉雪庵的《長城謠》等等。

七七事變爆發後，在上海的 20 多位作家、藝術家，僅用十幾天時間就集體創作了三幕話劇《保衛盧溝橋》。參加第三幕創作的有宋之的、阿英、陳白塵等，由宋之的寫出初稿，夏衍進行整理。孫師毅、塞克、羅家倫、冼星海、周巍峙、唐學詠等為該劇創作了歌曲。8 月 7 日，該劇在上海舉行公演。每次演出時，劇場內均是群情激奮，每當劇中人喊出「把鬼子兵趕出去」、「保衛盧溝橋」、「我們要收復失地，打回老家去」等口號時，觀眾席上總是全場響應，呼聲震耳欲聾。公演期滿後，應多方強烈要求，又延長演期。

《大地》劇照

兩座里程碑

1947 年 10 月《一江春水向東流》公演後，上海出現了成千上萬人踏進影院大門的壯觀場面。

電影界的抗日民族統一戰線

抗戰爆發後，國民政府無暇顧及電影拍攝，全國最大的電影基地上海，已是一片戰火。中國電影界和電影人受到了日軍的直接威脅。電影界未能忘記自己的責任，他們懷著一腔熱血，創作了一批抗戰題材的電影。電影劇作家夏衍、阿英、于伶等合作編寫的電影劇本《華北的黎明》交給了聯華公司，田漢創作的《船娘曲》交給了明星公司，陽翰笙則寫了《塞上風雲》交給了新華公司。但這些抗戰題材的劇本都未能投拍。電影人的抗戰熱情未能在銀幕上有所反映。

於是，藝術家們只好將精力投入到話劇中。由上海電影戲劇界人士阿英、于伶等執筆，洪深、應雲衛、史東山等導演的大型三幕話劇《保衛盧溝橋》，在七七事變一個月之後，就在上海蓬萊大戲院隆重上演。演出盛況空前，各界反映極其熱烈。

受到該劇的影響，上海的藝術家們又組織了 13 個救亡演出隊，前往前線進行抗日宣傳。大批進步的電影藝術家參加了這些活動，如金山、應雲衛、袁牧之、顧而已、趙丹、鄭君里、冼星海、賀綠汀、周巍峙等。

隨著上海和南京的淪陷，國民政府西遷，武漢成為全國政治文化的中心和國共合作的基地。1938 年，軍委會政治部成立，周恩來出任政治部副部長，三廳廳長是郭沫若，歐陽笙任秘書，田漢任三廳負責藝術宣傳的處長。許多藝術界進步人士都在政治部三廳擔任了工作。武漢的抗戰文藝活動空前活躍，呈現出一派生機勃勃的景象。

影星蝴蝶新片上映

陶金

洪深

趙丹

1938 年 1 月 29 日，中華全國電影界抗敵協會在武漢成立。這是中國電影界在抗日愛國旗幟下的大聯合，也標誌著電影界抗日民族統一戰線的形成。此後，抗戰電影開始起步。

一批優秀影片湧現

最為典型的片子就是 1938 年由陽翰笙編劇、應雲衛執導、王士珍攝影的《八百壯士》。該片僅在淞滬抗戰中的真實事件發生後 3 個月就搬上了銀幕。由袁牧之演謝晉元，陳波兒飾楊惠敏。影片放映後，無數觀眾熱淚盈眶，反映極其熱烈，極大地鼓舞了抗日士氣。

此外，陽翰笙在 1940 年創作了《青年中國》和《日本間諜》，均為紀實性的故事片，真實地宣傳了抗日游擊隊的活動。賀綠汀專門為《青年中國》譜寫了著名的《游擊隊之歌》，影片上映後，歌曲立即傳遍了全國。

1940 年，田漢創作了一部紀實片《勝利進行曲》，由史東山執導，陶金、洪深等主演。影片的背景，就是不久前爆發的長沙會戰。不少鏡頭是現場拍攝的，真實而感人。

此外，還有《好丈夫》，宣傳了農民抗戰；《保衛我們的土地》描述了東北淪陷後日軍的暴行和人民的反抗。《還我家鄉》、《火的洗禮》、《中華兒女》、《升空萬里》、《鐵血忠魂》、《風雪太行山》、《氣壯山河》等等，都是富有抗戰特色的片子。

太平洋戰爭爆發後，國民黨政策的重點從抗日聯共轉為限制中共，文藝界自然受到波及。國民黨「中央圖書雜

蔡楚生

抗戰勝利後短短幾個月的社會現實，使人們再次感到無比的傷痛，促使藝術家們創作出了《八千里路雲和月》這部揭露時弊的影片。影片中的江玲玉在戰後怒斥周家榮說：「你們這樣無法無天，時局怎麼會不亂！你們再這樣搞下去，祖宗傳給我們幾千年的基業就要被葬送了！許多人抗戰八年的苦是白吃的了，千百萬人的性命是冤枉犧牲的了。」這實際是對當權者的控訴，反映了人民的心聲。

《一江春水向東流》劇照

《八千里路雲和月》劇照

誌審查委員會」於1943年10月頒布取締劇本一覽表，明文規定了116種劇碼禁止上演，連歌曲《漁光曲》也被冠以「有鼓吹怠工、反抗租稅之嫌」，《孤島天堂》有「強調階級意識之嫌」等等。甚至取消了一些抗日題材電影的拍攝，如史東山編導的《中國萬歲》，孫瑜編導的《少年先鋒》，應雲衛編導的《三勇士》等。大後方電影出現了前所未有的大蕭條，以至1942年至1943年兩年間，大後方未拍出一部電影。一些進步電影人就將精力轉向了戲劇，出現了一批優秀的話劇，如郭沫若創作的歷史劇《屈原》、《虎符》，陽翰笙的《天國春秋》，陳白塵的《石達開》，夏衍的《法西斯細菌》等等。譽滿陪都的「四大名旦」白楊、張瑞芳、舒繡文、秦怡都走上了話劇舞臺，受到民眾的歡迎。

《木蘭從軍》劇照

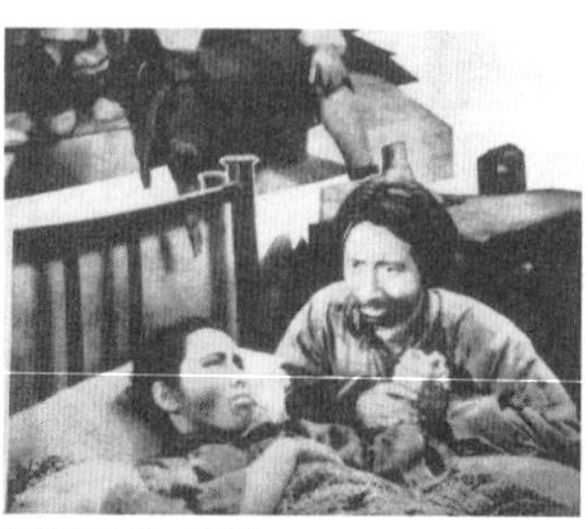
《桃李劫》劇照

兩座「里程碑」

抗戰勝利後，電影工作者先後回到了上海。藝術家蔡楚生、史東山、鄭君里等人於1946年6月，成立了「聯華影藝社」，並拍攝了第一部影片《八千里路雲和月》。緊接著，「聯華」拍攝了《一江春水向東流》的上集《八年離亂》。這兩部影片，具有里程碑意義，為進步電影爭得了一塊寶貴的陣地。

《八千里路雲和月》描寫了一對青年人北上參加抗日救亡宣傳中的曲折經歷，反映了部分國民黨軍人抗戰不力，卻在接收中大發國難財，使百姓美好願望都化為泡影的事實。兩名主演陶金與白楊，都是抗戰宣傳活動的親身參與者，因此演來真切感人。觀眾反映極其強烈，受到熱烈地歡迎。該片的出現，「使戰後現實主義電影一開始就立於較高水準之上」。為「戰後中國電影藝術奠下了一塊基石」。

《一江春水向東流》的下集《天亮前後》，描述了一個家庭在抗戰前後的悲慘命運。妻子送丈夫上前線，自己在家含辛茹苦地養育孩子，孝敬老人，丈夫抗戰勝

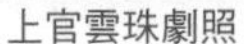

上官雲珠劇照

《小城之春》劇照

利回來後卻大發接收財，不僅拋棄了妻子，而且自己過上了豪華的生活。妻子在徹底絕望之下悲憤地投江自盡。這部影片具有極其鮮明的時代特色和對社會批判的意義。

《一江春水向東流》的突出成就，不僅在思想性方面，其藝術水準也是空前的。主演白楊、陶金、上官雲珠、舒繡文、吳茵、周伯勳，個個表演出色，人物形象逼真。就在於這批藝術家都是抗戰的「過來之人」，有著豐厚的生活底子，對劇中人的境遇都有切身的體驗。

影片歷盡磨難，終於大功告成。但政府檢查官百般刁難，不予通過。後來鄭君里等人想出了一個辦法，給檢查官送去一束花。花裡放上幾隻金錶。果然奏效，不多久，影片竟被通過了。

1947 年 10 月影片公映後，出現了「成千上萬人踩進了影院大門」的壯觀場面。在上海連映 3 個多月，場場客滿。進步作家為此撰文，稱該片「是插在戰後中國電影發展途程上的一支指路標」。

影星金焰與王人美

白楊在《一江春水向東流》中扮演主人公素芬，這是一個溫良賢淑的女性，在丈夫出走後的八年中，她獨自挑起撫養公婆和孩子的沉重負擔，最後苦苦盼來的丈夫卻是一個拋棄妻兒的「劫收」大員。她悲憤交加，終於跳江自殺。陶金飾演的男主人公張忠良，原先是個純樸的愛國青年，來到重慶後，在混濁的環境裡，最後變成一個玩弄女性、逼死愛妻、拋棄老母和幼兒的壞蛋。舒繡文扮演「抗戰夫人」王麗珍。這個潑辣、自私、尖刻的高級交際花，與白楊扮演的素芬相得益彰。上官雲珠則扮演了漢奸商人溫經理的姨太太。

中國西部科學院

待到山花爛漫時

抗戰期間，許多科學家在不得溫飽下始終堅持科研，大後方科技直接支援了抗戰。

科研機構高度集中

抗戰中，沿海地區的重要科研機關，如中央研究院、北平研究院、中央工業試驗所、中央農業試驗所、私立黃海化工研究社、中科院生物研究所，以及一批大學，紛紛遷往西南地區。同時，成立了研究所，如經濟部礦冶研究所、國立中醫藥研究所，西南西北等省的地質或地質礦產調查所，廣西的工業試驗所和民辦的西北研究社、海洋研究社等科研機構。

重慶北部偏遠小鎮北碚，就集中了18個重要的科研和高教機關。昆明則有中央研究院的化學、工程、天文、數學所，北平科學院的化學、物理、地質、生理、動物等所，後來鐳學和藥物兩研究所也遷昆，加上北大、清華、南開聯合組建的西南聯大，經濟部礦冶研究所、國立醫藥研究所，以及本地原有的高校、科研機構，總數近20個等等。

考古學家在四川

不懈的努力

抗戰初，中央研究院每年的經費只有130萬元，整個官方的科研經費才200多萬元。民營科研機構的則更少，全年才30萬元，國民政府的財政總支出每年達16億元，整個大後方的科研經費尚不到財政支出的千分之二。許多專家教授不得溫飽，甚至靠變賣衣物圖書度日。工作條件艱苦，設備簡陋，資料不全，資金匱乏，還經常遭受敵機轟炸。在如此條件下，廣大科研工作者進行了不懈的努力。

中央研究院擁有國內一流的專家教授，如張鈺哲、李四光、竺可楨、涂長望、王家楫、姜立夫、丁燮林等，北平研究院的嚴濟慈、趙承嘏、經利彬、李書華等，以及李約瑟、斯丁赫文等外國通信研究員。中研院充當了大後方科技開發的主力軍。

中央研究院承擔並完成了國家許多重大科研專案，如金屬方面的鎳鋼、鉻釩鋼、高速工具鋼、低錳鋼、特種鑄鐵、合金鋼等的冶煉研製，還有玻璃、紡織、木材、耐火材料等工程技術的研究等等。

基礎理論研究方面。以數學研究最為突出。發表數學論文 104 篇，其中主要是在抗戰中發表的，且大多在西歐學術刊物上刊載。華羅庚一人完成了 20 多篇論文和一部專著《堆壘素數論》。陳省身在微分幾何學方面也取得了傑出成就，使「微分幾何學進入了新時代」。

物理學方面。吳大猷先後完成了 17 篇論文和專著《多原分子之結構及其振動光譜》，獲得中央研究院丁文江獎和教育部一等科學獎。張宗燧對理論物理學的研究，已達到國際先進水準。

北平研究院物理所完成了顯微鏡、玻璃水準管的研製，中心磨圓機之改良，微小溫度係數石英振盪片研究等專案。化學所、動物所也都完成了一批研究項目。

為衝破日軍封鎖，解決汽油困難，許多廠商和科技人

三峽大壩設計圖

西南聯合大學薈萃了當時中國許多的優秀人才，是大後方的教育、科研的中堅。1938 年 4 月，梅貽琦到昆明主持西南聯大工作。他常用孔子「飽受波折，東奔西跑，惦惦惶惶，被困於蔡，絕糧於陳，但對教育事業始終如一」的事蹟，自勉和勉勵他人愛崗敬業，為抗戰教育、科研事業盡心出力。當時西南聯大規定，不論教職員工，除學校規定的假期外，一般不得請假，如必須請假，要自己找人代職，報酬自付。當時絕大多數的系都不設辦公室，處理事務通常採取碰頭的方式解決，聯大日常校務更是梅貽琦一人處理。1943 年，美國陸軍大規模裝備和訓練中國軍隊，需要大批翻譯，學校的應屆畢業生都被徵調去做翻譯工作。梅貽琦的獨生子梅祖彥才 19 歲，也報名去軍隊做了翻譯，直接為抗戰貢獻力量。在抗戰八年間，西南聯大從軍學生前後一共有 834 人。

科研人員在做實驗

科研人員在實驗室

員紛紛製造石油代用品。有的用無水酒精代替汽油，因而發明了乾酒分餾去水法，迴圈連續式氯化鈣法、抽取式酒精脫水摻合汽油法、竹製酒精法等多種製造無水酒精的方法。有的用植物油製造汽油，因而又發明了用桐油、菜油、木油、茶油、蓖麻油等原料裂解製造汽油、煤油、柴油和潤滑油的技術和方法等。

支援了抗戰

科技開發推動了大後方社會經濟的發展。到 1942 年，大後方的企業已增至 2758 家，增長了 7 倍。大後方的發電量，從 1938 年的 7362 萬度，增加到 1945 年的 19669 萬多度，達 1.5 倍以上。煤從 1938 年的 470 萬噸增至 1943 年的 662 萬噸，增長了 40%，汽油、煤油、柴油則完全是從無到有，1944 年已能生產汽油 404.6 萬加侖，煤油 216 萬加侖，柴油 15.5 萬加侖。生鐵和鋼分別從 1938 年的 5000 噸和 900 噸，逐年增加到 1942 年的 96000 噸和 18234 噸，分別增長了 18 倍和 19 倍以上。

科技開發直接支援了抗日前線。1938 年至 1939 年間，大後方每天可以製造 30 萬枚手榴彈、7 萬枚迫擊炮彈、7 萬枚各式炮彈、炸彈的引信、6000 餘枚飛機炸彈、1000 套機槍零件、1000 多個水雷引信，以及陸軍測量儀、軍用炮表、子彈機等，緩解了前方軍事物資的緊張狀況。

中外科學家考察三峽

最後的鏖戰

全副新式裝備的中國軍隊

湘西雪峰山是湘黔線的門戶，中日兩軍均將主力投放於此。

1944 年冬，國民政府軍事委員會在昆明成立中國陸軍總司令部（簡稱「陸總」），由參謀總長何應欽出任總司令，衛立煌任副總司令。「陸總」轄盧漢、張發奎、湯恩伯、王耀武指揮的 4 個方面軍，總共 36 個師，全部美械裝備，以發動一系列反攻作戰。

湘西雪峰山會戰

1945 年三四月間，日軍為確保粵漢湘桂運輸線的安全，消除空中威脅，集結了 4 個師團近 8 萬兵力，由 20 軍司令官阪西一良指揮，採取「分進合擊」的戰術，對中國軍隊實施包圍殲滅，然後一舉攻占湘西的中國空軍基地

湘西會戰中的中國將士

王耀武參加湘西會戰時之照，時任陸軍第 4 方面軍司令長官

湘鄂西反攻作戰前集結的中國軍隊

反攻作戰中的中國炮兵

芷江機場。

中國方面部署的軍隊是：第 3 方面軍第 27 集團軍李玉堂的 3 個軍、第 4 方面軍王耀武的 4 個軍、第 10 集團軍王敬久的 2 個軍，總兵力達 11 萬人。作戰方式是層層設防阻擊。

湘西山高險峻，溝壑縱橫，林深茂密，易守難攻。雪峰山是湘黔線的重要門戶，中日兩軍均將主力投放在此。從 4 月 9 日到 5 月 3 日，戰事進行了25天，2 萬日軍始終未能突破防線。之後，中方在中美空軍的掩護下，展開全線反攻，並逐步將日軍進行了分割殲滅。日軍大本營只得下令全線撤退。

湘西會戰，歷時 55 天。不僅芷江機場得以鞏固，且取得較大戰果。日軍傷亡 28174 人，被俘 247 人。繳獲火炮 54 門、機槍 100 挺、步槍 1333 支及其他戰利品 22 噸。

桂柳反攻

湘西會戰後，盟軍已攻占琉璜、琉球諸島，日本本土告急。此時，日軍已無力繼續占領中國的廣大地區，轉而採取收縮戰略，將主力集中於重要據點，以防備中國軍隊反攻。而中國「陸總」迅速集結了第 2、3 方面軍，準備反攻桂林、柳州，收復廣西全境，以為進一步反攻廣州作準備。

自攻擊作戰發動以來，中國軍隊各路均獲得進展。1945 年 4 月，第 46 軍攻占都安；5 月 26 日，64 軍攻克邕寧，再克樂思、江明、南寧、龍州、憑祥等地，將該一線布防的日軍全部逐出國境。中國另一路之 29 軍等部，集中優勢兵力在宜山發起全面攻擊，於 6 月 14 日占領之；繼又與46軍會攻柳州，並於6月29日克復。

此後，中國軍隊兵分三路，向桂林攻擊前進。經數十日激戰，中國軍隊已打通桂林門戶，掃清週邊，兵臨桂林城郊，並已全面控制桂林周邊地區的鐵路、公路交通線。日軍為保住桂林這一重要據點，又抽調第 13 師團前來增援。經過激烈戰鬥，被全部擊潰。日軍殘部向湘境退卻，又遭追殲大部。7 月 28 日，中國軍隊攻占桂林。至此，桂柳反攻作戰全面告捷。此一戰，中國軍隊推進了 750 公里，收復了大

中國軍隊誓師出征

片國土。

與此同時，中國方面在華東的閩浙贛地區發動了反攻追擊戰，從5月初至6月下旬，收復福州、樂清、黃岩、海門、贛州、南康、泰和、吉安等地。日軍大量有生力量被殲。在此基礎之上，會攻廣州的時機已經成熟。

反攻廣州計畫

1945年6月，軸心國德意法西斯在歐洲戰場先後戰敗。美軍在太平洋戰場的反攻也節節勝利。中國正面戰場各部隊已經開始實施逐步反攻。在此形勢下，「陸總」奉軍委會之命令，制定了反攻廣州的作戰計畫。

該計畫代號為「冰人及白塔」。擬投入兵力為：第1、2、3、4方面軍共19個軍58個師，約35萬人（不包括特種兵和其他助攻的部隊）。中國軍隊的作戰方針是：打通廣東海口，奪取雷州半島，再分別攻擊桂林、衡陽、曲江等地，以主力沿西江流域攻打廣州和香港。預定於8月初攻擊全面展開。

正當中方積極準備實施攻擊廣州的計畫之時，日本政府於8月10日通過中立國瑞士、瑞典，照會中美英蘇各國，表示接受《波茨坦宣言》的條款，向盟國無條件投降。15日，日本天皇宣布無條件投降。於是，反攻廣州的作戰計畫中止。

反攻部隊登機待發

1938年12月，以杜聿明為軍長、鄭洞國為副軍長的第5軍正式擴編而成，這是抗日戰爭時期中國軍隊的第一個機械化新軍，下轄第200師、榮譽第1師、新編第22師。軍直屬隊有兩個步兵補充團、兩個戰車團、裝甲車搜索團、重炮兵團、汽車兵團、工兵團、輜重兵團，並有蘇聯顧問幫助訓練。軍部駐廣西全州，杜聿明提出了「操場就是戰場」的口號，日日夜夜身在部隊，督率部隊進行射擊、投彈、近戰、夜戰等訓練。他親自做示範，同士兵進行射擊比賽。發現訓練中有創造發明的，當場講評表揚，並傳令各師派軍官觀摩。1939年秋，第5軍在廣西界首舉行大規模各種兵種聯合攻、防、追、退演習，歷時1月之久。軍訓部長白崇禧、訓練總監徐庭瑤親自前來參觀。演習大獲成功。

「一六四四」部隊的大本營

踐踏國際公約的罪惡行徑

1939 年 4 月底，中國軍隊向南昌發動奇襲。日軍出動大批飛機，向中國軍隊投下了 3000 發罪惡的毒氣彈。

抗日戰爭中，日軍的細菌部隊，除了設在東北的「七三一」部隊外，還有設在南京的「榮字一六四四」部隊等等。

機構設置

1937 年 12 月中國首都南京淪陷後，戰事進一步擴大。1939 年，日軍在南京擴建了細菌部隊「登」部隊，也稱「檜」部隊，秘密代號叫「榮字一六四四」部隊。部隊下設 12 個支隊，第一任部隊長是石井四郎。以下設立了人事、教育等部門。另有防疫、材料、理化、供水、水質調查等專門機構。本部設在南京中央醫院（今南京軍區總醫院）。其建築很多。其中 A 樓是培養霍亂、斑疹、傷寒、赤痢和鼠疫的；B 樓是飼養動物的；C 樓是辦公樓；D 樓是軍屬及工作人員宿舍；E 樓是鍋爐房；F 樓是教學樓等等。

此外，在本部北面的太平門城牆一帶，是收埋無主屍首的義塚地和軍隊打靶場。附近，就是「血清疫苗製造所」，也就是生產細菌的工廠。

用活人進行細菌試驗

「一六四四」部隊的一項重要活動，就是研究和繁殖各種致人於死的細菌，專門用於細菌戰爭。該部隊生產了大量細菌，如霍亂、傷寒等等。開始，用動物進行試驗。一次就送進天竺鼠 2000 多隻。當時，工廠裡運來了大量的設備，有儀器、試管、平板、溫箱、冰箱、培養箱等等。培養基有瓊脂、魚肉精膏等。每公斤瓊脂能製造出 10CC 的細菌液。僅戰後剩餘的一批培養基，就能生產出細菌武器 3 億 CC。

「一六四四」部隊各種設備齊全，並調來了各種細菌專家，內部設立了訓練部，每年可培養 300 多名細菌學幹部，為製造細菌武器創造了全部的條件。

該部隊與「七三一」部隊一樣，除了拿動物做試驗外，還用活人進行試驗。1942 年，日軍在俘虜營中挑選了 100 多名強壯的中國戰俘，押到中央醫院的四樓，交給了「多摩」部隊（即「一六四四部隊」）。然後將各種細菌注射到戰俘身體內。之後，就觀測其變化。有的戰俘在幾十秒鐘後就出現痙攣，全身哆嗦，抽搐，心臟很快就停止了跳動。另外一些人在數天後全部死亡。這一年 10 月，在老虎橋江蘇省第一監獄，日軍又挑選了數百名戰俘，送到「多摩」部隊進行試驗。結果全部死亡，無一生還。

A 樓的四層，是秘密關押戰俘的地方，最多時關了 100 多人，有時也有婦女兒童。需要進行試驗時，就從裡面提人出來。

「七三一」部隊的鍋爐房

細菌戰

1940 年、1941 年、1942 年，日軍「一六四四」部隊與「七三一」部隊，在寧波、常德一帶對中國軍隊聯合作戰時，均大量使用過細菌武器。「七三一」部隊遠征隊到達南京時，就駐紮在「一六四四」部隊的營房內。「一六四四」部隊成了「七三一」部隊的基地，並向他們供應相當數量的跳蚤進行細菌戰。

1940 年 9 月至 12 月，日軍在寧波、衢縣、金華等地進行了大規模的細菌攻擊戰。其方式，就是將染上鼠疫的跳蚤，放在玻璃試管中，再安放到飛機機身下，然後飛至作戰區域進行拋撒。有時則將染上鼠疫的小麥、粟米、麵粉投到居民區中。不久，這一帶就發生了鼠疫。當時的華美醫院對死者進行檢驗後，認定是鼠疫桿菌。寧波地區患疫者有 99 人，其中死亡 97 人；一條街 30 戶，有 12 家染上鼠疫，9 戶全家死亡。在衢縣，死於鼠疫桿菌的有 200 多人，金華死亡 1600 多人。在常德，「七三一」部隊在常德城及洞庭湖上空，散播大量鼠疫跳蚤，在當地引起鼠疫大流行。

據日軍「七三一」部隊生產部分部長柄澤供認，在寧波的細菌戰中，他奉命製造了傷寒菌 70 公斤，霍亂菌 50 公斤。另「七三一」部隊自己還帶來了 5 公斤鼠疫跳

日軍細菌部隊戰犯石井四郎

蛋。

1942 年，日軍以第 13 軍等部為主力，對浙贛地區的中國軍隊和轟炸日本後降落在中國機場的美國飛機進行報復。日軍「七三一」和「一六四四」部隊則配合進行了最大規模的細菌戰。其方法是，將細菌投入水井、沼澤和民房，還「遺漏」了幾百塊染有鼠疫的餅乾。此次攻擊，除軍隊外，還造成中國大批平民死亡，光義烏縣崇山村，全村 380 戶，死亡就達 320 人，30 多戶全家死光。

毒氣戰

日軍還在對中國軍隊的作戰中，大量使用過毒氣。

1937 年 7 月 27 日，日空軍在對盧溝橋的轟炸中，向中國第 29 軍投擲了毒氣彈；1938 年 11 月和 1939 年 1 月，日軍在對八路軍冀中根據地的圍攻中，大量使用窒息性毒氣彈、毒氣炮彈，造成中國軍隊大量傷亡，120 師師長賀龍、旅長王震及師司令部 20 多人中毒；1940 年秋，日軍在榆遼公路榆社據點作戰時，對八路軍 129 師 386 旅陳賡部大量施放毒氣，造成陳賡及參謀長周希漢等 200 多人中毒；1940 年 8 月，在百團大戰中，日軍在平定以西地區向八路軍 129 師 385、386 旅等部進攻時，大量投擲毒氣手榴彈、毒氣筒及施放毒瓦斯。在整個作戰中，八路軍不同程度中毒者達 4880 多人，旅級指揮官中毒 8 人。

1939 年 3 月 17 日，日軍搶先發起進攻。中國軍隊與日軍在南昌地區展開了激戰。然而，從 3 月 17 日到 27 日，中國守軍 10 日內便丟失了南昌，並受到重創。這是因為日本占有武器裝備的優勢。此後，日軍向西追擊，於 4 月 2 日陷重鎮高安。中國軍隊再次退守。

中國方面決心奪回南昌。4 月 21 日，第三、第九戰區發起春季反擊戰，首先向南昌發動奇襲，一時打亂了日軍陣腳，連克南昌週邊陣地，直逼南昌城下。日本空軍則出動大批飛機，對南昌週邊陣地進行猛烈轟炸，並且大量施放了毒氣，發射毒氣彈達 3000 發，使中國軍隊的攻勢嚴重受挫。

日本在二戰期間共生產了大量化學武器，其中毒氣達 9455 噸，包括芥子氣、路易氏氣、二苯氰胂、氫氫酸、苯氯乙酮、光氣、氯化苦等，以及糜爛性毒氣、血液性毒氣、催淚性毒氣、毒氣炮彈（1931 年至 1945 年共生產毒氣炮彈 700 餘萬發）等等。

日軍在戰爭中大量使用毒氣

美國在日本投放原子彈

侵略者的末日

1945年8月14日，美國空軍出動800架「空中堡壘」的超大機群，對東京、大阪、九州等地進行轟炸。

《波茨坦公告》及蘇聯出兵

1945年5月7日，德國法西斯宣布無條件投降。7月27日至8月2日，美國、英國、蘇聯三國首腦在德國首都柏林郊區小鎮波茨坦舉行了會議。以中、美、英三國政府的名義，正式發布《中美英三國政府促令日本投降之波茨坦公告》。其中心內容是：日本政府應立即下令其武裝部隊無條件投降，解除一切武裝；日本必須放棄自1841年以來所攫取的一切土地，包括滿洲、朝鮮、臺灣（包括澎湖列島等），對日本本土實行占領，對戰爭罪犯將處以法律制裁，不准日本保存和發展可使其重新武裝作戰之工業，徹底毀滅發動戰爭的力量等等。

蘇聯在正式對日宣戰後，立即在公告上補行簽字。

在《波茨坦公告》發布後，日本軍部持強烈反對態度。在軍部的壓力下，鈴木首相於28日舉行記者招待會時公然宣稱：《波茨坦公告》內容，系出於威嚇，日本政府拒絕接受。

與此同時，日本大本營主戰派還秘密制定了一個周密的「總決戰」計畫，堅決頑抗到底。

但是，就在短短的幾天中，遠東戰場的軍事形勢發生了重大變化：日軍在中國大陸戰場上連續遭到重創；8月6日，美國在日本廣島投下了第一顆原子彈，傷亡達49

日本投降前夕，在重慶的國民政府軍令部和軍訓部就想利用日本戰犯來辦一個研究機構，以研究戰後反共反蘇的戰略。軍訓部參事王御之曾對陸軍總部特別參謀黃瀛表示：白崇禧在軍訓方面想徵用日本戰犯，並重編各兵科典範令以及各種有關書籍。何應欽也曾多次對岡村寧次說過：日本已完全廢除了軍隊，一些優秀的軍事技術家也不需要了，這太可惜。我想招聘他們，連同所需要的器材。1946年初，一個利用特別人員組成的特別組織——國防部第三研究組正式在南京建鄴路168號成立。

萬人之多。

8月8日，蘇聯正式對日本宣戰。

8月9日零時，蘇聯紅軍元帥華西列夫斯基，率150萬重兵在夜幕的掩護下，在中蘇邊境全面展開。同時，蘇聯太平洋艦隊海軍陸戰隊在朝鮮北部、南庫頁島、千島群島登陸成功。不到一周時間，日本關東軍主力被蘇軍徹底擊潰。8月19日，關東軍總司令山田乙三大將終於向蘇軍提出了停戰談判的請求，被迫交出了象徵指揮權的軍刀，成為蘇軍的俘虜。此戰，關東軍被擊斃8.3萬，59.4萬人投降。日本法西斯失去了負隅頑抗的資本。

8月9日上午10時，美國空軍又在日本長崎投下了第二顆原子彈。

由此，日本在中國內地戰場、中國東北戰場及日本本土，遭到三重打擊，已到了山窮水盡的地步。

日本發出請降照會

10日19時，日本政府正式向中、美、英、蘇四國發出了《日本請降照會》，全文如下：

日本天皇切望促進世界和平，早日停止戰爭，俾天下生靈得免於因戰爭之持續而陷於浩劫。日本政府為服從天皇陛下之聖旨起見，已於數星期前請當時仍處中立地位之蘇聯政府出面斡旋，俾對諸敵國得以恢復和平，不幸此等為促致和平之努力業已失敗。日本政府為遵從天皇陛下恢復全面和平之旨意，希望因戰爭而造成之不可言狀的痛苦能盡速終結計，乃作出下列之決定：日本政府準備接受中、美、英三國政府領袖於1945年7月26日在波茨坦發表、其後經蘇聯政府之贊成的聯合宣言所列舉之條款，而附以一項諒解曰：上述宣言，並不包含任何要求有損於天皇陛下為至高統制者之皇權，是日本政府之竭誠希望。

8月13日，美國國務卿貝爾納斯代表同盟國政府覆電日本政府，必須傾聽盟國最高統帥的命令；天皇必須授權並保證日本政府及日本帝國大本營能簽字於必須

天皇裕仁宣布投降詔書

日本關東軍與蘇軍談判投降事宜

之投降條款，俾《波茨坦公告》之規定能獲實施，且須對日本一切陸海空軍當局以及彼等控制之一切部隊（不論其何處）發號施令，交出武器。此外，並須發布盟國最高統帥在實施受降時所需之其他命令。盟軍將對日本實行軍事占領。直至《波茨坦公告》規定之目的達到為止等等。

鈴木首相接到電報後，立即召開內閣會議進行討論。在到會的 15 個閣僚中，有 12 人表示接受，另有 3 人仍竭力主張繼續進行戰爭。當天下午，盟國向日本政府施壓的消息傳出後，東京發生了騷亂，一批陸軍軍官企圖進行武裝暴動。陸相阿南只得出面制止。政變失敗後，失意者紛紛切腹自殺。

8 月 14 日，美空軍出動 800 架「空中堡壘」的超大機群，對東京、大阪、九州等地進行轟炸。當晚 7 時半，鈴木首相再次召開內閣緊急會議，請天皇裕仁親臨。裕仁百般無奈之下，只得下令起草停戰詔書，並錄音完畢，即刻送日本電臺廣播。

8 月 15 日，日本天皇裕仁通過廣播發表《終戰詔書》，正式宣布無條件投降。8 月 16 日，日本中國派遣軍收到了來自日本大本營「立即終止戰鬥行動」的指令。

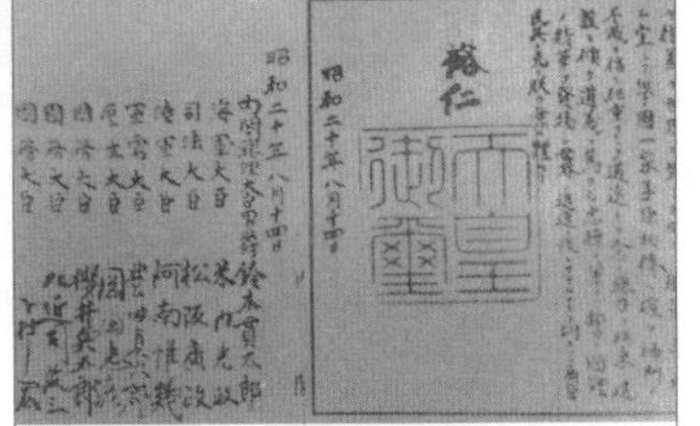

日本《投降詔書》

日本已無條件投降
中美英蘇同時正式公布
蔣主席勝利之日播講
正義終勝過強權
感謝國父指引軍民犧牲

日本投降的報導

天皇裕仁宣布日本投降

日本首相近衛文麿

日本外相廣田弘毅

偽滿洲國首腦溥儀被逮捕

度盡劫波

重慶街頭一片歡騰

日本投降了，中國歡騰了。

「陪都」重慶

1945年8月10日19時許，重慶正是酷暑難耐的時候，突然，美軍總部的工作人員衝出了駐地，開著吉普車上了街，一面開，一面用英語狂呼「VICTORY」（勝利）。僅僅過了幾分鐘，市民們就知道是日本即將投降了。一時間，重慶全城都傳開了，短短十幾分鐘，重慶市民就衝上了街頭。開始，大家都在漫無目標地全城漫遊著，狂歡著，每個人都是大汗淋漓，互不相識的人，嘴裡都打著招呼，互致慶賀；有一點認識的人，則互相擁抱。後來，有的人爬上他們所能爬上的大卡車、吉普車，在車上用手作出了「V」字勝利標誌。車輛從上清寺開到小什字，又開回來，就這樣反復地開。有的商家乾脆向居民免費贈送鞭炮，頃刻間，鞭炮響成了一片。人潮幾乎吞沒了重慶的整個主幹道。

忽然間，一連串的廣播中斷了，接著，一個中國口音的廣播員，以中央廣播事業管理處的名義，廣播了合眾社、中央社的新聞。之後，這位播音員情不自禁地自己說了起來：「中國苦戰八年，終於贏得勝利，贏得和平，現在，重慶大街小巷，百萬市民已在狂歡中。」這一廣播無疑是「火上加油」，市民再一次沸騰了：電影院裡，報導日本投降的幻燈片也播放出來，人們一起起立唱起了《義勇軍進行曲》；一些歌廳、舞廳，也停放了舞曲，紛紛將放在外面的喇叭，播放起日本即將投降的新聞。

22時半，狂歡持續升溫。中一路上有人發起進行了火炬大遊行；民生路上，出現了一個巨大的V形燈籠。夜深了，街上仍是人潮洶湧，不見散去。

國民政府舉行慶祝勝利宴會，右三為行政院副院長翁文灝

宋美齡閱讀載有日本投降消息的報紙

各家報紙紛紛搶印了日本投降的「號外」，報紙一出來，馬上就被爭搶一空。從中一路，到新街口，從公共汽車上，到商店門口，到處都貼了「號外」。

8月15日，國民政府主席蔣中正在重慶對全國發表廣播講話，慶祝抗戰勝利。8月15日夜，「陪都」重慶的市民得知日本正式投降的消息後，再一次沸騰了。百姓們又湧上了街頭，繞著山城，敲鑼打鼓，載歌載舞地進行了自發地遊行和狂歡。浩浩蕩蕩的隊伍蜿蜒了十多裡，整個山城籠罩在極度的亢奮之中。中央研究院歷史學家傅斯年在人群中，左手拿著一瓶酒，右手執著一根手杖，用手杖挑著帽子，在大街上舞了起來，後來，帽子舞掉了，手杖也甩沒了，嗓子也叫啞了，累得實在走不動了，就坐在地上休息一會，再起來與大家一道狂歡。這一天的夜晚，人們盡情地發洩著憋在胸中八年之久的苦悶、屈辱和抑鬱。山城通宵未眠。

1945年8月15日，蔣介石向全國軍民發表抗戰勝利的講話

9月3日，國民政府在重慶舉行了極為隆重的慶祝活動，全城一片節日氣氛，交通要道口都紮起了松柏牌樓，店家商鋪遍懸中國國旗和同盟國旗幟。上午9時許，101響禮炮發射，震動了整個城市。

延安

日本無條件投降的消息傳到延安後，一時間，全城轟動，萬眾歡騰，街上張燈結綵，國旗飄揚。全城所有的黑板上，都書寫了大字標題：日本投降啦！晚上，東南北各區到處舉行了火炬遊行，全市燈火輝煌，歡呼聲從各個地方發出……瞬間，鼓樂喧天，無數火炬照亮了山嶺河畔；機關與群眾的秧歌隊紛紛出發遊行，新市場的商人們，來回奔跑傳遞著資訊；實驗工廠裡，聯政宣傳隊、大眾劇院、延安大學，完全小學，十多個秧歌隊在新市場十字路口會合，市民高呼著：中華民族解放萬歲！紅軍萬歲！動員進來，支援前線！保衛邊區，制止

抗戰勝利勳章

南京街頭掛起了戰勝國元首的照片

內戰！口號聲聲震山谷。在熊熊烈火中，豎立著毛澤東、朱德、史達林的巨幅畫像，人群中，一名拄著拐棍的榮譽軍人高呼著：八年了，我們的血沒有白流，我們終於勝利了。原來，他是參加過平型關大戰的老戰士。一個賣水果的小販，把筐裡的桃李一個個地拋向空中，高呼著，兄弟們，不要錢的勝利果，請大家自由地吃呀。立即引來一片笑聲。不多久，歡慶的人們不斷地湧來，秧歌隊伍越跳越大，人越來越多，完全成了一片人海。這時，在延安的美軍觀察組官兵們也開著汽車來湊熱鬧，加入到狂歡的隊伍中來。

晚上，朱德總司令招待在延安的盟國友人，慶祝反抗日本法西斯戰爭的勝利結束。8 月 15 日，延安整夜未眠。

南 京

8 月 10 日 20 時，南京偽國民政府的宣傳喉舌中央廣播台，照例要播放日本東京廣播電臺「大東亞聯播」的華語節目。之前，電臺的技術員譚保林和蘇荷先二人收聽到了重慶的電臺廣播，得知了日本即將投降的資訊，頓時熱血沸騰，二人按捺不住心中的狂喜，立即聯繫了江東門的發射台。在被告知日本主管不在值日時，遂要求發射台在 8 時改播重慶電臺廣播的「日本即將投降」的電訊。發射台立即將這一振奮人心的消息發了出去。不少南京市民聽到了這則消息，一傳十，十傳百，南京城頓時一片沸騰，鞭炮聲立即不絕於耳。而日軍方面還沒有弄清是怎麼回事。

昆 明

1945 年 8 月 10 日的深夜，日本政府發出《請降照會》的電訊傳到昆明後，各家報紙連夜印發出特大字的「號外」，在街頭免費贈送。一時間，市民們爭相傳閱，群情振奮，奔相走告，瞬間就傳遍了全城，昆明城成了歡樂的海洋，慶祝勝利的鞭炮聲響徹通宵。昆明市的物價立即下跌，20 支棉紗，從 5 萬元跌到 3.5 萬元，金飾品由 20 萬元跌到 17 萬元。各商家都舉行了勝利大減價活動。

上 海

8 月 11 日 19 時，上海偽電臺照例開始廣播。但此次廣播一反常態，沒有先播放「大東亞進行曲」，而是播放了中國國歌。收聽廣播的市民非常奇怪，正當他們百思不得其解時，廣播中突然傳來了「日本接受波茨坦公告」的消息。剛開始，市民都不敢相信，紛紛竊竊議論，不久就成為民眾們公開討論的話題。也就一個小時左右，消息就被證實。這一來，又引發了狂歡的浪潮，鞭炮聲立即響起來，滿城都是濃烈的硫磺味。

延安軍民慶祝勝利大會

各地狂歡

日本即將投降的消息傳到西安後，市民人心振奮。物價全線下跌，黃金跌去將近一半，洋布跌去 3/5，顏料跌了 1/2，香菸跌了 3/5。

10 日 21 時，日本即將投降的「號外」發出後，江西寧都全城騷動，火花迸放，如同白晝。歡笑聲與鑼鼓聲響徹雲霄，人們見面互相賀喜擁抱。

在皖南，各地均舉行了火炬遊行，物價以黃金價格下降最多，46 萬元一兩跌到 10 萬元一兩。而木材、磚瓦、瓷器、茶葉等生活用品則銷售趨旺。

寶島臺灣的同胞們在日本帝國主義鐵蹄下生活了半個世紀，在得知日本投降的消息後，臺北等地的市民紛紛湧上街頭盡情地歡呼，慶祝重見天日，擺脫桎梏，人們一見面，紛紛說起了遭到禁錮多年的國語，並以會說國語為榮。

8月15日，蔣介石與重慶市民在街頭歡慶勝利

七七事變爆發後，重慶各界數萬人在王家沱日租界附近舉行抗日集會，要求國民政府收回日租界。租界內的日本人驚恐萬狀，因為他們不能像在上海、天津日租界那樣得到日軍的保護。日本海軍在重慶長江江面僅有 1 艘排水量僅 305 噸的「比良」號小型炮艦。重慶日本領事館領事糟谷在 28 日接到日本外務省的訓令：儘快撤出重慶日本僑民。8 月 1 日，在「比良」號炮艦護衛下，糟谷及領事館全體人員及日僑，乘商船狼狽逃離。中國政府隨即接管了王家沱日租界。當日本人撤離日租界的消息傳來，重慶人民歡呼雀躍。據當時的報紙記載，重慶市各商店的鞭炮幾乎被歡呼的市民搶購一空。

日方投降代表向何應欽呈交降書

中國戰區受降

岡村寧次匆匆閱過降書，隨即在降書上簽字，低著頭送呈給中國戰區受降主官何應欽。

芷江洽降

1945年9月2日，在停泊於日本東京灣的美國「密蘇里」號戰列艦上，舉行了日本向盟國的投降簽字儀式。

在此之前的1945年8月17日，日本中國派遣軍司令官岡村寧次致電蔣介石，將派副參謀長今井武夫、參謀橋島等人，於8月18日飛赴浙江玉山，與中方商洽投降事宜。後由於連日大雨，玉山機場跑道被損壞無法起降，蔣介石電告岡村，洽降地改在湖南芷江。

8月20日，何應欽已率中國陸軍參謀長蕭毅肅以及政府各部門人員約30人先期飛抵芷江，進駐中國陸軍前進指揮所。8月21日，日方洽降使節今井武夫一行8人至芷江。當天下午，中國戰區日軍洽降會議正式舉行。何應欽將中國陸軍總司令部的一份備忘錄第1—5號，交給今井武夫轉岡村寧次，就日軍投降的區域、武器裝備、物資的交接對象、盟軍戰俘的安置、維持治安、機構設立等事項，作了明確的規定。

湖南芷江洽降會場

之後，何應欽根據蔣介石的命令，在芷江召集了戰區司令長官、方面軍總司令，以及陸海空軍主官等，對受降區域進行了詳細的劃分，並進行了各部隊進入受降地區的部署。接著，何應欽又緊急飛往恩施、安康、西安等地，與胡宗南、劉峙、孫連仲等戰區司令長官，密商接受投降的事宜，進行了周密的布置。

一切妥當後，何應欽才於9月8日飛赴南京。

南京受降儀式

1945年9月9日9時整，中國戰區

1945 年 9 月 9 日，南京受降典禮

受降儀式在中國陸軍總司令部（原南京中央陸軍軍官學校）大禮堂隆重舉行。美國、英國、蘇聯、法國、加拿大、荷蘭、澳大利亞等國軍事代表和武官，中外記者 400 多人，見證了這一歷史時刻。

受降儀式的大禮堂，中日雙方面對而坐。右方是來賓席。會場主席臺上懸掛巨型 V 形英文字母。四周懸掛四國領袖的巨幅照片。

中國政府出席受降儀式的，是中國戰區最高統帥的特派代表、中國陸軍總司令何應欽上將、第三戰區司令長官顧祝同上將、海軍總司令陳紹寬上將、陸軍參謀長蕭毅肅上將、空軍第 1 路司令張廷孟上校。

日本投降代表是：中國派遣軍總司令岡村寧次、日軍總參謀長小林淺三郎、日軍陸軍副參謀長今井武夫、中國海面艦隊司令福田良三、臺灣軍參謀長諫山春樹、陸軍大佐三澤呂雄、參謀小笠源清。岡村寧次等在投降書上簽字後，由小林淺三郎向何應欽呈遞了降書：

> 日本帝國政府及日本大本營，已向聯合國最高統帥無條件投降。
>
> 中華民國（東三省除外）、臺灣與越南北緯 16 度以北地區內之日軍全部陸海空軍部隊及將領等，應向蔣委員長投降……

9 月 10 日，中國陸軍副參謀長冷欣護送降書，乘專機到達重慶，向蔣介石呈交。

1945 年 9 月 9 日上午 8 時 51 分，中國戰區受降主官何應欽率領 4 位中國受降官首先進入會場。9 時整，受降儀式開始。何應欽命令將兩份分別以中、日兩國文字印製的日軍投降書交付岡村寧次閱讀簽字。岡村寧次光著腦袋，神色沮喪，再也沒有了往日的驕橫之色。在無數目光的逼視下，岡村寧次匆匆閱過降書，隨即在降書上簽字。當日晚 8 時，岡村寧次向全體駐華日軍下達投降命令。

冷欣將日本降書呈蔣介石

受降儀式會場場景。右邊大桌後為中國代表，左邊桌後為日方代表。正面長桌後為盟國代表

受降區域劃分

根據盟軍最高統帥部的第 1 號命令，中國戰區的受降範圍為：中國境內（滿洲除外）、臺灣及北緯 16 度以北法屬印度支那境內。

該地區內的日軍總兵力約為 128 萬，包括中國派遣軍總司令部及 3 個方面軍、10 個軍、36 個師團（含 1 個戰車師團，3 個飛行師團）、41 個獨立旅團、19 個獨立警備隊、6 個海軍陸戰隊。其中華北方面軍 32 萬多人，華中第 6 方面軍近 30 萬人，京滬第 6、13 方面軍 33 萬人，廣東第 23 軍近 14 萬人，臺灣第 10 方面軍 17 萬人，越南北部第 38 軍 3 萬人。

中國戰區在全國（東北除外）及越南北部共設立了 16 個受降區域，任命的受降主官如下：

越北地區：第 1 方面軍總司令盧漢；

廣州海南地區：第 2 方面軍總司令張發奎；

潮汕地區：第七戰區司令長官余漢謀；

長沙衡陽地區：第 4 方面軍總司令王耀武；

岡村寧次等在南京受降典禮上

日軍投降代表閱讀降書

南潯地區：第九戰區司令長官薛岳；

杭廈地區：第三戰區司令長官顧祝同；

京滬地區：第 3 方面軍總司令湯恩伯；

武漢地區：第六戰區司令長官孫蔚如；

徐海地區：第十戰區司令長官李品仙；

平津地區：第十一戰區司令長官孫良誠；

山西地區：第二戰區司令長官閻錫山；

新汴地區：第一戰區司令長官胡宗南；

郾城地區：第五戰區司令長官劉峙；

青濟地區：第十一戰區副司令長官李延年；

包綏地區：第十二戰區司令長官傅作義；

臺灣地區：臺灣行政長官陳儀。

自 9 月 11 日至 10 中旬，除蘇北、山東以及華北方面的部分日軍，由於國共兩黨在受降問題上的分歧，未能完成投降儀式外，其他地區的日軍均已繳械投降，並被集中到戰俘營中等候遣返回國。

日本投降簽字儀式在美軍「密蘇里」艦上舉行

何應欽與盟國代表步出受降儀式禮堂

岡村寧次在投降書上簽字

南京受降儀式現場

岡村寧次等日本簽降代表垂頭喪氣走出會場

新 6 軍進入南京

班師南京

新 6 軍官兵身著美式夾克，腰繫白皮帶，頭戴鋥亮的新鋼盔，配備美式卡賓槍。

第一支進入南京的中國軍隊

日本投降後，國民政府立即準備接管南京。關於派遣中國陸軍中的哪支部隊正式進入南京接管，國民政府內部意見尚不統一。起初，參謀總長顧祝同和冷欣向何應欽提出建議，將陸軍總司令部推進到上饒，並由第三戰區接管南京、上海和杭州地區。何應欽表示首肯。但蔣介石一時拿不定主意，就向美國軍方的魏德邁徵詢意見。魏分析了形勢，認為以新 6 軍最為合適，因為新 6 軍在緬甸打敗過日軍精銳的第 18 師團，在日軍中影響很大，雖然南京的日軍很傲慢，但新 6 軍對日軍有較大的震懾作用。另以第 3 方面軍空運上海，第 2 方面軍接收廣州，第 4 方面軍接收長沙和武漢。蔣介石立即決定由新 6 軍接管南京。不知是巧合還是有意所為，駐防南京的日軍番號也是第 6 軍。

在冷欣所部到達南京之前，第十戰區司令長官李品仙下屬徐啟明部一個團已先期抵達浦口，並於 8 月 24 日凌晨渡過長江進入下關。其時，日軍尚未解除武裝，大方巷原國民政府外交部大樓，即岡村寧次中國派遣軍司令部的屋頂上，仍築有工事，高炮、機槍荷槍實彈，門口的崗哨還持著上了刺刀的三八步槍。看著中國軍隊全副武裝地進入南京，日軍官兵均垂頭喪氣。中國軍隊在日軍的「夾道」注視下，一直開到城東的原中央軍校營房接防。這是自 1937 年 12 月南京保衛戰後，中日兩軍第一次在南京正面相遇，也是抗戰勝利後第一支進入南京的中國軍隊。

「前進指揮所」進駐南京

8 月 25 日晚，何應欽在芷江總部收到岡村寧次發自南京的電報，內稱冷欣中將及南京前進指揮所的住宿、辦公地點及交通工具已安排妥當；大校場機場的布防也已移交中國軍隊孫桐崗上校的傘兵 1 營，指揮塔已被孫上校直接控制等等。

8 月 27 日晨 6 時，湯恩伯所部與美軍傘兵，在上海機場空降著陸。

8 月 27 日下午 2 時，來自湖南芷江的第一架 C46 美式軍用運輸機，降落在南京光華門外大校場機場的跑道上。機上

新 6 軍在南京街頭

前進指揮所

載有新 6 軍前進指揮所吳傳薪上校等 5 名軍官，以及通信兵等。

10 分鐘後，第 2 架飛機降落，機上載有陳應莊上校和部分憲兵部隊，另有 2 輛吉普車。之後，每隔十多分鐘，就有一架軍用飛機降落，不一會功夫，就降下 6 架飛機，每架載有新 6 軍官兵 52 名，前進指揮所官員 32 名，以及憲兵 30 名。

下午 2 時 40 分，中國陸軍總司令部副參謀長兼南京前進指揮所主任冷欣中將乘坐的第 7 架飛機，降落在機場跑道上。同機隨行的有主任參謀陳倬，參謀宮其光等人，以及參議顧毓琇、邵毓麟，設計委員龔德柏等人，還有新 6 軍副軍長舒適存、新 6 軍 14 師師長龍天武、海軍少將陳容泰等人。隨冷欣抵達南京的官兵共 159 人。

冷欣一行下機後，今井武夫等日軍軍官列隊走向飛機，在機艙門口恭候。冷欣在機場上向中國軍隊官兵作了簡短的講話，將帶來的國旗插上吉普車揚長而去，顯示出戰勝者的姿態。車隊直驅位於城西北的鐵道部 1 號官舍孫科公館（今解放軍政治學院）。冷欣及先期赴南京的先遣人員均下榻於此。休息 10 多分鐘後，又赴東郊中山陵晉謁國父孫中山。這是國民黨軍政要員返回南京後通常的程序。隨即，設在華僑招待所的南京前進指揮所即告成立。

8 月 27 日黃昏時分，又有 5 架中國飛機降落在南京大校場機場。這次主要運載的是軍用吉普車和一些軍用物

中國軍隊進入武漢

資，同時帶來了何應欽給岡村寧次的8號至13號備忘錄。

新6軍開始全面接防

從8月30日起，全副美械裝備的新6軍，從芷江陸續空運南京，到達後即分批進駐各自的營房。其第一梯隊是該軍14師40團，由師長龍天武率領。部隊在大校場機場降落後，即往「陸總」前進指揮所報到。9月5日，「陸總」立即電令日軍岡村寧次轉知南京日軍第6軍十川次郎所屬部隊，按計劃克日交出南京城防的警備任務，次日（6日）必須交接完畢。

新6軍的另一個師新編22師，是從印緬前線歸國的美械部隊，師長李濤，也於近日空運南京以加強警備力量。9月5日，新6軍舉行了盛大的入城式。這一天，南京全城洋溢著狂歡的氣氛，市民舉家而出，冒著酷暑爭相一睹久別了的中國軍隊的風采，以致將道路完全堵塞。不少市民將家中的雞蛋、饅頭、老酒堆放在汽車頭上，犒勞中國軍隊。沿途的商家紛紛打出了「歡迎國軍凱旋」的橫幅。

新6軍官兵身著美式夾克，腰繫白皮帶，頭戴鋥亮的新鋼盔，配備美式卡賓槍，全部用手作出V字手勢，以回應市民的歡迎。大喇叭中播放著進行曲，場面極為熱烈。車隊行進緩慢，一度在市民的圍堵下動彈不得。

有趣的是，一支徒步行進的新6軍部隊，在南京中山路街頭與一支日軍部隊不期而遇。日軍汽車上堆滿了麵粉，日軍士兵們一個個衣衫不整，無精打采地低著頭坐在麵粉堆上，不敢正視中國軍隊和路邊的老百姓，昔日的威風蕩然無存，真如喪家之犬。與新6軍嶄新的軍裝和全副的美械裝備，形成了鮮明的對照。

新6軍進駐南京後的部署是，14師一個團駐浦口，另以一個加強營推進到六合，一個團進駐馬鞍山一線；22師一部駐鎮江、常州、揚州地區。直至9月5日，新6軍全部空運完畢，廖耀湘等新6軍主官，於9月5日午後1時飛抵南京。

新6軍進駐後，又重新進行布防。軍部設在黃埔路原中央學校內，軍直屬部隊則分駐馬標和炮標。14師師部先駐江蘇路，後移駐中山北路華僑招待所。40團駐

新6軍與日軍擦肩而過

何總司令
日本政府已於本月十四日接受我盟國投降條款，其在我國最高指揮官岡村寧次來電願遵令執行受投降條款中之義務，我軍應即停止對日本軍隊之攻勢，但各地區為確保我軍本身之安全及必需之作戰行動則不在此限，並希嚴加防範為要。
蔣中正 未寒

蔣介石下達給何應欽加強防範的手令

岔路口，41 團駐防南京城。新 22 師駐鎮江，以一個團控制棲霞山至鎮江的鐵路沿線，另向揚州和常州派出必要的防守部隊。

新 6 軍接管南京的警備任務後，南京的大街小巷已不允許日軍攜帶武器單獨外出。由於南京駐防的是全副美械裝備的新 6 軍，以後又由 74 軍接防，也是美械部隊，中國軍隊用槍全是自動槍，而日軍卻還是「三八大蓋」，中國軍隊在裝備上明顯勝出日軍一籌。日本軍人還沒有全部繳械，持械上街恐引起衝突。不少日本僑民躲在家中不敢出來，怕遭當地的老百姓報復，即使上街買菜，也多是些老年婦女。所以新 6 軍命令日軍總部，自 9 月 7 日起，日軍官兵一律不准上街，不准佩帶軍刀公出，公出必須佩帶「公出證」。

1945 年 9 月 8 日正午 12 時，中國陸軍總司令何應欽，在蔡文治、鈕先銘、張廷孟等人陪同下，由芷江飛抵南京。同機到達的還有谷正綱、李惟果、丁惟汾、賀衷寒、葛敬恩等政府要員。接著，美軍少將麥克魯，參謀長柏德爾等也相繼飛抵南京。當何應欽的專機降落時，先期到達南京的軍政要員蕭毅肅、冷欣、湯恩伯、李明揚、鄭洞國、廖耀湘、王懋功、彭孟緝等及各界代表 100 多人，齊集大校場機場迎候，其場面之隆重，僅次於蔣介石到達南京時的情景。

之後，「陸總」參謀長蕭毅肅即宣布，「陸總」前進指揮所已完成使命，即日起正式結束歸還原建制，同時撤銷機構，駐防南京的新 6 軍，與原「陸總」前進指揮所並稱為「陸軍總司令前方司令部」。

9 月 9 日，中國方面接受日軍投降的儀式結束後不久，南京城防改由 74 軍接防。隨後，南京正式成立了警備司令部，由 74 軍 51 師師長邱維達任警備司令。10 月初，邱維達率該軍 51 師進駐南京，正式全面負責南京地區的衛戍任務。

新 6 軍在檢查出入南京的日軍

新 6 軍進城

臺灣行政長官陳儀宣布臺灣光復

臺灣光復

1945年10月25日，臺灣、澎湖地區日軍投降儀式在臺北公會堂舉行。

臺灣是美麗的寶島，位於大陸以東，扼東南沿海各省門戶，也是西太平洋的重要砥柱。南北長394公里，東西最寬為144公里，周圍有數10個島嶼，總面積為35759平方公里。

1894年中國的清政府在甲午戰爭中戰敗，李鴻章代表清政府與日本政府簽訂了喪權辱國的《馬關條約》，臺灣與澎湖列島被割讓給了日本。直至1945年日本投降，臺灣被日本統治了50年。

抗戰勝利後，中國政府根據《開羅宣言》和《波茨坦公告》臺灣回歸中國的條文，準備收復臺灣。9月9日，南京受降儀式後，臺灣、澎湖列島被劃為第16受降區，受降主官為陳儀。

8月27日，國民政府主席蔣介石手令：特任陳儀為臺灣行政長官，葛敬恩為臺灣行政長官公署秘書長。陳儀曾歷任國民政府軍事委員會委員、軍政部兵工署署長、福建省主席兼保安司令等。他在擔任福建省主席期間，由於福建與臺灣一衣帶水，對臺灣情況比較瞭解。蔣介石派陳儀

臺灣光復後蔣介石、宋美齡赴台

臺灣行政長官公署軍政長官

陳儀、張群在臺灣

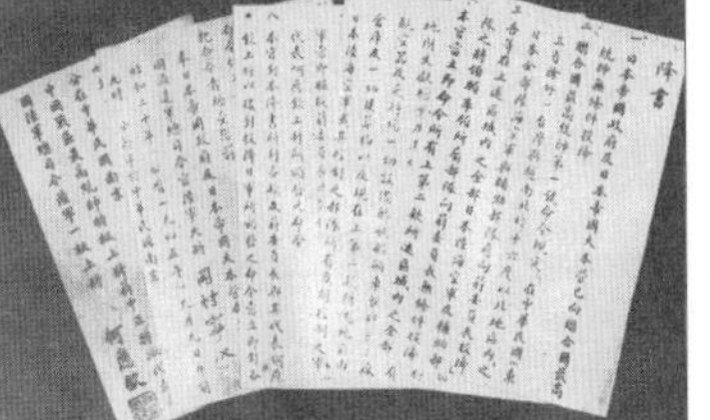

日本投降書

接收臺灣的目的，是想讓他將臺灣創建成「模範省」。

由於臺灣戰略地理位置重要。日本駐台軍隊人數眾多，為第 10 方面軍司令官安藤利吉所部，總數達 20 多萬。為此，1945 年 9 月，國民政府又成立了臺灣省警備總司令部，以陳儀為總司令，設立了臺灣前進指揮所，做好了接收臺灣的準備。9 月 14 日，空軍第 1 路司令張廷孟攜國旗一面飛往臺北，面見了日本臺灣總督安藤利吉，要求他立即放下武器，降下日本國旗，改懸中國國旗。10 月 17 日，中國第 70 軍軍長陳孔達率部在基隆登陸，第 62 軍軍長黃濤所部在高雄、左營登陸。同一天，臺灣行政長官公署及警備總司令部官員飛抵臺北。

當中國軍隊從基隆開向臺北時，臺灣民眾群情振奮，沿途夾道歡迎，以致 30 公里的車程，足足走了 4 個小時。

1945 年 10 月 25 日上午 10 時，臺灣、澎湖地區日

臺灣光復儀式

日軍投降代表安藤利吉向陳儀（右）呈遞降書

日本臺灣末任總督安藤利吉在降書上簽字

中國陸軍部隊進駐臺灣

軍投降儀式在臺北公會堂舉行。

出席受降儀式的有，中國受降主官陳儀及海陸空軍代表 16 人、盟軍代表古德里上校、柏克上校等人。臺灣人民代表林獻堂等 30 多人，日本代表 5 人，加上記者，參加儀式的共 180 人。中國和盟軍代表首先進入受降席。然後，日本代表、臺灣總督兼第 10 方面軍司令官安藤利吉大將、臺灣軍參謀長諫山春樹中將，總務長官司令官、代理農商局長須田、高雄海軍警備府參謀長中澤佑少將，由中方人員引導入場。他們向受降人員脫帽鞠躬，然後解下軍刀，雙手呈上。中方這才命令他們坐下。

10時整，鳴炮，受降典禮開始。陳儀命令日本投降。安藤利吉接過「降書」細細閱讀後，提起毛筆簽字加蓋私章，然後由諫山春樹呈上。陳儀審閱後，再簽字蓋章。隨後，中方命令日本代表退席。典禮宣告結束。

同日，陳儀向中國全體同胞和全世界發表廣播講話，宣布臺灣、澎湖列島已正式重入中國版圖，所有一切土地、人民、政事皆已置於中國政府主權之下。

10月25日，被定為臺灣「光復節」。

1945：收回香港、澳門未果

淪陷後的澳門

1945 年 8 月 20 日，由蔣介石「委派」的英國將軍夏愨，率領海軍特遣艦隊進駐了香港。

中國準備接收香港

1945 年 8 月 15 日日本投降後，中國軍隊準備利用接受香港日軍投降的機會，從日軍手中收回香港。遠東盟軍統帥麥克阿瑟發布了第 1 號受降令，凡中華民國北緯 16 度以北地區，應由中國軍隊受降。根據該命令的劃分，香港理應由中國軍隊接受日軍投降。而在戰時，香港就屬於中國第 2 方面軍轄區的範圍內，此時，中國完全可以以受降名義，派兵進駐香港，造成既成事實，再與英國方面進行交涉。於是，蔣介石命令第 2 方面軍司令官張發奎所屬的新 1 軍和 13 軍向香港附近的寶安集結，隨時準備進駐香港。

日軍開進香港

但英國方面卻拒絕接受麥克阿瑟的受降命令。1945 年 8 月 18 日，英國首相艾德禮致函美國總統杜魯門，要求重新發布命令，讓駐港日軍向英軍投降。其實，早在日本投降前，英國海軍就派遣海軍少將夏愨率領一支特遣艦隊開赴香港。英方另派了一個陸軍師配合海軍的行動。一旦時機成熟，馬上占領香港。同時，英方也向美國遊說，要求美國支持英國。

1941 年 12 月 13 日，日軍第 23 軍參謀長多田通過九龍進入香港

此時，杜魯門為了拉攏英國與蘇聯爭奪歐洲，改變了當年羅斯福的承諾，轉而又支持英國了。於是，向麥克阿瑟下令，將香港從中國戰區的受降範圍中劃出來，讓英國

駐港英軍將領訪問澳門

香港市民慶祝抗戰勝利

來受降。

蔣介石氣憤至極，但也只能忍氣吞聲，表示：「願授權給英國軍官去接受香港日軍投降，同時派 1 名中國軍官和 1 名美國軍官赴香港參加日軍的投降儀式」。

蔣介石一再讓步，英國則得寸進尺，他們驕橫地表示：英國接受日本投降，無須中國政府授權。蔣介石感到太屈辱了，這如何向部下和國人交代？於是便「強硬」地向杜魯門表示，不管英方接受與否，我都將以中國戰區最高統帥的名義，任命英國將軍夏慤代表他去受降，如必要，將動用武力抵制英國方面接收。

英方顧慮到中國有兩個軍駐在寶安地區，萬一蔣介石動了武，還真不好收拾，同時也怕美國會插手駐軍(美國曾提出過香港由中美共同駐軍的主張)。於是，只好同意由蔣介石來「委派」了。

1945 年 8 月 20 日，由蔣介石「委派」的英國將軍夏慤，率領海軍特遣艦隊進駐了香港，香港同胞眼睜睜地看著英國人趾高氣揚地再次登陸。9 月 1 日，港英當局成立了軍政府。同一天，蔣介石也宣布：國民政府同意英軍占領香港。次年 5 月 1 日，香港淪陷時被日軍囚禁的港督楊慕琦，也返港再次就任總督。

收回澳門的反復

中國政府收回澳門，也經歷了一些反復。1945 年 8 月 31 日，國民政府外交部就正式提出了《關於收回澳門的方案》，並向葡萄牙政府表示了這一意願。9 月，中國新任外交部長王世傑，赴倫敦出席蘇美英法中五強外長會議，王世傑打算在會上再次提出這一要求，但因國民政府信心不足而未能提出。

在廣東方面，8 月底，蔣介石命令張發奎率第 2 方面軍開進了廣州，並屯兵珠海，準備一舉接收澳門。同時，澳門內部也準備裡應外合，舉行了一系列的遊行集會，抗議葡萄牙當局的占領。葡萄牙當局則採取了壓制的辦法，以治安為由，封鎖了關口，禁止內地居民進入。

這時，中國廣東當局以進入澳門搜尋日本人和漢奸為由，要求進入澳門；否則，葡萄牙當局予以引渡。同時，調集中國軍隊在前山進行軍事演習，炮聲隆隆，子彈

1945 年，英軍夏慤上將向日軍代表宣讀投降書

橫飛。由於中國軍隊對澳門實行了封鎖，一時間，澳門人心惶惶，物價飛漲。澳門居民紛紛回到內地避難。

葡萄牙當局看到中國軍隊劍拔弩張，十分恐慌。只得向廣州行營道歉，表示願意妥協，立即將日本人和漢奸交出。並允許中國人自由出入，允許遊行和集會等等。這時，收回的時機對中國方面十分有利。但在 12 月 22 日，國民政府及蔣介石卻向軍令部長和外交部長下達指令，認為收回的時機尚不成熟，立即取消武裝封鎖。就這樣，中國喪失了一次絕好的機會。

到了 1947 年，中國政府內部收回澳門的希望再次燃起。國民參政會提出了收回澳門的提案。廣東省參議會和民間組織了一個《收回澳門運動促進會》，併發了通電。不少省議會紛紛響應。但此時葡萄牙政府已經摸透了中國的底牌，根本就不予理睬。加上蔣介石的主要精力都投入了內戰上，哪裡還有心思去管收回澳門的事呢！

張發奎

第 115 任澳門總督戴思爾

1938 年和 1939 年，澳門先後組織了兩次大規模的抗日獻金活動，許多市民當場獻出了項鍊、戒指。僅 1938 年那一次，其所得就超過 10 萬元。1938 年 9 月，澳門開展了歷時 40 餘天的義賣活動，各茶樓、飯店、冰室爭相參加，連一些理髮店、報攤也參與其中。1938 年 7 月，全澳門飲食業於七七事變一周年之際，舉行「素食募捐」，出售印有「毋忘國恥」四字的素包及素食，停售葷食。《朝陽日報》、《新聲日報》等澳門進步刊物，不但在澳門進行抗日宣傳，還派出劇團、宣傳隊前往內地，演唱《義勇軍進行曲》、《八百壯士》、《松花江上》等進步歌曲，演出《血灑盧溝橋》等劇碼。太平洋戰爭爆發後，澳門藝術家勇敢地將歐陽予倩的《忠王李秀成》、陽翰笙的《天國春秋》、郭沫若的《虎符》、于伶的《大明英烈傳》等宣傳愛國的作品搬上舞臺。

被接收的吉林豐滿電廠

五子登科

軍委會以接收爲名紛紛捷足而登，每人都帶了一大把蓋了大印的封條，看到好的房子，就搶先貼上封條。

名目繁多的接收機構

抗戰勝利後，蔣介石迅速派出接收大員馳往各地進行接收，其分工是：日偽的行政管理機構，由國民政府同一性質的機構接收；經濟單位和企業機構，由國民政府同一性質的機構接收並立即恢復生產經營；銀行、金融部門，由國民政府中央銀行接收清理。

接收委員會設在南京中央軍校陸軍總司令部內，何應欽任主任委員。但在1945年9月以後，國民政府各個部門及黨務、軍事系統都迫不及待地成立了名目繁多的接收機構，有中央軍系統，有地方軍系統，軍委會還專門成立了一個接收「設營隊」。

地方上有行政院接收計畫委員會、行政院敵偽財產接收委員會、行政院收復區全國性事業接收委員會等。各城市的警備司令部也自行成立接收機關，軍統局則利用先進城的有利條件，獨往獨來地進行強行接收；更有自稱是奉了最高當局命令進行接收的機構。此外，各省市政府也相應設立了各色各樣的接收機構，如上海成立了軍政合一的敵偽資產處理局等機構；同時，進駐上海的湯恩伯第3方面軍總司令部也不閒著。各機關各系統爭先恐後湧到南京、上海等大城市，惟恐慢了一步。整個淪陷區的接收工作，處於一片混亂中。

於是，南京和上海曾流傳有這樣的民謠：「勝利驚天動地，接收昏天黑地，漢奸歡天喜地，百姓怨天恨地。」

軍事單位捷足先登

新6軍進入南京後，接收人員立即占

被接收的日本油輪

領了偽中央儲備銀行，起出黃金50萬兩、白銀764萬兩、銀元37萬枚，以及大量美金、日元、票據等等。

當74軍51師邱維達部於1945年10月從新6軍手中接防南京時，先期到達南京的軍官們，早已將貴重物資瓜分完畢，不少人都有了自己的小汽車、洋房和小老婆。1946年5月13日的紀念周上，何應欽曾對接收工作作過一個總結報告，只公布了武器彈藥、軍艦飛機、汽油馬匹的數字，而對小汽車、洋房、布匹、食品、醫療器材等，卻沒有提及一個字。

日本投降後，軍委會以接收為名紛紛「捷足先登」，滿街看房子，而且每人都帶了一大把蓋了大印的封條，看到好的房子，就搶先貼上封條。搶房子的也不是軍委會一家，其他軍事機關到南京的第一件事，也是占房子，也帶了大把的封條。有時，這個單位剛貼上去，後來的人將其撕去再貼上自己的封條。以至於南京的街頭「封條滿天飛」。

上海的接收，也是一片混亂。蔣介石為了阻止新四軍接收上海，任命了一大批漢奸如周佛海、丁默村、羅君強、任援道等充任司令、委員、總隊長等職務，在上海與日偽軍一道維持治安。由於淪陷區附近有一批軍統系的忠義救國軍活動，日本剛一宣布投降，戴笠就命令大批特務火速進入上海，領導這些新任命的偽方人員，越過接收委員會，唱起了接收的獨角戲。

湯恩伯的第3方面軍總司令部及所屬部隊，是8月下旬進入上海的。而錢大鈞領導的上海市政府和淞滬警備司令部，行政系統劉攻芸的敵偽產業處理局等等，也不甘落後。短短十幾天，湯部從日軍手中奪走了大批珍貴的古玩字畫，有250多箱。他們還逼迫其他接收機構，從已經接收到手的財產中，吐出了四五百幢洋房。中央信託局曾多次向湯索要理應歸還該局的房屋，湯恩伯均置之不理。結果信託局將事情告到蔣介石那裡。湯恩伯

影片《八千里路雲和月》於1947年2月公映，是抗戰勝利後完成的一部電影作品。影片中的江玲玉與高禮彬是許許多多參加抗戰的熱血青年命運的寫照。當年他們滿懷激情地走上戰場，企望著打敗日寇，實現民族獨立與國家富強。可是他們付出的血汗並沒有得到應有的結果。抗戰當中，不少像影片中周家榮這樣的人置民族危機於不顧，大發國難財。抗戰勝利後，仍然是貪官汙吏當道，所謂「接收」實際成了掠奪式的「劫收」，加之物價飛漲，普通百姓的美好希望都化為泡影。

偽軍事參議院被軍方接收

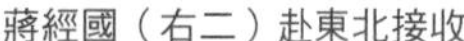
蔣經國（右二）赴東北接收

翁文灝（中）赴東北接收

這才極不情願地退出部分洋房。

上海警備副總司令李及蘭，用 7500 兩黃金在極司菲爾路購置了一幢碩大的花園洋房，其中的設施一應俱全。他手上掌握的敵產，僅房屋就有 10 多幢，均以警備司令名義加以封存，時間一長，就改頭換面地化為私有。他還擁有新式保險汽車 4 部，其他物品簡直不計其數。

政府部門不甘示弱

經濟部到南京接收的敵產中，有很多是中國的公私企業。日本人千方百計地想摸清接收人員的企圖，以及個人嗜好，然後投其所好。之後，再在接收清單、帳目上做文章。只要不在清單上將資產注明，其他的未注明的物資，接收人員可以自行處理。即使清單上有的，日方人員還可將原始單據銷毀，再造一假清冊。這樣一來，通過雙方的默契，一個設施齊備、運行正常、物資充裕的企業，幾個接收回合下來，新機器就變成了舊機器，大的變成了小的，好的變成了壞的，有的變成了無的，幾乎成了一個空軀殼、爛攤子。最後，宋子文成立了一個「敵偽產業處理局」，來一個徹底的大拍賣。不知多少接收大員通過這麼一轉手，發了一筆橫財。

倒買倒賣大發橫財

日本投降後不久，法幣在南京、上海

小洋房

何應欽公館

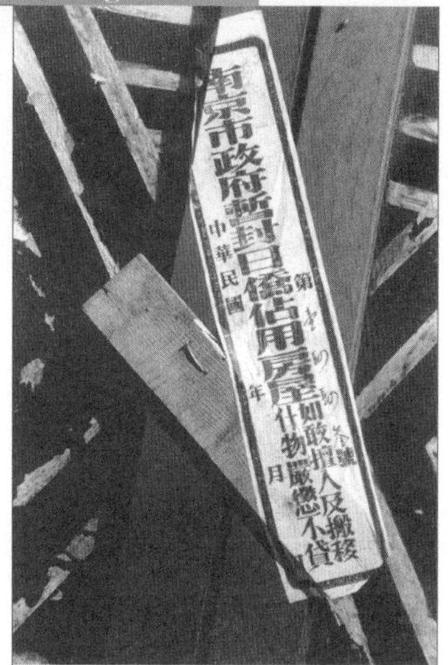

南京市政府在接收的房屋上貼上封條

的購買力是重慶的10倍以上。軍委會接收人員一到南京，法幣馬上大顯神通。軍人們個個都添置了許多傢俱物件，還有很多高檔消費品，如沙發、收音機之類的東西。後來，一些先回到南京的還都人員，就與重慶方面的家屬聯繫，要他們將棉花胎等物品在重慶賣了，換成法幣到南京來用，同樣的錢能買好幾床棉花胎，不僅減輕了行李，還能賺錢，舊的還換成了新的。這一既以舊換新又賺錢的路子，很快就被接收大員們成功地運用起來。後回南京的人，紛紛在重慶拋售大量物品，變成現錢到南京來花，幾下一倒手，都賺了一筆。而重慶接收大員們在南京的瘋狂搶購，又造成南京市場的虛假繁榮，物價飛漲，本地百姓的生活水準則急劇下降。

來南京接收的軍官們，還有一條發財捷徑，就是向南京一些急需錢用又苦無門路的商家放高利貸，這是無本的買賣，用他人之錢，按月坐收暴利。有一名上校軍官，動用接收來的公款，向夫子廟升州路聚和、泰和帽莊及開羅酒店貸款，總額達到2000多萬法幣，當時折合黃金300多兩，所收月息高達35%，刨去一些人情費，一轉手至少淨得20%，相當一名校級軍官工資的20倍以上。嘗到甜頭後，又通過南京珠江路一個專放印子錢的老闆放高利貸1000多萬元，月息30%到40%不等，短短幾個月，又賺了100多萬元。以至於一些公務員和

小洋房

接收的小洋房

軍人，根本就不去上班了，專門坐在家中放高利貸，每月坐收 200 萬法幣，相當於 1000 美元，其收入要比工資高出幾十倍。

接收官員中飽私囊

行政院敵偽財產接收委員會是一個臨時性機構，接收專員的分工很明確，如有的專門接管敵偽金融機構如銀行、錢莊，有的接管敵偽的進出口部門和交易所。他們都是接收方面的專家，因此，「撈」起來得心應手。如專員陳實在上海二馬路金山飯店常設了一個辦事處，在南京中華路附近開有銀號，在南京朱雀路復興商場開辦了一個產銷合作社，專門用於囤積居奇，操縱市場，對小商販也放高利貸進行盤剝。「陸總」副主任諶志遠在新住宅區和玄武湖各占了一幢洋房，屋子裡堆滿了封存的傢俱、字畫、瓷器等貴重物品，其中有從偽政權的一個「委員長」那裡「調」來的一座巨型的「康熙」青瓷花瓶。據他自己說，南京的日軍一投降，偽官們一哄而散，我們派了幾個勤務兵就將他們趕了出去，然後一起搬了回來。房子太大了，不僅自己和親戚住，還對外出租賺錢。

日本駐上海的憲兵部隊有 4000 多人，司令部設在北四川路，司令是山崎大佐。此人在上海一向無惡不作，市民十分痛恨。接收上海時，警備總司令部接到無數的控訴信。但不知何故，總司令部將信件全部束之高閣，山崎大佐竟以一個普通投降者的身分逍遙法外。接收憲兵司令部時，日方先提供了一份中文清冊。由於日軍奉國民政府之命，還擔負了上海市區的部分治安任務，尚未被完全繳械，所以中國軍隊在接收時，尤其是清點武器時還是比較含蓄的。日軍的武器裝備精良，尤其是戰刀很多，山崎交出的一柄百年戰刀，吹毛可斷，他用這把刀不知屠殺了多少中國人。憲兵隊上繳了大量物資，光高檔家庭用品就有 2000 多件，其中有沙發、彈簧床、高級桌椅板凳、羊毛地毯、電冰箱、保險櫃、電爐、收音機、電風扇等等，形形色色、應有盡有。接收人員挑選了其中最好的也是最希罕的東西如冰箱、彈簧床、電爐等物，送去孝敬警備司令部頭頭錢大鈞、李及蘭等人了，其他的東西，則由警備總司令部的軍官們私分。

全部接收工作，一直到 1946 年 5 月國民政府還都南京時才基本「結束」。所「遺留事務」，又劃歸行政院敵偽資產處理局接管。

由於接收使百姓生活直接受到影響，對政府的不滿和失望情緒日益強烈，以致「民怨沸騰」。人們稱大接收為「大劫收」。京滬杭一帶的老百姓戲稱這些接收大員是「五子登科」(即金子、房子、票子、車子、女子)。民間也曾廣泛流傳著這樣的民謠：「想中央，盼中央，中央來了更遭殃。」

多行不義必自斃

遠東國際軍事法庭的律師們討論案情

絞機起動，繩索拉緊，甲級戰犯東條英機兩腳踏空，一命嗚呼。

繼 1945 年 11 月 20 日歐洲國際軍事法庭在紐倫堡開始對以希特勒為首的納粹集團戰犯進行審判後，另一場審判則在亞洲的日本東京進行。

東條英機自殺未遂

日本投降後，根據中美英三國簽訂的《開羅宣言》和《波茨坦公告》的精神，開始審判戰爭罪犯。1945年9月，遠東盟軍最高統帥麥克阿瑟簽署了逮捕日本戰犯的命令，同時宣布東條英機等 33 人為甲級戰犯。之後，日本前陸軍大臣荒木貞、前首相近衛文磨、前宮內大臣木戶幸一等 108 人，又被定為甲級戰犯嫌疑人，並被逮捕歸案。

9 月 11 日下午 4 時許，美軍少校卡拉斯奉命前往東京都世田谷區玉川用賀街，逮捕東條英機。

東條家的大門緊閉，門外早已聚集了大批新聞記者。卡拉斯少校喊話後，東條英機伸出半個頭，問道：「我就是東條英機，是否來逮捕我？」

少校答道：「是的，馬上把你帶往橫濱。請跟我們走吧。」

東條聽畢，又縮了回去，將門窗緊緊關閉。美國軍人只好在外面等候。

過了約 15 分鐘，從屋內傳出一聲沉悶的槍聲。卡拉斯情知不妙，立即命令一名中尉砸開門鎖衝了進去。只見

審判現場——東京原日本陸軍省大廈

中國外交部長王世傑（中）與法官們合影，前排左五為大法官梅汝璈，左三為商震

貝德士在法庭上作證

庭長韋勃（左）

一個房間的門緊緊關著，打開一看，東條英機躺在椅子上，腦袋歪在一邊，左手握著一把美製柯爾德自動手槍，左胸正流著血，一副痛苦的樣子。東條英機自殺了。

卡拉斯趕緊上前檢查，發現還有氣，連忙叫憲兵將東條英機抬上汽車，急送美軍陸軍第98醫院搶救。經診斷，一粒子彈穿胸而過，距心臟只有不到1英寸。經救治東條英機活了過來。

審判

1946年1月19日，遠東國際軍事法庭成立。2月16日，盟軍最高統帥麥克阿瑟任命中、美、英、蘇、法、加、新、澳、荷等國代表為法官，後增補了印度和菲律賓兩國法官。中國出任法官的是立法院外交委員會代理主席梅汝璈。輔助首席檢察官工作的是上海第一特區地方高等法院首席檢察官向哲濬。由於中國是受害國中損失最為慘重的國家，所以檢察官的工作也特別繁重。向哲濬在顧問倪征日奧、裘劭恆等人的協助下，經過艱苦的工作，終於掌握了大量的證據。

經過幾個月的調查取證，偵訊工作於1946年4月基本完成。4月29日，檢察官向法庭提出了對東條英機等甲級戰犯的書面公訴，列舉了55條罪狀，其中有：謀求東亞、太平洋、印度洋霸權；發動九一八事變，攫取中國東北；發動七七事變，陰謀控制中國；實施違反國際公法的屠殺，實施違反戰爭法規的行為；實施違反人道的犯罪等等。在審判期間，來自中國南京的一名大屠殺倖存者伍長德到庭作證，控訴了日軍在南京的暴行。

1946年5月3日，東京時間11時30分，遠東國際軍事法庭在東京前陸軍省大廈會堂首次開庭。美國憲兵將戰犯從巢鴨監獄中提出，押往法庭。具有諷刺意味的是，這座大廳，就是當年日本戰爭狂人們策劃侵略戰爭的地方。

裘劭恆（右）在東京向溥儀（左）取證

一扇側門打開了，28 名日本甲級戰犯按英文字母的順序排列，被依次押上被告席，東條是第 27 個。首批審判的戰犯，有東條英機，日本首相、外相、陸相、海相，以及戰區最高指揮官等，共 28 人。但這批戰犯並不包括一些日本重要的戰犯，如前中國派遣軍總司令岡村寧次，前華北派遣軍司令喜多誠一等。

全場的目光，都集中到戰犯們的身上。這時，昔日不可一世的戰犯們，一個個都顯得惶恐不安，低著頭不敢正視會場中的人們。東條英機光著頭，仍然留著一撮小鬍子，戴副眼鏡，著一身黃呢軍便服。

檢察官宣讀了對 28 名戰犯的起訴書，長達數十萬字，共 55 條罪狀。

在 1947 年 12 月 26 日的一次庭審中，東條通過他的英國律師勃魯德，宣讀了他長達 20 萬字的口供，只是輕描淡寫地對「殺害了 200 萬以上的中國人」，「深表不幸」。但仍極力否認自己是戰爭的主要決策者，辯稱戰爭是「自衛」等等。

1946 年 5 月，遠東國際軍事法庭從正式開庭審理，至 1948 年 11 月 12 日審理完畢，持續進行了 2 年又 7 個月，共開庭 818 次，出庭作證 1198 人，提供證據約 4300 件，記錄達 48000 頁。

1948 年 11 月 12 日上午，庭長韋勃宣讀了長達 1800 頁的判決書。下午 1 時 30 分，法庭對首批甲級戰

法庭現場

作為中國派遣軍總司令，岡村寧次在 1945 年 8 月 14 日還表示要繼續作戰，「全軍玉碎」，但日本天皇宣布投降後就轉而要「與國民政府緊密結成一體，斷然對付中共」了。蔣介石也讚揚岡村在維持南京治安、協助接收及受降工作上成績顯著，採取利用岡村對付共產黨的方針。國民黨要員回南京後，與岡村頻繁接觸。當時，岡村已被列入東京戰犯名單，盟軍又一再傳他到遠東國際法庭作證。蔣介石為保護他，讓他擔任遣返日本軍民的總聯絡班長，留在中國。但是，岡村作為侵華日軍總司令，若不予審判，將引起全國人民反對和產生不良的國際影響，不得不做一些形式上的審判。

法庭審判日本戰犯

犯進行宣判：東條英機、土肥原賢二、廣田弘毅、板垣征四郎、木村兵太郎、松井石根、武藤章等 7 人處以絞刑；荒木貞夫、橋本次五郎等 16 名處以無期徒刑，東鄉茂德 20 年徒刑，重光葵 7 年徒刑。前外交大臣松岡洋右和前海軍大將永野修身病死，為日本侵略炮製理論根據的大川周明，因發狂被診斷為精神病而中止受審。法庭最後只判決了 25 人。宣判後，盟軍遠東最高統帥麥克阿瑟核准了這一判決。

宣判後，東條英機被押回監獄，單獨關在一室，受到嚴密監管，以防他再次自殺。東條英機這個殺人不眨眼的惡魔，飯量銳減，體重下降，性情乖戾，惶惶不可終日。

11 月 22 日，麥克阿瑟在東京召集對日理事會各國駐東京使節會議。會上，各國代表一致要求對甲級戰犯執行法庭的判決。麥克阿瑟聽取了意見，採取了嚴正立場，於 24 日下達了駁回戰犯上訴、維持絞刑判決的命令。同時，軍事法庭在巢鴨監獄中新建了 4 座絞刑台，專門等候絞決這批甲級戰犯。

戰犯走上絞刑架

1948 年 12 月 22 日深夜，昔日不可一世的戰犯們從巢鴨監獄中被提出。絞刑是秘密進行的，記者一律不許採訪，只有中、美、英、蘇四國代表在場進行監督。

23 日凌晨零時許，總行刑官下達了行刑令。首先走上絞架的是東條英機。此時的他，面色蒼白，神情沮喪。1 名盟軍軍人將一個黑頭套給他罩上去，將繩索套在他的頭上。零時 30 秒，絞機啟動，繩索拉緊，東條英機兩腳踏空，一命嗚呼。

接著，土肥原賢二（前日本第 12 方面軍司令官，陸軍大將）、武藤章（前日本第 14 方面軍參謀長，參與指揮南京大屠殺）、松井石根（前日本華中方面軍司令官，陸軍大將，南京大屠殺的指揮者）、板垣征四郎（前日本陸軍大臣，中國派遣軍總參謀長，陸軍大將）、廣田弘毅（前日本外務大臣、首相，侵華戰爭的主謀之一），一個個走上絞刑架，結束了罪惡的一生。最後一個處死的是木村兵太郎（前日本關東軍參謀長、緬甸方面軍司令官、陸軍大將），時間是 23 日零時 35 分。

東條英機（左）在閱讀起訴書（左圖）

二級戰犯畑俊六（右）與大東亞相青木一男（右圖）

石美瑜在法庭前

中國審判戰犯

1947 年 4 月 26 日，谷壽夫被押至雨花臺刑場，隨著兩聲槍響，惡魔斃命。頓時，全場歡聲雷動。

審判戰犯軍事法庭成立

抗日戰爭勝利後，中國審判日本戰犯，是根據《波茨坦公告》和中國的法律進行的。這在中國的審判史上還是第一次。根據國民政府和戰犯處理委員會的規定，1945 年 12 月以後，先後在南京、上海、北平、武漢、廣州、瀋陽、徐州、濟南、太原、臺北等 10 個城市成立了「審判戰犯軍事法庭」，分屬各地區的最高軍事機構。之後，國民政府軍事委員會委員長蔣介石下令加快審判的進度，並頒布了一系列規定，如《戰爭罪犯審判辦法》等等。

1946 年 2 月 15 日，南京審判戰犯軍事法庭成立。法庭庭長先後由江蘇省高等法院刑事庭長劉世鑄和推事石美瑜擔任。6 月 1 日，中國國防部成立，法庭便由「中國陸軍總司令審判戰犯軍事法庭」，更名為「國防部審判戰犯軍事法庭」（以下簡稱「南京軍事法庭」）。

戰爭狂人被押上被告席

南京軍事法庭先後審理了大量戰爭罪犯案，其中有谷壽夫、酒井隆、磯谷廉介等高級將領，也有中下級軍官或士兵。

谷壽夫曾任侵華日軍第 6 師團師團長，是實施南京大

司法部長謝冠生和陸軍總司令何應欽認為，審判戰犯是國際性的大事，軍法官恐怕難以獨當一面，提出在全國司法界選擇績優司法官擔任軍事法庭庭長，並訂出選拔標準：年紀在 40 歲以下、擔任推事 10 年以上、現任高等法院庭長一職。時任江蘇高等法院庭長、37 歲的石美瑜最符合條件。1947 年 4 月 14 日，蔣介石任命石美瑜為國防部審判戰犯軍事法庭庭長。於是，1947 年到 1948 年間，石身兼江蘇高等法院庭長和國防部軍事法庭庭長之職，奔忙於滬寧線之間，這邊身著少將軍裝審判戰犯，那邊換上法袍審判漢奸。

日本戰犯松本潔被押赴刑場

屠殺的主要指揮官。日軍進攻南京時，負責攻打中華門，破城後，他指使和慫恿部下進行了大規模的野蠻殺戮，罪行累累。他於 1946 年 8 月 1 日從日本引渡回中國。酒井隆曾任日本天津駐屯軍參謀長，第 23 軍司令官，他先後策劃了「濟南慘案」，一手炮製了《何梅協定》等條約，並率軍攻占香港，殺害了大批無辜平民。磯谷廉介曾任日駐華使館武官，第 10 師團師團長，關東軍參謀長等職，參加了攻占香港之戰。高橋坦曾任日軍南方軍副總參謀長，華北方面軍參謀長。均犯有大量戰爭罪行。

松本潔與三島光義是日本憲兵，二人在江蘇、浙江等地犯有屠殺中國人的暴行；下級軍官向井敏明和野田毅，曾在南京以殺人競賽取樂，誰先殺滿 100 人即為優勝者；田中軍吉則屠殺了 300 多名中國人。他們均被引渡回中國接受審判。

至 1949 年 1 月，中國的審判戰犯軍事法庭共審理案件 2200 多例，判處死刑 145 人，無期或有期徒刑約 400 人。

戰犯的可恥下場

各地軍事法庭成立後，戰犯紛紛被押

日本戰犯被押赴刑場

日本戰犯被綁赴刑場

解、引渡到位。同時，也成立了「敵人罪行調查委員會」，開始了大規模的、艱難的調查取證。

1947 年 2 月 6 日，南京軍事法庭在勵志社大禮堂對戰犯谷壽夫進行公審。審判長石美瑜出示了罪證——一具頭顱，放映了紀錄片，幾十名受害者或家屬先後到庭作證。但這個殺人惡魔仍是百般抵賴。3 月 10 日，法庭庭長石美瑜宣布：谷壽夫以戰爭罪和違反人道罪，處以死刑。

4 月 26 日上午，南京萬人空巷，沿中華門的街道兩側，人如潮湧，刑場周圍的山坡上，漫山遍野全是人，人們爭相一睹這個殺人魔王的下場。12 時 45 分，谷壽夫被押至雨花臺刑場。隨著兩聲槍響，惡魔斃命。頓時，全場歡聲雷動。

1947 年 12 月 18 日，南京審判戰犯軍事法庭對參加殺人競賽的向井敏明和野田毅以及田中軍吉進行了宣判，均處以死刑。次年 1 月 28 日，三戰犯被綁赴刑場執行了槍決。

1946 年 8 月 27 日，南京軍事法庭判處原日軍第 23 軍司令官酒井隆死刑，並於 9 月 13 日執行槍決。

上海（第一綏靖區）審判戰犯軍事法庭，審理案件 250 多起。1946 年 5 月 15 日，判處製造「江陰屠殺案」的劊子手、日本江陰憲兵隊隊長下田次郎死刑。6 月 1 日，又判處日本常熟憲兵隊長米村春喜死刑等等。

處決日本戰犯向井敏明、野田毅、田中軍吉

日本戰犯鶴丸光吉被處決

日本臺灣總督、陸軍大將安藤利吉，在戰後被中國軍事法庭收審，拘押在上海監獄。但他自知罪孽深重，於 1946 年 4 月 19 日服毒自殺，逃過了法庭的審判。

廣州審判戰犯軍事法庭也審理了一批戰犯。1947 年 5 月，判處日本南支那派遣軍司令官、香港總督田中久一死刑，在廣州遊街示眾後執行了槍決。

1947 年 10 月 21 日，日本第 130 師團長、陸軍中將近藤新八，曾在廣東屠殺中國人而犯下滔天罪行，在廣州被處決。

1947 年 8 月 9 日，在廣東犯有血腥暴行的日軍華南派遣軍憲兵隊長重藤憲文，被廣州軍事法庭判處死刑，在廣州執行槍決。

從 1946 年 4 月至 1948 年 3 月，廣州軍事法庭審理並判處日本戰犯死刑 46 人，無期徒刑 16 人，有期徒刑 39 人。在香港，判處死刑 21 人，有期徒刑 86 人。

武漢、保定、瀋陽、濟南、太原、徐州、臺北等地的軍事法庭，也對日本戰犯進行了一系列的審判。

岡村寧次無罪釋放

在戰犯紛紛伏法之際，卻有一個罪孽深重的日本戰犯被無罪釋放了，他就是日本中國派遣軍總司令岡村寧次。

在抗日戰爭中，岡村寧次曾任第 11 軍軍長、華北方面軍、第 6 方面軍司令官等職。在他指揮下，日軍在中國實行了野蠻的「三光」政策，屠殺平民，無惡不作，並以其軍功晉升陸軍大將。抗戰勝利後，被中共列為頭號戰犯。但國民政府卻任命岡村寧次為「日本官兵善後總聯絡部長官」（後改稱聯絡班班長），協助處理代管日軍日俘遣返事宜。而岡村寧次在協助國民黨軍受降和接收中，完全秉承蔣介石的意圖辦事，深得蔣介石的賞識。

隨著內戰的爆發，蔣介石更需要日本方面的「人才」來協助作戰，因此對岡村寧次既沒有通緝，更沒有逮捕，不僅如此，對他一直採取保護措施，不准引渡回日本東京審判，岡村寧次在中國一直過著

審判谷壽夫

南京大屠殺主犯谷壽夫（左）在被處決前

中國軍事法庭開始審判日本戰犯

南京市民出庭作證

悠閒自由的生活。

在國內外輿論的強大壓力下，國民政府被迫將岡村寧次收押，並於 1948 年 4 月和 1949 年 1 月對其進行了兩次審判。最後的審判結果竟然是：所有南京大屠殺、長沙、徐州各大會戰，以及港澳等地的日軍暴行，均發生在岡村寧次任派遣軍總司令之前，與被告無涉。而任職期間的零星暴行，應由行為人及各轄區直接監督長官負責等。應予無罪釋放。國民黨當局竟冒天下之大不韙，將岡村寧次釋放。宣判後的次日，岡村寧次即乘遣返戰俘的美國輪船回國。

為此，中共發表聲明，強烈要求國民政府立即將岡村寧次逮捕監禁。以後，代總統李宗仁也曾要求將其引渡回中國重新審判，但都沒有成功。1950 年，岡村寧次被臺灣當局聘為「革命實踐研究院高級教官」。

日本華南最高指揮官田中久一被押赴刑場

田中久一被處決前

日本戰犯岡村寧次被無罪釋放

漢奸被綁赴刑場

審判漢奸

抗戰勝利後，國民政府陸續逮捕並公審了一批國人皆曰可殺的大漢奸。

漢奸紛紛落網

1945年9月26日起，南京憲兵司令部和員警廳開始逮捕漢奸。先後捕獲偽南京市長周學昌、偽軍委會參謀長胡毓坤、偽海軍部長高凌霄、偽教育部長李聖五、偽實業部長梅思平等23名大漢奸。還捕獲了偽空軍頭目陳昌祖、姚錫九等人。

陸軍第3方面軍在上海逮捕了偽湖北省長楊揆一、偽浙江省長項致莊、偽立法院長溫宗堯、偽司法院長張國元、偽最高法院院長張韜、偽宣傳部長趙叔雍、偽建設部長傅式說、偽司法行政部長吳頌皋、偽清鄉事務局長汪曼雲、偽中央儲備銀行行長錢大魁等一批「部級」漢奸。

武漢方面，於10月1日起展開抓捕行動，逮捕了偽武漢「綏靖」主任葉逢等100多名漢奸。

南京偽政府垮臺後，偽政府的一號人物、偽府主席陳公博潛逃日本。在國民政府和國際輿論的壓力下，日本政府被迫同意將陳公博引渡回中國。10月3日，押解陳公博回國的飛機降落在南京，陳立即被逮捕，關押在夫子廟憲兵學校。

偽政府2號人物周佛海，自以為接受軍統的任務和蔣介石的指令而不會被捕，軍統頭目戴笠也向他打了保票。在輿論的壓力下，周佛海還是被軍統誘至重慶加以逮捕。與他一道被抓的還有偽政權的要員羅君強、丁默村、楊惺華、馬驥良等人。

汪精衛之妻陳璧君，還有7月份剛剛上任的偽廣東省長褚民誼，被軍統從家中

傅式說

羅君強

林柏生

汪曼雲

汪偽國民政府成立時，周佛海在偽國民政府大樓前留影

誘出關押起來。10 月 14 日，陳璧君、褚民誼，以及汪精衛的女兒汪文惺、汪文悌等，被押上飛機解到南京，關押在寧海路 25 號看守所。

偽立法院長梁鴻志，似乎有些先見之明，在日本投降前一個月，就跑到上海法租界畢勳路的私邸中躲藏起來。日本投降後，他又潛赴蘇州藏匿。結果，被其老部下、已是蔣介石大紅人的任援道偵知抓獲，關押在名為「楚園」的一處優待所，後又被轉押上海提籃橋監獄。

在北平，軍統以戴笠的名義，於 12 月 5 日將 10 多個大漢奸請往兵馬司胡同赴宴，在宴會上將這批「特任」級漢奸一網打盡。這些人是：偽華北政委會委員長王克敏、王揖唐、王蔭泰，偽北平市長劉玉書，偽北平憲兵司令黃南鵬，偽中國聯合銀行總裁汪時璟，以及著名的漢奸齊燮元、周作人及偽天津市長、偽北平商會會長等等。隨後，全部送往炮局胡同監獄。幾天後，殷汝耕等一批漢奸也先後落網。

審判處決漢奸

1946 年初，陳公博等一批關押在南京夫子廟憲兵司令部的漢奸，被移往寧海路 25 號看守所。審判漢奸的工作也隨之啟動。2 月 17 日，陳公博、陳璧君、褚民誼等人，被押至蘇州監獄，準備接受江蘇高等法院的審判。在北平抓獲的一批漢奸，也被送往南京。

1946 年 5 月 21 日，漢奸繆斌第一個被槍決。

王揖唐

江亢虎

齊燮元

汪精衛之妻陳璧君

4月16日，陳公博以「通謀敵國，圖謀反抗本國」罪，被江蘇高等法院判處死刑。6月3日，在蘇州監獄刑場被槍決。

4月22日，陳璧君以同樣的罪行，被判處無期徒刑。1959年3月病死於上海獄中。

4月22日，褚民誼被判處死刑。8月23日，在蘇州獅子口第三監獄刑場被槍決。

6月21日，梁鴻志在上海被判處死刑。11月9日，在上海被執行槍決。

10月8日，偽安徽省長林柏生，在南京老虎橋監獄刑場被槍決。

10月31日，首都高等法院判處華北大漢奸殷汝耕死刑。12月1日在南京老虎橋監獄被槍決。

11月7日，首都高等法院在南京朝天宮判處周佛海死刑。後國民政府於1947年3月27日明令減為無期徒刑。1948年2月28日，周因心臟病發作死於南京老虎橋監獄。

1947年3月6日，羅君強被判處無期徒刑。1970年病死上海。

1946年9月10日，王揖唐在北平姚家井第一監獄被槍決。

1946年11月30日，溫宗堯被首都高等法院判處無期徒刑。次年11月病死獄中。

1947年6月16日，首都高等法院駁回偽考試院長江亢虎被判無期徒刑的抗告。江於1954年病死上海。

周作人是在南京受審的。結果被從輕判處有期徒刑15年，於1949年1月提前釋放。

據不完全統計，至1945年年底，共獲捕漢奸4692人，送交審判機關審理4291人，送軍法機關334人等等。

其中在南京一地，首都高等法院審理漢奸案530件，審結381件，判處死刑14人，無期徒刑24人，有期徒刑265人。

其他地區判處死刑342人，其中上海10人，江蘇13人，浙江48人，湖北32人，廣東50人，廣西23人，山西23人。綏遠19人，河南12人。判處無期徒刑847人。判處有期徒刑10066人。

以上資料，不包括解放區的審判。經軍法機關審理的，對偽軍的審理，也不在此列。

周作人受審

褚民誼受審

陳公博的末日

1940 年 3 月，汪偽國民政府在日本扶植下成立。1940 年 5 月，陳公博率訪日答禮團訪問日本。圖為陳公博訪日歸國時情景

每天下午倒馬桶的時候，陳公博與衆囚犯擠在一起，他感到有失體面。

逃往日本 引渡回國

1945 年 8 月 15 日，日本宣布無條件投降後，南京偽政府亂作一團。8 月 24 日，偽政府一號人物陳公博準備逃往日本。第二天，一架日本 MC 型飛機在晨曦中從南京明故宮機場悄然起飛，機上載著陳公博及妻子李勵莊、秘書兼情婦莫國康等人。

飛機在日本本州鳥取縣西郊的米子機場降落。為避人耳目，陳一行東躲西藏，剛開始住在一個叫「水交館」的小旅館裡。這家旅館十分簡陋，房間裡連一把椅子都沒有。陳公博只好在草席上安身。堂堂「國民政府」主席，如今連乞丐都不如，陳公博的心裡不是個滋味。

第二天，日本外務省派人將他們用飛機接到京都，準備把他們送到已安排好的京都旅館。陳公博認為京都旅館人來人往，過於引人注目，不敢入住，最後他們來到了比較僻靜的出町寺田別莊。沒住幾天，又搬到了更為隱蔽的金閣寺裡住了下來。

8 月 29 日晚上，日本同盟社突然發了一條消息，稱陳公博 8 月 28 日自殺受傷，送醫院搶救不治身亡。這條消息經過路透社轉播，國內外各報刊均予刊登。

中國政府經過調查，發現陳公博之死純屬子虛烏有。

9月3日，國民黨中央通訊社宣布，陳公博夫婦及其女秘書一行，受日本外交部及軍事當局保護，出逃日本，行前

陳公博

陳曾交日方一大筆匿住日本時的生活費。當日方得知中國政府將向日本當局究辦此叛國漢奸，同盟社便別有用心播發了此假消息，意在掩護陳公博隱匿日本的事實。

陳公博「自殺」的真相，國內早已盡人皆知，要求日本政府儘快交出漢奸陳公博的呼聲越來越高。9月9日，南京受降儀式結束時，中方代表何應欽即向日方代表岡村寧次提出引渡陳公博等人回國的正式要求。9月18日、19日，何應欽再次向日方提出上述要求。經中國陸軍總司令部向日本政府一再交涉，日方不得不交出陳公博等人。

囚徒生活

10月3日，陳公博在日本度過了戰戰兢兢的1個月零8天後，被押送回南京。一下飛機，陳即被逮捕，送往位於南京城南的憲兵司令部看守所。沒過幾天，陳又被轉押至寧海路23號軍統局臨時看守所，開始了他的囚徒生活。

陳公博獨自關押一室，吃飯有人送，剛去的時候，伙食還可以。只是有一點陳頗感不便，就是每天下午倒馬桶的時候，陳與眾囚犯擠在一起，他感到有失體面，就向看守請求，說他曾任「國府代主席」，希望給他一點面子，准許他每天提前或延後單獨倒馬桶。此要求得到了批准，此後，陳得到了每天提前倒馬桶的優待。

後來，看守所的伙食越來越差，一度用黑麵粉做成麵疙瘩當囚糧，嚼在口裡如同木屑，難以下嚥，關在這裡的漢奸們稱作「原子彈」。陳又提出改善伙食的要求。這次沒有人理會他。

在看守所的幾個月裡，陳沒有被提審過。他不甘寂寞，要來紙筆，每天伏案書寫《八年來的回憶》，文章長達3萬字。在這篇文章裡，他竭力為自己的漢奸行為辯護。一天上午，陳正在寫他的文章，軍統局長戴笠突然來看守所看望他。戴把陳公博叫到辦公室，與他密談了兩個多小時，戴要陳安下心來，答應用政治手段來解決他的問題。

與戴談話後，陳公博似乎看到了一線生機，在囚室裡喜形於色。平時一言不發的他，這時也無話找話地與看守聊上幾句，高興之情溢於言表。

可是沒過多久，戴笠乘飛機失事身亡，陳公博的幻想破滅了。得知消息後，陳垂頭喪氣。這時他已與陳璧君、褚民誼等3人，被轉押到蘇州高等法院看守所。

可恥下場

1946年4月6日下午2時，法庭開

陳公博被從監獄中提出

赴日答禮團成員在輪船上合影。右起：汪偽政府宣傳部長林柏生、內務部長陳群、陳公博、行政院副院長褚民誼、行政院參事廳廳長陳君慧

庭，公開審判陳公博。

這天，陳公博身穿深灰色布面夾衫，灰色呢西裝褲，頭戴黑呢船形帽，腳穿一雙黑皮鞋。他手持兩本卷宗，見記者前來拍照，連忙強打精神，故作鎮定。

審判長宣布開庭後，由首席檢查官宣讀起訴書。

陳公博聽完起訴書後，一副不服氣的樣子，問法官能不能當庭宣讀他在看守所寫好的《八年來的回憶》。審判長同意了他的要求。陳連忙打開卷宗，朗讀起來。

在這份自白書裡，陳極力為汪精衛的叛國行為辯護，為自己當漢奸推卸罪責。最後，陳對起訴書提出了抗辯理由，即所謂「淪陷區人民創痛巨深，經汪陳政府予以『搶救』，國家元氣得以保存；日本投降後，本人維護南京治安以待國軍接收」等等。

1 小時 55 分鐘，陳才把這份自白書讀完。

隨後，審判長按起訴書詢問犯罪事實，陳公博供認不諱。接著，又由法庭指定律師為陳辯護。

對陳的抗辯理由，法庭一一予以駁斥，鐵的事實，使陳公博啞口無言。退庭時，已是晚上 8 時 20 分。

4 月 12 日下午，江蘇高等法院再次開庭，對陳公博進行宣判。當審判長宣讀判決書主文：「陳公博通謀敵國，圖謀反抗本國，處死刑……」時，陳的雙腿不停地抖動，神情緊張。審判長繼續宣讀：「褫奪公權終身，全部財產除酌留家屬必須之生活費外，沒收。」

陳公博接受審判

行刑前的陳公博

這時，陳回過神來，回頭向左右旁聽席上四望，態度似不耐煩。當法官詢問陳是否上訴時，陳回答道：「我上次審判時已說明過，無論如何決不上訴。審判長能在上次讓我朗讀自白書全文，我心事已了，應對審判長及各位表示感謝。」

陳公博知道，自己的案子是蔣介石鐵定了的，申請複判只是徒勞。

可是，陳公博的老婆李勵莊不死心，向南京最高法院遞交了《申請複判狀》，請求重審重判。最高法院特種刑事法庭很快駁回了李勵莊的上訴，核准了江蘇高等法院對陳公博的死刑判決。6 月 1 日，司法行政部也核准了對陳公博的死刑判決。次日，陳公博被移往蘇州獅子口江蘇第三監獄，等待執行死刑。

6 月 3 日上午 6 時 30 分，最高法院派人從南京趕到蘇州，送來了對陳公博立即執行死刑的各種文書。法院院長立刻通知典獄長迅速安排臨時法庭，布置刑場、警備等。

隨後，幾名法警來到牢房提人。陳公博見這陣勢，知道死期已到。他整了整衣冠，取了一把自己用的茶壺，來到隔壁陳璧君的囚室，送給她留作紀念，對陳說：「我隨汪先生去了。」陳聞言失聲痛哭。

陳公博去刑場前，提筆給家屬寫了遺書。又給蔣介石寫信，信寫到一半時，陳突然決定不寫了。於是，歷史上就留下了一封陳公博未完成的致蔣信。

大約在 8 時半，陳被帶到監獄設置的臨時法庭上。法官循例問了問陳公博的姓名、年齡、籍貫等，接著宣讀死刑執行書：「最高法院特種刑事判決 35 年度京特複第 1229 號……依懲治漢奸條例第 2 條第 1 項第 1 款……判處死刑，剝奪公權終身……」

宣讀完畢，法官問：「你有什麼話要說？」

陳答：「我給蔣主席的信，只寫了三分之一。」

「可否在 1 小時內續成？」

「不必了！」

「你還有什麼要求？」

「我有茶杯一隻，是兆銘兄所贈；有一枚一等旭日大綬章，是日本天皇所贈。此兩物都在我床上，要求隨葬……」

陳又要求和汪精衛的老婆陳璧君及褚民誼告別。法警帶著陳來到褚民誼處，兩人緊握雙手，默默無語。又至陳璧君處，陳璧君掩面痛哭：「我們曾經共患難，豈知你先我而去。」

隨後，陳公博向刑場走去。走著，走著，他忽然停住了腳步，回頭對行刑的法警說：「請多幫忙，為我做乾淨點。」

陳走到指定的位置上，面東而立，雙手整理了一下藍色士林布長衫，然後左轉面北，雙手插入褲內，緊閉雙目，連聲叫道：「快開槍！快開槍！」

「砰！」槍聲響了，陳公博應聲倒地，渾身痙攣，一股汙血從右眼流出。幾分鐘後，法醫檢查，陳已氣絕。

繆斌被殺之謎

1940 年 3 月 30 日，汪偽政權粉墨登場

此案審判經過撲朔迷離，蔣介石也直接插手了這件案子。

漢奸紛紛落網 繆斌逍遙法外

繆斌，字丕成，江蘇無錫人。他是 1924 年黃埔軍校初創時的第一期學員。日後，蔣介石一直對黃埔軍校的畢業生寵愛有加。不久，繆斌先後擔任了國民黨的諸多軍政要職：黃埔軍校教官，中央執行委員，國民革命軍第 1 軍黨代表，江蘇省政府委員兼省民政廳長等。抗戰時期，投靠日本人當了漢奸。在不遺餘力為汪精衛賣力的同時，又於 1944 年正式加入了軍統，與蔣介石、戴笠保持著密切的聯繫。以至於被偽「76 號」特工頭子李士群向汪精衛告發。於是，汪精衛就給了他一個閒得不能再閒的官位：考試院副院長。在日軍卵翼下才得以生存的汪精衛政權，哪還有精力去搞什麼考試呢？

1945 年 8 月，日本無條件投降。偽考試院副院長繆斌自恃有軍統甚至蔣介石、戴笠做後臺，居然「居功自傲」起來。在其他大大小小的漢奸先後落網後，他卻悄悄地離開南京，跑到上海紹興路 80 號的私宅裡，優哉游哉地做起了寓公。

繆斌的清閒日子一直過到 1946 年初。隨著國內要求審判漢奸的呼聲日益強烈，繆斌感到有點不妙了。先是在腦子裡犯嘀咕，繼而成天坐立不安，生怕有一天會大禍臨頭。於是，號稱「軍師」的他，開始思考對策。經過一段

繆斌

時間的冥思苦想，終於想出了上下兩策。這上策就是遠走高飛，一脫干係，但跑到何處？繆斌一直在考慮。跑到國內的任何地方都不安全，到日本，也不行。到美國、歐洲，更不行。上策行不通。這下策，就是搜腸刮肚地寫了一份材料，名為《我的對日工作》，詳細敘述了加入軍統後為國民黨、蔣介石工作的經過，特別是奉蔣介石之命，赴日本謀和的行動。他幻想，一旦被捕，蔣介石會念及舊情放自己一馬。

索要「手令」赴日謀和

事情要追溯到 1945 年初。

當時，德國在歐洲戰敗，日本在東方的敗局也已顯露無遺，在中國戰場的態勢是欲戰不能勝，欲使國民黨投降也已不可能，只有一條路：和。於是，日本首相小磯國昭千方百計想與重慶國民政府講和。要「和」，就要談。由誰來談？日本人想到了繆斌這個「日本通」。

日方人員奉命避開汪精衛，直接找到繆斌並與之洽談，告知了用意，要他直接與蔣介石接觸，以求停戰謀和。這時，蔣介石從戰場上和外交上的種種跡象中，也察覺到了日本謀和的企圖。於是指令軍統物色人選直接去日本洽談謀和事宜。軍統自然也想到了在汪偽政府任考試院副院長的軍統秘密成員繆斌。日方、蔣方都想到了同一個人。

一天，繆斌在南京接到軍統發來的秘密指令，稱：「戴先生奉委座命令，命你立即去東京與日方洽談，並將情形隨時具報；返回後，即去滬詳細稟報。」

繆斌為人狡詐，在官場上的幾個陣營混了多年，深知其中的險惡。在他接到重慶軍統局的指令後，遲遲按兵不動。戴笠見繆斌總是沒有動靜，就一再去電催促繆斌盡快赴日本。繆斌跟隨蔣介石多年，深知蔣介石的反覆無常。他想，我就這麼空手去日本，將來萬一日本完蛋了，老蔣又翻臉不認帳，那我就是有千張嘴也說不清了。

於是，繆斌就多長了一個心眼。他給在重慶的戴笠去了一電，要戴為他向「委座」要一紙派他到日本去和談的手令，否則，就很難辦了。戴笠正心急如火，只想儘快催促繆斌赴日本，就忙不迭地寫了份報告，並找到蔣介石，告知了繆斌的要求。蔣介石猶豫了一會兒，知道此手令一出，就是個證據，於是問戴笠的意見如何？戴笠詭秘地一笑，胸有成竹地說：「委座盡可放心，日後的一切事宜，全由學生一手處理，管保天衣無縫。」蔣介石這才點頭

繆斌（右）訪日時與日本皇族成員在防空洞前合影

首肯，寫了一紙手令交給了戴笠。

戴笠火速將手令送到繆斌的手中。繆展開手令一看，一行字赫然在目：「茲派繆斌為代表與日本政府協商和談之事。」繆斌以往經常看到蔣介石的手跡，這次與以往不同的是，沒有「中正」的落款。但繆斌一看就知是蔣的親筆，也就十分放心了。看畢，滿意地往懷中一揣，打點行裝去了。

1945 年 3 月 15 日，繆斌從南京趕赴上海，16 日乘飛機徑直飛往日本東京。

在日本，繆斌秘密活動了 40 多天，與日本政府高層人員進行了多次秘密會談。最後，代表重慶國民政府方面與日方達成了秘密的「中日全面和平方案」。主要內容有：取消南京「國民政府」和「滿洲國政府」，由重慶國民政府方面收復華東和華北的失地，同時新成立南京留守政府；日方在南京留守政府成立時，立即與重慶國民政府商談停戰、撤軍等事宜；停戰協定一發表，重慶國民政府即還都南京；日本在中國仍享有經濟上的特殊利益等。

這次密談及協議，是重慶方面瞞著盟國英國和美國、日本方面瞞著汪偽政府進行的。

協定達成後，繆斌立即返回上海，向軍統局及戴笠彙報了日本之行的全部經過以及協定的具體內容。戴笠對繆斌慰勉有加，並立即報告了蔣介石。繆斌對此次奉「委座」之命赴日本洽談之事，得意非凡，自認為做了一件非常大、令蔣介石非常滿意的事，非等閒之輩所能勝任。果然，沒過多久，繆斌就接到了戴笠的一封電報，內稱：「王佐同志（軍統給繆斌的代號），東行一事，總店十分滿意。」繆斌還曾得意地把這封電報向朋友炫耀過。

之後，蔣介石一直在等待日本方面的下一步行動。

但不久，日本政府內的一批強硬分子認為，戰爭還應打下去，並有可能取得勝利，因此，強烈反對這一「議和」方案。由於意見不一致，方案就沒有付諸實施。

首都高等法院，抗戰勝利後曾審理漢奸案 530 件

1941 年，汪精衛對偽中央陸軍軍官學校軍官演講。左起：劉郁芬、陳春圃、陳群、林柏生、繆斌

蔣介石親自催捕繆斌

幾個月後，日本投降。迫於全國輿論的壓力，國民政府在京滬一帶開始搜捕漢奸，偽政府的院部級漢奸一一落網，而唯獨繆斌一人逍遙法外。是何原因，只有繆斌心中有數，況且他與軍政部長何應欽的關係也非同一般。

時隔不久，進駐日本的美國占領軍軍官在日本內閣的檔案中發現了一份絕密文件，名為「佐藤文件」（繆斌在日本活動期間曾化名為「佐藤」）。內容是佐藤代表國民政府與日本政府的東久邇宮談判的情況。美軍統帥部麥克阿瑟得知後十分惱火，隨即質詢蔣介石究竟是怎麼回事。蔣介石急忙召見戴笠問繆斌現在何處？有沒有被逮捕？戴笠只得如實報告說，沒有逮捕，現在大概住在上海。蔣介石恐此事敗露，後患無窮，遂當面下令要戴笠及時處置，先行拘捕，看看情況再說。

戴笠念及與繆斌的舊情，派人向繆斌打了一個招呼，說委員長要將你法辦，我個人力量太小，可能沒有力量幫助你，但我會盡力設法。你自己可以先找找人，如何應欽部長。繆斌心領神會，立即就找了老長官何應欽。何應欽也向蔣介石為繆斌講了情。蔣介石只是點頭，沒有明確表態。

以後，在日本東京遠東國際軍事法庭審判戰犯時，一些供詞也不斷透露出有關「佐藤文件」的內容。蔣介石聽說後，再催戴笠速捕繆斌。

1946 年 2 月初的一個清晨，繆斌正在上海紹興路的家中寫字。忽然聽到有人敲門，繆忙差人去開。門開後，衝進幾個便裝打扮的漢子，口稱：南京方面有要事，請繆先生與我們一同前往。話音未落，繆斌就被銬上雙手，押上一輛汽車，即刻開往南京，關押在軍統局寧海路看守所。幾天後，又被「陸總」押解到蘇州，關押在江蘇省高等法院的獅子口監獄。

蔣介石再下手令「按律辦理」

此時，擔任省高院主審的庭長石美瑜，接到了從南京專程送達的一份蔣介石手諭。石展開一看，上書「著即將繆斌漢奸案按律辦理。中正」。石美瑜立時掂出了分量，馬上開始了審判的準備工作。

不知是巧合或是其他什麼原因，就在繆斌 2 月份被捕到審判之間的這段日子裡，知道繆斌赴日本和談內幕詳情的兩人中的一人戴笠，卻於 1946 年 3 月 18 日在南京郊區因飛機失事身亡。

一段時期以來，陳公博、陳璧君、褚民誼等大漢奸，均已押解到蘇州獅子口監獄，等待接受審判。全國各地的報社記者紛紛雲集蘇州，爭相採訪首審一號漢奸陳公博的情況。而出乎記者們預料的是，江蘇高等法院首先開庭審判的卻是繆斌。

1946 年 4 月 3 日，繆斌漢奸案正式開庭審判。擔任主審的是第一刑事庭庭長石美瑜。審判開始後，審判長按慣例，詢問了繆斌的年齡、籍貫，並宣布了他的叛國罪。接著，繆斌以其犀利的口才，大談自己十多年來為「黨國」從事對日策反的功績，那點漢奸罪何足為奇？

當他談到「為軍統工作並得到戴笠的多次嘉獎記功」，「多次奉戴笠之命進行秘密工作」時，庭長立即出示了軍統局「請求法庭依法懲治漢奸繆斌」的電報，並稱「戴笠已於 3 月 18 日墜機身亡」。繆斌一聽，頓時愣住了。正在他發呆時，法官打斷了他的思緒：「繆斌回答問題。」繆斌的最後一張王牌，就是奉蔣介石的手令赴日本秘密和談之事，事到如今，也只有把這張王牌打出去了。

繆斌受審

於是，繆斌正色說：「1945 年 3 月，我奉中央之密令，赴日本商談……」他故意沒有說出蔣介石的名字，打算看看審判官的反應。

這時，庭長立即打斷繆斌的話：「不須申辯了。」

繆斌力爭要說，並舉出證人數人要求法庭調查。

庭長乾脆說：「無此必要。」

繆斌心裡覺得蹊蹺，情緒一下子緊張起來，欲奮力抗辯。這時，庭長石美瑜取出一張紙，高聲說道：「現在我宣布領袖手諭：『著將漢奸繆斌按律辦理。』」

繆斌一聽到「按律辦理」，自知保命無望。被押回監房後，對辯護律師解樹強說：「如此審判，前後矛盾得太厲害，我要求調查證人證據，當眾辯解，又不允許，真是太冤枉了。」

5天後的4月8日，江蘇高等法院剛剛開庭，即宣布判處繆斌死刑。繆斌在庭下大叫不服，要求其妻和律師上訴。但有關上訴的所有一切，都被法庭毫不留情地一一駁回。

5 月 21 日，繆斌被處決。臨刑前，繆斌還寫了一首詩來為自己辯白，頗為耐人尋味。詩文是：「浩氣歸太真，丹心照萬民。平生慕孔孟，死作和平神。」

從逮捕繆斌，到審判處決，只有短短三個月。最後一個逮捕，卻第一個被槍決，如此之快，在審判漢奸案中是沒有先例的。

褚民誼曾任汪偽政府外交部長。當褚民誼還被押在蘇州獅子口監獄時，繆斌已被槍決

毛澤東飛抵重慶

應邀赴渝

蔣介石連發三電，邀請毛澤東到重慶進行談判。

毛澤東亮相重慶機場

1945年8月14日、20日、23日，蔣介石連發三電，邀請毛澤東到重慶談判。中共中央認真分析了形勢，決定接受蔣介石的邀請。8月28日下午3時37分，在國民政府軍委會政治部長張治中、美國駐華大使赫爾利的陪同下，毛澤東、周恩來、王若飛等，從延安乘專機飛抵重慶。

毛澤東以何種形象出現在重慶呢？周恩來經過精心考慮，建議毛澤東戴考克帽。該帽拿破崙戴過，孫中山也愛戴。毛澤東欣然接受建議。在延安機場，毛澤東在機艙口揮動著考克帽，向延安軍民告別。當飛機降落在重慶時，毛澤東一身中山裝走出機艙，面對各界人士和中外記者，毛澤東笑容滿面地揮動著考克帽。中外記者的鏡頭全部對準了毛澤東。連赫爾利都伸出大拇指說：「毛，簡直是好萊塢。」

當晚，蔣介石在林園官邸設宴款待毛澤東、周恩來一行。蔣介石與毛澤東的見面，還是在第一次國共合作時的廣州。20年了，兩人在重慶相見，兩雙手緊緊

毛澤東與張瀾（左一）、邵力子（左二）、張治中（右二）等人合影

毛澤東在重慶九龍坡機場

地握在了一起。蔣介石致詞說：「今天，國共兩黨又走到了一起，政府高度評價毛先生蒞渝，這是一個崇高的舉動。我代表國民黨中央和國民政府，熱烈歡迎毛先生和中共代表團。」

《雙十協定》簽訂

由於蔣介石本來就沒有和談的誠意，因此也沒作談判的任何準備，談判的程式、議案均由共產黨方面提出。雙方代表就一般性問題交換意見後，9月3日，中共代表提出關於兩黨商談的主要問題11項提要交國民政府代表，主要內容包括：確定和平建國方針，承認各黨派的合法平等地位，承認解放區政權及抗日武裝，結束國民黨黨治，擁護蔣介石的領導地位等等。

9月8日，國民政府代表根據4日蔣介石親擬的《對中共談判要點》，對中共的11項提要提出了書面答覆。蔣介石對這次談判的方針是，準備在政治上作出一些關於開放民主自由的許諾，但一定要在「政令軍令統一」的名義下取消解放區和人民武裝。因此，他在表面上承認了中國共產黨和各民主黨派的地位，以及和平團結的方針，並

毛澤東與國民黨要人張鎮（右）握手

毛澤東、周恩來、王若飛等到達重慶後，立即去看望一直為民主奔走呼號的馮玉祥。8月30日下午，馮玉祥去毛澤東等的臨時住所——重慶桂園國民政府軍事委員會政治部部長張治中公館回拜，不想毛澤東等三人因事外出，但特地給馮玉祥留下各自的名片。毛澤東的名片是他親自用毛筆書寫的。馮玉祥在毛澤東、周恩來的名片背後分別寫上「卅日下午四時住張部長公館」，將其珍藏起來。當晚，吳鐵城、張群、王世傑三人在吳鐵城家作東，宴請毛、周、王等，馮玉祥、甘乃光作陪。散席後，天黑路滑，毛澤東他們坐的那輛車掉到路邊溝裡卡住了，馮玉祥及隨員、司機幫著去推，卻怎麼也推不上來。馮玉祥不由分說，將毛澤東等拉到自己的車上，一直把他們送到桂園門口。

中共方面的談判代表王若飛

毛澤東與赫爾利

蔣介石與毛澤東

允諾召開政治協商會議；但對於解放區政權和人民軍隊的地位，卻不予承認。這些問題因此成為談判爭論的焦點。

10 月 10 日，國共雙方代表終於簽署了《國民政府與中共代表會談紀要》(即《雙十協定》)。《紀要》就和平建國的基本方針、政治民主化、國民大會、黨派合作、軍隊國家化、解放區地方政府等 12 個問題，闡明了雙方的立場。但在人民軍隊和解放區政權問題以及接受日軍投降等問題上，雙方仍存在著尖銳的分歧。

次日，毛澤東在飛返延安前，與蔣介石又進行了一次交談。蔣介石仍在解放區問題上糾纏不清。結果只能是不歡而散。這也是兩人之間的最後一次晤面。

10 月 11 日，毛澤東在張治中的陪同下飛回延安。在重慶機場，毛澤東發表了簡短的講話：「中國的問題，是可以樂觀的，困難是有的，但是可以克服。」周恩來、王若飛等人則留在重慶與國民黨方面繼續商談。

毛澤東在重慶接見美國第 14 航空隊飛行員

一抹曙光

毛澤東、朱德、周恩來在延安機場

1946 年 1 月 10 日，中共代表同國民政府代表簽訂了停戰協定。

在重慶談判期間，中共軍隊從日偽軍手中收復失地，對國民黨軍的進犯予以自衛反擊，解放區進一步擴大。至 1946 年 1 月，解放區的面積已有近 240 萬平方公里，人口近 1.5 億，城市 506 座。

在解放區軍民進行自衛反擊的同時，國統區人民反內戰運動也蓬勃開展。11 月，民盟發言人發表談話，指出：「誰要發動內戰，誰就是全國的公敵。」成都各大學 21 個團體聯名發表《制止內戰宣言》。重慶許多群眾團體和雜誌社紛紛呼籲制止內戰，並成立「陪都各界反內戰聯合會」。在昆明，11 月 25 日，西南聯合大學等校師生及市民 6000 餘人舉行反內戰時事晚會。26 日，昆明大、中學校學生罷課抗議，並發表《為反對內戰及抗議武裝干涉集會告全國同胞書》。12 月 1 日，國民黨軍警、特務、暴徒圍攻雲南大學和西南聯大等校，釀成震驚全國的「一二・一」慘案。

與此同時，民主黨派空前活躍。1945 年 10 月，民盟召開臨時全國代表大會，通過民盟綱領、政治報告、宣言和章程。同月，譚平山等成立三民主義同志聯合會(簡稱「民聯」)。12 月，黃炎培、胡厥文、章乃器、施複亮等成立中國民主建國會(簡稱「民建」)。馬敘倫、王紹鏊、周建人等成立中國民主促進會(簡稱「民進」)。全國各界救國聯合會改稱中國人民救國會。1946 年 1 月，洪門

張氏三兄弟合影。後張嘉鑄，右張嘉璈（銀行家）。左張君勱，1946 年 1 月曾作為民盟代表出席政治協商會議

中共代表在政協會議上

中共代表與友好人士見面

致公黨發表宣言，呼籲國內停止內戰，各黨各派團結一致共圖建設。

1946 年 4 月至 5 月，中國國民黨民主促進會和九三學社相繼成立。領導人分別為李濟深、蔡廷鍇、何香凝、褚輔成、許德珩等。

1945 年 12 月，蘇、美、英三國外長舉行莫斯科會議，表示「同意在國民政府下有一統一與民主之中國」，國民政府各級機構要有「民主黨派之廣泛參與」，內部衝突必須停止等等。

1946 年 1 月 7 日，由國民政府代表張群、中共代表周恩來、美國政府代表馬歇爾組成了「三人小組」，會商解決軍事衝突及有關事項。1 月 10 日，中共代表同國民政府代表簽訂了停戰協定。

正是在這樣的國際國內背景下，政協會議於 1946 年 1 月 10 日在重慶開幕了。

此次政治協商會議又稱「舊政協會議」，參加會議的代表共 38 名，其中國民黨 8 名，中共 7 名，中國民主同盟 9 名，無黨派 9 名，中國青年黨 5 名。與會代表代表了三種政治力量。國民黨代表堅持一黨專政和蔣介石個人獨裁，青年黨則追隨國民黨。民主同盟代表中間力量，主張實行資產階級民主制度，社會賢達 (無黨派

周恩來向送行者告別

中共參加政協會議的代表

中共代表們

周恩來在政協會議上祝酒

人士）中也以中間派居多。中共主張建立新民主主義的共和國。在反對國民黨一黨專政、反對內戰、要求和平民主這些基本問題上，中共與中間勢力基本上取得了一致意見。

會議通過的《和平建國綱領》作為政府的施政綱領，確定了建設統一、自由、民主的新中國，保持國家和平發展的方針。綱領明確確定，改組後的政府應是從結束國民黨的「訓政」到實施憲政的過渡時期的政府，它負有召集國民大會以制訂憲法的任務等。

會議經過多次討論，最後確定了軍黨分立、軍民分治的整軍原則和實行以政治軍的辦法，並決定由軍事三人小組（中共代表周恩來、國民黨代表張治中以及以美國顧問身分參加的馬歇爾組成）商定中共軍隊的整編辦法並進行整編，同時按照國民政府軍令部的計畫整編國民黨軍隊。

政協會議歷時 22 天，在通過了政府組織案、國民大會案、和平建國綱領、軍事問題案、憲法草案等五項協議後，於 1946 年 1 月 31 日閉幕。

黃炎培等發起成立中國民主建國會

馬敘倫等發起成立中國民主促進會

國民政府還都

還都時的國府大門

國民政府文官長吳鼎昌手捧著「中華民國之璽」的大印，款款走下了飛機。

1946年4月30日，國民政府在重慶正式下達「還都令」，決定於5月5日凱旋南京。

蔣介石返回南京

1946年5月3日，國民政府文官長吳鼎昌乘坐的飛機，由重慶直飛南京，於下午2時許降落在南京明故宮機場。吳鼎昌手捧著「中華民國之璽」的大印，款款走下了飛機。由於「國璽」的返回具有一種象徵意義，所以，在機場上還舉行了一個簡短而隆重的迎璽儀式，各院、部、會、署代表簇擁著吳文官長，紛紛與之合影。之後，吳鼎昌即在一群警衛的嚴密護衛下，驅車直開國民政府辦公樓「子超樓」。

5月4日上午11時許，一架從漢口方向飛來的美製雙引擎中型飛機，徐徐降落在機場一端的跑道上，人們看清了飛機機艙下方，有碩大的兩個漢字「美齡」。這就是美國政府送給蔣介石夫婦使用的著名的「美齡」號專機。

機艙門打開了。蔣介石身著薄呢軍便服，光著頭，雖是滿臉倦容，但顯得極其興奮。緊接著，身穿一身絲絨旗袍的宋美齡也出現在舷梯旁。蔣介石和宋美齡立即坐進汽車，直向城內開去。

蔣介石走下飛機，踏上南京的土地

蔣介石等軍政要人在還都大會上

蔣介石、宋美齡等晉謁中山陵

1946年4月30日，中共代表團在重慶舉行最後一次記者招待會，周恩來發表講話，通報了東北戰場的情況。之後，中共代表團即於5月3日由重慶移駐南京，辦公處就設在國民政府以東的梅園新村。5月3日下午5時，周恩來率中共代表團的鄧穎超，秘書長齊燕銘，中共中央南方局負責人廖承志、錢瑛等人，以及電臺機要組人員十多人，搭乘美國總統特使馬歇爾的專機，抵達南京。幾天後，中共代表團的其他成員董必武、陸定一、李維漢，以及全體工作人員和他們的家屬100多人，陸續抵達南京。

還都大典

5月5日，國民政府還都大典在中山陵舉行。國民政府的5000名軍政官員和中外使節、記者雲集中山陵，從牌坊前及陵前臺階上，一直排列蜿蜒至陵園大道上，場面空前壯觀。

9時整，典禮正式開始。國民政府主席蔣介石與夫人宋美齡率軍政官員拾級而上，登上了中山祭堂。蔣介石身著特級上將陸軍禮服，宋美齡身著黑色外套，頻頻向眾人答禮。大典開始，軍樂隊高奏軍樂，禮炮101響轟鳴。

蔣介石在還都典禮上發表講話

宋美齡在還都慶祝大會上接受獻花

蔣介石在國民政府檢閱儀仗隊

這時，蔣介石與宋美齡就位，然後，唱國歌，率眾人向孫中山像行禮如儀，全體人員向總理遺像、抗戰陣亡將士、盟軍官兵以及死難同胞默哀 3 分鐘。之後，由張道藩致告文。這時，中央常委、國府委員、各部會首長等，以及參政會主席團代表，魚貫進入祭堂，繞行陵寢一周。典禮至此宣告完成。蔣介石步出祭堂，向參加人員致詞。

蔣介石、宋美齡走下中山陵後，隨即登車前往國民大會堂。這裡將要舉行「首都各界慶祝還都大會」。10 時半光景，蔣介石夫婦出現在主席臺上，蔣再次向民眾發表講話。

下午 4 時，國民政府舉行了隆重的慶祝還都中外賓客招待會。出席茶會的，有各國駐華使館人員、盟軍軍官，各院部會長官。中共代表團成員鄧穎超等人也出席了茶會。與會者共有 400 多人。4 時 30 分，身著黃呢軍服的蔣介石，與夫人宋美

宋子文、陳誠檢閱儀仗隊

齡手挽著手，從國民政府辦公樓款款而出。在大禮堂，宋美齡陪同馬歇爾夫人、彼得羅夫夫人、何部長夫人王文湘、鄧穎超女士等，在禮堂右側沙發間交談。一會兒，蔣介石亦親自來到這裡與各位夫人握手寒暄。5 時 30 分，蔣氏夫婦先行離去，整個茶會到 6 時多才曲終人散。喧鬧了一天的南京這才安靜下來。

晚 8 時，蔣介石親往中央廣播電臺，向全國廣播了在還都大會上的訓詞。

還都牌坊

還都時的南京新街口

榮德生

榮德生綁票案

光天化日之下，在上海鬧市區，實業鉅子榮德生被綁架。

實業鉅子突遭綁架

1946年4月25日上午10時左右，中國實業界鉅子、廣新銀公司董事長榮德生乘車離家至總公司。剛出家門，在弄堂口轉角處突然駛來一輛汽車，上面下來幾名匪徒將榮德生綁架，劫上另一輛車後直駛中山路轉入一條小路，接著將他送入一小船，關在臥艙內。晚8時後，匪徒挾榮上岸，上了一輛汽車，直駛至南車站貨棧旁下車，又換乘三輪車，直至一石庫門屋內。然後，將榮德生藏於一小屋。室內漆黑，有一名看守者。

事發前，榮德生心情極好，正準備回無錫老家趕「八廟朝聖帝」的迎神賽會，不料卻突發意外。

大白天在上海鬧市綁架實業鉅子，消息馬上就震驚了全國。上海各報紛紛以顯著版面發表消息，全國輿論一片大嘩。蔣介石得知後亦極為震怒，親自下令限時破案。淞滬警備司令李及蘭引咎辭職，上海市警察局長宣鐵吾接任了淞滬警備司令一職。

在蔣介石的嚴令下，上海軍、警、憲、特全部出動。各交通路口軍警密布，另出動便衣暗探近千人，到處進行嚴密搜索。甚至連與嵊縣幫匪徒及本市慣匪素有聯絡的偽軍頭目丁錫三、許嘉才等也被警局動員來協同破案。與榮家有關係的60餘部電話，也被24小時監控。整個上海城郊，撒下了天羅地網。

榮家人得知消息後，雖然焦急萬分，但卻不肯向警方提供任何線索。因為過去他們經歷過兩起綁票案。一次是在1940年夏。那天早晨，榮爾仁乘自備汽車去申新二廠，途中被一夥匪徒綁架，結果花去法幣50萬元，榮爾仁被綁58天後脫險。

還有一次是1941年7月27日夜半，申新九廠經理吳昆生和兒子，被日本憲兵隊便衣4人，及法租界盧灣捕房捕探帶走，兩星期後引渡到北四川路日本憲兵隊。最後是通過麗都花園大流氓高興保走了「76號」魔窟頭目吳世寶的門路，花了3000多件棉紗才贖出來的。

榮氏破財消災

榮宗敬

綁匪開口就向榮家索要 100 萬美金贖金。當時的 100 萬美元，約折合黃金 20000 兩，或折合法幣 32 億元，簡直是天文數字。

綁案發生後一星期，申新九廠總經理吳昆生與綁匪談「生意」。經雙方討價還價，贖金降到了 50 萬。

榮德生得知後，在匪窟中寫信對籌款贖票的金額作了布置：申一 5 萬，申二 10 萬，申三 10 萬，申六 5 萬，申九 20 萬。共計美金 50 萬元。不足之數，申九解決，以股票作抵也可。寫信時間是 5 月 16 日。最後約定於 5 月 25 日送至指定地點交款。

27 日下午，一輛警備司令部副官處的轎車開進了申新二廠，來人將裝有 50 萬美金的兩只皮箱抬上了汽車，轎車隨即離開了工廠。第二天晚上，榮德生被一輛三輪車送回家中，此時他已身陷匪窟 34 天。

榮德生被放回後，在社會輿論的壓力下，警方繼續進行偵查。兩個月後終於破獲此案。原來，主犯駱文慶、張少卿等人蓄謀已久，為行動方便，他們又拉淞滬警備司令部吳志剛和第一綏靖區第二處黃紹寅入夥，並通過吳、黃搞到了毛森簽發的逮捕令和汽車。而駱文慶、吳志剛的舊交申新二廠廠長詹榮培則是內線。50 萬美金到手後，綁匪們立即坐地分贓，黃紹寅分得大量美金後，立即大肆揮霍，由此引起了特工二處的注意，將其逮捕。警方順藤摸瓜，共逮捕匪徒 15 人，其中 8 人被處以死刑。

警備司令部將其緝獲的贓款大約 13 萬美金發還給榮家，其間卻多次向榮家領取破案賞金達 20 餘萬美金。所以榮德生這次綁票案共被勒索美金達 60 多萬。

榮氏企業的商標

榮氏企業的商標

蔣介石與高級將領們

將官哭靈

1947 年 3 月的一個上午，300 多名身穿將官呢制服的編餘軍官，在中山靈堂前放聲大哭。

編餘軍官入中訓團

抗日戰爭勝利後，國民政府開始整編軍隊，撤銷了各戰區司令長官部、集團軍司令部，軍改為整編師，師改為整編旅，團以下補充兵額，配備新式武器。編餘下來的軍官，無論將級、校級，分別編入全國成立的 12 個軍官總隊，分駐西安、重慶、南昌、蕪湖、武漢、杭州等大城市等候安置。

蔣介石兼任團長的國民黨中央訓練團，是抗戰時期成立的特殊訓練機構。如今，中訓團又負起甄別、遣散非嫡系或者信仰不堅定將領的任務。1946 年 6 月以後，各戰區陸續集中的將官 300 多人到南京報到，被國防部委為中訓團中、少將團員。他們之中絕大多數參加過北伐戰爭和抗戰。

中訓團的待遇，是按級發薪，一名少將月薪是 40 萬法幣，可當時理一次發就要 15000 元。後來，對這些編餘將官給予了優待，每月發 120 斤大米、200 斤柴火、2 斤食油。團員們為了有個好前程，都期望能得到一官半職。結果，大批將領等到的卻是退役、除役。

將官哭靈

國民政府此舉，是認為這批編餘軍官，已年老無用，有的腦筋複雜，一旦有事，就不能絕對效忠。遂決定除出身保定軍校的老將軍外，其餘一律清除。對此，將領們極度不滿，有人提議到蔣介石官邸去請願，有人主張攔蔣介石的汽車告狀，也有主張散傳單的。

黃埔一期生陳天民，任過軍、師長，此次也在清除之列。此次整編，他攜妻及三個子女來到中訓團。由於長期生病，醫藥、調養所費很大，貧病交加之餘，又遭退役打擊，於 1947 年 2 月中旬撒手西歸，遺下孤兒寡婦，景況淒涼。安葬前夕，生前友好們看到陳身後如此淒慘，莫不感到悲痛。於是有人提議說：彼此即將分手，各奔前程，我們都是中山先生信徒，臨別何不齊往中山先生靈前，舉行告別。

中訓團將官班

中訓團軍官總隊

1947年3月19日晨9時，陸續前往參加謁陵的將官有300餘人，全部穿清一色將官呢制服，胸前掛著勳章，肩上扛著將官領章，金光閃閃。10時整，將官們齊集中山靈堂前。由黃埔一期同學、原34集團軍副總司令丁德隆主祭，一期黃埔生張際鵬、賀光謙、張君嵩、李模、謝運灝、鐘煥全等站在第一排陪祭。其餘按期別、年齡依次排列。主祭人丁德隆發言後，是幾位將官發言，紛紛對現狀表示不滿，謂同是中山信徒，有的人高官厚祿、錦衣玉食，有的人卻衣食不周。這時，陳天民的妻子，領著孩子向眾將領叩頭，感謝大家為死者幫忙。說到動情時，不由得放聲大哭。這一哭，在場的許多人也跟著痛哭失聲。於是，莊嚴肅穆的謁陵，竟發展成為震驚中外的「哭靈」。在場的中外新聞記者，紛紛將此場景攝下。

善後事宜

事件發生後，《救國日報》在頭版登出新聞，《中央日報》也相繼登載消息，各小報也大做文章。街談巷議，滿城風雨。

蔣介石得知後大發雷霆，隨即把陳誠叫去申斥，責成即速處理，以平輿論。陳誠當即召集了黃傑、陳立夫、何應欽、顧祝同等共商對策。最後決定幾項辦法：一、凡在抗戰期間沒有離開部隊的將級人員，年齡在50歲以下的改為文職，派到地方上任職；二、40歲到45歲的，轉業到交通、工商、員警等部門任職。三、40歲以下的，進陸軍大學深造。四、年老體衰不能任職的，多發遣散費還鄉，沿途照應。

不到兩個月的時間，中訓團將官遣散完畢。這些高級將領們退役後，大多無一技之長，抗戰時任過中將炮兵旅長的蔡忠笏窮困而死，曾任集團軍副總司令的丁德隆聲言要出家做和尚等等。面對此一現象，即使是現役將級軍官，也對政府當局失去了信心。

國民大會牌樓

「制憲」後「行憲」

蔣介石在無競爭對手的情況下，以 2430 票的「高票」當選爲中華民國總統。

「制憲」國大

1946 年 6 月，國民政府開始對中共解放區實施全面進攻。國民黨在未徵求各黨派意見的情況下，單方面宣布將於 11 月 12 日召開國民大會。對此，中共和民盟表示強烈反對，並拒絕提供代表名單。

1946 年 11 月 15 日上午 10 時，國民黨單方面召開的國民大會在南京揭幕。蔣介石召開「國大」，其目的就是在政治上孤立中共，在軍事上消滅中共；改善自身的形象，爭取美援。

11 月 25 日，大會制定並通過了《中華民國憲法》共 14 章 175 條，並將 1947 年 12 月 25 日定為憲法施行日。對國體、國民資格、疆域、民族、國旗等作了具體的規定；確立了議會和責任內閣制，規定了行政院為國家最高行政機關，對立法院負責；總統依法公布法律，發布命令，須經行政院長副署；總統在發布命令一個月內提交立法院，立法院可以否決該命令等等。

此次大會，理所當然地遭到中共和民盟的反對。周恩來發表聲明表示中共方面決不承認。民盟和民進、民建、九三學社等 11 個人民團體也發表聯合聲明表示一致反對。

因此次會議制定了《中華民國憲法》，故又稱「制憲」國大。

「行憲」國大——選舉大戰

「制憲」國大召開後，蔣介石為使其

孫科投票

張群（中）投票

于右任在「國大」

一黨專制合法化，於1948年3月29日在南京召開了「行憲」國大，5月1日結束，歷時34天。此次大會的一項重要議程，就是選舉總統。

會議進行到4月底，選舉總統和副總統進入了白熱化階段。蔣介石為了標榜民主，還拉來了國民黨元老居正為總統候選人。結果，總統當然非蔣莫屬。可副總統的選舉卻突起波瀾。蔣介石屬意讓孫科當選，可李宗仁偏不買帳，桂系集團則全力擁戴李宗仁。第一輪選舉下來，李宗仁先聲奪人，以754票位居首位，孫科559票，程潛522票，于右任493票，莫德惠218票，徐傅霖214票。第二輪只投前3人的票，李宗仁的票數又是遙遙領先。蔣介石眼看孫科要敗下陣來，就私下約見程潛，要他將己方的票轉投孫科。但程不為所動，決定退出選舉以示抗議。同時，蔣介石再施手段，到處散布謠言，大揭隱私，試圖搞臭李宗仁。此時，李宗仁乾脆以退為進，宣布放棄競選。

副總統候選人竟有兩人棄選，一下引起了軒然大波。大會被迫休會。蔣介石不得不作出讓步，重申「自由選舉」。李宗仁見目的達到，遂不再堅持退出。結果，李宗仁得1156票，孫科得1040票，程潛得515票。之後，再由李宗仁和孫科進行第三輪對決。結果，李宗仁得1438

總統候選人居正

副總統候選人程潛

蔣介石、李宗仁宣誓就任正、副總統

蔣介石、李宗仁佩戴的青天白日勳章

總統就職典禮上的「全家福」

票，孫科得1295票，李宗仁戰勝孫科當選副總統。蔣介石只得接受這一事實。

就職典禮趣聞

「行憲」國大結束後，5 月 20 日，總統、副總統的就職典禮在國民大會堂和總統府舉行。就職前，李宗仁向蔣介石請示，典禮上應穿什麼服裝。蔣對此早有打算，就說穿西裝大禮服。於是，李宗仁當天就去找了上海著名的西裝裁剪師，趕製了一套硬領西裝大禮服。可就在典禮舉行的前一天，李宗仁又接到典禮局的通知：典禮一律著常用軍服。

就職典禮開始了。在 21 響禮炮聲之後，監選人吳稚暉首先出場。接著，是一文一武兩官員，文的是洪蘭友，武的是黃鎮球。在全場的矚目下，蔣介石在文武官員的陪同下，首先出現在講臺上。幾秒鐘後，李宗仁也出來了。只見蔣介石光著腦袋，穿一身青色長袍馬褂，前胸佩一枚青天白日勳章，顯得斯文莊重。而李宗仁呢，穿了一套筆挺的軍便服，胸前的勳章掛了好幾排，頭髮也梳得油光發亮。站在蔣介石的身邊，真像一個大副官。接著，原考試院副院長周鐘岳、大主教于斌分別向蔣介石和李宗仁授予當選證書。之後，蔣介石與宋美齡、李宗仁與郭德潔兩對夫婦，在記者們的一片閃光燈下，做出了親密無間、晤談甚歡的姿態。

李宗仁喜不自禁

就職儀式結束後，與會者來到總統府的「子超樓」前合影。除了在前線作戰未能回南京的高級將領外，所有的黨政軍要員無一缺席。這也是國民黨高層在大陸的最後一張「全家福」。

主席變總統後，大門上原有的「國民政府」4 個大字，要改換「總統府」3 字。為此，著名書法家、總統府資政周鐘岳專門書寫了「總統府」3 個字。因時間倉促，只得用木頭鋸了「總統府」三個大字，再貼上金箔，匆匆釘上了門樓。

抬棺大遊行

國民大會在國民大會堂召開

國民政府公布的《國大代表選舉法》規定，凡「國大」代表，以得票最多者當選。但民社黨和青年黨這兩個小黨根本就不可能有什麼選票，所以竭力反對這一選舉法。蔣介石為了拉攏這兩個小黨，又臨時更改已經正式公布的選舉法，刪去了「多數當選」的辦法，而改為「國大代表候選人，須經政黨提名方可當選，否則無效」。

新規定一頒布，馬上就像是炸開了鍋。大量靠「選票」當選的「代表」不答應了。那些花了大把鈔票眼看就要當選的「代表」，一個個充滿怨氣。不知是誰想出了一個主意：抬棺大遊行。

於是，在「國大」開幕前一天，因「政黨提名」的原因，已經當選「國大」代表而又落選的 200 多人，齊集南京，表示要誓死力爭。幾名代表到南京的一家木材商店買了一口巨大的黑漆棺材，雇了 4 名挑夫抬到「國大」會場上。棺材一到，會場上一片騷動，有喊好的，有表示驚奇的。不知在誰的一聲號令之下，幾十名代表一哄而上，抬起大棺材就上了街。

剛出會場的大門，前面的人就打出了標語，上書「誓死保衛民主權利，國大代表堅決反對指派」等口號。這時，又不知從哪裡來了幾個人，給每人發了一面綠色小旗。接著，就有人帶頭喊起了口號。標語打頭，棺材在後，下面就是手持小旗的人，再加上看熱鬧的，隊伍足足拉了幾里路長，好不熱鬧。到了鬧市區新街口一帶，圍觀者竟達數萬人。中外記者也不放過這個難得的搶新聞的好機會，紛紛搶拍鏡頭。

遊行隊伍在鬧市區轉了一大圈，又特地在國民政府和國民大會堂的門前停留了好一會兒。軍警們都沒有應付過這樣的場面，一時也不知如何是好。只好在路邊看熱鬧。

直到下午1時許，遊行者才回到住地。經商量，準備在「國大」開幕那一天再舉行一次更大規模的抬棺大遊行。

抬棺大遊行的消息當天就傳到了蔣介石那裡。一陣氣惱之後，蔣下了一道手諭，令南京衛戍司令部予以徹查。即刻採取有效措施加以平息，否則嚴懲不貸。

這項指令，當然地落到了「國大」秘書長洪蘭友的頭上。洪蘭友知道，風波是因為更改了選舉辦法後才引起的。於是，馬上與國民黨中央黨部聯繫，決定在當天晚上採取行動。

晚上約 10 時光景，大批憲警來到這批「國代」落選者的下榻處，悄悄抬走了大黑棺材。然後，又將「國代」們叫醒，說委員長關照了，你們遠道而來，這地方的住宿條件太差，現在就給你們調個地方，車子已在外面等候，請諸位上車。

落選「國代」們不知其中有詐，但一出門，就發現棺材不在了，紛紛大叫起來。這時，軍警們不由分說，將他們一股腦塞進了車。汽車直開到市郊一片民房，早有軍警在此等候。幾百人一下車，就被強行趕進幾間破屋中。門一鎖，崗一加，裡面的人叫天天不應，叫地地不靈。

大會秘書長洪蘭友一向八面玲瓏，他在仔細揣摩了蔣介石的意圖後，立即起草了幾條應急辦法交蔣介石審定：這批將名額讓出來的「落選者」，一律不得出席本屆大會，但出席費、交通費以及伙食補助費照樣發給；大會閉幕後，再補發會議代表的當選證書、出席證以及大會的證章；下次開大會時，優先考慮這批人作為代表出席。蔣介石也希望將風波儘快平息，馬上在報告上批了幾個字：「如擬。中正。」

就這樣，這批落選「國代」直到「國大」閉幕後，才被放了出來。這時，他們沒有一個人再敢鬧了。何況，「國大」也開完了，蔣介石也不怕他們鬧了。

「國大」之花

「國民大會」開幕後，代表們整天沉浸在吃喝和應酬之中。會議期間，大會秘書處收到的宴請請帖像雪片般地飛來，秘書長洪蘭友有點招架不住了。

代表們每天都要光顧南京市的大小餐館，中午吃了晚上接著吃。不僅代表有吃有喝，就連秘書處工作人員每天也能有一次白吃的機會。南京大大小小的餐館整日賓客滿座，生意好得出奇。

在會外，代表們一個個吃得滿嘴流油。就是在會上，思想也集中不起來，注意力都集中到一名「國大之花」的身上。

「國大」開幕後，秘書長洪蘭友發現一個秘密，每當一名女代表出現在會場

張群（右）在「國大」上接見外國記者

上，代表中就會出現一陣騷動。這名儀態萬方、笑靨迎人的代表，叫唐舜君。

這個唐舜君，是某省婦女界的代表，身著一襲深色緊身旗袍，腳蹬高跟鞋，頭髮高高地盤在頭上，張口一笑，立時就能引來一片讚嘆聲。不幾天，唐舜君就被代表們命名為「國大之花」。這些代表，到了開會時間，就盼著「國大之花」入場。唐舜君也意識到自己已經引起注意，於是，儼然以「國大之花」自居。一進入會場，馬上就給全場幾個飛吻，全場立即就會發出一片驚嘆聲。等到唐舜君落座後，有的代表為她畫素描，有的則為她寫打油詩。如果唐舜君哪天開會未到，大家就會覺得索然無味。

4月20日，大會開始選舉總統。這一天，蔣介石、宋美齡夫婦早早地就坐在了第一排。當洪蘭友宣布選舉開始後，蔣、宋夫婦第一個走上主席臺各自投下一票。接著，各位代表依次上臺投票。當唐舜君離座投票時，台下發出一片讚嘆聲。只見這個唐代表，笑容滿面，款款走上了主席臺，雙手捏著一張選票，輕輕地投入票箱，接著又向全場莞爾一笑。這時，全場爆發出一陣熱烈的掌聲，繼而竟有人像看京戲似地喊起「好」來。大會主席還以為是她投了蔣介石一票而得到的喝采呢，後來才發現，代表們是為唐舜君喝采。

蔣介石與宋美齡

「國大之花」

大會主席團成員，前排左四著淺色西裝者為何應欽，左三為薛岳

副總統候選人莫德惠

勵志社

勵志社揭秘

勵志社被人們稱作「尖卡斌」組織，即不小不大，不上不下，不文不武。

何謂「尖卡斌」

勵志社的前身是黃埔同學會勵志社，社長是蔣介石，是蔣模仿日本軍隊中的「偕行社」組織親手創辦的。

勵志社被人們稱作是「尖卡斌」組織，即不小不大，不上不下，不文不武。說它不大，是因為它比不上國民黨其他黨政機關；說它不小，它在全國都有分支機搆，在南京、南昌、成都還分別修建了三座宮殿式建築，專門作為蔣介石的「行宮」。說它不上，是因為它僅是一個服務性機構；說它不下，社長卻是蔣介石；說它不文，其工作人員都可以穿軍裝，總幹事黃仁霖還有中將軍銜，但主管文官升降的考試院，對它的官職從不認帳；說它不武，專門負責武官銓敘的國防部第一廳，也不把勵志社的人當做武官看待。

但正是這個「四不像」組織，卻為蔣介石、宋美齡所倚重。抗戰勝利後，勵志社的主要任務，一是繼續充當蔣介石的內廷供奉機構，二是專門接待外國來華軍政人員，特別是美軍顧問團。

黃仁霖——嫡系中的嫡系

蔣介石在勵志社成立時，為入會的社員制定了「十戒」，即不貪財，不怕死，不招搖，不驕傲，不貪懶，不嫖賭，不吸菸，不飲酒，不借錢，不說謊。留學美國的黃仁霖長期擔任總幹事一職，他身體力行，為大家做出表率。但真正能做到這「十戒」的卻不多，有的社員做事，有令不行，偷偷地吃喝嫖賭。黃仁霖之弟黃仁泉，就因不遵守「十戒」而被撤職。

總幹事黃仁霖，曾留學美國，是一名虔誠的基督教徒。留學歸國後，在上海基督教青年會做事。其岳父余日章是著名的牧師，當年蔣介石與宋美齡結婚，證婚人先找了江長川牧師，江認為蔣介石是再婚，有違基督精神而加以拒絕。後來余日章擔任蔣宋的證

黃仁霖

婚人，救了蔣介石的急。余日章後來介紹女婿黃仁霖去勵志社。黃英語嫻熟，為人機警，善於揣摩主人的意圖，又善於開展文體活動，宋美齡對他自然另眼看待。有一次，蔣介石和宋美齡去勵志社視察，正好看到黃仁霖帶頭搞衛生，黃親自在刷洗一個搪瓷馬桶。這種作風很令蔣宋感動。後來，宋美齡乾脆把家務事都交給黃仁霖去辦了。

余日章曾擔任蔣宋的證婚人

黃仁霖自進了蔣、宋的官邸後，充分施展了才能。他與蔣介石的親信副官孟浩然拉上了關係。孟原是上海一家西餐館的侍者，蔣介石潦倒時，孟常常資助蔣，蔣、孟二人是患難之交。通過孟，黃仁霖介紹理髮師桂金山進入官邸，專為蔣、宋理髮。宋美齡有一個貼身女僕蔡媽，黃仁霖則經常送上大炮臺、白錫包香菸孝敬蔡媽。由此，蔣、宋官邸的上上下下，都與黃仁霖相熟。時間不長，黃仁霖對蔣、宋的情況，包括起居時間，出行習慣，個人愛好，飲食嗜好，會客時的特點，情緒的變化，以及對部下的親疏程度等等，摸得一清二楚。

勵志社實際負起了「第一家庭」的日常事務，包括飲食起居，外出遊覽，休息娛樂等等，黃仁霖將蔣介石和宋美齡照顧得體貼入微，深得「第一夫人」青睞。有一次，蔣介石和宋美齡上中山陵，快登到祭堂時，宋美齡突然口

蔣介石、宋美齡與黃仁霖等勵志社同仁合影

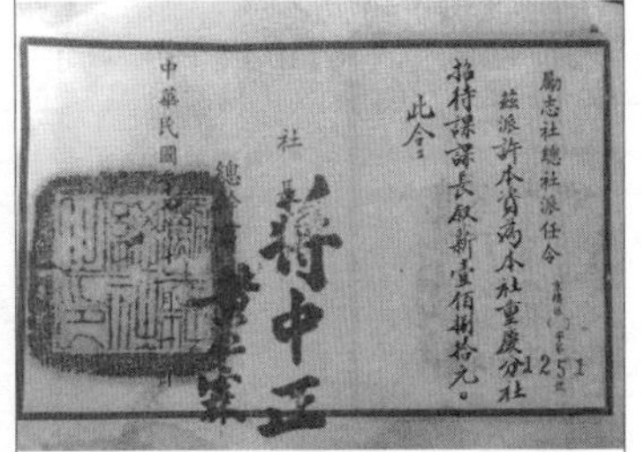

勵志社總社派任令 1251

茲派許本肯為本社重慶分社

招待課課長叙薪壹佰捌拾元。

此令

社長 蔣中正

總幹事 黃仁霖

中華民國

委任狀

蔣介石、宋美齡與勵志社同仁合影，前排右二為黃仁霖

渴，想喝水，山上哪裡有水？此時，黃仁霖拖著肥胖的身子，毫不猶豫地跑下臺階，買了汽水，又登上幾百級臺階，將汽水送到宋美齡的面前。這令宋美齡大為感動。

國民政府要員每年暑期都有上廬山避暑的習慣。一年夏季，蔣介石、宋美齡又上廬山。從山下到牯嶺，蔣、宋都是乘轎子，而轎夫是奉化帶來的，登起山來健步如飛。而抬黃仁霖的轎夫，因黃的體重如牛，八個人抬他還是跟不上蔣介石和宋美齡的轎子。黃仁霖為了及時侍奉左右，就下轎跟著空轎跑。到了山上，黃仁霖已是大汗淋漓。看著黃仁霖如此模樣，宋美齡哈哈大笑，連聲誇獎。

勵志社自成立起即開始為蔣氏夫婦提供各種特勤服務。蔣介石的行蹤極為隱秘，侍從室和軍統尚未接到通知，黃仁霖卻已秘密派勵志社的人前往目的地進行布置了。直到蔣介石出發前，侍從室和軍統才能接到通知。可見蔣氏夫婦對黃仁霖作為「家庭中的一分子」的信任和依賴。黃仁霖也自稱是蔣氏的「忠僕」和「家奴」。蔣介石曾親書「忠誠精勤」橫幅相贈。

爲蔣介石、宋美齡做禮拜

勵志社還有一項重要的任務，就是為蔣介石、宋美齡每週到南京東郊小紅山官邸做禮拜作安排。蔣介石與宋美齡結婚後，皈依了基督教。每週六下午，國民政府的要人們，紛紛前往上海度週末。而蔣介石和宋美齡，則要去小紅山官邸做禮拜。久而久之，官邸就被稱之為「基督凱歌堂」。黃仁霖在蔣、宋行前的下午，先去佈置，然後再趕回勵志社。黃昏時分，再隨蔣、宋一道去「凱歌堂」。

蔣介石在勵志社會見美國大使，中為黃仁霖

蔣介石與宋美齡在勵志社合影

小紅山官邸是一幢精緻的中西合璧式建築，二樓正廳，是一個小禮拜堂，正中牆上，掛著一幅彩色的耶穌全身油畫像。地上鋪著羊毛地毯，正中是吊燈，四周牆上是西畫。蔣介石、宋美齡到達後，先做禮拜，之後，享用黃仁霖精心準備的晚餐。用畢，黃陪同蔣、宋到小紅山散步，或在官邸的陽臺上休息，吃水果。官邸四周景色絕佳，可遠眺中山陵。晚上，蔣、宋就在這裡過夜，第二天上午再返回黃埔路官邸。黃仁霖將每次禮拜活動都安排得井井有條，令蔣、宋二人很是舒服。

一次，蔣介石和宋美齡在小紅山官邸設家宴招待他們的私人顧問、同是基督徒的澳大利亞人端納。宴會全部按照基督教的程式進行。但在宴會開始前，突然聽到英文廣播的新聞，內容都是歡迎端納的。蔣介石、宋美齡和端納聽了都很驚奇。後來才知道是黃仁霖搞的名堂。端納當即邀請黃仁霖入席作陪，給足了黃仁霖面子。

黃仁霖為勵志社網羅了各方面的人才，為蔣介石、宋美齡實施全方位的服務。蔣、宋外出時，拍電影，拍照片，由電影科負責；蔣、宋的畫像，全部由勵志社美術科負責繪製；演出的劇碼，則由勵志社音樂科和戲劇科負責。黃仁霖經常親自上臺。一次耶誕節，他裝扮成一位聖誕老人，很得蔣介石、宋美齡的歡心。宋美齡高興之餘，賞了黃仁霖一張 3000 美元的支票。

招待美軍有功

抗戰爆發後，黃仁霖兼任軍委會戰地服務團團長，勵志社則頻繁到前線為部隊放電影，發放慰問品。如海外華僑捐獻的幾百萬粒奎寧，國內民眾捐獻的襪子、毛巾等日用品，都由戰地服務團負責一一發放。

勵志社的流動服務車

勵志社此時的工作任務，還增加了犒賞傷兵一項。由於抗戰初期國民黨軍投入兵力多，因此傷兵也多。各地

宋美齡在勵志社

1947年7月，美國特使魏德邁（中）抵達明故宮機場。左為國防部長白崇禧，行政院副院長翁文灝。魏得邁一行由黃仁霖負責接待

傷兵機構都把戰地服務團傷兵慰問組看成是財神爺，非常歡迎他們的到來。到了抗戰後期，國民黨抗戰開始走向消極，法幣也瘋狂貶值，誰都不在乎這幾個小錢賞金了，軍委會傷兵慰問組也就名存實亡了。

招待美軍，接待外國援華抗戰的軍事人員，亦是勵志社的一項重要工作。1941年美國陸軍和空軍人員大批來華，服務團的美軍招待所激增，各地共有100多個，服務團員工有上萬人。招待費用相當大，僅次於軍政部、航空委員會和資源委員會。勵志社不遺餘力地為美軍採購食品，標準之高令人吃驚，如每人每天一磅肉，五隻雞蛋，二斤菜，二兩油，四兩白糖等等。而大後方軍民當時經常吃不飽肚子。

黃仁霖把招待美軍的物資和經費，製成各種表格，向美國總統特使威爾基，以及赫爾利、魏德邁等人上報，獲得了美方的極大好感，美軍方人士形成一種印象，即中國軍方腐敗，惟有黃仁霖還是潔身自好的。所以美方向蔣介石竭力推薦黃仁霖。後來，黃仁霖終於當上了聯勤總部副總司令，奉命赴美國考察軍事後勤供給，並全權負責接收「美援」物資。

1943年，蔣介石飛赴開羅參加中美英三巨頭會議。作為蔣介石、宋美齡的隨從，黃仁霖全程照料蔣氏夫婦的飲食起居，並奉蔣介石之命，直接與美英兩方商談會議日程的安排。黃仁霖雖然不參加正式會談，卻是台前幕後最忙碌的人。

抗戰勝利前後，黃仁霖與盟軍高級將領史迪威、陳納德、魏德邁、蒙巴頓、艾森豪等都有過直接接觸，曾負責接待來華的美國總統特使馬歇爾。黃仁霖因接待美軍來華作戰人員的工作卓有成效，曾獲得美國總統杜魯門的褒獎，稱他「有傑出之表現，著有功勳」。

宋美齡在勵志社參加野餐會

中統局的最後瓦解

陳立夫

陳果夫

1944 年的某一天，重慶國民黨中央黨部的牆上出現了一張標語：「總裁獨裁，中正不正。」

中統的歷史

中統，其前身為國民黨中央組織部調查科，成立於 1928 年。辦公地點最初在南京丁家橋國民黨中央黨部。1932 年在其內部秘密成立了「特工總部」後，遷至道署街（瞻園）辦公。1935 年，調查科擴大為國民黨中央組織部黨務調查處。抗戰爆發後，國民黨以加強對日力量為由，於 1938 年 8 月在武漢將調查處撤銷，擴建為「中國國民黨中央執行委員會調查統計局」（簡稱「中統局」），局本部先設武漢黃陂路，後移駐重慶兩路口。隸屬中央秘書處。主要負責全國各級黨部和行政機關人事及工作效能的調查統計，全國黨員監察網的建立與管理，全國各法團、各黨派活動的調查與應付事項，全國財政、稅收、金融機關的調查、全國國營事業的調查統計，日偽組織及漢奸的檢舉與制裁，國民黨全國秘密交通網的建立與管理等。同時，在全國各省、市、公路、鐵路設置調查統計室，並以各種藉口發展組織，全國的特工人員達到 20 萬人。

抗戰結束後，中統局遷回南京道署街（瞻園）與內政部合署辦公。1947 年改組為「中央黨員通訊局」，但其基本力量和職能沒有任何變化。1949 年改組為「內政部調查局」。

徐恩曾（左圖）

中統的死對頭，軍統頭子戴笠（中圖）

中統最後的繼承人葉秀峰（右圖）

徐恩曾初試鋒芒

說到中統局，不能不提中統局副局長（後任局長）徐恩曾。他整整統治了中統 15 年。

徐恩曾是陳立夫、陳果夫的表弟。20 年代畢業於上海交通大學電機系，後去美國留學。20 年代末回國，在南京交通技術學校任教。1928 年秋，國民政府將交通學校改為中央軍校第 6 期通訊兵科。陳立夫知道這個小表弟不諳軍事，就介紹他去國民黨中央組織部任總務科主任。從此，徐恩曾踏上了仕途。

在總務科主任的位子上，徐恩曾幹了幾件事，深得「二陳」的賞識。

徐恩曾辦事一向頗有條理，講究效率。他當上主任後，把科裡的文書工作搞得井井有條，並建立了一系列規章制度。又為國民黨中央黨部裝了一套全新的電話總機。再就是為中央黨部編制了一套密電碼。這幾件事，好像在中央黨部死氣沉沉的空氣中吹進了一股清新的風。

1929 年 12 月，調查科主任葉秀峰赴杭州公幹一段時間，科裡出現了暫時的「真空」。這時，陳立夫力薦徐恩曾以總務科主任職到調查科代理工作。這一來，徐恩曾一下子就當上了兩個科的主任。徐恩曾極會攏絡人心，在葉秀峰不在時，對科裡的同仁極其友好，不是請這位下館子，就是請那位看戲。適逢葉染病在杭州休養，徐怕葉對自己不放心，專門差人待了厚禮趕到杭州探望葉，讓他放心休養。不久，葉秀峰被蔣介石另有他用，徐恩曾自恃有「二陳」為後台，加上手下人又一致擁戴，1934 年春天，徐恩曾正式坐上了調查科主任的位子。

1931 年，中統破獲了「顧順章案」，得到蔣介石的高度信任。顧順章原是中共中央政治局候補委員、中共特科負責人。他被捕後立即叛變，中共上海地下組織遭到極大的破壞。為此，蔣介石親自召見徐恩曾以示慰勉。

中統急劇膨脹

此後，有「二陳」的提攜，再加上蔣介石的高度信任，中統特務勢力急劇膨脹。首先，徐恩曾在南京道署街的瞻園成立了特工總部，之後，又是辦特工培訓班，又是在各省市成立特務室。通過「顧順章案」的血腥偵破，徐恩曾以副局長身分，牢牢確立了在中統的統治地位。但中統與軍統的爭鬥始終沒有停息。

吳鐵城

翁文灝

顧順章叛變後，徐恩曾對其並不放心，常派人對他進行暗中監視。而軍統則通過蔣介石的關係，將顧順章調到南京，擔任軍統局訓練班的教官，並給予高薪待遇。顧因在中統得不到信任，一下就與軍統熱火起來。對此，徐恩曾當然不能容忍。1935 年，在一次會議上，徐恩曾指示特工總部科長顧建中，以顧順章「不服從命令，企圖別樹一幟」為由，將顧順章射殺。

1938 年 8 月，中統局成立，徐恩曾先任副局長，後升任局長。

開罪蔣介石

1942 年春，徐恩曾又被任命為交通部政務次長。蔣介石的目的，是想讓徐恩曾利用中統和交通部的職務之便，在全國範圍內建立一個更大的、極其完整的調查網路，以便更有效地遏制共產黨的活動。但徐恩曾並沒有領會蔣介石的意圖。

徐恩曾兼任交通部次長後，立即調親信顧建中替他主持局務，牢牢把持著中統，不讓他人插手。一次，中統特工偵查到經濟部的人員有投機倒把行為，中統重慶區行動科科長張文農率人衝進經濟部強行抓人，結果與經濟部的人發生了衝突。中統特工依仗人多勢眾，又是以執法為名，遂大打出手，不僅打傷了人，抓了人，還把經濟部砸得一塌糊塗。結果，經濟部部長翁文灝親自找到蔣介石告了中統一狀。

翁文灝是蔣介石倚重的專家型學者，中統膽敢衝砸經濟部，蔣介石當然怒火中燒，叫來陳氏兄弟大發了一通雷霆，對徐恩曾更是恨之入骨。

蔣介石親自給中統局和徐恩曾下了一道手令：「捕人之事，應由有權機關辦理，該局是黨務機關，不得捕人。」

此事剛過沒多久，又出了一樁怪事。1944 年的某一天，重慶國民黨中央黨部機關的牆上居然出現了一張這樣的標語，上書「總裁獨裁，中正不正」8個大字。蔣介石命令徐恩曾予以徹查。徐恩曾想方設法偵破，但幾個月下來毫無結果。這件事後，蔣介石對徐恩曾完全喪失了信任。並且，中統在與軍統的爭鬥中，漸漸地處於下風。

1944年，徐恩曾當上交通部次長。他的妻子王素卿打著徐的旗號，動用交通部的車輛，在中印緬邊境大肆進行走私活動。結果被軍統檢查站查獲，戴笠將此事上報蔣介石。於是，蔣介石毫不客氣地下了「免去本兼各職，永不錄用」的手令。這個手令，是通過軍委會侍從室交給中央黨部秘書長吳鐵城和中央組織部部長陳立夫去執行的，時間是1945年2月。之後，仍由葉秀峰代理中統局長。

1947年，在全國各界人士的強烈要求下，國民黨當局被迫將中統局撤銷，改設中央黨員通訊局，由葉秀峰任局長。至1949年5月，中央黨員通訊局劃歸內政部，稱內政部調查局，由老牌特務季源溥任局長。不久，季逃臺灣，副局長張益民率部分人員遷駐重慶。11月下旬，解放軍逼近重慶，調查局殘部又逃往成都，至1949年12月成都解放，內政部調查局隨即瓦解。

軍統暗殺楊傑

1932年4月1日，蔣介石命令戴笠組建中華復興社特務處。同年，又成立了國民政府軍事委員會調查統計局，由戴笠兼任該局第二處（特務處）處長。

1938年8月，統計局二處擴充為軍事委員會調查統計局，正式隸屬軍委會，同時併入軍統局。由此，軍統局正式成立。賀耀組任局長，副局長戴笠負實際責任。軍統也負責對行政機關、交通、金融等要害部門的監控，以及敵後的情報工作，與中統的許可權發生重疊。

抗戰勝利後，軍統勢力迅速膨脹，並開始染指軍事機構和軍兵種，如海軍。1946年3月戴笠墜機死亡。6月，蔣介石對該局進行改組，由軍事委員會第二廳與軍統局合併組成國防部二廳，廳長鄭介民，原軍統局核心組織改組為以毛人鳳為首的國防部保密局。

就是這個保密局，一手製造了暗殺楊傑的血案。楊傑早年曾與蔣介石就讀於同一所日本陸軍士官預備學校，後曾任陸軍大學校長多年，是國民黨內的軍事理論家與軍事教育家，陸軍中將（上將銜）。楊傑於1938年5月擔任駐蘇大使，駐蘇期間，經歷了思想轉化的重要階段。1948年1月，中國國民黨革命委員會成立，楊傑當選為中央執行委員，他在國民黨軍政界上層人事中進行策反工作，發動他們投入反內戰的活動。因楊傑曾任陸大校長多年，在國民黨中、上級軍官中有很大影響。他的反蔣活動令蔣介石震驚，蔣下令毛人鳳採取行動。1949年9月19日下午，臺灣保密局行動處長葉翔之等，奉毛人鳳令，在香港楊傑住處暗殺了楊傑。

黃金風潮案

行政院長宋子文

在「空方」的瘋狂搶購之下，上海庫存的黃金幾近拋完，宋子文下令從重慶金庫空運應急。

明配與暗售

「黃金風潮案」，源於黃金市場的開放。

1946年宋子文實行的「新經濟政策」，是在外匯市場開放後，政府抑制外匯市場的重要手段，以此達到回籠貨幣、收縮通貨、穩定物價的目的。戰後初期，國民政府有600多萬兩黃金的巨額儲備，這也是宋敢於開放黃金市場的初衷所在。

黃金市場開放日，定在1946年3月8日。這一天，由中央銀行在上海拋售黃金，配售價格隨市價變動，拋售方式，分「明配」與「暗售」兩種。明配是由各金銀樓向中央銀行申請購買，中央銀行規定金價，配給黃金；暗售則是中央銀行暗中委託幾家金號隨時拋售。這次黃金拋售活動，由宋指定中央銀行總裁貝祖詒具體負責，每天黃金買賣情形，必須在當天用英文向宋報告，即使是財政部長俞鴻鈞也不能過問。顯然，不是一個符合市場規範的運作方法。

果然，3月間黃金價格為每條（10兩）156萬元，7月漲至183萬元，上升了20%。8月17日，外匯市場首先感受到巨大的壓力，宋子文不得已下令第一次提高外匯匯率比例，由1美元比2020元，跳漲到3350元，陡升65%，由此拉動黃金價格跳漲，每條跳高到286萬元。中

1947年3月2日，監察委員對宋子文、貝祖貽提出彈劾。彈劾書尖銳指出：「宋子文的財政政策無一不與民爭利，無一不在培植官僚資本，無一不為洋貨張目，人們譏為買辦政權。」而3月1日，宋子文已主動辭去行政院長職務。這不能不使人認為監察院對於宋子文這樣的高官顯貴，只有打打「馬後炮」的勇氣。宋子文丟掉行政院長位置後，忽然滑稽地躋身軍界，當上廣州綏靖公署主任，成了胡宗南、湯恩伯、朱紹良、程潛等一批陸軍上將的同僚。

擠兌黃金風潮，軍人也加入其中

上海造幣廠技工趕鑄金條

央銀行兩天拋出黃金 1 萬兩，但有如泥牛入海，杳無聲息。在匯價、金價的互動下，萬物齊漲，黃金外匯庫存日少，局勢幾乎無法控制。

1947 年 1 月，黃金價格已經逼近每條 400 萬元。僅在 1 月 30 日一天之中，中央銀行拋出黃金就達 1.9 萬條，收回法幣 750 億元，多空雙方的廝殺，已到了刀刀見血的境地。但人人心裡都有數，「多頭」氣魄雖大，實際上已是山窮水盡了，正所謂「秋後的螞蚱，蹦躂不了幾天」了。不過，問題並不在於「多頭」能支撐多久，而在於「空方」的實力究竟有多大？一天之中，能調動 750 億元的資金入場，可見操縱「空方」的，絕不是一個小角色！況且，「多方」拋出了那麼多黃金，以求收縮通貨，為什麼貨幣總是不見其少，反見其多？這不能不說是一個奇怪的現象。

重慶黃金應急

在「空方」的瘋狂搶購之下，上海庫存的黃金幾近拋完，宋子文下令從重慶金庫空運應急。當重慶造幣廠熔鑄的金條在上海市場一露面，更引發新一輪的爭購狂潮。1947 年 2 月初，金價跳漲，達到頂點；由幾天一跳，到一天一跳；由一天一跳，到一天幾跳，最多的一天，竟跳漲 9 次。2 月 10 日，金價衝高到每條 609.8 萬元的天價。就在這一天，宋不得不下令停止「暗售」，2 月 15 日下令停止黃金「明售」，宣告黃金市場關閉。2 月 16 日，行政院通過經濟緊急措施，禁止黃金、美鈔自由買賣。此時，黃金市價已飆升到每條 900 萬元，為黃金市場開放之初的 6 倍多。

據統計，從 1946 年 3 月 8 日到 1947 年 2 月 15 日，中央銀行共售出黃金 350 餘萬兩，約為 600 萬兩黃金儲備的 60%。可是，這麼多的黃金拋出後，不但沒有達到穩定法幣的目的，反造成金、匯、物價相互刺激、攀升，以致帶動萬物狂漲，整個市場陷入極度混亂狀態。2 月 10 日及 11 日，上海市場物價上漲 80% 至 200%，許多糧店惜售待漲，造成連續幾天大米市場有價無市。許多市民無以為生，遷怒於米店、銀樓，不少城市發生民眾搗毀米店、銀樓的暴力事件。

傅斯年撰文抨擊宋子文

宋子文的黃金政策宣告失敗，一場聲勢浩大的政潮從此引發，宋本人亦受到朝野各派系及輿論界的一致指責。在一片討伐聲中，以國民參政會參政員傅斯年的一篇炮打宋子文的文章最為著名。傅文的題目是《這個樣子的宋子文非走開不可》。發表在2月15日的《世紀評論》雜誌上。文章開篇就說：「古今中外有一個公例，凡是一個朝代，一個政權，要垮臺，並不是由於革命的勢力而由於他自己的崩潰！有時是自身的矛盾、分裂，有時是有些人專心致力，加速自蝕運動，唯恐其不亂，如秦朝『指鹿為馬』的趙高，明朝的魏忠賢，真好比一個人身體中的寄生蟲，加緊繁殖，使這個人的身體迅速垮掉。」傅的這番話，潛臺詞就是：今日之孔祥熙、宋子文，就是當年之趙高、魏忠賢！

傅斯年

隨後，傅續寫《宋子文的失敗》、《論豪門資本之必須剷除》兩篇文章，繼續對宋、孔之流口誅筆伐，產生了廣泛的社會影響。

于右任 1931 年起任監察院長，長達 30 餘年

2月16日，監察院舉行全體監委緊急會議，決議派員徹查「黃金風潮案」的責任者。會上，有監察委員慷慨陳詞：「這次的查案，監察院必須下決心打老虎，不要只拍蒼蠅，必須派幾個精明的幹練的委員，才能完成任務，莫使各方失望。」無疑，監察院眼中的「老虎」，就是宋子文了。而且，監察院的動作很快，監察院長于右任當天就指派何漢文等 4 名「監察大臣」，于當天趕赴上海「徹查」。

監察院之後，第二個開會討伐宋子文的，是國民參政會駐會委員。會上作出決議：此次黃金風潮，行政院長及有關當局未能預為防止，貽誤國計民生至巨，應請國防最高委員會查明責任所屬，認真處分。國民參政會的決議，直接點明「行政院長」為責任人，比之監察院的決議，更進了一步。

隨後，監察院及審計部、財政部及中央銀行監事會、中央銀行稽查處、國防部、上海市政府、淞滬警備司令部、上海經濟監察團等，都分別開會，對黃金風潮案進行「徹查」。

2 月下旬，宋子文辭去行政院長職。

宋子文與夫人張樂怡訪美

財政部長王雲五提出發行金圓券的方案

金圓券的崩潰

政府發行金圓券速度驚人，發行數達到1303046億元。以致市民買東西要用板車拉金圓券。

強制收購黃金

1948年，國民政府不僅在軍事上一敗塗地，財政經濟也瀕臨崩潰的邊緣。巨大的財政赤字，造成了通貨膨脹，物價飛漲。據有關資料統計，1947年全國財政總收入為138300億元，而財政支出為409100元，其中軍費開支達213100億元，占總支出的52%，赤字竟達270800億元。1948年下半年的財政預算，7、8兩個月就用完了。為了擺脫困境，國民政府除了向百姓加大盤剝力度外，就是狂印鈔票。1948年8月，政府當局已發行法幣6636946億元，結果，貶值了40萬倍。

為了挽救財政經濟危機，1948年8月19日，國民黨召開中央政治會議，通過了由行政院長翁文灝、財政部長王雲五提出的貨幣改革方案。當晚即由蔣介石以總統名義發布「財政經濟緊急處分令」，向全國發表廣播講話，並公布「金圓券發行法」，其最主要的兩條是：禁止私人持有黃金、白銀、外匯，凡私人持有者，限於9月30日前收兌成金圓券，違者沒收；全國物價凍結在8月19日水準。

在政府的高壓政策之下，上海等地的工商業者和老百姓，被迫將手中的黃金、白銀、外幣，兌成了金圓券。而一些官僚顯貴、權勢人物，則無動於衷，甚至藏匿黃金。

到1948年10月，政府當局共收兌黃金價值2億美元，其中上海就達1.7億。

至於物價，由於政府強制壓價，商家無利可圖，紛紛拋售商品。但不多久，商家紛紛停業囤積商品。有的豪門利用雄厚資金，囤積居奇。如孔祥熙之子孔令侃，囤積汽車就達上百輛，進口呢絨500箱，西藥200箱等等。由此，又造成物價飛漲，僅北平一個月就漲了3倍。

終於，上海首先發生了搶購商品的風潮。很快就波及到全國。最明顯的就是搶米。僅南京一地，一天被搶米就達2500石，米店被洗劫22家。

蔣經國上海「打老虎」

蔣經國

與此同時，蔣介石派出經濟督導員到各大城市監督金圓券的發行。蔣經國受父命，擔任了京滬區經濟副督導員，率領在「建設新贛南」時培植的少壯派骨幹6000人，又在上海羅致6000—7000名青年，經過7天的強化集訓，成立了「大上海青年服務總隊」。

1948年8月29日，蔣經國在上海兆豐公園舉行「十萬青年大檢閱」。為造聲勢，蔣經國把駐上海的青年軍201師和駐蘇州的青年軍202師，一起調到上海接受檢閱。會後，在100多輛摩托車、幾十部「飛行堡壘」和上千匹戰馬的引導、助陣下，舉行了聲勢浩大的遊行。

上海進行經濟管制，打擊投機奸商，時稱「打老虎」。蔣經國為表決心，甚至明言「只打老虎，不拍蒼蠅」，並設宴請上海聞人杜月笙、王曉籟等人。蔣經國說，今後如有觸犯諸位叔叔伯伯之處，務請看在家父面子上多多包涵。

蔣經國在上海的「打老虎」行動，剛開始時確實收到一些成效。他在財政部首先下手，將部秘書陶啟明，以洩露經濟情報、串通商人拋售永紗股票為由，將其逮捕入獄。接著，又將上海警備司令部第6稽查大隊長戚再玉以勒索罪槍斃；與孫科有關係的林王公司大老闆王春哲，也因逃匯罪判了死刑。據統計，上海的富商大賈，有64人被蔣

金圓券面值節節攀升

發行金圓券，強制收購黃金

堆積如山的金圓券

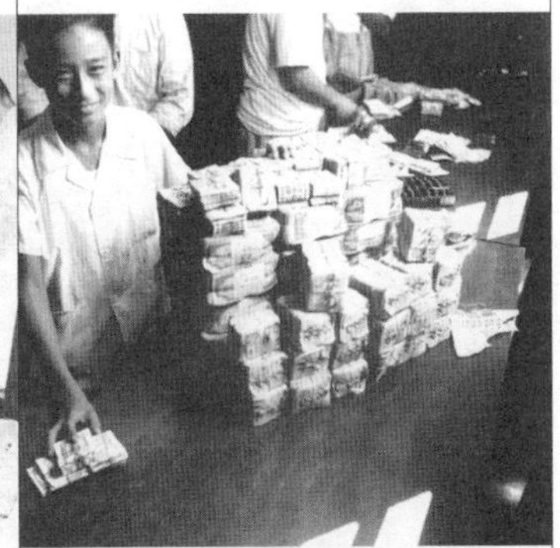

金圓券開始發行

經國關進了監獄，其中有著名的米商萬墨林、紙商詹沛霖、申新紗廠大老闆榮鴻元、中國水泥公司董事胡國梁、美豐證券公司總經理韋伯祥等等。為了殺一儆百，杜月笙之子杜維屏亦因囤積罪被捕入獄。蔣經國還查封了大財閥揚子公司的幾個倉庫。

9月，蔣經國將攻擊重點對準了商業銀行。蔣介石在南京也聲援蔣經國，在中央黨部總理紀念周上，蔣介石公開指責商業銀行蓄意隱匿黃金、白銀和外匯，直接破壞了政府的「戡亂建國」國策。

9月10日，蔣經國將上海銀行業公會理事長李馥蓀、金城銀行董事長周作民，上海聯合銀行總經理戴笠庵請到梵皇渡路的樂義飯店，逼他們一個個覓保具結，勒令上海銀行界將所存黃金、白銀和外幣、外匯資產等等，全部清單報中央銀行；不經允許不得離滬。只有周作民趁機搭陳納德的飛機前往香港，得以脫逃。

蔣經國還在浦東大樓召開工商業人士大會，他說：誰手中有多少黃金、白銀和美鈔，我都清清楚楚。誰不交，就按軍法從事。到場的幾百名老闆經理面面相覷，心驚膽戰。

12日，蔣經國發表了「上海何處去」的演講，下了最後通牒。蔣經國義正辭嚴地說：「為了壓倒奸商的力量，為了安定全市人民的生活，就必須要有打擊奸商的勇氣。投機家不打倒，冒險家不趕走，暴發戶不消滅，上海人民就不得安定。」

一家鞋帽公司的商品超過了限價，被服務總隊罰了1000元。老闆托人向蔣經國講情，蔣經國對來人說：「好吧，就看你的面子，罰款2000元。」蔣經國集中了6000人，組成了1600個檢查組，在上海全市實施了物資總檢查，以防止奸商興風作浪。

一天，揚子公司的大總管孔令侃，乘汽車駛出國際飯店，被青年服務隊攔下檢查。孔令侃大怒，掏出手槍衝了出來，破口大罵道：「什麼東西，竟敢攔我的車，你們去告訴蔣經國，如再胡來，小心他的腦袋。」說罷，衝關而去。蔣經國的心腹王升聽說孔少爺的囂張後，曾建議蔣經國

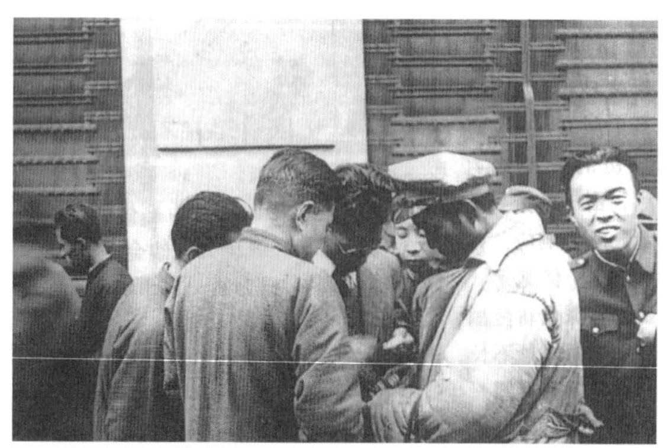
金圓券發行後，黃金黑市盛行

人們在黑市交易銀元

將孔令侃幹掉。

青年服務隊在揚子公司的倉庫中，查到了大批未申報的進口貨、土特產、百貨用品，以及鋼管、大米等戰略物資。建議蔣經國進行查處，蔣均未置可否。

四面樹敵的蔣經國，開始遇到了強大的反擊。進入10月份，商人們開始囤積居奇，市場上立即出現了搶購風潮，一發而不可收拾，最後，市民連大米都買不到了。

而孔令侃則去找了宋美齡，宋又找到蔣介石。蔣拗不過夫人，只好去訓斥兒子。蔣經國眼看老虎打不下去了，只得偃旗息鼓。11月初，上海電臺廣播了蔣經國「告別上海父老兄弟姐妹書」，宣布經濟管制的失敗。

有意思的是，金圓券崩潰的前夕，財政部長王雲五正在美國訪問，他還向美國同行大談金圓券的成功。當他回國時，金圓券已一落千丈。

上街購物，要用自行車馱金圓券

發行總數 1303046 億

至此，政府又宣布取消限價，允許持有黃金外幣。金圓券隨後應聲貶值10倍以上。這一來，又發生擠兌黃金風潮。上海中央銀行門前人如潮湧，紛紛要求兌換黃金，連軍人也加入了其中。昆明竟發生了搗毀、搶劫中央銀行的事件。

政府再次反復，宣布停止兌換黃金。翁文灝內閣因此在11月3日宣布倒臺。政府發行金圓券的速度是驚人的。1月，僅發行208億。之後，中央銀行的印鈔廠晝夜不停地運轉，到了6月，發行數竟達到了1303046億元。以至市民買東西要用板車拉金圓券。

金圓券濫發成災，發行使用10個月左右，幣值就狂貶超過2萬倍，一些地方紛紛拒絕使用。受金圓券風暴影響最大的是市民階層，在惡性通脹中損失慘重，許多人變得一貧如洗。至此，國民政府的幣制改革徹底失敗，國民黨在半壁江山內僅餘的民心、士氣亦喪失殆盡。

用金圓券發工資，要人抬車拉

國防部高級會議在這裡舉行

哀鴻之鳴

1948 年 7 月下旬，蔣介石在南京召開了最後一次軍事會議。

1948 年 7 月下旬至 8 月上旬，蔣介石在南京黃埔路的國防部大禮堂召開了一次軍事會議。軍界要人悉數到會。如何應欽、顧祝同、白崇禧、林蔚、劉斐、蕭毅肅、關麟征、周至柔、王叔銘、桂永清、郭懺、湯恩伯、杜聿明、宋希濂、黃維、孫立人、霍揆璋、黃百韜等等。未能到會的劉峙、胡宗南也派代表前來。國防部主要廳、署長也都到會。100 多名將軍濟濟一堂，幾百顆金星不時閃著光亮，很是耀眼。

會議由蔣介石、何應欽、顧祝同 3 人輪流主持。中心議題，就是檢討近來作戰失敗的原因，並為下一步的作戰進行部署。蔣介石把這次會議看得很重，想以這次會議為契機，遏止連續失敗的勢頭。因此每天必到，儼然成了會議的第一主角。

蔣介石訓示

會議的前兩天，主要檢討 1948 年上半年幾個較大戰役的失敗，尤其是西北戰場的宜川戰役（此役胡宗南部 5 個師 3 萬多人被全殲），以及中原戰場豫東戰役（區壽年兵團 6 個師及黃百韜兵團一部計 9 萬人被全殲）。

會議一開始，氣氛十分活躍。蔣介石一看不對勁，如此形勢下，將領們還有說有笑，於是馬上板起了面孔，開始了聲色俱厲的訓話：我們掌握了制空、制海權，兵力比共軍多數 10 倍，比當年「剿共」時有利得多。但在接收時，許多高級軍官發了接收財，驕奢淫逸，紀律敗壞，軍無鬥志。失敗，就敗在接收。蔣介石最後鄭重地警告說，目前共軍日益強大，大家請醒悟，再不努力，明年就不能在這裡開會了。共產黨一旦控制了中國，吾輩恐將死無葬身之地。說到這裡，蔣介石開始哽咽起來，再也說不下去了。

參謀總長顧祝同一看這架勢，趕緊出來圓場：「下面，大家各自檢討作戰失敗的原因。」將軍們看見蔣介石發了大火，好一陣子不敢出聲。只有一個人在鼻子裡哼了哼，冷笑了幾聲。這人就是何應欽，剛剛出任國防部長不久。

何應欽洩憤

會議的第 3 天，由國防部長何應欽作全國軍事形勢報告。他毫不隱諱地公開了兩年來的損失情況：兵員損失 300 多萬（包括死、傷、失蹤）、步槍 100 萬支、輕重機槍 7 萬挺、山炮野炮重炮 1000 多門、迫擊炮小炮 15000 門。還有戰車、裝甲車、坦克、汽車等等，以及大批軍事器材，彈藥則不計其數。說完這一大堆數字，何應欽就坐了下來。

何應欽之所以要這麼說，就是向大家表明，蔣介石要我交出軍政部長職務，軍事大權全由陳誠掌握，我無權就不負任何責任。此舉，是向蔣介石和陳誠洩憤和表示不滿。經他這麼一說，就像是往池塘裡扔進了一塊石頭，在會場上引起了一陣不小的騷動，絕大多數都是附和聲。有的說：「這不是把武器白白送給共軍來打我們嗎！」有的說：「得好好追究一下責任。」有的說：「責任在誰？再清楚不過了？」這一提醒，有人站出來說話了：「參謀總長陳辭修應負全部責任。」這一來，又有幾個人鼓噪起來：「對，陳誠這個人太可惡了，參謀總長不幹了，也不能脫得干係。幾百萬軍隊都敗在他一人的手中……」

何應欽一聽有這麼多人回應，認為目的也達到了，他瞟了蔣介石一眼，也就心安理得地一聲不吭了。蔣介石聽聽會議不對味了，矛頭竟然指向了自己最信賴的愛將陳誠，但此時又不好馬上制止，只得忍住不發，且聽他們到底打算怎樣。

會議第 4 天，蔣介石又蒞會了。他滔滔不絕地說道，我自黃埔建軍 20 多年以來，渡過了種種難關。今天，面對共軍作戰兩年來，軍事遭受嚴重挫折，這是事實。但最重要的，是大家要同心同德，共濟時艱，不要互相埋怨，互相傾軋。很顯然，這是針對何應欽說的。但何應欽坐在台下毫無表情。

國防部長何應欽（中）與首都衛戍總司令孫連仲（右）

陳誠，因軍事失利，備受指責

解放軍渡江前夕，顧祝同與何應欽等軍政要員離開南京。1949 年 7 月，蔣介石在廣州組織國民黨非常委員會，重新委任顧祝同為陸軍總司令，組織粵桂防線。12 月，蔣介石特任顧祝同為西南軍政長官，指揮國民黨在四川、雲南、貴州、廣西等省的殘餘部隊。在解放軍的強大攻勢下，顧祝同指揮的西南軍隊最後也土崩瓦解了。

蔣介石繼續說了一大通話，無非是鼓鼓士氣：軍事上我們還占優勢，陸軍有幾百萬人。還有海空軍，經濟上，我們擁有9億美金，長江流域物產豐富，我們沒有任何悲觀的理由。我們要牢記曾國藩、胡林翼、左宗棠、李鴻章，掃平太平天國和撚軍的歷史，一心一德、矢智矢勇……

會議如此結束

何應欽與陳誠早就結有宿怨，最令何惱火的是，早在1944年，陳誠在蔣介石的支持下，硬是從何應欽手中奪去了軍政部長的職務。後何又被趕到美國充當了中國駐聯合國軍事參謀代表團團長，直到1948年才擔任了國防部長。對此，何一直耿耿於懷，但一直沒有機會發洩。這一次，何應欽總算向蔣介石和陳誠出了一口惡氣。

在何應欽的主導下，會議不是檢討失敗原因、研究對策了，而是把矛頭一下都指向了陳誠。顧祝同又出來圓場，總算煞住了勢頭。

接下來的幾天會議，天天都是蔣介石給大家講「傳統」，講當年追隨孫中山「革命」的歷史，講黃埔建軍的艱辛，講到動情處，經常淌下幾滴眼淚，搞得到會的人悲悲切切的。

然後，就是各位高級將領嘆苦經，要裝備，要兵員，要糧餉，與國防部討價還價，搞得蔣介石一點辦法都沒有。

第7天是會議的最後一天。參謀總長顧祝同提出了一個戰略方案，大意是，為鞏固長江以南地區，也防止共軍渡江，應該暫停戰略性進攻，而立即在長江以北、黃河以南地區，組建幾個強大的機動兵團，位置於徐蚌、信陽、襄樊等地區，長江以南迅速編練第二線兵團。顧祝同的發言，立即得到一致贊同。會議總算有了一點實質性的成果。

當晚，蔣介石、宋美齡在勵志社宴請參加會議的將領們。蔣介石又是一通打氣的話，並在宴會後，讓每人帶走了一大捆題目為《為什麼要「剿共」》的宣傳品，要大家回去後向官兵認真講解。

其實，在會議的中途，蔣介石已經單獨召見了一些高級將領，如杜聿明、黃維、范漢傑等人，向他們「面授機宜」，部署了下一個階段在徐州、東北的軍事策略。這才是這次會議的真正目的所在。也就在這次會議後，國共兩黨的最後大決戰才真正開始。

蔣介石乘坐的「美齡」號專機

兩軍相遇勇者勝

74師坦克部隊

國民黨的五大王牌軍是：整編74師、新1軍、新6軍、第5軍以及第18軍，在內戰戰場上，全部覆滅。

張靈甫殞命孟良崮

整編74師，號稱「御林軍」。原建制為第74軍，七七事變後在漢口組建，由蔣介石的嫡系、親戚俞濟時出任軍長。下轄王耀武的第51師和俞濟時自兼師長的第58師及57師。其成分主要是浙江省保安團與中央軍的部分正規軍。建制共8個團21000人。後任軍長有王耀武、施中誠、邱維達、張靈甫。

該軍成立後不久，就奉調參加淞滬會戰和南京保衛戰。以後，又先後參加了徐州會戰、蘭封會戰、武漢會戰、南昌會戰等戰役。在常德會戰中，日軍以坦克、飛機、大炮、毒氣實施立體進攻，戰況空前慘烈，第57師官兵死戰不退，直至傷亡殆盡。湘西雪峰山會戰，幾乎全殲日軍116師團。日軍對這支部隊也深為敬畏，稱之為「三五部隊」(即51師、57師、58師)。

張靈甫

74軍因戰功顯赫，兩次獲得軍委會最高榮譽——飛虎旗，及國民政府第一號武功狀。抗戰勝利後，曾接替新6軍，作為拱衛南京的首都警衛軍。

1947年，國民黨軍對中共解放區實施的全面進攻屢戰屢敗，蔣介石決定收縮兵力，再實施重點進攻。

此時，第74軍已被改編為整編74師(相當一個加強軍)，全師3萬餘人，全副美械裝備。下轄3個整編旅。

全副美式裝備的74師

解放軍圍殲整編第 74 師

被繳獲的 74 師重裝備

74 師成建制地成為俘虜

蔣介石特意遴選心腹將領張靈甫為師長。張靈甫 (長安人，曾就讀北京大學，黃埔軍校第 4 期、陸軍大學將官班甲級第 2 期畢業) 還兼任南京警備司令。由於該師裝備精良，官兵中知識份子多，軍校畢業生多，故戰鬥力極強，被蔣介石倚為主力中的主力，號稱陸軍五大王牌軍之首。蔣介石調 74 師到山東戰場，就是尋機與解放軍進行決戰。其餘 20 萬兵力，都是圍繞著整編 74 師來部署。

74 師在進攻中共蘇北解放區中，連克淮安、淮陰、漣水、宿遷等戰略要地，給解放軍造成了很大的損失，10 縱司令員謝祥軍在戰鬥中陣亡。這是中共在解放戰爭中陣亡的職務最高的將領。

1947 年 5 月，華東野戰軍在山東發起孟良崮戰役。5 月 13 日，74 師在孟良崮被華野 5 個主力縱隊團團包圍，經過 5 天的激烈戰鬥，解放軍的炮火越來越猛，包圍圈越來越小。74 師全師部隊，只得退守孟良崮 600 高地一隅，彈丸之地竟龜縮了上萬人，落一發炮彈就能炸死幾十人。這時，解放軍的喊殺聲已響徹了整個山谷。

很快，解放軍就攻克孟良崮 600 高地。6 縱特務團一直衝到距張靈甫指揮部 200 公尺的地方。張靈甫還在做夢天上能掉下來一支友軍增援部隊呢。作戰參謀進來報告說：「方圓幾十里之內，友軍的電臺呼號都聽不見了。」原來，友軍得知 74 師即將崩潰，早就撤得遠遠的了。這時，張靈甫已清楚地知道厄運將至，他決心負隅頑抗，但被衝進來的解放軍一舉擊斃。

新 1 軍、新 6 軍兵敗遼沈

國民黨的另兩支王牌新 1 軍和新 6 軍，都曾經是中國遠征軍部隊。

新 6 軍的前身為新 22 師，在編入新 6 軍建制之前，是第 5 軍的主力師。1942 年，新 22 師曾在第 5 軍的建制內參加了遠征印緬作戰、昆侖關等戰役。年底，第 5 軍回國，但新 22 師留在了印度，隸屬於新 1 軍建制。1943 年 10 月與新 38 師一起參加了第二次緬甸戰役。以後，駐印軍擴編為兩個軍，54 軍的第 14 師、第 50 師，加上新 22 師，組建成新 6 軍。1945

鄭洞國（中）投誠後與解放軍高級將領

年 5 月抵達芷江，參加了對日受降簽字儀式。日軍投降後的 1945 年 8 月下旬，新 6 軍被空運到南京，並參加了南京日軍投降儀式。1945 年 9 月，蔣介石調新 6 軍赴東北參加內戰，其先鋒是新 22 師。

廖耀湘

新 1 軍於 1943 年 1 月，以駐印軍之新 22 師、新 38 師 (該師的老底子是宋子文的財政部稅警總團) 組成。鄭洞國任軍長。後第 25 補訓處編成新 30 師加入該軍建制。1944 年 5 月，孫立人接任軍長，參加了打通中印公路作戰。抗戰勝利後被調往東北參加內戰。1947 年 8 月，潘裕昆接任軍長。以後，該兩支王牌軍一道參加了遼沈戰役，並一同被殲。人們戲稱兩軍為「連體嬰兒」。

鄭洞國

錦州被解放軍解放後，廖耀湘兵團還保存有大量精銳部隊，如新 1 軍 (軍長潘裕昆)、新 6 軍 (軍長李濤) 等 5 個軍，兵力達 10 多萬人。1948 年 10 月 20 日，東北野戰軍開始圍殲廖耀湘兵團。廖耀湘自己擬定了一個方案——攻占營口，奪取港口從海上撤退。而中共中央指示，絕對不能讓國民黨的這支王牌軍渡海南逃。

21 日拂曉，廖兵團第 71 軍向黑山解放軍陣地發起攻擊，一天打下來毫無進展。22 日，廖耀湘命令新 1 軍將所屬重炮交給 71 軍，繼續強攻黑山。由於廖耀湘的輕敵，又耽誤了兩天時間，當廖耀湘命令新 1 軍投入戰鬥時，解放軍 10 縱司令員梁興初率 10 縱和 1 個獨立師已進入黑山、大虎山陣地嚴陣以待。

23日拂曉，新1軍軍長潘裕昆指揮4個師的兵力，向黑山 10 縱陣地發起猛烈攻擊，被解放軍打得一敗塗地。25 日拂曉，新 6 軍軍長李濤督飭所部猛攻黑山 101 高地等據點。新 6 軍 169 師 1 個團 1000 多人向 101 高地蜂擁而上，結果，解放軍從山背後猛虎般衝出，一頓鋪天蓋地的手榴彈砸下來，新 6 軍的攻勢被迅速瓦解。

此後，新 6 軍又採取波浪式的戰術發起連續衝鋒，軍長李濤懸賞每人 20 萬元，組成了一支 300 人的敢死隊。

解放軍在黑山地區繳獲的大批汽車（左圖）

廖耀湘兵團8萬人成了俘虜（右圖）

炮兵則再次猛轟101高地。幾天下來，101高地已經被削去了2公尺。全部由軍官和國民黨員以及「志願」者組成的先鋒隊終於衝上了101高地。慘烈的白刃肉搏戰隨即展開，堅守101高地的解放軍全部犧牲。但不多久，梁興初派出增援部隊又一舉奪回了101高地。

25日，新6軍猛攻黑山時，解放軍6縱、3縱也投入了戰鬥。3縱是東北解放軍最精銳的韓先楚「旋風縱隊」。3縱以迅雷不及掩耳之勢，楔入廖耀湘兵團腹地，突進新6軍炮兵陣地，生俘新6軍副軍長劉建章以下100餘人。

同時，3縱3營主力對廖耀湘指揮所發起突然襲擊，幾十名「高參」還在睡夢中就被一頓手榴彈送上了西天，指揮所的所有通訊設施被摧毀。廖耀湘知道兵團指揮所和新6軍軍部遭到奇襲，連忙向新1軍30師的司令部方向逃去。

26日下午4時，廖耀湘前往新22師。該師是新6軍的主力，是廖的發家部隊，他和李濤先後都曾擔任過新22師師長。廖耀湘想倚仗他的子弟兵保駕衝出重圍。正在這時，廖耀湘接到衛立煌十萬火急電報，要其「迅速退回瀋陽」。廖耀湘決定由陳家窩棚經老達房撤退。26日夜，廖耀湘親率新22師64團由陳家窩棚向老達房進發。27日拂曉，64團遭到解放軍阻擊，廖耀湘命令不惜一切代價衝過去。結果，在解放軍6縱的有力打擊下，64團團長被擊斃。廖退守瀋陽的路也被堵死。

廖耀湘兵團指揮系統早被打亂，解放軍則窮追猛打。向瀋陽潰逃的廖兵團則以師、團為單位，輪番衝擊解放軍5縱、6縱陣地，企圖撕開一個口子逃出包圍圈。解放軍各縱隊則全線出擊，田野、村莊，到處都是新6軍的潰兵。廖耀湘在混戰中和部隊失散，跟隨的只有新6軍軍長李濤、新22師副師長周璞和一個高參。11月6日黃昏，廖耀湘和周璞在黑山附近被抓獲。

27日，新1軍的精銳第50師，在孫家窩棚戰鬥中負隅頑抗，結果被解放軍全殲。軍長潘裕昆只帶了一名熟悉地形的少將高參逃回了瀋陽。至此，國民黨的兩支王牌軍新1軍（新1軍另一主力新38師在長春投誠）和新6軍全部被殲。

遼沈戰役歷時52天，殲敵47.2萬人。人民解放軍從此在數量上對國民黨軍隊形成了優勢。

第5軍折戟淮海戰場

第5軍原來的班底，是1936年3月在南京成立的陸軍交輜學校。在學校的基礎上又擴編為陸軍裝甲兵團，杜聿明任團長。

蔣介石與杜聿明

抗戰爆發後，杜聿明率裝甲兵團參加了淞滬會戰。1938年，裝甲兵團撤至湖南湘潭整訓，擴編為第200師。冬季又改編為新編第11軍。1939年2月，改編為第5軍，杜聿明任軍長，下轄第200師（師長戴安瀾）、榮譽1師（師長鄭洞國）和新22師（師長邱清泉）。後榮1師調走，第96師劃歸第5軍建制。第5軍是抗戰初期中國唯一的機械化軍，1939年11月，第5軍在昆侖關戰役中，重創日軍王牌板垣征四郎第5師團第12旅團，殲敵6000餘人，取得重大戰果。以後，又參加中國遠征軍，開赴緬甸對日作戰。

抗戰勝利後，第5軍投入內戰，主要作戰區域在華中戰場。該軍先後參加了進攻蘇北解放區，徐州以西掃蕩，以及打通平漢線作戰，占領了邯鄲、濮陽等重要城市，給中共解放區根據地和人民武裝造成了重大損失。

1948年6月，蔣介石在華東戰場組建了精銳的第2兵團，杜聿明和邱清泉先後任兵團司令。第5軍與第12軍、第70軍、第74軍和新44師等部，統歸該兵團指揮，總兵力達12萬人。

1948年11月，國共兩軍的戰略大決戰——淮海戰役（國民黨方面稱「徐蚌會戰」）打響。徐州「剿總」總司令劉峙急調邱清泉的第2兵團、李彌的第13兵團、孫元良的第16兵團向徐州靠攏。解放軍「華野」於11月22日殲滅了黃百韜兵團後，「中野」又於11月25日將黃維兵團包圍於雙堆集地區。蔣介石為救黃維，命「剿總」副司令杜聿明率邱清泉、李彌、孫元良3個兵團放棄徐州，

杜聿明部的載重汽車

杜聿明成了解放軍的俘虜

繞道蕭縣、永城南下，以解黃維之圍。當11月30日杜聿明率部從徐州出動時，「華野」以10個縱隊的強大兵力，分數路發起猛烈進攻，在12月4日將杜聿明集團合圍於永城陳官莊地區。邱清泉率第5軍等部多次突圍，均被解放軍擊退。孫元良兵團在突圍中，被解放軍全殲。杜聿明、邱清泉、李彌等人見解放軍的包圍圈越壓越緊，只得放棄突圍念頭，固守待援。

1949年1月6日，「華野」對杜聿明集團發動了總攻。經一天的激戰，邱清泉、李彌兩兵團被殲13個團。此一戰，解放軍打得國民黨軍將領心驚膽戰，連平時不可一世的邱清泉也是垂頭喪氣。1月8日，李彌兵團的3個軍和邱清泉兵團的兩個軍基本被殲。9日晚，邱兵團主力第5軍45師師長崔賢文率領師部和兩個團投降，46師被繳械。10日，解放軍直插邱清泉的兵團司令部。此時，邱見部隊已無法掌握，便要求各部隊自行突圍，自己則命令看家的王牌軍第5軍的兩個師和第74軍的兩個師擔任突圍攻擊部隊，在飛機的掩護下，向陳官莊西南疾進。在解放軍的有力合圍下，200師被殲，邱清泉及特務營被打散，邱被解放軍的火力擊中，身中6彈，當場斃命。杜聿明被俘，包括第5軍在內的第2兵團10餘萬人被全殲。

第18軍雙堆集被殲

提到18軍，就要提到陳誠。因為18軍是陳誠一手培植的骨幹部隊。

黃維（左一）成了階下囚

1930年8月中原大戰爆發後，陳誠升任18軍軍長。所部只有羅卓英的第11師和周至柔的第14師。後來，18軍被陳誠擴充為5個師。由於陳誠深受蔣介石的寵愛，18軍也成為蔣介石的嫡系。

1935年9月，陳誠他調，羅卓英升任軍長。抗戰爆發前，18軍轄有3個師，即11師(師長彭善)、60師(師長陳沛)、67師(師長黃維)。1937年8月，18軍調往上海參加淞滬會戰，與日軍松井石根指揮的第3師團血戰羅店，傷亡慘重。1938年5月，黃埔一期生黃維升任軍長，18軍參加了武漢會戰，仍下轄11師、16師、60師。後開入湖南，將幾個保安團編為198、199兩個師。這樣，18軍建制就有了5個師。1939年，方天升任軍長。1942年，18軍參加夏季攻勢作戰以及鄂西會戰。戰略要地石牌，是重慶的門戶，在石牌要塞保衛戰中，18軍11師連日苦戰，傷亡15000人。最終，18軍為「鄂西大捷」立下頭功，使日軍占領重慶進入四川的計畫破產。1943年以後，羅廣文、胡璉、楊伯濤先後擔任軍長。

1946年5月，18軍被改編為整編11師參加內戰。1948年11月至12月，淮海戰役進入第二階段。11月下旬，解放軍殲滅黃百韜兵團後，集結「中野」7個縱隊、「華野」兩個縱隊，將黃維兵團引進了一個「口袋」。11月25日，「中野」將黃維兵團重重圍困在宿縣以雙堆集為中心、縱橫約7.5公里的一塊地區。26日，蔣介石命令黃維全力突圍。黃維遵命立即以第18軍11師、118師、第10軍18師、第85軍11師，在坦克飛機支援下，向中野6縱等部陣地猛攻，但均被擊退。突圍中，廖運周率110師起義。眼看突圍無望，黃維只得根據蔣介石「固守待援」的指令，以18軍守平谷堆、尖谷堆，作為縱深防禦，以85軍、14軍、10軍作東西南北防禦，修築地堡、戰壕等堅固工事來進行抵抗，以待援軍。解放軍則採取攻堅戰法，緊縮包圍圈，逐村攻擊，穩紮穩打。

戰至12月初，蔣介石眼看黃維兵團不保，立即嚴令李延年、劉汝明兩兵團再次增援，並派劉峙到蚌埠督戰。

此時，黃維兵團的防區越來越小，能夠機動作戰的部隊只剩下7、8兩個團，完全陷入彈盡糧絕的境地。12月5日，「中野」4縱司令員陳賡指揮東集團，3縱司令員陳錫聯指揮西集團，6縱司令員王近山指揮南集團，以及「華野」部隊聯合向雙堆集發起猛烈攻擊。戰鬥空前激烈。解放軍要求黃維放下武器投降，但被黃維拒絕。於是，中共兩大野戰軍及地方部隊發起總攻。至15日黃昏，包括18軍在內的12兵團4個軍11個師12萬人被全殲。兵團司令官黃維、副司令官吳紹周、18軍軍長楊伯濤、10軍軍長覃道善被生俘，14軍軍長熊綬春被擊斃。只有兵團副司令胡璉化裝後，僥倖脫逃。

黃百韜及其胸牌

李彌

黃維的12兵團全面崩潰

解放軍包圍了黃維的兵團總部

起義的「重慶」艦艦長鄧兆祥（右）和「靈甫」艦艦長鄭天傑

海軍兩大將的傾軋

桂永清擠走陳紹寬到海軍履新後，仍穿著陸軍中將的軍服。

蔣介石設海軍處

抗日戰爭中，中國海軍幾乎全軍覆沒，蔣介石在1938年下令撤銷海軍部，降格為軍政部下屬的海軍總司令部（簡稱「海總」）。

1945年抗戰勝利後，蔣介石於9月1日又命令在軍政部之下另設海軍處。軍政部部長陳誠兼任處長，蔣介石選中了遠在英國留學的周憲章任副處長，負實際責任。

海軍處的工作，就是專門審批「海總」的全部公文，辦理海軍的一切有關事宜。一個處，居然凌駕於「總司令部」之上。此時中國海軍，沒有一艘軍艦，為什麼要設兩個海軍部門？說穿了，就是蔣介石要牽制海軍總司令陳紹寬。

陸軍「接管」海軍

海軍處剛剛成立，陳誠就趁陳紹寬出國訪問之際，將海軍陸戰隊第1獨立旅劃為陸軍建制，原海軍官兵全部遣散回家。陳紹寬回國後得知了這個情況，又聽了官兵們的哭訴，極為憤慨。但實在是無可奈何，兵符已經牢牢地操在了人家的手中。

1945年12月，蔣介石正式下達手令，撤銷海軍總司令部；同時，將軍政部海軍處擴大為海軍署，由軍政部長陳誠兼任署長，並令周憲章立即接管「海總」。

周憲章在接到蔣介石手令的同時，立即率領一個連的陸軍部隊，包圍了位於南

中國海軍赴英國接艦

陳紹寬（左二）任海軍總司令時出訪外軍

京挹江門內的海軍總司令部。四周的制高點立即就被周憲章的屬下占領，並架起了機槍。接著，荷槍實彈、頭戴鋼盔的士兵，衝進了「海總」大門，將「海總」警衛連強行繳械，並將校尉級軍官全部隔離軟禁。

當陳紹寬乘車回到「海總」時，往日高大的門樓，整潔的院落，已面目全非。制高點上的機槍手虎視眈眈，大院的四周崗哨林立，海軍將校們一個個耷拉著腦袋，排成了長龍蹲在地上。

陳紹寬憤然無語，在幾名老隨從的陪同下，到辦公室兼臥室整理了行裝，然後搬出了「海總」，來到挹江門城牆根的一家小飯店住下，在寂寞和寒風中，度過了 1946 年的元旦。

然而，1946 年 6 月 1 日國防部成立後，蔣介石又下令重新成立了海軍總司令部，其名稱竟與幾個月前的「海總」一字不差。陳誠以參謀總長名義掛名海軍總司令，副總司令是桂永清。

桂永清「整肅」海軍

1946 年 10 月 16 日，國民政府正式任命桂永清為海軍副總司令，代理總司令職。

桂永清，字率真，江西貴溪人。黃埔軍校第 1 期步兵隊畢業，後又被陳誠保送到陸軍大學第 9 期深造。桂永清在國民政府發布任命之前，就已到海軍任職。他帶進了一大批陸軍官佐，分別在政工、人事、財務、後勤、行政等各個要害部門任職，準備大刀闊斧地整治海軍。

桂永清到海軍履新後，仍穿著陸軍中將的軍服。按國民政府《陸海空軍軍官服制條例》的規定，兵科未變者只能著原來軍種的服裝。故在一些外事活動中，桂永清仍然穿著陸軍將官服。當時，南京下關的江面上，常泊有英、美、法等外國兵艦，多是抗戰勝利後來中國訪問的艦隊司令級的旗艦，由於相互之間的應酬往來頻繁，外軍將領對

陳紹寬性情耿直，對官場腐敗十分厭惡。抗戰勝利後，蔣介石命令陳紹寬率「長治」等艦封鎖渤海灣，堵截從山東渡海去東北的八路軍。陳紹寬深為不滿，拒不執行命令。他藉口軍艦需要修理，並請撥油費。他去了廈門，然後率「長治」艦前往臺灣左營軍港視察。蔣介石於是決意去陳。

桂永清

「重慶」號巡洋艦

「重慶」號巡洋艦宣布起義

於中方老是由這位陸軍中將出面表示不解和不滿，認為這位二星中將對海軍一竅不通，是不是中國海軍無人？因此，在一些場合常常對桂永清很不客氣，令桂永清下不了臺。

而桂永清的怨氣就撒向了海軍的官兵們。桂永清上任後第一次到上海海軍基地，就給海軍官兵們來了一個下馬威。他召集海軍官兵在上海江南造船廠訓話，有意將時間拖了將近 4 個小時。在這次疲勞式的訓話中，上千名海軍官兵在烈日下暴曬幾個小時，有身體弱者，經受不住桂永清的「黃埔精神」式的訓話，竟栽倒在地上。等桂永清訓話完畢，操場上已倒下了一片人。桂永清看到這個情景，越發得意起來。

因整治海軍有功，1948 年，蔣介石正式任命桂永清為海軍總司令。

「伏波」號慘案

由於海軍被陸軍「接管」，終於釀成了一起重大海難。

1947 年 3 月 19 日深夜，海軍剛從英國接回的炮艦「伏波」號，在廈門外海被招商局的一艘貨輪「海閩」號攔腰撞沉。「伏波」號軍艦只有輪機長焦德孝上尉一人獲救倖免，其餘 100 多名官兵全部葬身海底。同時遇難的還有海軍學校派艦見習的士官生 18 人。

上海各大報紙競相報導這一事件，國內各主要報紙記者也都蜂擁而至上海。海軍上海基地司令部門前成天是人聲鼎沸，倖存者焦德孝上尉和基地司令方瑩少將成了新聞人物。

在新聞記者的一再追問下，方瑩長期以來對陸軍及桂永清的不滿迸發了出來，並道出了一些驚人的內幕。

「伏波」號軍艦艦長原來叫柳鶴圖，率艦回國後即被桂永清解職。解職原因，那就是柳是福建人，馬尾海軍學校畢業，是正宗的閩系「餘孽」。「伏波」號全艦官兵，也被調換將近三分之二。新任艦長姜瑜，電雷學校第一期畢業生，桂永清嫡系。柳調走後，姜一下就由副艦長升任了「一把手」的艦長。

陸軍與海軍不同。陸軍的團長陣亡或調任，副團長馬上就能接上來。副營長升正營長、副團長升正團長，是陸軍中的規

國民黨海軍第 2 艦隊起義的軍艦

矩。而海軍的艦長與副艦長之間有一大段的距離，按海軍慣例，艦長要由次一級軍艦的艦長調升，而由副艦長升任本艦艦長的，世界各國海軍都極為罕見。唯獨艦長姜瑜的這次拔升，是個例外。一船新手，再加上個沒有經驗的艦長，焉有不出事的道理。在出航前，海軍中多位將領曾向桂永清提出此行恐會發生不測，但桂永清以陸軍中的一貫做法，根本就不聽勸說，以致造成這次遭到國際恥笑的海難事故。

國內各報將方瑩的這番話，一字不漏地予以刊登。這也為桂永清剷除異己下了決心。身材魁梧但心胸狹窄的桂永清，在此次事件以後的數月中，來了個斬草除根，將海軍中閩侯籍將校，一一整肅乾淨，該凍結的凍結，該拉下的拉下，可謂片甲不留。對閩系海軍的人，也一一予以甄別，搞得海軍全軍人心惶惶，怨聲載道。

但這一「惡果」，最後還是被桂永清吞下了。國民黨在大陸覆亡之前，幾千名海軍官兵，連同幾十艘先進的戰艦，一起投向了中共。

海軍大起義

1949 年 2 月 25 日凌晨，「重慶」號巡洋艦在吳淞口起義，駛向中共解放區的煙臺港。

1949 年 2 月 12 日，海軍護衛艦「黃安」號於青島

第 2 艦隊起義的「永綏」號炮艦

海軍起義將領們

海軍基地舉行起義，次日凌晨4時抵達中共連雲港解放區。

2月14日，海軍「201」號掃雷艇，在渤海長島海面起義。

4月13日，海軍「中字102」號登陸艇，滿載著傘兵3團1000多名官兵，在團長劉農畯率領下，從上海黃浦碼頭出發，在吳淞口外起義，北上到達連雲港解放區。

4月23日凌晨1時，海軍第3機動巡防艇隊的28艘艇隻，在鎮江江面宣布起義。起義後，大部分艇隻參加了接運解放軍過江的戰鬥，大大加快了渡江戰役的進程。

4月23日上午，海軍海防第2艦隊30艘艦艇，在艦隊司令林遵率領下，衝破重重阻力，於南京東北芭鬥山江面起義。

5月21日，海軍驅逐艦「靈甫」號官兵73人，脫離軍艦離開香港，分三路到達中共天津解放區。

5月24日，海軍漢口巡防處5艘艇隻，在岳陽至武漢江面起義。

9月20日，海軍「英豪」號炮艇及9、83、107號巡邏艇，在蕪湖附近大通江面起義。

9月19日凌晨2時，海軍海防第1艦隊旗艦「長治」號護衛艦官兵，於長江口外大戢山海面舉行武裝起義，並勝利駛達已經解放的上海。

10月22日，海軍第4軍區炮艦「舞鳳」號，巡邏艇38、40號，於廣東江門起義。

11月9日，海軍汕頭巡防處所轄「光國」號炮艇，於廣東南澳海面起義。

11月26日，海軍「聯榮」號中型登陸艦在澳門起義。

11月29日，海軍江防艦隊炮艇「永安」號、「郝穴」號在四川忠縣江面起義；30日，該艦隊炮艇「民權」號、「常德」號、「英山」號、「英德」號，在重慶江面起義。

12月7日，海軍「同心」號運輸艦，在四川雲陽江面起義。

自1949年2月至12月，國民黨海軍起義投誠艦艇共達83艘，官兵4000多人。

海軍總司令部

傅作義（前右）與李宗仁步出機場

兵不血刃

北平和平解放，歷史文化古都終於免於戰火。

三次談判 古都新生

1945年8月11日，傅作義宣布就任第十二戰區司令長官。1947年1月，十二戰區改組為張垣綏靖公署，傅作義任主任，所部以35軍為基幹擴編成3個軍。12月2日，國民政府撤銷北平行轅，及張垣、保定兩個綏靖公署，成立華北「剿匪」總司令部，任傅作義為總司令。這時解放軍已由戰略防禦轉為戰略反攻，傅對是否接任有所猶豫，但想到自己實力的增大，還是接受新職，將總部移往北平，統一指揮晉、察、冀、熱、綏五省軍事，成為擁有60餘萬兵力的五大軍事集團之一。

傅就任華北「剿總」後，採用分區防禦方針，集中主要兵力維護各戰略要點，以確保平津保三角地區。是年底，晉察冀野戰軍為配合東北民主聯軍的冬季攻勢，達到

從東北入關的解放軍裝甲部隊開往平津

1938年12月，國民政府任命傅作義為第八戰區副司令長官兼第二戰區北路軍總司令。傅作義設長官部於綏遠五原。1940年春，日軍3萬餘人、汽車千餘輛，由黑田重德師團長指揮，於2月3日侵占五原。傅作義於3月20日夜率部對盤踞五原之敵發起猛攻，血戰兩晝夜，收復五原。此役擊斃水川一夫中將、大橋少佐等日軍300餘人，全殲以桑原為首的特務機關，殲滅王英偽軍兩個師，獲戰利品甚多。血戰中，傅部也遭到重大犧牲。五原大捷創國民黨戰區收復失地之先例。各黨派團體紛紛發電祝賀，各大報刊發表文章，交相稱讚。4月17日，國民政府將一枚「青天白日勳章」授予傅作義。

國共雙方代表簽訂北平和平解放協議

國共和談現場

逐步擊破傅軍平津保三角地區的防禦，以部分兵力攻淶水。傅令35軍主力南下增援，1948年1月中旬，新編第32師在淶水以東山地被我殲滅7000餘人，新32師師長李銘鼎被擊斃，軍長魯英麟在高碑店自殺。35軍是傅作義多年經營的嫡系，魯英麟是他在保定軍校五期的同學，抗戰時期的參謀長。魯自殺消息傳來，傅作義失聲痛哭，他開始思索，抗日戰場上戰績赫赫的35年，何以在內戰戰場上損兵折將，連遭敗績？素以勇敢善戰的35軍，如今何以士氣低落？現實使他意識到人心向背，是軍事勝敗的重要因素。

1948年11月，遼沈戰役結束，東北全境解放。同月，解放軍發起淮海戰役，徐州「剿總」劉峙集團告急。華北「剿總」傅作義面對東北和華北解放軍的大軍壓境，處於進退維谷境地。

蔣介石的基本戰略是：棄守北平，全軍南撤，以加強淮海戰場及長江防禦。而中共中央對平津的作戰方針則是，將傅作義集團擠壓在華北，分割包圍，就地殲滅，間絕不讓其南撤或西退。為此，中共果斷發起了平津戰役。

陳長捷

12月中旬，平津戰役打響，解放軍將傅作義部全部分割在張家口、新保安、北平、天津、塘沽5個孤立的據點。11月底，解放軍包圍張家口、新保安等

解放軍炮兵向天津推進

天津解放，解放軍會師金河橋

解放軍攻克新保安城　解放軍與北平城防部隊交接

平津戰役後，解放軍將領檢閱部隊

慶祝華北解放

平津總前委

傅作義的代表鄧寶珊

地，但卻是「圍而不打」。同時，東北野戰軍主力包圍了北平，對平津塘三地是「隔而不圍」。

傅作義感到事態嚴重，遂派崔載之等人出城到三河縣平津前線司令部所在地，與東北野戰軍參謀長劉亞樓進行談判，提出建立華北聯合政府的主張。雙方交換意見後，崔回平向傅作義報告；同時，將電臺和報務員、譯電員留下，以便聯繫。

第二次談判是在 1949 年 1 月 6 日至 10 日。時解放軍已攻占新保安，全殲傅部精銳的 35 軍 2 個師 16000 人，擊斃軍長郭景雲。接著，解放軍又向張家口發起攻擊，全殲國民黨軍 54000 人，105 軍軍長被俘。張家口解放，平津戰役大局已定。此時，傅作義派周北峰、張東蓀到河北薊縣八里莊，同平津前線司令部林彪、聶榮臻、羅榮桓和劉亞樓等進行談判。中共提出了改編國民黨軍的方案，對傅部起義人員一律既往不咎。雙方草簽了《會談紀要》。但傅作義並沒有及時實施。

此時，天津國民黨守軍仍拒絕放下武器。解放軍於 1 月 14 日向天津發起總攻。只一天時間，天津就被攻占，全殲守軍 15 萬人，天津警備司令陳長捷、第 62 軍軍長林偉儔、第 86 軍軍長劉雲瀚、天津市市長杜建時等被俘。17 日，塘沽守軍 5 萬人從海上南逃。

第三次談判是在 1 月 14 日至 17 日。1 月 14 日，毛澤東發表《關於時局的聲明》，敦促傅作義當機立斷。當日，傅作義派鄧寶珊、周北峰作為全權代表，到通縣西五

北平解放慶祝大會

里橋平津前線司令部，與林彪、聶榮臻、羅榮桓和劉亞樓進行談判。談判取得了成功，16 日雙方簽署了《關於北平和平解決的初步協議》14 條。22 日，傅作義在《協議》上簽字，並發表廣播講話。同時，城內國民黨守軍開始移到城外指定地點接受和平改編。1 月 31 日，解放軍舉行了入城式。北平宣告和平解放。

平津戰役，自 1948 年 12 月下旬至 1949 年 1 月上旬，歷時 64 天，共殲滅和改編國民黨軍 52 萬人。華北地區基本解放。平津戰役與遼沈和淮海戰役並稱「三大戰役」。北平和平解放，創造了解放國民黨軍隊的「北平方式」，成為後來解放湖南、四川、新疆、雲南的範例；它使馳名世界的歷史文化古都北平免於戰火，完整地保存下來，為新中國的定都奠定了基礎。

綏遠和平解放

平津戰役中創造的「北平方式」，對傅作義的根據地——綏遠，也產生了重大影響。

在北平和平解放的同一天，華北「剿總」綏遠指揮所主任、綏遠省政府主席董其武就飛抵北平，表示願走和平的道路。中共中央遂提出了解決綏遠問題的特殊政策——綏遠方式。3 月，雙方指定了談判代表，在北平起草了《綏遠和平協定》(草案)。4 月，協定文本被送到綏遠。

董其武召集軍政人員和地方代表徵求意見。結果，大多數人表示贊同。1949 年 6 月上旬，雙方在《綏遠和平協定》上簽字，協定生效。在以後的幾個月中，綏遠各方排除了國民黨方面的種種干擾，於 1949 年 9 月 19 日，由董其武領銜發表起義通電，順利實現了綏遠的和平解放。

相見時難別亦難

1917 年 5 月，在美國完成博士論文答辯、即將歸國的胡適

專機飛上藍天，胡適回望大地，與北平這座古城，和他傾注了許多心血的北大惜別。

面臨巨變

臨近 1948 年年末，北平的天空是那樣的陰沉。11 月 2 日，遼沈戰役結束，人民解放軍的炮聲已越來越近，北平、天津和張家口等城市已經被解放軍分割包圍。除了北平機場，這唯一與外界的通道，北平已然是一座孤城。

在此劇變之際，胡適的心情是複雜的。

前些天，文人從政的翁文灝終於在 11 月 24 日提出了辭職。而美國對蔣介石政府的專制一直頗有微辭，對自由主義的代表人物胡適卻極為欣賞。蔣介石因此想借用胡適的名聲，改變美國人的看法，特派陶希聖飛往北平力邀胡適出山。胡適堅辭了這一邀請，但是胡適托陶希聖把父親的遺稿和自己的《水經注》考證文件帶交傅斯年暫存，並對陶希聖說：「在國家危難的時候，我一定與總統蔣先生站在一起。」

1948 年 11 月 22 日，北大校務會議在胡適主持下進行。經過兩小時的激烈辯論，最後做出的決定是：不遷校。24 日，舉行教授會議，正式通過了不遷校的決定。

遠在南京的蔣介石在做什麼呢？他正在進行「雙搶」：一是「搶救」黃金，將國庫中的黃金白銀美鈔運往臺灣；二就是「搶救人才」。胡適作為新文化運動的主將之一、國際矚目的著名學者，當然是「搶救」的首批人才了。

胡適將這張「全家福」題贈給他的老師杜威

胡適與中央研究院院士合影（前排右起：薩本棟、陳達、茅以升、竺可楨、張元濟、朱家驊、王寵惠、胡適、李書華、饒毓泰、莊長恭）

惜別北大

蔣介石派出了「搶救」小組的陳雪屏飛抵北平，勸說胡適儘快離開北平：「北平的城防一天一天地崩潰，還是早點離開。」

胡適還是堅持：「我不能丟下北大不管。」

後來，蔣介石親自出面，兩次給胡適打電報，催促胡適南飛，並說已派出專機到北平來接他和清華校長梅貽琦，還有著名教授陳寅恪等人，終於胡適不再堅持，決定南下。

可是，當他與陳寅恪夫婦乘車出城去機場時，卻在宣武門被傅作義的守軍攔阻，胡適想和傅作義聯繫，可是又聯繫不上，只好返回東廠胡同胡宅。

當晚，胡適表示：如果明天走不成，就乾脆不走了。不料深夜 1 點半，傅作義親自打來電話：「總統已有電話，要你南飛，飛機早上 8 點可到。」

12 月 15 日下午，胡適夫婦和陳寅恪夫婦一同來到中南海勤政殿——這裡現在是傅作義的總部，隨後在部隊的護送下，來到南苑機場，登上了飛機，同機的還有 25 位教授。

當專機飛上藍天，胡適回望大地，和北平這座古城，和他傾注了許多心血的北大惜別。

淒然赴美

到達南京後，胡適受到了蔣介石特別的禮遇。

1948 年 4 月 1 日，胡適在國民大會上

12 月 17 日，是胡適的 57 周歲生日。當晚蔣介石夫婦在黃埔路官邸設壽筵宴請胡適。蔣介石在推行新生活運動以後，就只喝白開水了，茶菸酒一律不沾。可是，那天卻特地為胡適備下了酒，可謂禮賢下士。然而，在這樣的形勢下，恐怕是有酒無歡。

胡適對蔣介石這樣的特殊禮遇，當然是感激涕零。

1949 年元月 8 日，蔣介石又邀請胡適到黃埔路官邸吃飯。席中，他提起了讓胡適再去美國的想法：「我不要你去做大使，也不要你負什麼使命，如爭取美援，我只要你出去看看。」

胡適沒有表態，他還在猶豫徘徊中。

3 個月後，蔣介石已經宣稱引退，從溪口打電話給陶希聖，帶信請胡適方便時去溪口一趟。胡適在這個時候，下了決心去美國：「我就是這樣一直往美國去，能不能替國家出一點的力？總是盡心去看看做。」

4 月初，胡適在上海會見了一些老朋友，如昔日的紅顏知己曹佩聲。4 月 6 日，胡適登上了「克里夫蘭總統」號前往美國，開始了晚年的飄零。

中研院評議會二屆三次年會合影，前排右至左：翁文灝、陳立夫、胡適、白崇禧、于右任、朱家驊

1932 年 5 月，胡適與地質學家翁文灝等創辦《獨立評論》，發表對時局的見解，主張加快國家工業化建設。1934 年春節後，翁文灝為調查浙江長興的石油礦苗，在浙江武康附近發生車禍，幾乎喪命。蔣介石聞訊，親命調集名醫為其診治。此後，翁視蔣有救命之恩，遂竭力追隨。蔣介石也借翁文灝的關係，打開了一條與知識界溝通的管道，胡適就是通過這一管道與蔣介石建立起直接對話關係的。

國民黨空軍起義的 AT-19 飛機

向著太陽飛去

530 號飛機在劉善本指揮下，憑著一張舊地圖，在延安機場降落。

劉善本——空軍起義第一人

1946 年 6 月，空軍 8 大隊接到任務，要將美軍在昆明移交給國民政府的物資全部空運成都，共需出動 7 架 P24 式飛機。

空軍 8 大隊作戰訓練科上尉飛行參謀劉善本，曾於 1943 年赴美國接受飛行訓練，1945 年回到國內。回國後，他看到的不是和平，而是內戰的烽火，而且不久，自己也將被投入內戰戰場。他閱讀了一些進步書籍，已經暗下決心駕機起義。此次擔負運輸任務，劉善本認為正是起義的好時機。

1946 年 6 月 22 日，7 架飛機從上海起飛，目的地是昆明。劉善本駕駛的是 1 架機號為 530 的飛機。飛機在昆明降落後，裝上了物資，於 24 日直飛成都。兩天后，飛機再飛昆明，繼續裝運物資。26 日，飛機再次起飛。

完成運輸任務後，飛機按計劃返回昆明。在途中，劉善本對後艙乘機的 6 個人說，機組人員反對打內戰，要飛往延安，到達後你們去留自便。之後，劉又到前艙對駕駛員等人說，後面全是共產黨，他們有手榴彈，不同意飛延安就同歸於盡。

就這樣，530 號飛機在劉善本的指揮下，憑著一張舊地圖，在延安機場降落。除了 4 人領了路費離開外，其他 7 人起義。他們是：劉善本、張受益、唐世耀、唐玉文、李榮琛、何輝庭、江煥章。

6 月 29 日，毛澤東、朱德接見了劉善本機組 7 人，並出席了歡迎劉善本起義機組人員大會。7 月 9 日，劉善本在延安廣播電臺向全國發表講話，號召國民黨空軍官兵反對內戰。

大校場機場轟炸機起義

抗戰後期，國民政府軍事委員會開始著手重建在抗戰初期幾乎損失殆盡的空軍。蔣介石指示要將新招募的空軍年輕飛行員全部送往美國深造。1946 年秋天，

514 號轟炸機在南京大校場機場起義

這批留美士官生分批回國。

青年軍官俞渤所在的空軍8大隊，先後進駐北平南苑和上海大場機場，任務就是配合內戰前線的國民黨軍作戰。鑒於解放戰爭形勢的發展，中共地下黨決定在空軍中開展工作，發動起義，實施多架飛機「北飛」的計畫，為人民空軍的建立輸送力量。俞渤接受了這項任務。

就在俞渤準備執行起義任務時，情況突起變化。駐紮在上海大場基地的空軍8大隊，突然接到命令，調駐南京大校場基地待命。蔣介石在徐蚌戰場投入了大批精銳兵團，調空軍到南京來，是為了與中共部隊決戰淮海。不僅8大隊被調防了，各支空軍部隊都接到了蔣介石的電令，整個國民黨空軍的4/5都集結到了南京周圍。蔣介石為這場決戰，投入了幾乎全部的空軍主力。

但不多久，8大隊又接到命令，基地即日遷往臺灣新竹機場。起義計畫再次被打亂。於是，中共地下黨立即決定單機起義。參加這次行動的共有5個人，他們是：俞渤、郝桂橋、周作舟、陳九英、張祖禮。分工是：2人駕駛，1人投彈，2人火力警戒。

1948年12月16日晚，南京大校場空軍俱樂部正在舉行一場晚會。與此同時，俞渤等5名飛行員悄悄離開了俱樂部，摸到一架編號為「514」的轟炸機旁。很快，「514」緩緩地向跑道滑去，離地、爬高、騰空……地面的哨兵看著它起飛，根本就沒有多加注意。

飛機升空後，瞬間就到了南京上空。俞渤打算在南京上空轟炸目標後，再飛回機場轟炸機群。第一顆炸彈的轟炸目標，就是總統府。

負責投彈的周作舟，是一位老轟炸員，技術相當熟練，對南京的地形也瞭若指掌。可這次轟炸卻把握不住瞄準系統。到了目標上空，炸彈卻投不下去。原來，轟炸系統已被反內戰的飛行員破壞了。經大家緊急磋商後，在南京西北郊一處無人煙燈火的地方，把炸彈投了下去。在炸

劉善本

1945年8月19日，汪偽政府的空軍少校周致和接到送偽湖北省主席葉蓬從南京回武漢的命令，飛機是汪偽政府的兩架專機之一的「建國」號。這是一架日本產雙發動機的運輸機，裝油多，續航時間長，能夠遠距離飛行。早在6月底，一心想棄暗投明的周致和和另一名少尉飛行員黃哲夫已經赴浙江長興與新四軍蘇浙軍區司令員粟裕商妥了駕機起義事宜。大家當即決定，利用這次機會起義。周致和完成送葉蓬的任務後，當日即從武漢返航揚州，8月20日天剛亮，黃哲夫、周致和等6人駕機從揚州向西北方向飛去，下午2時，飛機在延安機場著陸。8月28日，毛澤東等飛去重慶談判，登機前，在機場接見了機組成員。

石家莊駐軍領導與起義人員

大校場起義機組人員

彈的爆炸聲中，514 號向北飛去。

17 日，美聯社報導：昨天，中國首都南京發生了一起炸彈爆炸事件。據悉，是一架轟炸機在執行任務時，不慎掉落炸彈引起。南京和上海的大小報紙都作了相同內容的報導。

514 號轟炸機原準備降落瀋陽或安東機場，但時值東北下大雪，只好轉飛最近的石家莊。經過反復盤旋，終於看到地面的兩堆熊熊大火。這是在指示跑道的位置。原來，中共方面的石家莊城防司令曾湧泉將情況向上級彙報後，判斷這是架國民黨空軍起義的飛機，遂立即下令配合降落。

12 月 17 日凌晨 1 時許，飛機終於在石家莊機場安全降落。

當天，中共中央調查部長羅青長奉毛澤東、周恩來之命，專程趕赴石家莊，向駕機起義的 5 位國民黨空軍飛行員表示親切的慰問。

其他空軍起義

從 1946 年至 1949 年底不到 4 年的時間裡，國民黨空軍共有 50 多人，駕駛各型飛機 22 架舉行了戰場起義，其中驅逐機 5 架、驅逐轟炸機 1 架、轟炸機 4 架、運輸機 7 架、教練機 4 架、聯絡機 1 架。

1949 年 1 月 30 日，李筠等 5 人駕駛 C47 型運輸機從上海起義，飛往濟南。

2 月 2 日，李愚、刁家平駕駛 L5 聯絡機從上海起義。不幸墜毀。

8 月 25 日，李福遇駕駛 C47 客機從廣州白雲機場起義，在南京降落。

11 月，中國航空公司和中央航空公司員工駕駛 7 架 C47 型、3 架 C46 型、1 架 DC3 型、1 架「空中行宮」型飛機，從香港飛往北京和天津。

1949 年 4 月 22 日，南京大校場機場指揮塔臺、431 電臺舉行起義。起義人員有：張榮甫、羅賢朴、李基厚、傅秉一、徐佩新等。

1949 年 6 月至 7 月間，空軍長沙航空站，在空軍第二軍區少校參謀蔡晉年策動下起義。起義人員有：韓憲章、李克誠、樊忠義、周會友等。

1949 年 12 月 10 日，空軍昆明機場航空總站站長蔣紹禹乘坐 1 架 C46 型飛機脫離國民黨。12 月 12 日，昆明機場起義司令部成立。

1949 年 9 月 25 日，在新疆警備總司令陶峙岳領導的起義中，新疆迪化機場的空軍第 259 供應中隊 300 多官兵起義。

蔣介石「捉放」龍雲

抗戰前，龍雲（右二）與何應欽等人合影。左一為褚民誼

雲南省主席龍雲，成了蔣介石的心腹之患。

龍雲「升任」軍參院長

抗戰爆發後，國土淪陷，大批進步人士紛紛湧入雲南，一時間，這裡愛國民主人士雲集。由於雲南遠離「陪都」重慶，又是龍雲當政，所以，整個雲南的政治空氣比較開明，報紙可以較為自由地出版，文藝方面也比重慶開放得多。各界人士要求取消國民黨的一黨專政、建立民主聯合政府的呼聲也十分強烈。龍雲本人的思想本來就比較進步，所以他對民主運動採取了一種默許的態度。作為一省主席，他也經常發表一些談話擁護成立聯合政府。於是，龍雲就成了蔣介石的心腹之患。

1945 年 9 月底，蔣介石的長子、總政治部主任蔣經國飛赴昆明，向杜聿明口授了蔣介石對雲南的處置辦法，並出示了蔣介石的手令一份。手令的內容是，免除龍雲在雲南軍事政治本兼各職，調為軍事委員會參議院院長。

第二天，昆明全城謠言四起，說大批共產黨已秘密潛來昆明活動，龍主席已與中共接洽，準備與四川劉文輝聯合籌畫搞大西南獨立，抗拒中央。10 月 2 日，杜聿明的第 5 軍就開始軍事調動，名目是舉行一次大規模的軍事演習。演習科目，全是夜戰和巷戰。演習開始沒幾天，就完全變了味。第 5 軍的「巷戰」一點一點地打向雲南省政府的所在地五華山，教練彈也變成了真槍實彈了。當演習部隊逼近雲南省府時，突然一聲吶喊，士兵直向省府大院衝

彝族將領龍雲，曾統治雲南達 18 年之久。他年輕時武功甚好，身體健壯，雙目炯炯有神。然而，中年以後，卻戴了一副眼鏡，眼睛無神。原來，在龍雲 43 歲的 1927 年，在省內的混戰中，他被對手胡若愚、張汝驥所擒，致使左眼失明，成了民國年間著名的「獨眼將軍」。

龍雲早年與蔣介石、陳布雷等人合影（左圖）

龍雲（左四）與蔣介石等人合影（右圖）

去。駐紮在省府周圍的滇軍獨立旅措手不及，瞬間就被繳了械。

這時，第5軍向杜聿明報告了占領雲南省政府的消息。蔣經國立即給在重慶的父親蔣介石掛了一個電話，說已順利完成任務。蔣介石立即說：「你告訴杜長官，務必絕對保證龍主席的安全，不得出一點偏差。」杜聿明立即下令對五華山省政府實行嚴密警戒，並派了一名中級軍官前往龍雲的辦公室，向他出示了蔣介石的親筆手令，全文只有幾個字：委任龍雲為軍事參議院院長。龍雲接過來看了看，仍是毫無表情。

第二天，昆明大小報紙都刊登了同樣的消息：「雲南省政府改組，龍主席調任軍事參議院院長。國民政府任命盧漢為雲南省政府主席。」

重慶、南京遭軟禁

1945年10月6日，龍雲在何應欽、宋子文、衛立煌等軍政要員的陪同下，乘飛機離開昆明。下午，抵達重慶珊瑚壩機場。

龍雲（中）與陳納德（右）

龍雲在重慶就任軍事參議院院長後，基本上處於被軟禁的狀態。即便如此，蔣介石還是不太放心，仍然從軍統局調派了一個名叫裴存藩的人，到軍事參議院擔任總務廳長，其實就是監視龍雲。

1946年5月「還都」在即。蔣介石特地撥了一架專機給龍雲，讓龍立即飛到南京。龍雲推說坐飛機不適，蔣介石立即又為他調來了一艘軍艦。龍雲無法，只好登艦，於5月21日從重慶啟程，29日到達了南京。

在南京，龍雲這個「上將院長」沒幹幾天，蔣介石就將軍事參議院撤銷，另外成立了一個戰略委員會，由何應欽任主任，龍雲是副主任。

隨著國民黨軍在戰場上的節節失利，蔣介石也變得更加喜怒無常。龍雲感到，必須儘快脫離南京，否則會遭致殺身之禍。一天，龍雲向蔣介石提出去錢塘江觀潮。蔣介石正逢興致較好，就一口答應了下來。龍夫人顧映秋也從昆明趕到了上海，部下們在上海國際飯店預訂了房間，雲南同鄉會也準備了盛大的歡迎儀式。

當他準備出發時，卻被住宅四周的特務們所阻攔。雙方一時僵持不下。白崇禧趕來對龍雲說：「蔣先生已赴廬山牯嶺，龍將軍最好先打個電話給蔣先生，或者龍將軍自己去廬山一趟。」龍雲發怒說：「杭州、廬山都不去了。」

1947 年夏，龍雲的愛女龍國璧要赴美國留學，龍雲打算送她到上海乘船。事先，龍雲托國民政府文官長吳鼎昌轉告了蔣介石。臨行時，龍雲送女兒到南京下關火車站。哪知剛一進站，一名憲兵軍官很有禮貌地對龍雲說：「蔣委員長有手諭，龍院長不能離南京，請回吧。」不管龍雲怎麼解釋，但憲兵們非要龍雲回去。結果，龍雲憤憤地離開了車站。

抗戰中的龍雲

陳納德鼎力相助

龍雲感到，明走肯定是不行了，只有暗走，而且必須儘快走。要離開南京，只有三條路可走，一是公路，二是鐵路，三是空中。公路和鐵路，蔣介石的人盤查很嚴，根本就無隙可鑽。唯一可能的只有空中了。想來想去，只有求助陳納德。在抗戰中，龍雲與陳納德交往頗多，交情不錯，於是，龍雲派英文秘書劉宗岳，找到了原美軍飛虎隊的陳納德。這時，陳已離開了軍界，開辦了一家民航公司，手中有好幾架飛機。陳納德同意幫龍雲這個忙。劉宗岳問及費用。陳納德說：「我與龍將軍是老朋友了，不是做生意。我只收點汽油費就行了，就六千美元吧。」

1948 年 12 月，龍家開始操辦起年貨來了，買羊宰羊，還有不少人專門上街去採購木炭、調料，專為雲南昭通風味的全羊席作準備，上上下下忙得不亦樂乎。特務們看在眼裡，也惦記著自己要回家過年呢，監視的事難免鬆懈了下來。

12 月 8 日上午，龍家的大門打開了，一輛舊吉普車停在院前，已經發動。這時，從龍宅側門出來一個左眼綁了繃帶的人，走到汽車旁，拉開車門坐了進去。汽車一發動，出了大門，還故意按了幾聲喇叭。特務們看得真切，

1927 年國民政府成立後，在雲南四鎮守使中，胡若愚與龍雲的力量最強，互相對立。胡若愚利用省務委員會主席的職權，先發制人。6 月 13 日夜，他派人包圍了龍雲在昆明翠湖邊的住宅，並命令炮兵向龍雲住宅連續發射了兩顆炮彈，均命中。一塊彈片打在玻璃窗上，玻璃片濺向四方，龍雲的左眼球被四散飛舞的玻璃碎片擊傷，頓時血流如注。龍雲成了胡若愚的階下囚後，被關了一個多月，受傷的左眼未得到及時治療，最後完全失明。

龍雲（三排中）在「總統」就職典禮上

沒引起注意，因為平時龍雲出行，總是前後陪同多人，而且西裝筆挺，精神抖擻，氣宇軒昂。上的也是那輛高級美製福特汽車。因此，根本就沒有派車跟上去。吉普車一出門，就直向北開去。駛到城郊結合部的一處僻靜處時，汽車停了下來。這時，一輛美國牌照的黑色別克轎車悄然駛至。兩車並排停了幾分鐘後，兩車的車門都打開了，吉普車上下來幾個人，迅速登上了黑色轎車。兩車又是同時發動，向不同的方向開去。

黑色美國轎車向城東的大校場軍用機場飛馳而去，路上碰到幾個檢查站，衛兵一看是美國牌照，立即放行。直駛至機場大門口時，才被空軍總司令部的憲兵攔了下來。駕車的美國人叫魏羅伯，是陳納德的親信。他機警地探出了頭，一聲「哈囉」，憲兵見是美國牌照美國人，馬上舉旗放行。

龍雲遠走高飛

汽車一直開到停機坪，在一架塗有美國標誌的C47型飛機前停住。車上下來一行人，魚貫登上了飛機。飛機駕駛員仍然是魏羅伯。只聽見引擎發出一陣巨大的轟鳴，在地面憲兵們的注視下，飛機昂首向東南方向飛去。這時的時間是10時50分。

一個多小時後，飛機抵達上海。陳納德早在機場迎候了。稍事休息後，飛機又繼續飛廣州。而廣州方面早已訂好了去香港的車船票。這架飛機的主要乘客，就是龍雲一行。龍雲在離開南京前，曾寫了兩封信。他關照兒子龍繩祖，一定要等收到他到達香港的電報後才能把信交給總統府秘書長吳鼎昌。信有兩封，一封是給蔣介石的，信中痛斥蔣介石禍國殃民發動內戰，必將受到歷史的懲罰。另一封是給戰略委員會各委員的。

蔣介石既震驚又惱怒，立即找來何應欽、張群、吳鼎昌等人，商討善後辦法。最後，由中央社發了一則消息：龍雲院長因病請假去香港療養，中央准予在香港養病三月。但蔣介石仍不相信龍雲已到了香港，在中央社發布消息的同時，還秘密發布了全國戒嚴令；同時命令京滬杭一帶的憲警一起出動，進行突擊搜捕。

直至12日以後，香港各大報紙都發布了新聞。《華僑日報》稱：前雲南省主席龍雲將軍於民主人士的熱烈歡迎下，自己從南京脫險，於9日安抵香港……此次龍氏得能逃出虎口，不但在東北之滇籍解放軍為之雀躍，我全國民主力量亦深慶也。

蔣介石在見到香港的報導後，確信搜捕已無濟於事，只得下了一張手令，將監視龍雲的全部有關人員予以監禁，以追究失職之罪。

陳布雷、戴季陶之死

陳布雷與戴季陶

國民黨「文膽」陳布雷與元老戴季陶相繼選擇了不歸路。

陳布雷突然死亡

1948年11月13日早晨8時許，陳布雷的貼身衛士胡宏猷按照以往的習慣，來到陳布雷的房間開門。但門被反扣上，無法推開，反復叫喊也沒有人答應。胡遂立即喊人強行將房門打開。進入屋內一看，陳布雷已僵臥在床上，身穿著糙米色衛生衫，兩肘有碗口大的洞，內褲褲管塞在襪子裡。雙手舉起與頭並齊，嘴巴微張，左腳伸直，右腳彎曲。床頭櫃上有4支盛安眠藥的空瓶，地上兩隻竹殼熱水瓶全部倒空，寫字臺上放著幾份遺書。

陳布雷的公館在南京湖南路508號，是一幢小樓。他當時的職務是總統府國策顧問、侍從室二處主任，辦公

陳布雷（右四）1928年8月就任浙江省政府委員與教育廳長時，與省長張靜江（右五）等合影

淮海戰役的隆隆炮聲，使陳布雷的心緒更加沉鬱繁亂。1948年11月11日，陳布雷起床後，頭暈心跳，自嘆病軀如此，對「非常時期」決難有所貢獻。10時許，他勉強出席了蔣介石主持的「中政會臨時會議」。散會後回寓，精神恍惚，覺得「百無一用」是對書生的準確評價。「此樹婆娑，生意盡矣！」當天，陳布雷寫下了一篇充滿內心矛盾和痛苦的「雜記」，覺得心力體力不支，決定作二三天的休息。

陳布雷（前右十）與「國大」代表

地點在總統府政務局。但陳布雷大部分時間都在公館辦公，主要是為蔣介石起草文稿。副官陶永標就住在公館的馬路對面，此時還沒上班。與陶副官住在一起的還有兩名司機，平時如有召喚，只要一按汽車喇叭，即聞聲而來。這時，胡宏猷急急跑向車庫，連續猛按喇叭。很快，陶副官與司機飛也似的從馬路對面跑過來。胡說，主任已服了大量安眠藥，快去總統府請醫生。陶當即驅車去了總統府。

接著，住在附近的陳布雷秘書蔣君章也來了。不一會兒，張治中帶著副官來見

1929 年 6 月，陳布雷與蔣介石等人合影。前排左一為孔祥熙、左三為宋藹齡。後排左一為趙戴文、左二為蔣介石、左四為陳布雷、左五為周佛海

陳布雷，被胡攔住，胡答，主任今天不見客。張治中並不知道陳布雷已經自盡，就親自上前遞上名片說，要見你們主任。胡還是拒絕。張治中很是詫異，只好與副官驅車離去。

總統府醫官陳廣煜很快就趕到了。經檢查，陳布雷的心臟已於 2 小時前停止跳動，但醫生還是打了幾針強心針。最後診斷是，服用大量安眠藥死亡。

下午 1 時許，蔣介石驅車來到陳公館，親臨陳布雷自殺的房間。他站在陳布雷遺體面前，狀極哀戚，當看了在場的陶希聖遞上的陳布雷致他的遺書後，流下了眼淚。當時只說了一句話：「將布雷先生的遺體送往殯儀館吧。」接著，宋美齡也來了。宋的情緒顯得十分激動，下車時站立不穩，差點摔倒。總統府警衛室主任石祖德急忙上前扶住，一直把她扶到樓上。來到房間，她的眼淚簌簌直掉。

自殺前的幾件事

陳布雷是蔣介石的秘書，曾為蔣介石

寫過不少著名的文章，如《廬山講話》、《西安半月記》等。1948 年初，毛澤東發表了《目前的情勢與我們的任務》一文。蔣介石看後，將陳布雷叫來說:「看人家寫得多好。」陳布雷已看過這篇文章，馬上回了一句：「人家是自己寫的。」蔣介石被陳布雷搶白了幾句，不禁怒火中燒，但也不好發作，只得拂袖而去。

1948 年 9 月，解放軍攻克濟南，形勢對國民黨越來越不利。國民黨內主和派張治中、邵力子等人力主先停戰再與中共進行和平談判。張、邵等人把和談的希望寄託在陳布雷的身上，想請他對蔣介石多吹吹「和平之風」。而 10 月 10 日，蔣介石要發表《政府能戰能和》的演說，要陳布雷趕出這篇文稿。此時，張治中更是頻繁地來找陳布雷，請他無論如何向蔣介石進言。這樣，陳布雷白天聽的是「和平」言論，夜裡要構思蔣介石「能戰」的演說。幾天後，文章趕出來了。蔣介石極為欣賞。陳布雷就是在這樣的心態下完成了這篇文稿。茶飯不思，徹夜失眠，只能靠香菸和安眠藥度日。

陳布雷（左）與陳誠

陳布雷（右）自殺前在寓所留影

一日，軍統局向陳布雷送來了一個報告，說有確鑿證據陳布雷的女兒陳璉和女婿袁永熙是共產黨員，陳公館範圍內有秘密電臺活動。陳布雷既不知情，也無從解釋。其實，周恩來已帶話給陳布雷，希望他的筆不要為一人服務，而要為四萬萬人服務。但由於蔣介石對陳布雷有知遇之恩，他終究未予回應。

靈柩運往杭州

陳布雷去世時，夫人王允默和七子二女都不在身邊。當日，王允默就從上海趕回，兩個兒子也從北京趕回，小女兒陳璉和丈夫袁永熙也來了。

南京公祭後，陳布雷的靈柩準備送往故鄉浙江。陳布雷的靈柩離開南京殯儀館時，共有 8 輛汽車組成了一個車隊。第一輛是紅色警車，由南京首都員警廳開道；第二輛

陳布雷（後左二）在「總統」就職典禮上

戴季陶（中）與後任院長張伯苓（左）

是大卡車，前面打著蔣介石為陳布雷手書的「當代完人」橫幅，車中有軍樂隊吹奏哀樂，周圍放著花圈；第三輛是小車，後座是陳布雷的兩個兒子，手捧陳的遺像，以及數名警衛；第四輛是小車，坐的是手捧神位牌的陳布雷小女婿袁永熙，司機旁邊是警衛王權；第五輛是大卡車，運載陳布雷的靈柩；第六輛小車上是陳布雷的小女兒陳璉和副官陶永標、秘書蔣君章；最後兩輛大客車坐著送殯的官員。

運送陳布雷靈柩的車隊從鼓樓殯儀館出發，直駛下關火車站上了火車。總統府警衛團派了六名衛兵隨車保衛，蔣介石特派總統府政務局長陳方負責隨柩照應。火車經過鎮江、無錫、蘇州、上海等車站時均有路祭。

靈柩在杭州艮山門車站下車。在車站迎靈的有蔣經國和浙江省主席陳儀等高級官員。出站後，直駛杭州四明公所。以後，陳布雷遺骨葬於杭州風景秀麗的九溪。墓碑正中題「陳布雷先生墓」六個大字。

戴季陶之死

抗戰結束後，戴季陶曾代表國民政府出訪印度，拜訪了印度政治、文化名人尼赫魯、泰戈爾、甘地等人。「甘地」的中文名字，就是由戴季陶翻譯的。戴季陶向蔣介石彙報了出訪的情況，並向蔣建議，不要急於出兵東北。但蔣介石非但聽不進去，反而譏笑他「目光短淺」。結果，東北局勢一再失控。

1948 年 7 月，戴季陶不顧蔣介石的一再挽留，毅然決定辭去考試院長一職。但為了給蔣介石一個面子，還是勉強擔任了國史館館長。

陳布雷死後，戴季陶還曾對他的輕生表示過「看不起」。沒想到，僅僅幾個月後，自己也走上了這條不歸路。

1949 年初，國共內戰如火如荼。戴季陶從南京來到廣州「養病」，並等候去臺灣。但他在這裡也不得安寧。2 月 1 日，國民黨中央黨部遷到了廣州。就在這一天，停泊在二沙頭軍用碼頭的一艘油輪發生大爆炸，大火整整燒了 3 天；粵漢鐵路工人舉行了大罷工，廣州物價一日數漲，民怨沸騰。

戴季陶在青年時代就染上毒癮，當上考試院長後，就改服了菸丸。以後一直沒有間斷過。戴季陶在廣州期間，在醫生的醫治下，病情一度還算穩定，但時而憂鬱，時而亢奮。薛岳在廣州中山堂舉行歡迎會，戴季陶還發表了講話。在離開紀念堂時，戴季陶看到臺階上有一個菸頭，還俯身拾起扔進了垃圾箱。回到住處後不久，戴季陶特意將隨身攜帶的 11 尊銅觀音像全部贈送給了廣州六蓉寺，還在寺中與佛教會的同仁聊起佛事，戴說，我不久將離開這一惡世。聽者並沒有引起太多的注意。

行政院院長孫科來到廣州後，看中了戴季陶在東園的住所 29 號樓。未經戴的同意，就將戴的行李移走，自己住了進去。戴為此極為不快，對人說這是「奇恥大辱」，「孫科怎麼這樣看不起我呢」？想起此事就又氣又悶。行政院開會，戴季陶只是出席而已，但總是一言不發。監察院長于右任赴上海，行前去看望戴季陶。當他握住戴的手時，感覺竟是冰涼的，似已氣息奄奄。于右任不禁潸然淚下。

于右任離開廣州的當日，即1949年2月11日。入夜，戴季陶像往常一樣，吃了幾粒安眠藥後微微睡去。時至半夜，他又醒來，老毛病神經痛又發作了。他輾轉反側無法入睡，2 時許，他曾來到妻子趙文淑的內室。本來，趙文淑一直陪伴著他，照顧他的起居飲食和服藥。但那天趙文淑身體不舒服，就到內室獨自睡去了，只有戴季陶一個人在臥房。天亮時，趙推開戴季陶臥室的門，只見他呈側臥狀，面色赤紅，尚有微氣。趙急忙喊來中山大學醫院的醫生進行搶救。10時許，戴已氣絕。醫生診斷是，服用過量安眠藥身亡。隨後，廣州軍政界要人紛紛趕來弔唁。

戴季陶是國民黨元老，1920 年代曾寫過《孫文主義基礎》和《國民革命與中國國民黨》，反對中共與工農革命運動，是國民黨的理論家。他與蔣介石是金蘭兄弟。據說，戴季陶信佛，對自己的大限之日是有感覺的。所以，他在死前曾有過一些預感。具戴妻趙文淑說，戴季陶不想去台灣，他真正魂縈夢牽的地方，是他的家鄉成都。

戴季陶在辦公

1931 年國民政府舉行第一屆高等文官考試，閱卷結束後，發現應考者普遍成績不甚理想。戴季陶請示國民政府同意，將總平均得分在 55 分以上的考生由他親自複審，視學識相對較好者，加至 60 分予以錄取。一個名叫劉錫長的考生，他的 56 分讓考官錯看成 51 分而被排除在外。當發現這一錯誤後，戴季陶自感責任攸關，便向國民政府委員會請求處分。他在報告中說，承擔人員忙中有錯，情有可原，處分不妨從寬，而他本人急於放榜，督促過迫，領導無方，應受嚴厲處分。結果，主考官戴季陶罰俸三個月，秘書長陳大齊罰俸一個月，事故直接責任人僅記過一次。陳大齊多年後回憶說：舊日官場積習，長官有過，諉諸僚屬，只有僚屬代長官受過，從沒有長官代僚屬受過。

毛澤東在北平閱讀解放軍占領南京的新聞

鐘山風雨起蒼黃

顧祝同發去電報後，蔣介石拍桌大罵道：「文白無能，喪權辱國。」

雙方部署兵力

1949年1月21日，蔣介石宣布「引退」，由李宗仁任「代總統」，與中共進行和平談判，但同時仍以國民黨總裁身分總攬軍政大權，在長江以南進行軍事部署。

蔣介石成立並擴大了京滬杭警備總司令部，以湯恩伯為總司令，會同華中「剿總」總司令白崇禧，指揮組織長江防禦。到1949年4月，國民黨軍在宜昌至上海間1800餘公里的長江沿線進行了部署。陸軍：共計115個師約70萬人的兵力，其中湯恩伯集團75個師約45萬人，部署於江西湖口至上海間的800餘公里長江沿線，白崇禧集團40個師約25萬人，布防在湖口至宜昌間近1000公里地段。海軍：第2艦隊和江防艦隊一部軍艦26艘、炮艇56艘，分駐長江下游江面，江防艦隊艦艇40餘艘，駐防中游江面。空軍：4個大隊飛機300餘架，部署於武漢、南京、上海等重要城市，隨時支援陸海軍作戰。此外，美、英等國也各有軍艦數艘虎視眈眈地泊於長江邊。

1949年2月，中共中央軍委依據向長江以南進軍的方針，調集第二、三野戰軍和中原、華東軍區部隊共約100萬人，準備在5月汛期到來之前，由安慶至江陰

解放軍做渡江前的準備

老百姓為解放軍擺渡

渡江總前委領導

之線發起渡江作戰，殲滅湯恩伯集團，奪取國民黨政府的政治經濟中心南京、上海以及蘇、皖、浙廣大地區。

參加渡江作戰的解放軍 3 路集團，於 3 月初至 4 月初先後進抵長江北岸，開展渡江的各項準備工作。到渡江戰役前夕，共徵調各型木船近 1 萬條，隨軍參戰的船工 1 萬多人，支前民工 300 萬人。此時的解放軍，裝備得到大大增強，作戰經驗更加豐富，加上得到廣大人民的支持，雙方力量對比已發生了逆轉。

北平和談

就在國共雙方在長江兩岸積極進行軍事部署之時，北平和談於 4 月 1 日開始舉行。國民黨方面的代表是：張治中（首席代表）、邵力子、黃紹竑、章士釗、李蒸、劉斐。中共代表是：周恩來（首席代表）、林伯渠、林彪、葉劍英、李維漢、聶榮臻。

4 月 13 日，中共首席代表周恩來將《國內和平協定草案》送交國民黨代表團。當晚，雙方在中南海勤政殿舉行會議，周恩來表示對於「戰犯」問題，不限任何人，只要能認清是非，幡然改過，就可以取消戰犯罪名。對其他一些原則問題，則堅決不能讓步。

國民黨代表經過反復研究，對《草案》提出了 40 多

國民黨北平和談代表在北平

蔣介石下野後，為組新內閣，李代總統屬意何應欽出任行政院長。何擔心此舉有「趁亂勾結桂系」之嫌，趕緊跟著蔣介石去了杭州，以示與老蔣共進退。蔣介石深受感動，特題「安危同仗，甘苦共嘗」八個字祝賀何應欽的 60 歲生日，並請何應欽出任行政院長。蔣介石思慮：李宗仁上臺後一直設法和中共方面接觸，中共「和談」勢在必然。只有派出何應欽主持行政院，才能干擾李宗仁的「和談」部署，以實現自己的「拒和」計畫。何應欽有了蔣的支持，於 3 月 15 日赴南京就任行政院長。關於「和談」問題，何院長完全秉承蔣介石的旨意，提出「和談必須先訂停戰協定，以便利用停戰協定，依託長江天塹，隔江而治。」

解放軍坦克行進在南京市中心廣場新街口

條修改意見。中共方面根據國民黨的意見，作了許多讓步，並進行了修改。但對於軍隊改編和渡江接收政權等問題，周恩來表示決不能讓步。若讓步，就失去了毛澤東提出的八項條款的基本精神。

國民黨代表團在散會後連夜進行了研究，一致認為，中共已經作出重大讓步，可以接受《國內和平協定》。並決定推黃紹竑和屈武攜「協定」文本回南京請示。

4 月 16 日，黃、屈二人回到南京，立即向李宗仁、何應欽彙報。李、何不能做主，只得請示在溪口的蔣介石。顧祝同發去電報後，蔣介石拍桌大罵道：「文白無能，喪權辱國。」

20 日上午，何應欽主持召開會議，李宗仁、白崇禧、閻錫山、顧祝同、黃少谷等國民黨在南京的要員們全部參加了會議。行政院長何應欽宣布，決不接受和平條款。這一天，張治中等人在北平接到了南京政府拒絕簽字的電報。於是，毛澤東、朱德向人民解放軍發布《向全國進軍的命令》。

突破長江天塹後，解放軍乘勝追殲殘敵

突破長江天塹

4 月 20 日深夜，解放軍中路突擊集團第 1 梯隊在強大炮火掩護下，突破國民黨軍艦和江防炮火的攔截，在蕪湖以西 100 餘公里的長江正面，首先渡江登岸，迅速攻占了鯽魚洲。接著，突破魯港(蕪湖西南)至銅陵段國民黨軍江防陣地，鞏固了灘頭陣地後，立即向縱深發展，至 21 日，占領銅陵、繁昌等地。中路集團首戰告捷。

21 日，解放軍東路突擊集團第一梯隊在天生港(泰興南)等地突破守軍防禦後，於 22 日進抵南閘(江陰以南)、百丈鎮(申港以西)之線，建立了東西 50 餘公里、南北 10 餘公里的灘頭陣地。同時，爭取了國民黨軍江陰要塞守軍 7000 餘人起義，控制了江陰炮臺，封鎖了江面。第 20 軍由泰興西北龍窩口至永安洲段起渡，22 日攻占揚中。西路突擊集團也於 21 日晚在馬當江面全線突破守軍江防陣地，又控制了 100 餘公里、縱深 5 至 10 公里的灘頭陣地，於 22 日占領彭澤、東流等地，並解放安慶。

23 日，解放軍東路突擊集團主力解放丹陽、常州、無錫等城市，切斷了滬寧鐵路，國民黨海軍海防第 2 艦隊司令林遵率 25 艘艦艇在南京江面起義，另一機動艇隊在鎮江江面起義。第 34 軍攻占鎮江，第 35 軍於 23 日晚占領國民黨首都南京。

第四野戰軍先遣兵團於 5 月 14 日開始舉行漢潯間渡江作戰，從武漢至九江間橫渡長江。15 日，爭取了國民黨華中軍政副長官兼第 19 兵團司令官張軫率 2 萬餘人在賀勝橋起義，17 日解放華中經濟中心武漢。6 月 2 日，第三野戰軍一部解放崇明島，至此，渡江戰役結束。

渡江戰役歷時 42 天，此役，人民解放軍傷亡 6 萬餘人，殲滅國民黨軍 11 個軍、46 個師共 43 萬餘人，解放了南京、上海、武漢等大城市，以及江蘇、安徽兩省全境和浙江省大部及江西、湖北、福建等省各一部，為爾後解放華東全境和向華南、西南地區進軍創造了重要條件。

國民黨和談代表飛抵北平

白崇禧

北平和談國民黨方面代表章士釗

國民黨和談代表黃紹竑

泊於長江上的英軍軍艦

湯恩伯與長江江防

蔣介石單獨向湯恩伯面授了作戰機密，並交給他一張手令，叮囑他不到萬不得已時，不得向人出示。

蔣介石密授機宜

1949年1月21日蔣介石下野後，在奉化溪口召集了高級將領何應欽、顧祝同、湯恩伯等人，專門研究在京滬杭地區的作戰問題。經過幾天的秘密會商，確定了在長江布防的大致戰略：江西湖口以西由華中軍政長官白崇禧指揮，總兵力為25萬人；湖口以東歸京滬杭警備總司令湯恩伯統屬，總兵力45萬人。關於東線的防衛計畫，蔣介石指示不要向白崇禧透露一個字。

參加渡江戰役的漁船

蔣介石又單獨向湯恩伯面授了作戰機密。蔣介石指示說：「京滬杭作戰，必須以上海為核心，即最後必須堅守淞滬，與臺灣相呼應，以優勢海空軍力量支持淞滬，然後進行反攻。」臨別時，蔣介石當面交給他一張手令，並說：「不到萬不得已時，不得向人出示。」湯恩伯隨即返回南京。

湯恩伯回到南京後，代總統李宗仁正在大張旗鼓地修築城防工事，作固守南京的打算。湯恩伯瞞著李宗仁和國防部，秘密下令將江寧要塞的大炮拆了運往上海，還在南京的總部私下扣住幾百輛美式十輪大卡車，隨時準備運送物資前往上海。

湯恩伯秘而不宣

1949年4月上旬的一天，參謀總長顧祝同在南京主持召開了一次關於京滬杭地區的作戰會議。

其時，與會的高級將領們都知道了蔣介石在長江下游的作戰方針，但長江畢竟太長了，就這麼70萬軍隊，無疑是杯水車薪。決策層究竟將防守的重點放在哪一段？會前，大家都心中無數。

會前，氣氛很活躍。裝甲兵司令徐庭瑤中將打趣說：「聽說共軍在安徽收集了許多尿壺，準備裝滿了火油在晚上渡江時點燈照明用呢。」話剛落音，頓時引起一片哄堂大笑。眾將領們對不久前國軍在東北、平津、徐蚌諸戰役中的慘敗，好像都忘得一乾二淨。

海軍總司令桂永清上將接著說：「共軍照著亮渡江我倒不怕，就怕他們偷偷摸摸地幹，要知道，摸黑幹是共軍的老把戲啊。」又是一片笑聲。

這時，國防部上將次長秦德純又吹將起來：「滔滔長江，幾千年來，就以天塹而著稱，三國的曹操和晉朝的苻堅，都被長江吞沒，今天共軍就那麼幾桿破槍，幾條破船，還能衝過長江來嗎？我倒要領教領教呢。」

陸軍總司令的代表湯堯上將又發表了一通高論：「國軍在重點方面，要採取間接配備，同時，必須控制強大的預備隊，在共軍半渡長江時同時出擊，將共軍殲滅在江心。這樣，共軍的陸戰長處就無從發揮。」

顧祝同聽了諸將軍的議論，覺得都沒談到點子上，這才以主持人的身分大聲說：「現在的關鍵，是要弄清共軍主力在哪裡渡江，這樣，我們的兵力才好配置。不然的話，長江這麼長，誰知道把主力放在什麼地方。」

國防部第二廳（分管情報）中將廳長侯騰馬上說：「根據我們廳的情報看，共軍主攻方向是在瓜州古渡和揚中一線。」。

顧祝同問：「何以見得？」

侯騰只得說：「我們是根據情報綜合分析的。」

顧祝同馬上說：「不足為證。」

這時，國防部第三廳中將廳長蔡文治開始發言。蔡曾留學日本士官學校，後於陸軍大學 13 期畢業，專攻軍事學。這一年才 37 歲，頭髮梳得烏黑發亮，一副儒將派

參謀總長顧祝同

湯恩伯

國防部次長秦德純

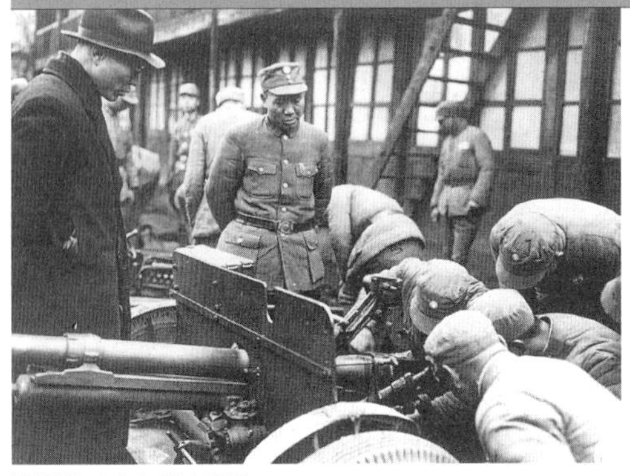
湯恩伯（中）視察軍務

頭，是國民黨軍隊中的學院派代表。其所在的第三廳分管作戰。他滔滔不絕地說：「從軍事學原理的角度來看，共軍主力渡江點應該在皖南的荻港一線。因為此處江面不寬，登岸點平坦，南岸沒有什麼險要的屏障；如果渡江成功，立即可以南下席捲常州、嘉興、上海三角地帶，直接對南京構成鉗形包圍，進而使南京及鎮江的國軍成為甕中之鱉。如此戰法，對國軍來說正是十分痛苦的事。第三廳的意見是，將主力控制在長江南岸的蕪湖、宣城一線，與共軍在南京上游一線展開決戰。可是湯總司令的情報正好與我們第三廳的相反，他把主力放在京滬鐵路沿線，無疑是自取滅亡。」

蔡文治的一席話，把整個會場說得鴉雀無聲。只有湯恩伯一副怒不可遏的樣子。只見他霍地站起來，準備反駁蔡文治。

這時，顧祝同開口了：「蔡廳長的意見是有一定道理的，湯總司令可以作為參考嘛。」湯恩伯藐視地看了顧祝同一眼，又狠狠地瞪了蔡文治幾眼，鼻子裡哼了幾聲，忍住沒有發作。

顧祝同說了一個折衷的意見：「三廳把這個意見抄一份交給京滬杭總司令部，供湯司令參考。」說畢，宣布散會。

湯恩伯亮出「尙方寶劍」

4月20日晚，解放軍發起渡江戰役。其主力24軍、25軍、27軍精銳部隊，正是在荻港北岸的太陽洲、黑沙洲、白馬洲一線強渡長江，國民黨守軍第7綏靖區張世希部和第8兵團的幾個軍獨力難支，與解放軍主力一接觸就垮了下來。解放軍在4月21日清晨一舉登陸成功，遂立即向南猛插。隨之，國民黨軍江陰、南京等地江防失守。這時，湯恩伯把主力都集中在京滬鐵路一線，長江防線崩潰後，湯恩伯並沒有奪回江防的任何打算，而是下令將全部軍隊收縮至上海週邊，好像要在上海固守長期抵抗。

於是，在蔣介石的授意下，參謀總長顧祝同在上海主持召開了一次作戰會議。不少將領已不能前來參加會議，有的陣亡，有的被俘。會場上再也沒有了昔日輕鬆的氣氛。

顧祝同首先作渡江作戰總結，隻字不提戰略指揮的失誤。其實，顧祝同何嘗不知道這是湯恩伯的從中作祟，只是不好說罷了。

這時，一名肩扛中將金星的中年將軍忍不住跳了起來，不等顧祝同說完，就慷慨激昂地大談特談起來：「我是分管作戰的，但我不知道這個仗是怎麼打的？上次在南京的軍事會議上，我就提出，共軍主力是在皖南荻港一線渡江，可有的人就是不把主力派上去，去守什麼京滬鐵路。守鐵路幹什麼？到時怎麼個退，退到哪裡去？只能退到大海裡去餵魚了。好了，現在首都也淪陷了，長江的屏障也完蛋了，下面這個仗還怎麼打？真是令人痛心。」

說著說著，他更加激動了：「我這個作戰廳長還怎麼幹，說話沒有一個人聽，真是愧對自己，愧對先總理，愧對總裁啊！」說到此處時，他一時控制不住情緒，用手解開將官軍服的衣扣，用力一扯，只聽見嘩啦啦一聲，衣扣一個不剩地全被扯了下來。接著，他竟然大聲哭了起來：「我不幹了，我再也不當這個作戰廳長了。」

這人就是國防部第三廳廳長蔡文治。

到會的人都被蔡文治的舉動驚呆了，一個個面面相覷。

顧祝同則慢條斯裡地對蔡說：「蔡將軍，有話慢慢地說嘛，不要動肝火，冷靜一點。」

這時，一個人啪的站了起來。此人乃京滬杭警備總司令湯恩伯上將。

湯恩伯以一種極其傲慢的口吻說：「姓蔡的，你不要發狂，我在軍校當大隊長時，你還不知在哪裡玩泥巴呢。今天，你當了中將，就了不起啦，就不認我這個老師啦，你懂什麼！」說到這裡，湯恩伯不說了，用眼睛斜著蔡文治。

長江北岸的解放軍重炮

蔡文治

下野回溪口的蔣介石，十分擔心失去上海，1949年4月25日，他突然命令「太康」號軍艦起航赴上海。26日，軍艦進入吳淞口，下午停泊於復興島江面，當天即召湯恩伯至艦上談話，先後被召見的還有顧祝同、周至柔、桂永清、谷正綱、毛人鳳等。蔣介石在滬11天，對上海軍務、黨務、特務等均作了精心策畫，5月7日乘「江靜」輪離滬赴定海。

蔡文治也忍不住了，大聲嚷起來：「湯恩伯，你擺什麼臭架子，誰還認你這個老師？我看你連個軍人都不配當。」

湯恩伯被蔡文治罵火了：「你小子太不識抬舉，什麼軍人不軍人的，告訴你，軍人也要服從命令。」

蔡文治立即回擊道：「我一個小廳長算不了什麼，可顧總長的命令總是要聽的吧。我以總長名義下達命令，你為什麼不執行？」

湯恩伯停了一會兒，想說又停住了。蔡文治和顧祝同等將領的目光一起看著湯恩伯。這時，湯恩伯感到不說不行了，就把手伸向了皮包。全場的目光都盯在了湯恩伯的手上。

只見湯恩伯從皮包裡取出一張紙，在大家眼前晃了幾晃：「我可是奉命行事啊。」大家一時愣住了。

這時，湯恩伯得意地說：「我是奉總裁手令行事啊。我集結主力退守上海，是老頭子要我幹的，總裁手令，總長就不要服從嗎？」說著，用眼瞟瞟顧祝同。顧沒有說一句話。

湯恩伯更加得意了，他把手中的紙甩得嘩嘩響，又說起來：「大家聽著，這是總裁手令，我念一下，你們聽著：『上海存有約值3億多銀元的黃金白銀。上海事長吳國禎請假，由陳良任上海市政府秘書長兼代理市長，負責用大批輪船將全部金銀搶運台灣，在未運完前，湯伯恩應集中全步兵力死守上海，直到金銀全部運完後，湯部方可向舟山群島方面轉進，並阻止共軍海上追擊。如該項金銀不能安全運抵台灣，則唯湯恩伯、陳良是問。中正手啟。』」

湯恩伯念完蔣介石的手令後，全場靜悄悄的，沒一人說話。湯恩伯又說起來：「前幾個星期，我們已經開始裝船運台，有一條太平號輪船裝得太多，在舟山沉沒了，老頭子要追究責任。這個責任誰負得起啊？我和陳良直到現在還是心驚肉跳呢。蔡文治，依你的計畫，把部隊都集中到長江皖南段和浙贛沿線，上海守不到規定的時間，你我的腦袋還要不要了。」

全場仍是鴉雀無聲。

這時的湯恩伯，完全顯示出一種戰勝者的姿態，他夾起了皮包，小心翼翼地收起了手令，站起來要離開。

顧祝同說：「湯總司令，會還沒開完。」

湯恩伯說：「好吧，諸位還有什麼高論儘管說，我還有公務在身。老實說，總裁是要我保守秘密的，如不是蔡文治發瘋，我是不會拿出來的。各位仁兄，請問手上還有多少軍隊？都差不多了吧！請不要礙手礙腳的，沒有事的，可先到廣東去，總裁也無意死守上海。等到上海大撤退時，還要我來保護諸位呢！」說罷，夾起皮包離開了會場。

這時，在場的高級將領們一個個都呆若木雞。就連在國民黨軍政官員中最有修養的顧祝同，也窘得面紅耳赤。

十萬青年十萬軍

應徵入伍的青年軍

蔣介石特地指令兒子蔣經國、蔣緯國報名參軍。

組建青年軍的背景

抗戰後期，美國的先進武器大量裝備了中國軍隊。太平洋戰爭爆發後，美英等國盟軍來華參戰，各部隊急需大量翻譯人員。因此，國民政府軍的各個軍兵種部隊，都迫切需要受過較高級教育的知識青年來充實。

知識青年一直是國統區日益高漲的愛國民主運動的積極參與者，特別是抗戰中，大批知識青年紛紛背棄國民黨前往中共控制的解放區。國民黨已經意識到青年人的政治向背，直接影響到統治的基礎。為了轉移青年們的視線，國民政府也以入伍當兵走上抗日前線來進行號召。

在豫湘桂潰敗中，國軍損兵折將30萬，喪失國土100多萬平方公里。國內國際輿論對國民政府表示了強烈不滿。史迪威和美國總統也要求蔣介石徹底改造中國軍隊。

蔣介石出席青年軍政工會議

1944年日軍發動打通大陸交通線戰役，中國軍隊連連潰敗。8月24日，蔣介石給國民黨中央黨部秘書長吳鐵城和三青團中央書記長張治中下手諭，要求發動十萬名黨、團員從軍。10月11日至14日，軍委會、軍政部、軍令部、軍訓部、政治部、國民參政會等單位，聯合舉行發動知識青年從軍會議。會場內高懸「一寸山河一寸血，十萬青年十萬軍」的大幅標語。蔣介石到會提出「軍事第一、軍人第一」的口號，當場指定蔣經國、蔣緯國二人首先從軍。年齡在四五十歲的國民黨中央宣傳部部長梁寒操、副部長馬超俊也當場簽名志願從軍。

蔣介石接見青年軍將校

全方位的宣傳動員

早在 1942 年 10 月，蔣介石就以軍事委員會委員長的名義，向全國發出通電，號召青年學生入伍參加抗日。1943 年 3 月，開始實施《修正兵役法》，改變了以往不在學生中徵兵的規定，而改為「學生服役期間，仍保留學籍」等等。

蔣介石在 1943 年出版的《中國之命運》一書中，要求「全國青年，戰時必立於前線，做一個盡忠國家，盡孝民族的國民⋯⋯」

國民黨中宣部、軍委會總政治部、三民主義青年團更是廣為宣傳，全力策動。但一直到 1943 年 11 月，仍沒有出現學生應徵入伍的情況。

於是，國民政府要員們紛紛發表講話，鼓勵學生入伍。軍政部決定，除了法制方面進行推進外，另以行政命令正式公布學生志願服役辦法。教育部更是邀集有關機關，組織一個共同的委員會，辦理學生服役生活輔導，政治訓練、軍中文化以及家屬聯繫、權益保障等事項。兵役署長程澤潤還親往重慶沙磁區作題為「學生服役」的報告。教育部並且召集重慶各大學校長進行座談。

1943 年 10 月，國民政府召集中央有關部會及各省市政府黨團各級正式人員和教育界人士，舉行發動知識青年從軍大會。蔣介石兩次到會講話，提出「一寸山河一寸血，十萬青年十萬軍」的口號。會議具體制定了徵兵方法、編練辦法、優待辦法等措施。其中有一些強制性措施，如凡受過中等教育以上或相當程度者，年齡 18 歲至 35 歲以下者，體格合格的，均須志願參軍。徵兵名額為 10 萬人。

10 月 14 日，全國知識青年志願從軍指導委員會正式成立。何應欽、吳鐵城、陳果夫、張治中、白崇禧、陳立夫、康澤等任常委。29 日，行政院通令各級政府，青年公務員應率先從軍。蔣介石特地作出表率，指令兒子蔣經國、蔣緯國報名參軍。一些高官的子弟也報了名。為此，宣傳部門則大力渲染。

為了方便青年學生從軍，兵役署於 1943 年 12 月 21 日專門設立了登記處。教育部則邀請航委會、衛生部、中組部、政治部、交通部、兵役署、軍訓部、中宣部、三青團等機構，組織了學生志願服役指導委員會。

十萬青年十萬軍

在近似於鋪天蓋地的宣傳動員下，1943年11月起，始有青年學生報名參軍。最早的是四川綿陽中學的 15 名學生。12

月重慶學生開始回應。各地的青年學生們，出於一腔愛國熱情，紛紛報告參軍。重慶、浙江、福建、江西、湖南、廣西、陝西、貴州、雲南、甘肅等地，出現了中國歷史上空前的知識青年報名從軍的熱潮。

到 1944 年年底，全國各地報名參軍的人數達到了 12.5 萬人，大大超過了預徵的 10 萬人。僅重慶一地報名合格者就達到了 3000 人以上。

青年學生入伍後，經訓練後被編成了 9 個青年軍師，為 201 至 209 師，分屬遠征軍第 6、9、31 軍。師長大都是黃埔軍校前期的畢業生，由蔣介石親自選定。師設政治部，主任由蔣經國親自遴選後任命。蔣經國在各種場合必對青年們大力灌輸「必須絕對效忠最高領袖蔣委員長」的中心思想，其口號是「青年軍是實現三民主義的先鋒隊」、「青年軍的胸膛就是祖國的國防」等等。

蔣介石對青年軍也是青睞有加。新兵入伍後，蔣總是親自訓話，「你們都是本委員長的部下，亦就是我的子弟」，這句話是每場必講。在物質待遇上青年軍也大大高於其他部隊。

1944 年 10 月，蔣介石於青年遠征軍成立時留影

蔣氏父子，左為蔣經國，右為蔣緯國

內戰中被殲

青年軍組建後，大都沒有在抗日戰場上作過戰。抗戰勝利後，共復員 70640 人。內戰爆發後，1947 年 7 月，蔣介石決定再次招募青年軍，仍以 9 個師的番號組建，並將其中的 6 個師調往臺灣整訓，接受美式裝備。然後，全部投入內戰。但這支被最高當局譽為「青年勁旅」的御林軍，同樣不能挽救國民黨在戰場上的失敗。

202、204、209 師，1949 年在上海浦東地區被解放軍全殲。203 師在陝西新津被殲。205 師在平津戰役中被殲一部，其餘被解放軍改編。206 師在洛陽戰場被解放軍全殲。207 師在遼沈戰役中損失慘重。208 師在平津戰役中遭重創後，逃往東南沿海島嶼。

李宗仁與美國駐華大使司徒雷登（左）

李宗仁「謀和」

李宗仁在總統府會客室接見了邵力子等，邵力子向李宗仁面交了毛澤東的親筆信。

蔣介石發出皓電

1949年1月21日，蔣介石宣布「引退」，由副總統李宗仁代理總統一職。李宗仁上臺後，立即開始了一系列的謀和活動。

1月22日，李宗仁發表文告，宣布同意與中共進行和平談判，並派張群、邵力子、甘介侯赴上海，請宋慶齡、張瀾、黃炎培、羅隆基等民主人士出面斡旋和談；李宗仁還同邵力子兩次往上海商議和談事宜。

1月27日，李宗仁致電毛澤東，表示願以中共所提8項主張為基礎進行談判。之後，李宗仁立即準備組織江浙滬的各界頭面人物和社會賢達，組成「南京人民和平代表團」，北上與中共談判。2月6日，代表團以私人資格赴北平。儘管這個代表團的知名度不高，代表性也不夠，但中共方面還是熱情接待了代表團，將他們安排住在最好的六國飯店，葉劍英並設宴款待。

李宗仁任代總統後，蔣介石仍在溪口遙控指揮

由於這個代表團對國內形勢和中共的主張缺乏瞭解，而且是站在國民黨桂系和美國的立場上向中共進行試探，中共方面只對他們的一些有利於和平的善意主張，表示了歡迎的態度，未作進一步的表態。

2月11日，代表團離開北平回到南京。

2月13日上午，由顏惠慶、章士釗、江庸、邵力子4名老人為首的「上海人民和平代表團」乘專機於14日下午抵達北平，仍然下榻在六國飯店。這個代表團，實則是為國共正式和談打前站。隨同前往的還有國民黨通郵、通航代表。

代表團到北平後，北平市長兼軍管會主任葉劍英，以及董必武、林彪、聶榮臻、薄一波等人，先後與代表團進行了多次集體會談和個別談話，並數次設宴招待代表團。葉劍英代表中共中央明確表示，建立和平、民主和統一的新中國，有兩種方式，即北平方式和天津方式。希望李宗仁真正以人民利益為重，認清形勢，以中共8條主張為基礎，與蔣介石真正決裂。代表團也向中共傳達了李宗仁對和談的意見。

2月17日，中共在北平舉行大會，歡迎上海人民和平代表團。20日，中共北平市委在北平飯店舉行了盛大的宴會，在北平的愛國人士400多人出席。邵力子在會上表示：我們寧願選擇北平方式，而不願選擇天津方式。

22日，代表團由北平飛往石家莊，晚上7時，到達中共中央所在地西柏坡。毛澤東和周恩來接見了代表團全體成員。毛澤東對邵力子等人說：「你們來了就好，如果是想真正的和平，我們也可以派正式代表組團進行談判……」

周恩來與代表團進行了會談，並就國共正式和談的時間、地點、恢復國共地區交通、開闢停戰途徑等問題，與代表團交換了意見。最後達成了8條秘密協定，為國共正式和談鋪平了道路。

2月24日，代表團攜帶了毛澤東帶給李宗仁的一封信飛返北平，並於27日下午2時經西安飛返南京。在南京明故宮機場，代表團秘書張豐胄代表「四老」宣讀了一份書面講話：雖然完成了任務，但還有很多困難，和談還是很有希望的。話音剛落，全場掌聲雷動。代表團部分成員回到上海後，張豐胄又向上海各界宣讀了同樣的講話。

1949年2月27日，李宗仁在總統府會客室接見了邵力子等代表團成員，邵力子向李宗仁面交了毛澤東的親筆信。

李宗仁在總統府接見邵力子等人

副總統李宗仁

副總統用箋

孫夫人勛鑒：蔣先生[illegible]引退，仁以基於個人對國家之責任，不得不出而勉維現局。內戰頻年，人民痛苦萬狀，弭戰謀和，已成為全國一致之呼聲。仁遵循民意，盡其最大之努力，惟茲事體大，尤賴

副總統用箋

夫人出為領導，共策進行，俾和平得以早日實現，國家人民，實深利賴。茲特請甘介侯兄代表趨謁，面陳鄙悃，務懇賜予指示，以資循率。並乞即日命駕蒞京，俾獲隨時承

副總統用箋

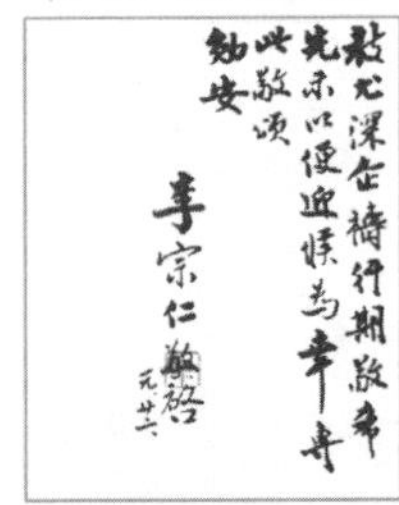
教，尤深企禱。佇期啟旆，先示以便迎候為幸甚。此敬頌
勛安
李宗仁敬啟
元廿六

李代總統給宋慶齡的信

行政院長孫科（左）與翁文灝

府院之爭

1949 年 2 月，孫科擅自將行政院遷往廣州，與總統府唱起了對臺戲。

孫科將行政院遷往廣州

1948 年冬，國共兩黨在淮海地區展開大決戰，國民黨的敗局已定；解放軍即將飲馬長江。1949 年初，蔣介石發表了元旦文告，宣布即將「引退」。隨即於 1 月 21 日下午黯然離開南京，退居浙江奉化溪口老家。1 月 22 日，副總統李宗仁立即「代理」了總統一職。

由於全國各界要求和平的呼聲日益強烈，李宗仁上臺後，就在 1 月 27 日發表聲明，表示願意在中共提出的 8 項和平條件的基礎上，進行和平談判。但這件事並沒有交國民黨中常委和中政會討論，而蔣介石仍是國民黨總裁。行政院長孫科自然也不知情。一氣之下，未經李代總統同意，孫科就決定 1 月 28 日將行政院遷往廣州辦公。

孫科之所以將行政院遷往廣州，主要理由是，解放軍大炮的射程已覆蓋南京，揚州已經失守，如南下占領鎮江，南京豈不成了「甕中之鱉」；再加上 1948 年選舉副總統時李宗仁、孫科兩人之間有了深深的「過結」。孫科此舉，明顯就是不予合作的態度。實質上，這是蔣介石對李宗仁的「求和」姿態不滿。

1949 年 2 月 4 日，孫科在副院長吳鐵城等陪同下，由上海飛往廣州，5 日即宣布在廣州辦公。在孫科的鼓動下，2 月 7 日，行政院所屬的外交、內政、財政、糧食、水利、教育、衛生、工商、司法行政等部，以及僑務委員會，也一起遷到了廣州。9 日，孫科在廣州主持召開了遷址後的第一次院務會議。17 日、23 日，又舉行了兩次院務會議。

這樣，就形成了總統府在南京、行政院在廣州的奇特局面。

李代總統在南京接見外賓

蔣介石離開南京時向官員們辭行

李宗仁赴廣州勸說

對於孫科單方面的行動，李代總統又氣又惱。只好直接打電話到溪口找蔣介石商量；同時，又打電話給廣州的孫科，請他顧全大局，回南京辦公。但孫科根本不予理睬。李宗仁看孫科沒有反應，就打算在南京召集立法院開會，提出不信任內閣案，宣布行政院遷廣州是非法行為。

就在行政院遷廣州之際，國民黨中常會也於 1 月 30 日遷往廣州，與孫科一起與李宗仁唱起對臺戲。

但李宗仁仍不甘心，又請監察院長于右任、立法院長童冠賢赴廣州，試圖說服孫科回心轉意，但仍不得要領。李宗仁只得以代總統名義，下令行政院回南京辦公。但孫科卻病了。

李宗仁再請張群出馬赴廣州，仍然無效。

萬般無奈之下，李宗仁只得使出最後一招，親赴廣州勸說。2 月 20 日，李宗仁與程思遠等專程飛往廣州，力勸孫科。孫科迫於各方的壓力，只得同意將行政院遷回南京。2 月 28 日，孫科飛回了南京。

沒想到，孫科剛回南京不久，就在 3 月 8 日向李宗仁提出了辭職。李宗仁只好任命何應欽為行政院長。此時，一場「府院之爭」才算結束。

行政院名義上是遷回了南京，但大部分辦事人員卻留在了廣州，南京只是一個空架子。何應欽面臨的第一個問題，就是文件的處理。所屬機構的文件源源不斷地送到南京，而南京無人可用。何應欽只得將大部急件打包空運到廣州的行政院辦事處擬辦，由副院長批示意見後，再運回南京，加蓋院印、編發文號後發出去。

但這種狀況只維持了一個多月。1949 年 4 月 23 日解放軍渡江前夕，行政院再一次遷到了廣州。

李宗仁南去，表面是勸行政院返京，實際是向孫科施加壓力，要把原來支持孫科的廣東軍政領袖拉到自己一方。素有「南天王」之稱的陳濟棠做壽，李宗仁手書「如岡如陵」壽屏一幅，前往賀壽。又對粵將一一封官許願，這一手果然厲害，粵方輿論很快變得對孫科不利。在粵籍大員紛紛勸孫返京的陳辭包圍下，孫科不得不向李低頭，答應把行政院搬回京城。孫科因失粵人支持，返京後又受到立法、監察兩院的群起責難，於 3 月 8 日向李宗仁提出辭呈。

解放軍在總統府門樓上歡慶勝利

占領總統府

蔣介石的總統辦公室中，有一對曾國藩的雞血石章，一對翡翠石章，兩串清代的朝珠，一套線裝雕刻版《曾文正公全集》。

4月24日凌晨:占領總統府

1949年4月23日清晨，代總統李宗仁及總統府、所屬各院部倉促撤離南京。這一天的上午10時，總統府和機場衛兵正式撤崗。

23日晚，解放軍在南京江面渡江成功，於子夜12時前開始進入南京城。24日凌晨，「三野」第35軍104師312團官兵在師參謀長張紹安率領下，進入南京挹江門，直插總統府。

這時的總統府，三扇大鐵門緊閉，巨大的院落空空蕩蕩，早已人走樓空，院子裡到處飄著紙張文件，不時冒出縷縷青煙。張紹安參謀長、褚寶興營長等率部抵達總統府後，6名戰士用力推開了沉重的鏤花大鐵門，大隊人馬直衝總統府辦公樓「子超樓」二樓蔣介石和李宗仁的辦公室，「總統辦公室」的木牌還赫然掛著，碩大的辦公桌上，放著一套《曾文正公家書》，臺鐘、文具依舊，檯曆則永遠定格在：

中華民國卅八年4月23日　星期六
農曆己丑年三月大代電：梗

張紹安在文書局一堆零亂的文件中，順手撿出幾張紙，一看，居然是蔣介石為慶祝「徐蚌會戰」大捷的嘉獎令。戰士們發出了一陣哄笑。

發現大批珍貴物品

24日，解放軍占領總統府後，立即對總統府中的物品進行清理。在總統府前院西側的車庫中，停放著嶄新的雪弗蘭、福特、別克轎車各一輛。後院車庫中，發現美式中吉普一輛，基姆西卡車一輛，汽油170加侖。官兵們立即將汽油緊急轉移出總統府大院。

接著，又在後院清理出舊汽車4輛，舊轎車6輛。「子超樓」地下室倉庫裡，還存放有大量藥品，以及醫療所用的牙科椅、紫外線燈等器材，還有一批電器、防毒面具等軍需物資。

在總統府圖書館中，還清點出全套的《國民政府公報》和《總統府公報》。在餐廳中，還發現了大量珍貴的景德鎮青瓷餐具。這就是1930年代國民政府主席林森專門在江西景德鎮訂製的那批瓷器，人稱「國府御瓷」。

在「子超樓」蔣介石的總統辦公室中，發現了一對曾國藩的雞血石章，一對翡翠石章，兩串清代的朝珠，一套線裝雕刻版《曾文正公全集》。

在「子超樓」中，還遺留有一大批極其珍貴的古玩瓷器，如玉扳指一隻，黃地綠龍瓷盤一對，景泰藍銅瓶一對，五彩花瓷瓶、花瓷盤各一隻，嵌石屏風一座……這些珍貴的物品，都是中國文物中的極品，價值連城。由於南京出現的真空時間較短，估計只有不到一天的時間，加上總統府的大門關得比較緊，還有幾個老僕役守著院子，所以沒有遭到搶劫。25日，總統府的一些職員主動來到總統府，向解放軍移交了物品清冊。但總統府西院的首都衛戍總司令部，在23日卻遭到了哄搶洗劫，一直到解放軍進駐總統府，清點物品時才發現。經再三宣傳動員，一個多星期後，總統府周圍居住的一些市民才將部分物品送回，但仍有一些物品不知去向。

「青天白日旗」落下來

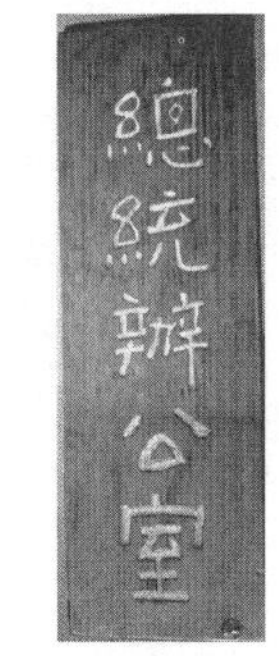

總統府內的木牌

官兵搗亂總統府

在接管總統府的過程中，還出現了一些小插曲。當4月24日凌晨，解放軍官兵進入總統府後，全體官兵根據上級指示，沒有在各幢建築中休息，而是席地而臥。許多戰士是第一次進大城市，沒有見過世面，有的戰士就將總統府走廊和辦公室中的紅地毯，剪成小塊做墊子睡覺。天亮後，有的戰士將戰馬趕進西花園的水池中洗刷，有的戰士跑到辦公室拿來花瓶甚至痰盂來盛水，還有的戰士，居然在水池中撈魚改善伙食。一時間，西花園留下了許多馬糞。

有的戰士出於階級仇恨，看到總統辦公室中的蔣介石繡像，就朝其眼部和胸部各刺了一刀。那是一幅高3公尺、寬2公尺，用金銀絲線刺繡成的精品，是浙江省主席

蔣介石的辦公桌

解放軍衝向總統府辦公樓

陳儀在蔣介石 60 壽辰時送的。

「二野」政委鄧小平得知後十分生氣。他很嚴肅地對部隊領導說：「總統府是文物，我們怎麼能做這樣的蠢事呢！不能以感情代替政策啊。全軍同志都要保護好文物。我們可不能做李闖王啊。從現在起，總統府中全部人馬立即撤出，不留一兵一卒。」後來，為總統府之事，劉伯承、鄧小平專門批示通報全軍，加強紀律和政策教育。

陳毅坐在蔣介石的皮椅上與毛澤東通電話

4 月 27 日，渡江總前委首長鄧小平、劉伯承、陳毅三人來到了總統府。汽車在大堂前停住，下車後即直趨「子超樓」，走進了蔣介石和李宗仁的辦公室。

目睹此情此景，鄧小平說：「蔣委員長，我們來了，緝拿我們多年，今天我們上門了，看他還吹什麼牛。」

劉伯承指著檯曆說：「瞧，蔣先生、李先生的檯曆還是 23 號哩，轉移真不慢啊。」

陳毅坐在蔣介石辦公桌前的皮椅上，撥通了一個長途電話，直通毛澤東在北京西郊雙清別墅的辦公室。陳毅說：「主席，我是陳毅啊，我這是坐在蔣總統的椅子上向您彙報呢。」

5 月 1 日，在總統府「子超樓」的三樓國務會議廳，已任南京市長的劉伯承，在華東海軍司令員張愛萍陪同下，接見了起義的國民黨海軍第 2 艦隊司令林遵及各位艦長。在這裡，劉伯承的一番話頗為意味深長：

你們曉得我是誰嗎？我就是國民黨報紙上說的被打死過好幾回的劉匪劉伯承啊。你們看，我不僅沒死，現在是不是還在同你們說話啊（全場大笑）。

你們知道這是啥地方嗎？是「子超樓」，「子超」是國府主席林森的大號。蔣介石和四大家族以及一窩子戰犯們議事，就在這裡。你們哪個來過？我也是第一次來，今天，我們一起來見識見識。就在這裡，蔣介石挑起了內戰，今天，第 2 艦隊官兵們起義了，就是人民軍隊的一員，讓我們一起為建設人民的海軍而努力吧。

政權架構

國民政府雖然實行了「五院制」，但權力最終還是集中到一個人手中。

中華民國國民政府的「五院」，即行政院、立法院、司法院、監察院、考試院。

孫中山創建民國以後，通過對西方國家政治體制的長期考察，並結合中國的歷史和實際，提出了由「五院」分掌權力的五權分立制度(區別於西方國家「三權分立」的制度)。南京國民政府成立後，逐步開始實行「五院」制。

行政院

行政院為國民政府最高行政機關，位於「五院」之首。成立於 1928 年 10 月 25 日。

行政院設正副院長各 1 人。下轄內政、外交、國防、

蔣介石在監察院會議上講話

行政院辦公樓

抗戰勝利後，蔣介石出於維護其統治地位的政治需求，授意立法院繼續修改憲法草案，並用「政協憲草」名義，在國民黨一手包辦的制憲國民大會上通過。孫科因制憲有功，在國民黨內影響大增，於是在 1947 年 4 月，被國民黨中央常委會與國防最高委員會聯席會議提名為國民政府副主席，仍兼立法院長。自 1925 年國民政府成立以來，從來沒有設立副主席的職位，孫科是第一人。國民政府立法院於 1948 年 5 月由於「行憲」政府成立而告結束。國民黨的「行憲」，與其說是辦喜事，不如說是辦喪事。一年後，這個政府就倉皇流徙於廣州、重慶、成都之間。

戴季陶（右）與張伯苓交接考試院大印

居正（左）與後任院長王寵惠交接司法院大印

財政、教育、司法、行政、農林、工商、交通、社會、水利、地政、衛生、糧食、主計等部，以及資源、蒙藏、僑務委員會，由這些部、委員會分別掌理各自的行政職權。歷任院長為：譚延闓、宋子文、蔣介石(三任)、孫科(兩任)、汪精衛、孔祥熙、張群、翁文灝、何應欽、閻錫山。

1937 年前，行政院院址在南京東箭道。1937 年 11 月遷往重慶中四路辦公。1946 年 5 月國民政府「還都」後，則以南京薩家灣原鐵道部大樓為辦公處。1937 年 12 月 13 日，南京淪陷前，這裡曾經一度成為首都衛戍司令長官部，司令長官為唐生智，副司令長官為羅卓英、劉興，參謀長為余念慈。唐生智就是在這裡指揮南京保衛戰的。1949 年 4 月遷往廣州。

立法院

立法院為國民政府最高立法機關。成立於 1928 年 12 月 5 日。職掌議決法律案、預算案、大赦案、宣戰案、媾和案、條約案，以及其他重要事項。

該院初設 5 個委員會。1948 年 5 月以後，則設立了民法、刑法、商事法、內政、地方自治、國防、外交、經濟與資源、法制、預算、教育文化、農林水利、交通、社會、地政、邊政、僑務、勞工、衛生、海事、糧政等 21 個委員會。立法委員由各省市、蒙古各旗、西藏、邊疆地區各民族、僑居國外的僑民、職業團體選出的代表擔任。1946 年以後，立法院在南京中山北路辦公 (與監察院同為一處)。

立法院設正副院長各 1 人。胡漢民、林森、張繼、孫科、童冠賢先後任立法院長。代理院長有邵元沖、覃振。

司法院

司法院為國民政府最高司法機關。1928 年 11 月 16 日成立。職掌司法審判、司法行政、官吏懲戒及行政審判等職權。1948 年 5 月國民政府「行憲」後，該院掌理民事、刑事、行政訴訟之審判，以及公務員懲戒；有解釋憲法、法律及命令之權。直轄機關有：最高法院、行政法院、中央特種刑事法庭、中央公務員懲戒委員會，以及大法官會議、法規研究委員會等。1946 年以後，司法院辦公地址在南京中山路。

王寵惠、伍朝樞、居正先後擔任司法院長。

監察院

監察院為國民政府最高監察機關。成立於 1931 年 2 月。監察院工作通過監察委員來完成。委員由監察院長提名報國民政府主席任命。委員人數初為 19—29 人，1948 年增至 74 人。委員不得兼任其他公職。

該院具有對國家各級行政機關行使同意、彈劾、糾舉及審計的權力。監察院設下屬機構有：審計部、各區監察使署等。院內設內政、地政、外交、僑務等 10 個委員會。

監察院長由國民黨中央執行委員會選任，任期 6 年。院長先後由蔡元培、趙戴文、于右任擔任，副院長有陳果夫、許崇智等人。1946 年以後，與立法院同在一處辦公。

于右任任職期間，曾想在整頓吏治方面有所作為。他說：「一個蚊蟲，一個蒼蠅，一個老虎，只要它有害於人，監察院都要過問，並不是專打小的而忘記大的，也不是專管大的而不管小的。」可是，事與願違。1933 年 6 月，監察委員劉侯武彈劾鐵道部部長顧孟余在向國外採購鐵路器材中，有喪權違法舞弊的行為。此案剛剛調查公布，就引起蔣介石和汪精衛的不滿，最後不了了之。于右任非常氣憤，但於事無補。監察院實際上成為國民政府裝潢門面的招牌。于右任書法造詣很高，求墨寶者甚眾，他曾不無解嘲地說：「我這裡是閒衙門，就是寫字的生意挺興隆。」

考試院

考試院是國民政府最高考試機關。1928年 10 月開始

司法院辦公樓

立法院辦公樓

考試院成立後，門口有一副對聯：「入此門來，莫作升官發財思想；出此門去，要有修己安人工夫。」戴季陶從 1929 年 10 月起擔任考試院長，他在這個職位上是奮鬥過的，他主持制定的各種考試，銓敘法律規章多達 150 餘種，著名的有《考試法》、《典試法》等。他原想通過一系列考試銓敘制度的推行，維護國民黨的統治。但嚴厲實行的考試制度觸犯了國民黨內的一些利益複雜集團，這就決定了考試制度必然虎頭蛇尾，不少具體法規甚至形同虛設。當蔣介石在 1948 年 5 月打算繼續任命戴季陶為「行憲」政府的考試院長時，戴向前來充當說客的蔣經國明確表示拒絕。

司法院長居正

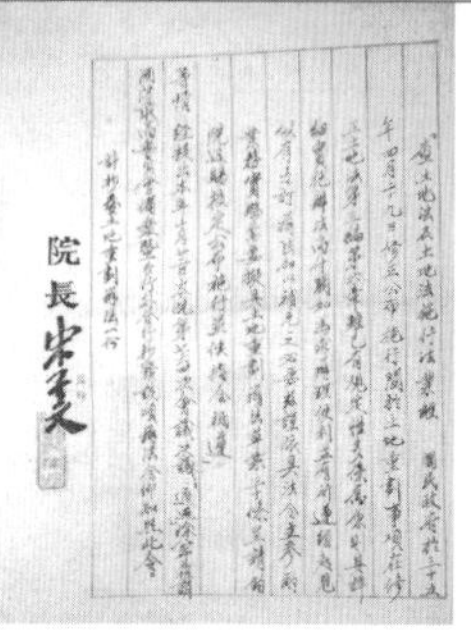
行政院文件

監察院文件

普通考試及格證書

丁松鈺年貳拾肆歲男性浙江省新昌縣人應叁拾陸年司法人員普通考試統計人員考試經典試委員會評定中等及格依考試法第十六條之規定合行發給及格證書此證

考試院院長 張伯苓

考選委員會委員長 田炯錦

典試委員長 謝冠生

中華民國　年　月　日

考試院及格證書

籌備，1930 年 1 月成立。該院掌管國家機關人員的考試、任用、銓敘、考核、級俸、升遷、保障、褒獎、撫恤、退休、養老等事宜。考試院的具體業務由考選委員會(1948 年後改為考選部)和銓敘部承擔。考選委員會負責全國文職公務人員、專門職業及技術人員等考試事項；銓敘部負責全國文職人員和考取人員的登記銓敘，各機關人事機構的管理等。

從 1931 年至 1939 年，考試院舉行了 5 屆高等文官考試。以後，每年舉行 1 次。考試的種類有普通行政、財務行政、教育行政、員警行政、司法官、外交官、領事官、經濟建設行政、衛生行政、會計行政、土木工程、電機工程、化學工程等。考試分為三試，第一試為一般科目，即國文、公文、總理遺教、憲法、中國歷史、中國地理、政治學、經濟學等；第二試為專業，即行政法、民法、刑法、地方自治概要、國際法等；第三試為口試。參加高等考試的對象主要是本國、留學海外的大學畢業生和研究生。至 1949 年，考試院共錄取考生 5000 人。

考試院長是戴季陶，任職長達 20 多年。1948 年，由張伯苓繼任。

考試院院址在南京雞鳴寺，抗戰中遷至重慶中四路。1946 年「還都」後又遷回原址。

抗戰期間，考試院西遷。考試院院址成為汪偽國民政府所在地。1940 年 3 月 30 日上午，汪偽集團在考試院明志樓（汪偽國府禮堂）上演了一幕傀儡登場的醜劇，宣布國民政府「還都」南京。汪精衛及各院、部、委員會的漢奸頭子 70 餘人宣誓就職，並發布宣言和政治綱領。汪精衛代理主席（仍以國民政府主席林森為主席）兼行政院院長、中央政治委員會委員長、軍事委員會委員長及海軍部長，陳公博任立法院院長，梁鴻志任監察院院長，溫宗堯任司法院院長，王揖唐任考試院院長，周佛海任財政部長兼警政部長，褚民誼任外交部長，林柏生任宣傳部長，梅思平任工商部長。會後，全體與會人員合影。據參加典禮的西方記者哈樂德稱：「那個主角（指汪精衛）臉色像死人一樣蒼白，雖然實際上他可能沒什麼病。」

南京國民政府雖然實行了「五院制」，但蔣介石逐步把權力集中於個人之手，致使「五院制」未能有效地實行，其本質是以「五權」之名，行獨裁之實。

中研院院士的誕生

紫金山天文臺

1948 年中央研究院院士的產生，是中國科學發展史上的一個里程碑。

中研院的成立

國立中央研究院，是中華民國時期的中國國家最高學術機關，1928 年 6 月 9 日在南京成立，直屬國民政府。院址先在成賢街，後遷往北極閣南麓雞鳴寺 1 號。其任務是：實行科學研究，指導、聯絡、獎勵學術研究。第一任院長 (特任級) 是蔡元培，後由朱家驊接任。院設立總辦事處，主管全國行政事務，楊銓、丁文江、朱家驊、任鴻雋、傅斯年、葉企孫、李書華、薩本棟、錢臨照、周鴻經先後出任總幹事。院設立院務會議、人事管理委員會、設計考核委員會等機構。蔡元培主持中央研究院達 12 年之久。

中央研究院以下成立了數學、天文、物理、化學、地質、動物、植物、氣象、歷史語言、社會、醫學、工學、心理學 13 個研究所，以從事各學科的研究。另設評議會，作為全國最高科學評議機關，負責決定中央研究院的學術方針，促進國內外學術研究的合作與互助，推舉院長，選舉中央研究院名譽會員，受政府委託的學術研究事項等。

抗戰期間，中研院內遷，各研究所分設重慶、北碚、李莊、昆明四地。國民政府「還都」後，將數學、物理、化學、動物、植物、醫學、工學、心理學 8 個研究所設於上海，總辦事處及天文、地質、氣象、歷史語言、社會科學 5 個研究所設在南京。1948 年，開始設立院士，在全國學術界

蔡元培

中央研究院大門　　中研院辦公樓

中有特殊著作、發明或貢獻者中遴選。

院士的產生

國民政府於1946年5月5日「還都」南京，中央研究院行政機關總辦事處亦於這一年的7月1日遷返南京辦公。10月20日，中研院評議會在南京雞鳴寺舉行二屆三次年會。在會上，由吳有訓、翁文灝、傅斯年、李書華、胡適、薩本棟、周鯁生、秉志、陳垣九名評議員組成了第一議案審查委員會，本次會議提出了名稱設置、選舉等有關事項。關於名稱問題，傅斯年提議，「會員」一詞太俗氣，稱「院士」為妥。於是，會議一致同意決定採用「院士」稱謂。會議通過的組織法，還規定了院士的選舉資格、名額、提名、職權和學科分類等事項。會議還授權評議會秘書翁文灝、總幹事薩本棟負責起草中研院規程，並廣泛徵求評議員的意見。

1947年4月，中研院評議會以通信投票的方式，選舉了第一次中央研究院院士選舉籌備委員會委員為：數理組5人，為吳有訓、茅以升、吳學周、謝家榮、凌鴻勳；生物組5人，為王家楫、羅宗洛、林可勝、汪敬熙、秉志；人文組5人，為胡適、傅斯年、王世傑、陶孟和、李濟。共15人。

5月9日，在南京雞鳴寺中研院本部舉行了第一次院士選舉全體籌備委員第一次會議。會議對各組科目作出了具體規定。數理組：數學、物理(包括地理物理)、化學、地質(包括古生物學)、自然地理、天文、氣象、工程(包括土木、機械、電機、化工、礦冶)；生物組：動物、植物、體質人類學、心理學、生理學、醫學(包括病理科學、生理科學、藥物學、醫療學、獸醫學)；人文組：哲學、中國文學、史學、語言學、考古學、藝術史、民族學、人文地理、法律學、政治學、經濟學、社會學。

此後，籌備委員會進行了一系列工作，即推舉各科目院士候選人名單，在南京、漢口、廣州、重慶、上海、天津、北平、

胡適在中研院院士會議上

中央工業試驗所

成都等地報紙刊登公告，商定各科目院士名額的分配，院士資格的條件，對大學、獨立學院、研究機構、專門學會以及個人提名的候選人資格進行嚴格的審查等等。最後，將候選人提名的最後期限定在了 1947 年 8 月 20 日。

1947 年 10 月 15 日，中研院評議會召開第四次年會，通過150人為第一次院士候選人。一個月後的11月15日，中研院在政府公報和南京、上海等大報上發布院士候選人名單公告，時間 4 個月。之後，於 1948 年 3 月舉行第二屆評議會第五次年會，採取無記名投票的方式，進行院士的選舉。經過五輪運作，最終選出了院士 81 名。

這 81 名院士是： 姜立夫、陳省身、華羅庚、吳大猷、吳有訓、李書華、葉企孫、嚴濟慈、饒毓泰、吳憲、吳學周、莊長恭、朱家驊、李四光、翁文灝、黃汲清、楊鐘健、謝家榮、竺可楨、周仁、侯德榜、茅以升、凌鴻勳、薩本棟、王家楫、伍獻文、秉志、陳楨、胡先驌、殷章、張景鉞、錢崇澍、戴芳瀾、羅宗洛、李宗恩、袁貽瑾、張孝騫、陳克恢、吳定良、汪敬熙、林可勝、湯佩松、馮德培、蔡翹、鄧叔群、金岳霖、湯用彤、馮友蘭、胡適、張元濟、楊樹達、陳垣、陳寅恪、傅斯年、李方桂、趙元任、李濟、梁思永、董作賓、梁思成、王世傑、王寵惠、周鯁生、錢端升、馬寅初、陳達、陶孟和、許寶騄、蘇步青、趙忠堯、曾昭掄、貝時璋、童第周、李先聞、俞大紱、柳詒征、郭沫若、蕭公權、顧頡剛、余嘉錫、吳敬恆。

1948年9月23日，中央研究院舉行第一次院士會議，共到會院士 51 人。蔣介石蒞會講話。翁文灝代表院士發

中國近代地質事業，是從丁文江和翁文灝開始的。翁文灝在 1937 年莫斯科舉行的第 17 屆國際地質學大會上，被選為大會副主席和煤田地質組主席，這是 1949 年前中國科學家在國際科學組織中擔任過的最高職務。1938 年初，翁文灝任經濟部長，主管全國經濟行政，並兼任主管工礦事業的資源委員會主任委員，又兼戰時生產局長等要職。他實際上是抗戰期間中國大後方工礦建設事業的最高主持人，對西南工業基地的建設、西北玉門油礦的開發，都做出了貢獻，不僅為支持抗戰發揮了巨大作用，而且為我國能源建設和原材料生產打下了初步基礎。

抗戰期間，朱家驊代理中央研究院院長，此為朱家驊夫婦合影

孔祥熙（右四）、吳稚暉（右六）、于右任（右七）、陳立夫（右一）、戴季陶（右三）等與院士合影

中研院部分院士合影

言。同時，也選出了第三屆評議會，議長為朱家驊，秘書長為翁文灝，聘任評議員32人，當選評議員15人，還成立了論文委員會、學術演講委員會和名譽院士選舉細則起草委員會。

位於南京雞鳴寺路1號的是中央研究院總辦事處以及地質研究所、歷史語言研究所、社會科學研究所所在地。

總辦事處大樓坐北朝南，是一座仿明清宮殿式的建築。大門大樓建於1947年，由基泰工程司楊廷寶建築師設計，鋼筋混凝土結構，單簷歇山頂，屋面覆蓋綠色琉璃筒瓦，梁枋和簷口部分均仿木結構，漆以彩繪，清水磚牆，花格門窗，建築外形具有濃郁的民族風格。

大樓建築平面呈「T」字形，入口處建有二層門廊及裝飾門套，經過穿堂來到後面突出部分，便是一座三層書庫；前樓西側建有小型演講廳，為學術活動場所；前樓中間部分採用內廊式布置，內廊南北兩側為辦公、科研用房。

中研院結束

1948年12月，中央研究院開始向臺灣搬遷，除總辦事處和數學、歷史語言所完整地遷往臺灣外，大部分研究所都留在了南京和上海，於1949年10月被中國科學院接收。這批中國知識界的81名精英，也已天各一方。遷往臺灣的有7人，他們是：凌鴻勳、林可勝、傅斯年、董作賓、李濟、王世傑、吳稚暉。在美國的有：陳省身、李書華、趙元任、汪敬熙、胡適、吳大猷等12人。其餘50多人則留在了大陸。今天，他們已經作古，但他們為中國乃至世界科學做出的不朽貢獻，卻永久載入了史冊。

1948年中央研究院院士的產生，是中國科學發展史上的一個里程碑，在中國現代科學史和學術史上具有重要的意義和影響。

中研院院士朱家驊

中研院院士吳有訓

民國時期的7屆全國運動會

民國第 7 屆全運會在上海江灣體育場舉行

楊秀瓊囊括了 50 公尺、100 公尺自由泳、100 公尺仰泳、200 公尺俯泳全部冠軍，人稱「美人魚」而轟動一時。

前三屆由外國人主持

第 1 屆全運會於 1910 年 10 月 18 日至 22 日在南京舉行。這是中國最早的博覽會「南洋勸業會」的一個附加集會，是基督教青年會西籍傳教士馬克斯納 (Maxesner) 通過上海青年會發起的，當時稱之為「全國學校區分隊第一次體育同盟會」，簡稱全國學界運動會。辛亥革命後，稱這次運動會為第 1 屆全國運動會。參加單位為華南、華北、武漢、吳甯 (蘇州、南京)、上海 5 區，運動員 150 名。全運會文件均用英文，量度用英制，帶有濃厚的殖民色彩。競賽項目只有男子田徑、足球、籃球和網球 4 項。比賽結果，上海得高級組田徑和網球冠軍，獲總分第一；上海聖約翰大學獲學校組第一名。這在當時，確實稱得上是一個新事物，人們逐步開始對體育運動重視起來。

第 2 屆全運會於 1914 年 5 月 21 日至 22 日在北京天壇體育館舉行。這屆全運會由 1912 年成立的北京體育競進會主辦，基督教北京青年會幹事侯格蘭德任大會秘書長，負實際責任。分東、西、南、北 4 部參賽，運動員則分別佩帶黃、紅、白、綠色標帶。因時局動盪，參賽運動員僅有 96 人。北京天壇體育館設備十分簡陋，專案只有男子田徑、籃球、棒球、網球、足球、排球 6 項。開幕及閉幕式有南苑航空學校的飛艇繞場助興，袁世凱還派人講

1930 年，自杭州第 4 屆全國運動大會召開之後，蔣介石提出要在南京興建一座大規模的中央體育場，作為以後召開全國運動大會的基地。同年 4 月，國民政府為籌備 1931 年 10 月召開的全國運動大會，組織了籌備委員會，指派林森、何應欽、朱培德、宋子文、王正廷、蔣夢麟、劉瑞恒、吳鐵城、魏道明 9 人為籌備委員，並公推林森為常務委員，主持會務；以陵園管理委員會總務處長夏光宇為主任幹事，負責具體事務。籌委會擬建造一座體育場，經國務會議指定，以中山陵園界內、靈谷寺南部 1200 畝土地為全運會體育場場址，這就是後來的中央體育場。

南京中央體育場游泳池

南京中央體育場

話。第一天的觀眾有 1.5 萬人，次日大量減少。比賽結果，以北部成績最好，獲田徑、籃球、棒球、排球(稱「隊球」)和網球雙打冠軍，總分第一。東部獲足球冠軍，南部獲網球單打冠軍。

第 3 屆全運會於 1924 年 5 月 22 日至 24 日在武昌練馬場舉行。這屆全運會由熊希齡、張伯苓等 9 人組成籌備委員會，中國業餘體育會秘書長葛雷 (Gray) 任技術顧問。運動隊分華東、華南、華西、華北、華中 5 區進行，共有 13 個省參加，此外馬尼拉華僑籃球隊也來參賽。運動員有 500 餘人，開幕時觀眾達到 50000 餘人。這一次，各區組織了預選賽 30 餘次。男子項目設置有田徑、足球、籃球、網球、排球、棒球和游泳，女子項目有籃球、排球和壘球，另加國術一項。這屆全運會，在全國反帝浪潮的推動下，改變了全部由外國人包辦的局面。此屆全運會首開女子參賽之先河，並增加了國術比賽，量度也由英制改為公制，還增設了童子軍團隊比賽和團體操表演。比賽結果，華北獲總分第一，華東第二，華中第三。

臺灣省代表隊

中國開始單獨主辦

第 4 屆全運會於 1930 年 4 月 1 日至 10 日在杭州梅東高橋舉行。這是南京國民政府舉辦的第一次全運會，故又稱第一屆全國運動會。運動會規模較大，林森、何應欽等高官專程赴杭出席，戴季陶擔任大會會長，蔣介石蒞會發表演說。運動會第一次以省、市組隊參賽，有 14 個省、7 個特別市和華僑共 22 個單位的 1500 餘名運動員參加。男子項目有田徑、全能、游泳、足球、籃球、排球、網球、棒球 8 項，女子項目有田徑、籃球、排球、網球 4 項。結果，上海、廣東、香港分獲總錦標前三名。其中上海得足球、全能錦標，廣東得男排、男網、女田、女排錦標，香港得男子游泳、棒球錦標。南開大學為主

國民政府主席林森與楊秀瓊姐妹合影

的天津隊奪得男籃錦標，北平女籃以 1 分優勢戰勝上海奪得錦標。

劉長春、楊秀瓊轟動一時

第 5 屆全運會於 1933 年 10 月 10 日在南京中央體育場舉行。這是中央體育場建成後首次舉辦的運動會。運動會原定於 1931 年 10 月 10 日召開，但因 17 省水災鬧得民不聊生，國民政府有意借此盛會沖沖「晦氣」，故特選了雙十節作為開幕日。不料，爆發了九一八事變，大會只得推遲。

這屆全運會由國民政府教育部主持。大會總幹事張信孚，副總幹事吳蘊瑞，參賽單位 33 個，運動員 2697 人，可謂盛況空前。尤為感人的一幕是，曾代表中國參加奧運會的著名短跑名將劉長春等人，歷經艱辛，從日寇鐵蹄下的東北淪陷區趕來南京。開幕式上他們致誓詞說，我們心目中共同競爭的錦標，就是恢復東北各省的地圖顏色。與會觀眾群情激奮，林森也老淚縱橫。

項目增加了女子游泳及壘球。比賽結果，打破了 21 項田徑、4 項游泳全國紀錄，上海獲總錦標。比賽創造了一批好成績，如劉長春以 10 秒 7 的成績，平遠東運動會 100 公尺紀錄；上海郝春德創造了男子跳遠 6.9 公尺的成績。香港楊秀瓊囊括 50 公尺、100 公尺自由泳、100 公

奪得錦標的運動員　　中國女子國術隊員

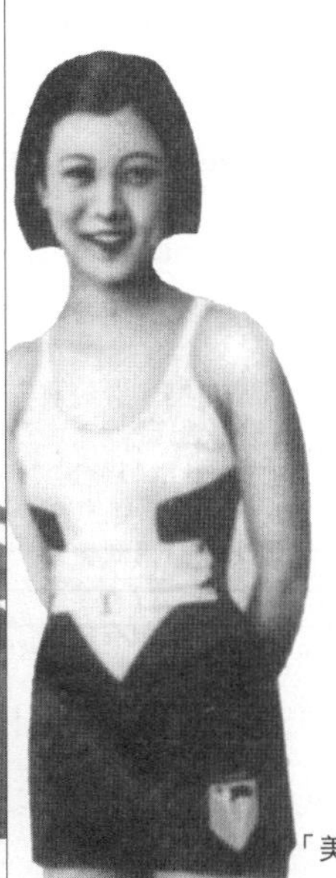
「美人魚」楊秀瓊

中國奧運會代表團抵達柏林

參加奧運會的中國足球隊

尺仰泳、200公尺俯泳全部冠軍，人稱「美人魚」而轟動一時。

第6屆全運會於1935年10月10日至22日在新落成的上海江灣體育場舉行。這屆全運會第一次按國民政府教育部頒布的《全國運動大會舉行辦法》執行，參加辦法、比賽規則、錄取辦法均較為規範。參加單位有38個，運動員2286人，包括許多華僑。觀眾人數每天都在50000人以上，創歷屆全運會紀錄。開幕式上，東北三省選手均穿黑色服裝，舉黑白各半的旗幟，以示國人不忘東北的白山黑水，令人感慨。

國術開始設立錦標。本屆全運會共打破11項田徑、8項游泳全國紀錄。上海獲總錦標第一。

最後一屆：組織混亂成績下滑

第7屆全運會於1948年5月5日至16日在上海江灣體育場舉行。這屆全運會原定於1937年舉行，因抗日戰爭中斷了10多年。此時，內戰正酣，國民黨在戰場上節節失利。

大會組織混亂，運動員打裁判員的情況時有發生，很多項目的成績落後於前兩屆。

參加單位58個，運動員2670人，臺灣光復後首次組團赴大陸參賽，並取得了男子1600公尺接力冠軍，男子田徑總分第1名的好成績。項目增加了乒乓球、舉重、摔跤、拳擊和羽毛球，國術為表演項目。很多項目成績下滑，只有8項田徑、4項游泳、2項舉重成績打破全國紀錄。內地選手成績一蹶不振，獲得團體總分名次的幾乎全是華僑團體。團體總分男子前3名是：香港、馬來亞華僑、菲律賓華僑，女子前3名是：香港、臺灣、馬來亞華僑。

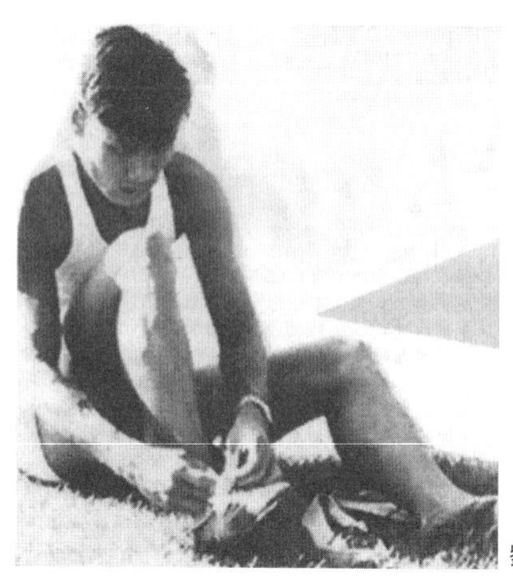
劉長春

蔣介石在大陸最後的日子

蔣介石與蔣經國

在蔣介石及全體官兵的注目下，青天白日旗徐徐升上旗桿。突然「嘣」的一聲響，旗子竟從半空中落到了地上。

1949年1月21日下午，蔣介石完成了「總統」引退的一系列「法律程序」，在陳誠、陳儀、湯恩伯、蔣經國、俞濟時等人的陪同下，乘車前往南京明故宮機場，登上「美齡」號座機，徑直飛往杭州，黃昏時分在筧橋機場降落。第二天，蔣介石一行抵達老家奉化溪口鎮。

黯然告別家鄉

4月21日晚上，蔣介石、蔣經國等正在溪口鎮上的武嶺學校禮堂，觀看一出京劇。正在興頭上，一名侍從悄悄走進了禮堂，走到蔣經國身邊，俯下身子低聲說：「南京長途電話。」蔣經國急忙抽身而出。約摸10多分鐘光景，蔣經國返回，在蔣介石耳邊說了幾句話：「江防告急，南京已危在旦夕。」蔣介石聽罷，立即與兒子匆匆退場。

4月24日清晨，蔣介石用畢早餐。幾名轎夫早已等在蔣家老宅「豐鎬房」門口。蔣介石上了轎，心情沉重地徑直前往母親王氏的墓地告別。回來後，又與蔣經國在家門口的剡溪小碼頭乘上竹筏，慢慢地在剡溪上漂遊。蔣介石遙看武嶺對岸的祖居「豐鎬房」，默默無語。

午飯後，蔣介石乘車上路。下午2時光景，蔣介石一行人到達與奉化縣相鄰的寧海縣西店鄉村。這裡有一條河

1937年4月，蔣經國由蘇聯回國，純粹一介平民。抗戰初期，他擔任江西省一地區專員，該級及其以上的官員，在當時國民黨政、軍、團機關中，可謂千萬。如果正常升遷，蔣經國到1947年充其量也只能當上政府部長一級。由於蔣經國在當時並不掌握實際政治權力的三青團內任職，不顯山，不露水，得以穩坐三青團中央常務幹事兼組訓處處長的位子。1947年黨團合併，三青團中央幹事全部轉成國民黨中央執行委員，蔣經國隨後又被蔣介石指定為國民黨中央常務執行委員。十年間，由一介平民躍升為國民黨中央最高決策機構成員。

蔣介石在杭州舉行軍事會議

叫鐵江，已有幾隻竹筏一字排開。「太康」號軍艦，也早已等候在那裡。

蔣介石下了轎，踉蹌地上了竹筏。蔣經國立即吩咐撐船。總統府軍務局長俞濟時坐在船尾，蔣經國站在蔣介石身後，兩側立著兩名穿黑衣的侍衛。竹筏緩緩地下行了 1 公里多，水面漸漸開闊了。一艘汽艇早已在那裡等候。蔣介石臨下竹筏時，特地關照賞給每個撐排人一塊銀元，然後才登上汽艇，向軍艦駛去。

蔣介石登上「太康」號之後，軍艦升火起錨，向外海駛去。這時，蔣介石向大陸，向家鄉最後看了幾眼，才戀戀不捨地轉身入艙。

又一次踏上大陸

光陰似箭，轉眼到了 9 月。

長江中下游、東南、華南大部已經解放。國民黨只剩下西南一隅。蔣介石夢想能重演抗戰八年堅守大西南的一幕。

1949 年 9 月 12 日，蔣介石以國民黨總裁身分，從臺灣幾經輾轉飛到成都。上午 11 時 40 分，「中美」號專機在成都北郊的鳳凰山機場降落，蔣介石走下舷梯，終於再一次踏上了大陸的土地。

蔣介石此行十分機密，所以，赴成都根本就沒有通知四川省政府當局，也沒有告訴中央軍校的人，僅在飛機起飛前給空軍司令王叔銘打了一個簡短的電報：今日抵蓉，務希注意警戒。

蔣介石這次在成都停留了五天，掃墓、重大的人事安排、接見官兵、撫慰遺屬、出席茶會、演說……活動一個接著一個。有時剛剛把眼淚汪汪的陣亡將士家屬送走，又趕緊脫下馬褂，穿上軍服振作起精神趕到某個會場作鼓動宣傳，會後又要趕去施捨民眾。

假牙落地 炮車熄火

9 月 14 日，蔣介石來到中央軍校（即黃埔軍校）檢閱。蔣介石看著台下精神飽滿的 6000 名官佐，情緒異常亢奮。他大聲地說：「國軍全面反攻已指日可待，區區共匪何足畏懼，要消滅它，不過如秋風掃落葉……」一陣激動之後，他忽然又傷感起來：「我很傷心，傷心的是有的學生背叛了我……」接著哽咽起來。正在這時，語無倫次的蔣介石嘴一張，口中的假牙竟掉落在地。

蔣介石是拾也不好，不拾也不好。這時，蔣經國顧不上臺下眾目睽睽，手一揮，兩個侍衛飛步上前拾起了假牙……中央軍校校長張耀明急中生智，馬上宣布：

蔣介石訪問菲律賓

1950 年，蔣介石離開大陸後在臺灣「復職」

蔣介石、宋美齡在臺灣阿里山區

「閱兵開始！」這才解了蔣介石的圍。

軍校官佐的步兵方隊走過來了。接著，炮兵方隊轟隆隆地開過來。蔣介石好像什麼事也沒有發生，又抖擻起精神。就在這時，一台加農炮車在「中正」台前停住不動了。蔣介石頓時出了一身冷汗。馬上，10 多名衛士手提長短槍衝向炮車，幾名貼身警衛靠向蔣介石的兩側。

原來，炮車開到蔣介石面前時，確確實實是拋錨了。一名軍校少校中隊長正在滿頭大汗地排除故障，可熄了火的炮車怎麼也發動不起來。閱兵指揮官只好下令把這台炮車推到一邊去，後面的炮車，因前面受阻，都擠到了一起。蔣介石嘴裡喃喃地說：「我一生閱兵上百次，從沒遇到這樣的事啊！」

就這樣，軍校官佐們忙了好幾天的閱兵式，不到半小時就草草收場了。

落旗事件

12 月 3 日，蔣介石又向黃埔軍校校長張耀明提出要檢閱黃埔軍校全體師生。

檢閱地點仍是軍校大操場。「中正台」四周，彩旗飄飄。這天，正趕上四川的大霧天，故閱兵式的時間一推再推。蔣介石一早起來，幾次抬腕看錶，仰頭看天，霧就是不散。直至 9 時半，蔣介石等不及了，遂下令閱兵開始。張群陪蔣介石登上「中正台」。「三民主義，吾黨所宗⋯⋯」的「國歌」奏起，一名軍官打開一面青天白日旗，手拉繩索，在蔣介石及全體官佐的注目下，徐徐升上旗桿。就在旗子升到旗桿的一半時，突然間，「嘣」的一聲響，緊接著，「呼啦啦」幾聲，旗子竟從半空中落到了地上。全場的人都驚呆了！蔣介石腦門上沁出了豆大的汗珠，手心手背前胸後心直冒冷汗⋯⋯他呆站著，一動不動，也沒有說一句話。

原來，是旗繩斷了。說來也怪，軍校升旗升了幾十年，成百上千次，可從來沒有斷過繩，可今天偏偏就……

全場的空氣足足凝固了幾十秒鐘。這時，兩名升旗官才緩過神來，以最快的速度放倒了旗桿，換了一根繩子，總算把汙染了的青天白日旗升上了旗桿的頂端。

「落旗」，使蔣介石原本亢奮的情緒，一下子落到了最低點。他僅僅用嘶啞的喉嚨哽咽著說了幾分鐘，就再也說不下去了。閱兵式再一次不歡而散。

這是蔣介石在大陸最後一次檢閱黃埔學生。

蔣介石下達緊急遷台令

1949年12月7日午飯後，蔣介石正要休息。蔣經國手持一封電報匆匆登上了黃埔樓。蔣介石打開一看，上面寫著「解放軍已向成都逼近」幾個大字。當晚，蔣介石決定離開成都，並親自簽發了手諭：「命令政府遷至臺北，並在西昌設大本營，統率陸海空軍在大陸指揮作戰。此令。中正。民國三十八年十二月七日。」

當晚，蔣介石吩咐四川省政府主席王陵基前來聽命，密囑在共軍攻擊成都之前，將獄中政治犯全部槍決。王陵基面有難色。蔣介石從側面引導他說：「你既然全權負責成都防禦作戰，到時一打起來，家裡一鬧，我們都不在成都，誰來幫你。共產黨在成都是很猖獗的啊。」

蔣介石的遷台手令一下，頓時，成都的兩個機場鳳凰山和新津機場亂成了一團，機場的候機室、走廊，甚至廁所、停機坪上，到處都坐了人。一架飛機剛降落，立刻就有成百人湧上去擠占座位，更有為搶座位而大打出手的。

12月8日下午，蔣介石要到市區去轉一轉，散散心。深知其父的蔣經國知道這是他要與成都訣別了。當年在南京、重慶時，蔣介石在臨走時，也總要出去轉一下。1月21日離開南京時，還乘飛機在南京上空繞了一圈。他擔心父親的安全，但又不好違背。為了不惹人注意，只好輕車簡從，只有俞濟時、自己，加上兩名衛士、一名司機，共6個人，上街繞了幾圈。

剛回到黃埔樓，侍從送來兩份報告。蔣介石實在不想閱讀了，可眼睛卻不由自主地盯住了其中的一份。原來在幾個小時前，軍校人事科長在辦公室服毒自殺了，屍體還停在那裡。蔣介石悽楚的目光，不由自主地轉向了幾十公尺外的校部辦公樓。

另一份是成都市衛戍總部請示「成都自明日起開始疏散」的報告。蔣介石用顫抖的右手，在上面簽了4個字：「如擬。中正。」

蔣經國則與顧祝同、張耀明等人商議，為了安定人心，把蔣介石的兩架座機「中美」號及「美齡」號，分別停放在城南的新津機場和城北的鳳凰山機場。官員們看到蔣介石的座機還在，也就放心了。同時，顧祝同又密令：飛行人員一律不得離機。因天寒地凍，整日都用炭火在機身機翼下烘烤以保持溫度，以便飛機隨時起飛。

就在一切布置妥當後，蔣介石又接到兩個極為震驚的消息：張群等人在昆明被盧漢扣押。盧漢已發出起義通電；劉文輝、鄧錫侯等四川籍主要將領不知去向。蔣介石這才意識到，在川西北建立反共基地的如意算盤徹底落空了。

蔣介石與李宗仁在廣州再度見面

谷正綱

捉蔣敢死隊受挫

就在蔣介石忙著「遷台」事宜之時，中共地下黨「留蓉工作部」也在緊鑼密鼓地籌畫「捉蔣」行動。國民黨第95軍副軍長楊曬軒被策反後，自告奮勇地要求承擔這一任務。中共地下黨決定可以由楊擔當此任，並決定由另兩支已經爭取過來的國民黨軍隊在城內策應。

12月10日，捉蔣敢死隊正式組成。200名隊員埋伏在蔣介石可能居住的中央軍校、勵志社兩處大門口，密切注視著大門進出的情況，一俟蔣介石的車隊駛出，他們就發出出擊信號。但一直未發現蔣的車隊出來。

正在大家疑惑之際，《成都晚報》的通欄大字標題刊出了這樣的消息：「蔣總裁昨已離蓉飛台。」鑒於這樣的情況，地下黨只好決定放棄「捉蔣」計畫。

更令人費解的是，敢死隊剛剛撤下來，12月10日的當天下午，又傳來消息：蔣介石又在成都市區露了面。報紙也刊出消息：「蔣總裁下午輕車簡從巡視市區。」

地下黨方面經過分析後認為，很可能蔣介石已於兩日前就離開了成都，報上的消息以及市面上的傳言，可能是當局耍的花招，為的是掩人耳目。因此，正式決定放棄捉蔣計畫。

為什麼成都報紙在同一天竟刊出截然不同的消息？是失誤還是預謀策劃，致使捉蔣行動一再受挫，至今仍然是

蔣介石向軍校師生們訓話

個謎。

蔣介石夢斷大陸

其實，蔣介石真正離開成都的時間是1949年12月13日。

為了確保蔣介石離蓉的安全，成都方面進行了極為周密的籌畫。當時，蔣介石幾次往返成都與重慶之間，起降飛機的機場都是成都以北5公里的鳳凰山機場。這裡，時刻停放著一架蔣介石的座機，人們一般認為，蔣介石肯定會從這裡起飛。而另一處是成都以南30多公里的新津機場。這個機場，雖然設備好，跑道長，但距城區較遠，路上不夠安全，故一般蔣介石不在那裡起降。但在12月初，胡宗南的20萬大軍已經集結在新津機場一線。因此，蔣經國與侍從人員決定，由新津機場起飛。

胡宗南為了確保蔣介石的安全，調動了10輛坦克和裝甲車，在12月初就停放在軍校的操場上。還調集了6個團的精銳部隊，專門對付通往新津機場公路旁駐紮的劉文輝已經起義的一個團。

中共地下黨此時也已經得知蔣介石將從新津機場起飛，但胡宗南的大軍已經集結，坦克裝甲車也已荷槍實彈，「活捉」已不可能。遂決定由劉文輝的一個團2000多人在武侯祠一線實施狙擊。

13日晚，天氣晴好。飯後，蔣介石已經意識到，這次離蓉，可能就是與大陸的訣別，故心裡無限地感慨。他把蔣經國叫到身邊，二人齊聲唱起《中華民國國歌》，邊唱邊流淚。

歌沒唱完，侍從衛士來報告，軍校門口發現可疑的人，宜馬上出發。並請示說：「正門不安全，可否走後門或東門出校。」蔣介石厲聲說道：「余從軍校正門而入，必由正門而出，不必多言。」

夜11時光景，蔣介石、蔣經國、陶希聖、谷正綱、俞濟時一行人，同留守的參謀總長顧祝同告別。蔣介石鑽入一輛汽車，前後均有裝甲車和坦克護衛。一陣震天動地的轟鳴聲之後，鐵甲車隊浩浩蕩蕩地開出了中央軍校的正門。在軍校 23 期總隊一個全副武裝支隊的護送下，乘著夜色直駛新津機場。

車隊經過武侯祠時，擔負掩護任務的胡宗南所部，用裝甲車和坦克向劉文輝部展開猛烈的攻擊。同時，鐵甲車隊徑直朝新津機場衝去。而胡宗南部的攻擊到 14 日凌晨 3 時才結束。

鐵甲車隊駛到機場附近時，又遭到中共地下黨武裝的截擊。擔任警戒的胡宗南部和軍校官兵立即猛烈還擊。車隊也邊打邊衝，一直衝到機場跑道上，停在了「中美」號專機旁。

這時，「中美」號專機的引擎已經發動，蔣介石匆忙走下汽車，回頭看了看他的「黃埔精神」培養出來的軍校師生們，又揮了揮手，就低著頭登上了「中美」號專機。在艙門口，與胡宗南握手告別，只說了一句話：「臺灣見。」

「中美」號座機徐徐駛入了跑道，加速，起飛，很快消失在夜空中。1949 年 12 月 13 日，蔣介石別離成都，直至 1975 年 4 月 5 日在臺北病逝，再也沒有踏上大陸一步。

中華民國在大陸的真相（下冊）1937—1949

作　　者	劉曉寧
發 行 人	林敬彬
主　　編	楊安瑜
編　　輯	陳佩君、林子揚
內頁編排	謝淑雅
封面設計	謝淑雅
編輯協力	陳于雯、林裕強
出　　版	大旗出版社
發　　行	大都會文化事業有限公司 11051台北市信義區基隆路一段432號4樓之9 讀者服務專線：(02)27235216 讀者服務傳真：(02)27235220 電子郵件信箱：metro@ms21.hinet.net 網　　　址：www.metrobook.com.tw
郵政劃撥	14050529 大都會文化事業有限公司
出版日期	2012年05月初版一刷・2016年01月初版七刷 2019年10月修訂初版一刷
定　　價	380 元
I S B N	978-986-97821-6-6
書　　號	History-116

Metropolitan Cuiture Enterprise Co., Ltd.
4F-9, Double Hero Bldg., 432, Keelung Rd., Sec. 1,
Taipei 11051, Taiwan
Tel:+886-2-2723-5216 Fax:+886-2-2723-5220
Web-site:www.metrobook.com.tw
E-mail:metro@ms21.hinet.net

國家圖書館出版品預行編目（CIP）資料

中華民國在大陸的真相，下冊，1937—1949 / 劉曉寧編著. -- 修訂初版. -- 臺北市：大旗出版：大都會文化發行，2019.10
400面；17×23公分. -- (History ; 116)

ISBN 978-986-97821-6-6 (平裝)

1. 中華民國史 2. 歷史故事

628　　108015687

書名: **中華民國在大陸的真相（下冊）1937－1949**

謝謝您選擇了這本書！期待您的支持與建議，讓我們能有更多聯繫與互動的機會。

日後您將可不定期收到本公司的新書資訊及特惠活動訊息。

A. 您在何時購得本書：________年________月________日

B. 您在何處購得本書：____________書店（便利超商、量販店），位於______（市、縣）

C. 您從哪裡得知本書的消息：1. □書店2. □報章雜誌3. □電台活動4. □網路資訊
5. □書籤宣傳品等6. □親友介紹7. □書評8. □其他________________________

D. 您購買本書的動機：（可複選）1. □對主題和內容感興趣2. □工作需要3. □生活需要
4. □自我進修5. □內容為流行熱門話題6. □其他________________________________

E. 您最喜歡本書的：（可複選）1. □內容題材2. □字體大小3. □翻譯文筆4. □封面
5. □編排方式6. □其他__________________

F. 您認為本書的封面：1. □非常出色2. □普通3. □毫不起眼4. □其他________________

G. 您認為本書的編排：1. □非常出色2. □普通3. □毫不起眼4. □其他________________

H. 您通常以哪些方式購書：（可複選）1. □逛書店2. □書展3. □劃撥郵購4. □團體訂購
5. □網路購書6. □其他___________________

I. 您希望我們出版哪類書籍：（可複選）1. □旅遊2. □流行文化3. □生活休閒
4. □美容保養5. □散文小品6. □科學新知7. □藝術音樂8. □致富理財9. □工商管理
10. □科幻推理11. □史地類12. □勵志傳記13. □電影小說14. □語言學習（______語）
15. □幽默諧趣16. □其他___________________

J. 您對本書（系）的建議：____

____

K. 您對本出版社的建議：____

____

讀者小檔案

姓名：____________________ 性別：□男□女　　生日：____年____月____日

年齡：□20歲以下□20～30歲□31～40歲□41～50歲□50歲以上

職業：1. □學生2. □軍公教3. □大眾傳播4. □服務業5. □金融業6. □製造業
7. □資訊業8. □自由業9. □家管10. □退休11. □其他________________

學歷：□國小或以下□國中□高中／高職□大學／大專□研究所以上

通訊地址：____

電話：（H）______________（O）______________ 傳真：________________

行動電話：__________________ E-Mail：______________________________

◎如果您願意收到本公司最新圖書資訊或電子報，請留下您的E-Mail信箱。

中華民國在大陸的真相

1937-1949 下冊

北區郵政管理局
登記證北台字第9125號
免　貼　郵　票

大都會文化事業有限公司
讀　者　服　務　部　收
11051台北市信義區基隆路一段432號4樓之9

寄回這張服務卡（免貼郵票）
您可以：
◎不定期收到最新出版訊息
◎參加各項回饋優惠活動

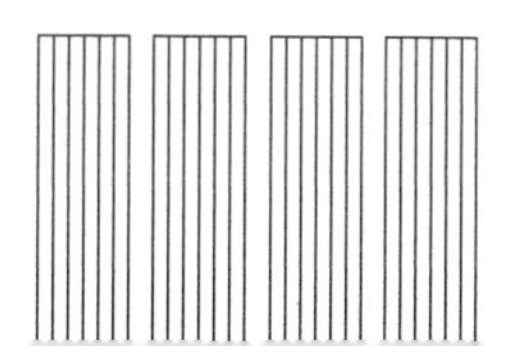

延伸閱讀

History-112

雍正大傳

作者：關河五十州

定價：480 元

「朕就是這樣漢子，就是這樣秉性，
就是這樣皇帝！」

屏除皇子、皇帝的頭銜，雍正只是胤禛，一位凡人。
但命不只天定，還有人為……
這是你不能不知道的鐵漢皇朝！治國之道唯有
禛、性、情

真摯溫情 — 九子奪嫡，唯我稱皇！

History-109

大明末代皇帝：崇禎

作者：苗棣

定價：450 元

若論亡國因何起，一切只因不逢時。

一六四四這年，持續了兩百多年的大明王朝正式走入歷史，即使聰明如崇禎皇帝，最終仍舊不得不將繩索套在自己的脖子上……。明明漢人曾經如此的輝煌，究竟是什麼原因而走向滅亡？
比起過往帝王的奢侈淫靡，崇禎皇帝好學勤政，嚴以律己，聰明幹練，為什麼大明王朝卻仍舊滅亡？
一切只因生不逢時，君臨在一個最不利於實施統治的時代。

History-104

世界十大傳奇帝王（全新修訂版）

作者：探索發現系列 · 編輯委員會

定價：420 元

用遠大抱負與仇恨煽動著帝國的興亡，
從西元前 13 世紀至 20 世紀，宰制著世界歷史的那些人！

萬王之王：十位征服者們

在人類最精華的三千年中，在動亂的時代，未知的時代，英雄們風起雲湧，大刀闊斧準備取得天下。有十位帝王從萬王中脫穎而出，經過宮廷政變、奪權鬥爭、開拓疆土，以及無數血腥戰事，徒手拿下屬於自己的最高權威，坐上沾著血腥鋒芒的王位！

History-105

中國十大傳奇帝王（全新修訂版）

作者：探索發現系列 · 編輯委員會

定價：420 元

從戰國時期到清朝的歷史興衰中，
獨霸中國的那些人！
透過他們的故事，重新踏入中國的千古傳奇。

風雲霸主：十位皇帝們

在中國千年的封建史中，在這成王敗寇的亂世時代，這十位皇帝憑著自身本領，從平民崛起，透過權謀算計、開拓疆土，以及無數輝煌戰事，拿下屬於自己的天下，他／她，就是王朝的象徵！

History-103

圖説歷史故事（全四冊）（全新修訂版本）

作者：陳金華／楊學成

定價：898 元

中華民族五千多年來的歷史，如同一顆顆珍珠，散落在廣闊的時間長河中
這些蕩氣迴腸並為人津津樂道的經典故事，值得後人細細體會、用心品嚐

正所謂「讀書的小孩不會變壞」，而喜愛讀歷史的朋友們，必定具備了借古鑑今、宏觀思考的開闊眼光。中華民族自先秦以來的悠久歷史，常為深愛東方文化的西方人士所讚嘆，從盤古開天闢地、黃帝大戰蚩尤、大禹治水、禪讓政治和姜太公帶領下的西周盛世，一直到學說輩出、百家爭鳴的春秋戰國時代，古聖先賢所遺留、傳承下來的智慧和見解，無不影響著我們今日的思想與生活。

這些令人稱頌的歷史故事，可能片段地殘存在你的腦海裡，或者深刻地留在你孩提時的記憶中，透過大量的史料考究，筆觸細膩、精緻的全版面插畫呈現，本書將穿越時空，帶你回到數千年前博大精深的中華文化裡，感受中華民族繁華、強盛的生命力，與先聖先賢的真知灼見。

History-107

民國權貴的私密檔案（二版）

作者：鄭會欣

定價：380 元

還原歷史．揭密內幕

走進民國時期的原始檔案

發掘鮮為人知的歷史真相

History-093

教科書裡沒教的近代史（全新修訂版）

作者：董佳

定價：380 元

一八三九年，鴉片戰爭的第一聲炮響，揭開了東方古老大國新時代！

當時代的巨輪不斷向前邁進，而時代下的掌權者卻沉湎於安逸與傳統，那麼革新便是無法避免也無可阻擋的潮流，但時間的巨流要將人們帶往何處，卻是當下無人能知的難題。當一道門開啟，便注定了一道門的關閉，現在就瞧瞧這扇守舊之門是如何被關上！

History-092

教科書裡沒教的民國史（全新修訂版）

作者：張晨怡

定價：380 元

歷史上不為人知的軼事與懸案，一直是引人興趣的話題！

「民國史」談的是 1912 年～ 1949 年中華民國在大陸的過去事，帶你看看那段百家爭鳴、人才輩出、高潮迭起、話題性十足的時代！

B190201

知行合一王陽明（1472-1529）

作者：度陰山

定價：450 元

心學大師縱橫天下之不敗傳說
知行合一駕馭人性之經典傳奇

強大內心的終極武器：知行合一
面對外境的騷亂、內心的不安與現實的考驗，本書教你藉由「致良知」找到生命的方向、行動的準則，並以「知行合一」的力量，讓自己達到在逆境中仍身心放鬆，不被事物牽動的境界。

History-108

血染的皇權：中國歷代天子鬥爭史

作者：王振興

定價：380 元

皇子，是一個特殊的人群，也是一個充滿矛盾的人群。幸運與悲催，抗爭與妥協，瘋狂與無奈……都在他們身上得到了淋灕盡致的體現。身為人子，他們鮮有機會體味人世間的父子親情；身為人臣，他們鮮有機會表達個人的思想與主張；身為一個活生生的「人」，他們鮮有機會獲得自由、權力與尊嚴。因為他們的父親是皇帝，所以他們成為高貴的皇二代，但也正因為生在帝王家，所以他們的命運分外復雜、耐人尋味。

History-096

中國驚雷 :Thunder Out of China 國民政府二戰時期的災難紀實

作者：白修德 (Theodore H. White)，賈安娜 (Annalee Jacoby)
編譯：林奕慈

定價：480 元

一部塵封多年的經典，一位美國普立茲得主親歷的中國
一本顛覆二十世紀美國人對中國印象的精闢剖析
一場權謀與種族之戰，殘暴與烽火就此失控…

〝…生動、尖銳犀利而無比誠實，註定會廣為流傳〞—《紐約時報》

「西方世界曾發起一系列血腥的戰爭來反抗封建制度，一路累積到最高峰—法國大革命。
現在，整個亞洲正在進行這樣的革命，它沸騰的暴怒要融化大地。
而這場大暴動的中心，就在中國的農村裡。」

曾獲普立茲獎的作者 白修德 (Theodore Harold White)，在中國對日抗戰時期以《時代周刊》特派記者的身分訪華，並與賈安娜 (Annalee Whitmore Jacoby) 合作寫下《中國驚雷》一書，書中描寫他觀察到的中國現況，並洞悉潛藏中國內部的問題。

98-04-43-04

郵政劃撥儲金存款單

收款帳號	1	4	0	5	0	5	2	9	金額 新台幣（小寫）	億	仟萬	佰萬	拾萬	萬	仟	佰	拾	元

通訊欄（限與本次存款有關事項）

收款戶名

寄款人 □他人存款 □本戶存款

姓名

地址 □□□-□□

電話

主管：

經辦局收款戳

虛線內備供機器印錄用請勿填寫

◎寄款人請注意背面說明
◎本收據由電腦印錄請勿填寫

郵政劃撥儲金存款收據

收款帳號戶名

存款金額

電腦紀錄

經辦局收款戳

郵政劃撥存款收據
注意事項

一、本收據請妥為保管，以便日後查考。

二、如欲查詢存款入帳詳情時，請檢附本收據及已填妥之查詢函向任一郵局辦理

三、本收據各項金額、數字係機器印製，如非機器列印或經塗改或無收款郵局收訖章者無效。

大都會文化、大旗出版社讀者請注意

一、帳號、戶名及寄款人姓名地址各欄請詳細填明，以免誤寄；抵付票據之存款，務請於交換前一天存入。

二、本存款單金額之幣別為新台幣，每筆存款至少須在新台幣十五元以上，且限填至元位為止。

三、倘金額塗改時請更換存款單重新填寫。

四、本存款單不得黏貼或附寄任何文件。

五、本存款金額業經電腦登帳後，不得申請撤回。

六、本存款單備供電腦影像處理，請以正楷工整書寫並請勿摺疊。帳戶如需自印存款單，各欄文字及規格必須與本單完全相符；如有不符，各局應婉請寄款人更換郵局印製之存款單填寫，以利處理。

七、本存款單帳號與金額欄請以阿拉伯數字書寫。

八、帳戶本人在「付款局」所在直轄市或縣(市)以外之行政區域存款，需由帳戶內扣收手續費。

如果您在存款上有任何問題，歡迎您來電洽詢

讀者服務專線：(02)2723-5216(代表線)

爲您服務時間：09：00 ~18：00 (週一至週五)

大都會文化事業有限公司　　讀者服務部

交易代號：0501、0502 現金存款　0503票據存款　2212 劃撥票據託收